JOHN TOLAND

Ardennenschlacht

John Toland

ARDENNENSCHLACHT

Der erste umfassende und dokumentarisch belegte Tatsachenbericht über die dramatischen Ereignisse beiderseits der Fronten während der letzten großen Schlacht des Zweiten Weltkrieges

BASTEI LÜBBE

Titel der amerikanischen Originalausgabe:
Battle: The Story of the Bulge
Einzig berechtigte Übertragung aus dem Amerikanischen:
Helmut Degner

Lizenzausgabe: Gustav Lübbe Verlag GmbH, Bergisch Gladbach
Zweite Auflage
Printed in Western Germany 1978
Einbandgestaltung: Ralf Rudolph
Gesamtherstellung: Ebner, Ulm
ISBN 3-404-00707-7

Der Preis dieses Bandes versteht sich einschließlich
der gesetzlichen Mehrwertsteuer

INHALT

Erster Teil
Unternehmen »Christrose« 9

Zweiter Teil
»Laßt die Zügel locker« 113

Dritter Teil
Schwarze Weihnacht 217

Vierter Teil
Götterdämmerung 312

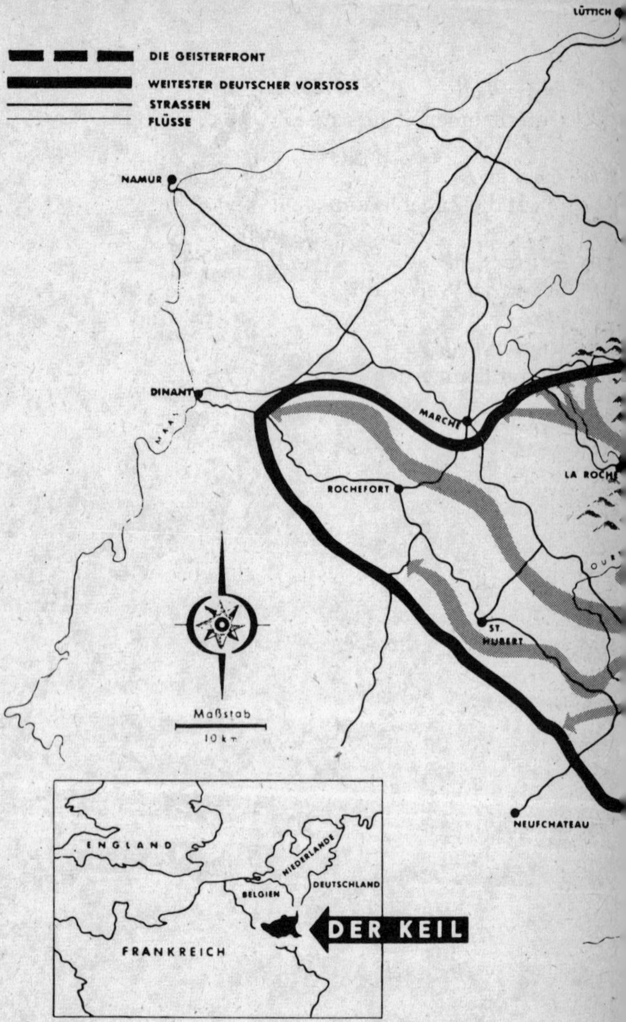
DIE GEISTERFRONT
WEITESTER DEUTSCHER VORSTOSS
STRASSEN
FLÜSSE
LÜTTICH
NAMUR
DINANT
MAAS
MARCHE
ROCHEFORT
LA ROCH
ST. HUBERT
NEUFCHATEAU
Maßstab
10 km
ENGLAND
NIEDERLANDE
DEUTSCHLAND
BELGIEN
FRANKREICH
DER KEIL

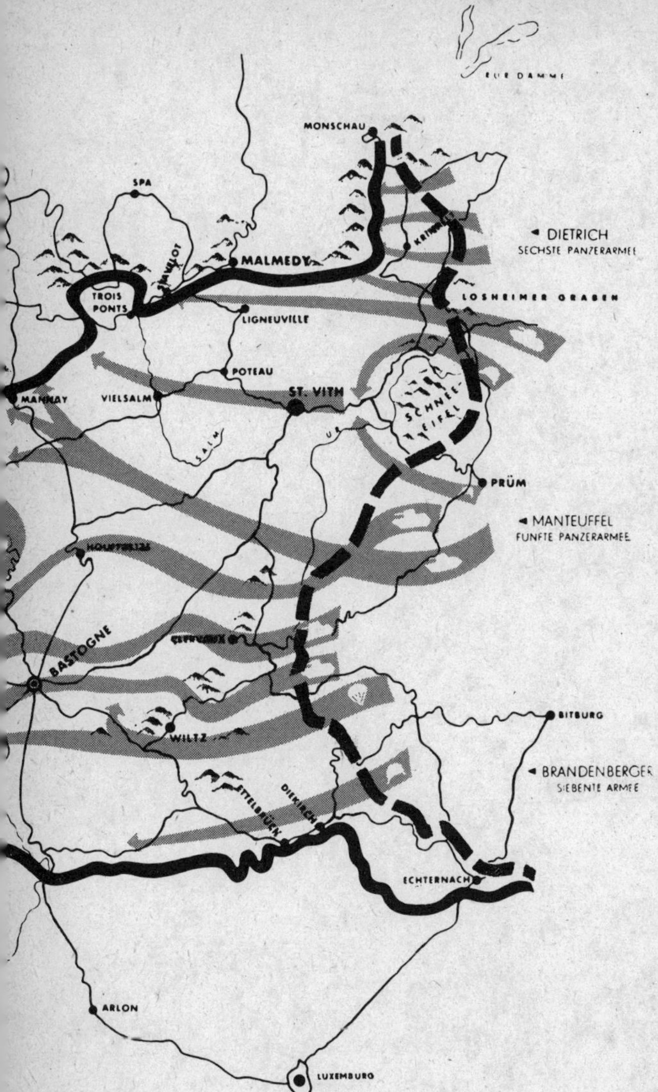

MONSCHAU
SPA
MALMEDY
TROIS PONTS
LIGNEUVILLE
POTEAU
MANHAY
VIELSALM
ST. VITH
SCHNEE-EIFEL
PRÜM
LOSHEIMER GRABEN
◄ DIETRICH
SECHSTE PANZERARMEE
◄ MANTEUFFEL
FUNFTE PANZERARMEE
BASTOGNE
WILTZ
BITBURG
◄ BRANDENBERGER
SIEBENTE ARMEE
DIEKIRCH
ECHTERNACH
ARLON
LUXEMBURG

Erster Teil

UNTERNEHMEN »CHRISTROSE«

Die Geisterfront

15. Dezember 1944

1

Die Nacht des 15. Dezember 1944 an der Ardennenfront war kalt und ruhig.

In Echternach, einem malerischen mittelalterlichen Städtchen im Großherzogtum Luxemburg, schliefen die amerikanischen Soldaten um 22 Uhr entweder schon oder gingen in den gelben Patrizierhäusern mit den Erkerfenstern und Giebeldächern eben zu Bett. Die Deutschen in dem verfallenen Kloster, das von dem hohen Felsen jenseits der schmalen, reißenden Sauer auf sie herabblickte, verhielten sich völlig ruhig. In Echternach gab es nichts, wofür wach zu bleiben sich lohnte. Seit die Amerikaner im September nach ihrem blitzartigen Vormarsch durch Frankreich Luxemburg befreit hatten, lebten die 3300 Einwohner der Stadt in Ausweichquartieren hinter den westlichen Hügeln.

Echternach, der südliche Stützpfeiler der Ardennenfront, war von einer einzigen Schützenkompanie besetzt. Um 22 Uhr 30 lag die Kompanie, bis auf wenige Männer, in tiefem Schlaf.

Die Front, die sich 140 Kilometer weit durch eine Gegend schlängelte, die an die Berkshires oder an die Green Mountains erinnerte, wurde von sechs amerikanischen Divisionen gehalten. Drei dieser Divisionen waren frisch aufgestellt worden. Man hatte sie zur »Feuertaufe« hierhergeschickt, um sie ein wenig Kriegserfahrung sammeln zu lassen, bevor man ihnen wichtigere Aufgaben übertrug. Die anderen drei waren erschöpft und ausgeblutet; sie lagen hier, um neu ausgerüstet und aufgefüllt zu werden.

Die Ardennenfront war eine »Geisterfront« – eine kalte, ruhige Gegend, wo Geschütze hauptsächlich zur Probe abgeschossen und Patrouillen nur deshalb ausgeschickt wurden, damit sie in

Übung blieben. Deutsche und Amerikaner lagen in Gewehrschußweite voneinander entfernt; die Deutschen sahen den Amerikanern beim Essen zu, und die amerikanischen Posten beobachteten, wie sich in der Dämmerung Frauen in die Unterstände der Siegfriedlinie schlichen. Seit mehr als zwei Monaten lag man sich nun schon ruhig gegenüber, beobachtete einander und vermied es, den Gegner zu reizen.

Nördlich von Echternach verlief die Front entlang dem gewundenen Flußlauf der Sauer. Die amerikanischen Hügelstellungen waren von der 4. Division besetzt, die einen Monat zuvor in der kurzen, aber heftigen Schlacht am Hürtgenwald 7500 Mann verloren hatte. Am deutschen Flußufer setzten sich die bastionartigen Felsen fort und verbargen die vorgeschobenen Stellungen der Siegfriedlinie.

Etwa acht Kilometer nördlich von Echternach begann der Bereich der 9. Panzerdivision. Sie war eben nach Europa gekommen und erst vor einer Woche in Stellung gegangen. Genauer gesagt, lag nur eine einzige Kampfgruppe – was stärkenmäßig ungefähr einem Infanterieregiment entspricht – in vorderster Linie; die anderen beiden befanden sich achtzig Kilometer weiter nördlich in Reserve. Erst seit einer Woche waren sie an der Front, und schon überlegten die Offiziere sorgenvoll: wie sollten ihre Leute Kampferfahrung gewinnen, wenn so wenig Kämpfe stattfanden?

Um 22 Uhr 30 ging im Bereich der 9. Panzerdivision ein leichter Regen nieder. »Ich hause in einem Unterstand«, schrieb Leutenant Clifford Penrose an seine Frau, »und heute abend dringt Wasser in das verdammte Loch ein. Denk also nichts Falsches, wenn die Schrift an ein paar Stellen verwischt ist. Es rührt nicht von Bier her. Zum Abendbrot hatten wir heute Dosenschinken. Und dann kam Dein Paket. Vielen Dank dafür, aber schick das nächste Mal bitte keinen Dosenschinken.«

Zehn Kilometer weiter, dort, wo von Norden her die Ur in die Sauer mündet, lagen die 28er, eine kampfmüde Infanteriedivision, die im Hürtgenwald schwer angeschlagen worden war.

Dann verlief die Front entlang der Ur. Dieser schnelle Fluß ist nur fünfzehn Meter breit, doch die schroffen, steilen Felsufer gestatteten nur an wenigen Stellen das Übersetzen von Fahrzeugen. Einer dieser Übergänge befand sich bei Vianden, einer Stadt wie aus einem Bilderbuch, die sich dreizehn Kilometer oberhalb des

Zusammenflusses der Ur mit der Sauer unter den imposanten Ruinen einer riesigen Burg zusammenduckt. Diese Festung, die jahrhundertelang die Feinde von Vianden ferngehalten hatte, diente jetzt sechsunddreißig amerikanischen Soldaten als Beobachtungsstand.

Um 23 Uhr schliefen in Vianden fast alle Soldaten. Nur im Speisesaal des Hotels Heintz, an einem Tisch, wo schon Könige, Ministerpräsidenten und berühmte Dichter gespeist hatten, bastelten ein paar GIs an einem kleinen Boot und sprachen dabei über den einarmigen deutschen Unteroffizier, den sie an diesem Abend auf der anderen Seite des Flusses gefangengenommen hatten. Er hatte immer wieder geschrien: »Heute nacht kommen die Deutschen!« und sie beschworen, nach Westen zu fliehen und ihn mitzunehmen.

Etwa fünfundzwanzig Kilometer weiter nördlich schnitt die Front die Ur und stieß durch die Siegfriedlinie hindurch nach Deutschland vor. Von dieser Bresche aus verliefen die Stellungen der 28. Division zwölf oder dreizehn Kilometer weit fast genau nach Osten. Anschließend daran waren die Verteidigungsstellungen von der 106. Division – den Golden Lions – besetzt.

Dies war nicht nur die jüngste amerikanische Division in den Ardennen; sie war zugleich die jüngste Division der Alliierten überhaupt. Man hatte die Leute auf offenen Lastwagen, bei kaltem Regen, quer durch Frankreich und Belgien transportiert. Erst vor wenigen Tagen waren sie eingetroffen, niedergedrückt und bis auf die Haut durchnäßt. Doch die Stimmung hatte sich sofort gebessert. Als sie die kampferprobten alten Krieger der 2. Division ablösten, riefen diese ihnen zu: »Ihr habt Glück, Jungs! Ihr kommt in ein Erholungslager!« Und ein Regimentskommandeur der 2. hatte zu einem Regimentskommandeur der 106. gesagt: »Hier oben ist es sehr ruhig. Ihre Leute werden sich ganz langsam an den Krieg gewöhnen können.« Jetzt waren die jungen Rekruten – der erste Schub der neu ausgehobenen Achtzehnjährigen – schon frecher als die alten Fronthasen und überzeugt, für lange Zeit einen ruhigen Posten bezogen zu haben.

»Daß Euer Kleiner mal so eine weite Reise machen würde, habt Ihr wohl nie gedacht, was?« schrieb der neunzehnjährige Pfc. Joe Schectman an seine Familie in Plymouth, Pennsylvania. »Wir sind genauso bequem und sicher untergebracht wie in England. Natürlich weiß niemand, wie lange wir in diesem Paradies bleiben werden. Aber solange ich mich hier befinde, bin ich gut aufgehoben.«

Ein paar Kilometer weiter nördlich starrte First Lieutenant Alan Jones jr., Offizier in einem Regimentsstab, träumerisch aus seinem Bunker. Er sah nichts als die typisch deutsche Weihnachtskartenlandschaft: zwei Fuß lange Eiszapfen und tiefverschneite Tannen. Sorglos ließ er aus dieser friedlichen Umgebung seine Gedanken zu seiner Frau Lynn in Washington schweifen. Sie würde bald ein Kind bekommen, das erste.

Das Gefühl von Ruhe und Frieden, das den jungen Jones erfüllte, wurde von seinem Vater, Major General Alan Jones, dem Kommandeur der 106. Division, nicht geteilt. Er war an jenem Tag in die vorderste Linie gekommen und hatte sich mit seinem Sohn unterhalten.

Der junge Jones hatte die 32er-Pistole seines Vaters bemerkt und im Spaß gesagt: »Die könnte ich gut brauchen, Papa.«

»Ich würde sie dir gern geben. Aber vielleicht brauche ich sie selbst«, hatte General Jones im gleichen scherzhaften Ton erwidert. Doch im Innersten war er von schweren Sorgen erfüllt. Sie bedrängten ihn schon von dem Augenblick an, da er eine Lageskizze der Front gesehen hatte: seine ganze Division war zehn Kilometer weit keilartig in die Siegfriedlinie hineingetrieben. Das Gebiet, in dem sie sich befand, die sogenannte Schnee-Eifel, bestand aus einer Kette von schroffen, waldbedeckten Bergen, hügeligen Feldern und gewundenen Bachläufen. Winzige Dörfer hockten auf kahlen Bergkuppen oder lagen in tiefen Tälern versteckt. Durch die Schnee-Eifel zogen sich kilometerweit Hitlers »Drachenzähne« – Panzerhindernisse aus Beton – und Hunderte von geschickt getarnten Bunkern.

Gleich nachdem er seine Stellungen besichtigt hatte, machte Jones geltend, daß dieser ganze Keil leicht abgeschnürt werden konnte. Zu viele Verteidigungspunkte lagen in den Taldörfern, und seine Leute waren Angriffen von allen Seiten und von oben schutzlos ausgesetzt.

Aber die Generale Hodges, Bradley und Eisenhower hielten daran fest, daß dieser Finger, der sich in die Siegfriedlinie bohrte, beim Einfall nach Deutschland einen wichtigen Brückenkopf bilden würde. Gewiß bestand die Möglichkeit, daß der Finger abgebissen wurde, aber sehr groß war die Gefahr nicht.

Auch ein langes, enges Tal gleich nördlich der Schnee-Eifel machte Jones Sorgen. Dieses Tal, der Losheimer Graben, war ein elf Kilometer breiter Korridor, der Deutschland mit Belgien verband.

Schon der Name roch nach Gefahr. Der Losheimer Graben war das klassische Tor von Ost nach West, durch das 1870, 1914 und 1940 die deutschen Truppen eingefallen waren. Obwohl niemand, der bei klarem Verstand war, glaubte, daß Deutschland es noch ein viertes Mal versuchen würde, war Jones beunruhigt. Wenn es doch geschah, saßen seine Leute im Gebiet der Schnee-Eifel in der Falle.

Er hatte, mit Ausnahme der nördlichsten drei Kilometer, den ganzen Losheimer Graben zu verteidigen. Noch dazu wurden die acht Kilometer, für die er verantwortlich war, von einer Truppe gehalten, die er nie gesehen hatte – der 14. Kavalleriegruppe. Diese Leute hatte er von der 2. Division »geerbt«, die vor ihm die Schnee-Eifel besetzt gehalten hatte. Bis jetzt hatten seine Offiziere noch nicht einmal Zeit gehabt, ihre Stellungen im Losheimer Graben zu besichtigen.

In einem Haus am Ostrand des Dorfes Krewinkel hatte sich John Banister, ein Sergeant dieser 14. Kavalleriegruppe, mit seinem Zug eingenistet. Erst tags zuvor hatte er bei einer Patrouille fünfzig Deutsche beobachtet, die einen schwerbeladenen Schlitten zu einem einsamen Hause zogen. Sein Bericht über diese ungewöhnliche Massierung von Soldaten und Material lief durch die verschiedenen Instanzen weiter, und er hörte nichts mehr darüber. Doch am 15. Dezember trieb es Banister gegen Mitternacht aus dem Bett. Er trat ans Fenster und blickte nervös zu dem Haus hinüber.

Jenseits des Sektors der 14. Kavalleriegruppe verlief die Front wieder in nördlicher Richtung. Drei Kilometer weit gab es keinen einzigen Panzer, kein einziges Schützenloch. Dieser Frontabschnitt wurde von den alliierten Patrouillen so selten durchstreift, daß deutsche Urlauber oft ungeschoren hindurchgingen, um ihre Familien jenseits der amerikanischen Linien zu besuchen. Und dieses drei Kilometer breite Loch lag an der vorgeschobensten Stelle des Losheimer Grabens.

Das Einfalltor zwischen Deutschland und Belgien war zwar nicht weit aufgerissen, stand aber einladend einen Spalt offen.

Nur neunhundert Kavalleristen – von vornherein durch Ausbildung und Ausrüstung für eine starre Verteidigung schlecht geeignet – waren die Hüter dieser wichtigsten Pforte Europas.

Ebenso besorgniserregend war der Umstand, daß gerade an dieser gefährlichen Stelle der Abschnitt des VIII. Korps unter Major General Troy Middleton – zu dem die 4., die 9. Panzer-, die 28. und die 106. Division gehörten – endete und der Abschnitt seines Freundes Leonard Gerow anfing. Wie jeder Soldat weiß, ist die Nahtstelle zwischen zwei Korpsbereichen stets sehr schwach. Obwohl zwei Soldaten sich über diese Grenzlinie hinweg die Hand reichen können, trennt sie der Befehlsweg ihrer vorgesetzten Stellen stärker als die größte räumliche Distanz.

Gerows V. Korps begann mit der 99. Division, die beinahe ebenso unerfahren war wie die benachbarte 106.

Für die GIs der 99., die seit einem Monat in den Ardennen lagen, aber kaum Kämpfe erlebt hatten, war die Situation alles andere als rosig. Sie hatten zwar Ruhe, doch sie lagen zum größten Teil in Schützenlöchern, und es gab schon seit mehreren Tagen kein warmes Essen. Im Augenblick bestand ihre Verpflegung hauptsächlich aus »D«-Stangen, einem widerlichen Schokoladekonzentrat, das auch »Hitlers Geheimwaffe« genannt wurde.

Am Nordende des Abschnitts der 99. Divison war eine gemeinsame Operation im Gange: die 2. Division, die gerade von dem Keil in der Schnee-Eifel heraufverlegt worden war, griff in einem schmalen, nur drei Kilometer breiten Korridor durch die Linien der 99. hindurch an. Seit drei Tagen versuchte die 2., in die Siegfriedlinie einzubrechen und zu den Rur-Dämmen vorzustoßen. Diese Dämme gefährdeten den alliierten Vorstoß ins Rurtal und mußten genommen werden, bevor der Großangriff begann. Denn wenn man ihre Schleusen öffnete, konnte die angreifende Armee von der Nachhut abgeschnitten werden.

Um Mitternacht machten die Leute der 2. Division vor Wahlerscheid halt, einem schwer befestigten Verkehrsknotenpunkt. Während sie warteten, unterhielt sich Lieutenant Jesse Morrow mit Captain Fred Aringdale. Sie sprachen von nebensächlichen Dingen, doch plötzlich sagte Aringdale: »Morrow, ich weiß, daß ich morgen fallen werde.«

»Das ist ein schlechter Witz.«

»Ich möchte nur wissen, wer beschlossen hat, daß ich nicht mal dreißig werden soll.«

Aringdale sagte das mit solcher Bestimmtheit, daß es Morrow kalt über den Rücken lief.

Nördlich des Angriffskorridors der 2. Division setzten sich die Stellungen der 99. fort, liefen noch ein paar Kilometer weiter und endeten bei der historischen deutschen Grenzstadt Monschau, die sich zwischen bewaldeten Bergen in ein schmales, gewundenes Tal schmiegt.

An der ganzen Geisterfront fühlte man sich nirgends behaglicher und sicherer als in Monschau, ihrem nördlichsten Punkt, mit dem tiefer gelegenen Echternach durch eine vielfach verschlungene Straße verbunden. Es hieß, daß Hitler mit dem Fahrrad durch die mit Kopfsteinen gepflasterten Straßen gefahren sei und angehalten habe, um die Rokokobauten zu bewundern; er habe höchstpersönlich befohlen, die ganze Stadt als Museum zu behandeln und ihr die Verheerungen des Krieges zu ersparen. Jedenfalls war noch keine deutsche Bombe auf Monschau gefallen, und die paar amerikanischen Kavalleristen hatten sich, überzeugt, daß auch niemals eine fallen würde, schlafen gelegt und waren unter ihre dicken Federbetten gekrochen. Für sie würde der morgige Tag genauso sein wie der vergangene – gemütlich, ruhig und ein bißchen kalt.

Die 75 000 amerikanischen Soldaten an der Geisterfront von Echternach bis Monschau nahmen nicht viel Notiz davon, als es am 15. Dezember Mitternacht schlug. Die wenigen, die überhaupt etwas davon merkten, dachten höchstens, daß wieder ein Weihnachtsfest fern der Heimat um einen Tag nähergerückt war.

2

Die Divisionsgefechtsstände und Ruhelager hinter der Front waren den heimischen Garnisonen sehr ähnlich. In dem schmutzigen belgischen Dorf Honsfeld, acht Kilometer hinter dem Losheimer Graben, wurde im Ruhelager der 99. Division ein Film vorgeführt. Der Tonstreifen riß, und während er repariert wurde, dachten die Soldaten sich selbst einen Dialog aus und riefen ihn laut durch den Saal. Als sie später den Saal verließen, verbreitete sich mit Windeseile das Gerücht, Marlene Dietrich käme, um am nächsten Morgen eine Vorstellung zu geben. Jene Soldaten, die um acht Uhr früh an die Front zurückkehren sollten, begannen sofort zu beratschlagen, was sie unternehmen konnten, um ihren Abmarsch bis Mittag zu verzögern.

In dem netten belgischen Städtchen Vielsalm, fünfzig Kilometer hinter dem Losheimer Graben, sah die Reserve der 14. Kavalleriegruppe eine USO-Frontrevue. Die Vorstellung gefiel den Soldaten; sie amüsierten sich sogar über den Komiker, der gleichzeitig sang und Keks aß. Bei den Mannschaften drehte sich alles ums Essen und die Post von daheim, bei den Offizieren ums Essen, die Post von daheim und die Alkoholration.

Ein Stück hinter der Front, in der düsteren belgischen Stadt St. Vith, saß der Kommandeur der 106. Division in einem unfreundlichen Schulhaus an seinem Schreibtisch. Er war immer noch tief beunruhigt, und die Atmosphäre von St. Vith war nicht dazu angetan, seine Stimmung zu verbessern. Im Gegensatz zu den malerischen Städtchen Luxemburgs war St. Vith ein häßlicher, allerdings wichtiger Verkehrsknotenpunkt, eine Ansammlung trübseliger Steinbauten ohne jeden Schmuck. Die Ladenschilder trugen deutsche Aufschriften.

Das Gebiet um St. Vith hatte im vergangenen Jahrhundert viermal den Besitzer gewechselt. Die eine Hälfte der Bevölkerung fühlte sich als Deutsche, die andere als Belgier. Jeder mißtraute seinem Nachbarn. Und so lag eine eigenartige, unheilschwangere – halb freundliche, halb feindselige – Atmosphäre über Jones' Gefechtsstand.

Von der Front waren in dieser Nacht noch keine beunruhigenden Meldungen gekommen. Anscheinend war alles still. In den letzten beiden Nächten war dies nicht der Fall gewesen. Von der Feindseite her hatte man den Lärm vieler Motoren gehört. Jones hatte seinem unmittelbaren Vorgesetzten, Troy Middleton vom VIII. Korps, sofort berichtet: »Schwere Panzerbewegungen.« Middletons Stab hatte darüber nur Witze gemacht. »Seien Sie doch nicht so nervös«, hatte ein Offizier des VIII. Korps ihn geneckt. »Die Deutschen spielen bloß Schallplatten ab, um euch Neulinge zu erschrecken.«

Das war aber nicht alles. Kürzlich hatten zwei Brände, verursacht durch eine Nachlässigkeit, die den peinlich ordentlichen Jones rasend machte, den Wagenpark eines Bataillons und einen

Regimentsgefechtsstand vernichtet. Trotzdem hatte kein einziges feindliches Geschütz einen Schuß auf sie abgegeben. Wieder erwachte Jones' Mißtrauen, und wieder behaupteten die »alten Hasen«, dies sei nur ein weiterer Beweis dafür, daß die Deutschen keine Munition zu verschwenden hätten.

Als Jones in sein Quartier in einem nahegelegenen Haus ging, versuchte er, sich seine Besorgnis auszureden. Dies war sein erster Einsatz, und Neulinge waren bekanntlich überängstlich. Außerdem, wie konnte er es wagen, sich mit erfahrenen Soldaten in eine Auseinandersetzung einzulassen? Im ersten Weltkrieg war er direkt von der Universität in Washington als Second Lieutenant zur Armee gegangen. Seither hatte er sich – ohne die Vorteile einer Ausbildung in West Point – zum Divisionskommandeur emporgearbeitet. Er war das genaue Gegenteil jenes Generalstyps, wie Patton ihn verkörperte. Viele seiner eigenen Truppen hatten ihn nie gesehen, denn er hielt sich stets im Hintergrund und leitete die 106. Division auf stille, unauffällige Weise.

Jones ging zu Bett, doch er konnte nicht einschlafen. Er fühlte sich für jeden einzelnen jungen Schützen, der da draußen in der Schnee-Eifel lag, persönlich verantwortlich.

Im Ruhelager von Clervaux, zehn Kilometer hinter dem mittleren Abschnitt der Geisterfront, vergnügten sich in dieser Nacht mehrere hundert Soldaten der kampferprobten 28. Division. Diese atemberaubend schöne luxemburgische Stadt, mit ihren holprigen, verwinkelten Gassen, dem mächtigen Kloster und den Barockhäusern seit langem das Entzücken aller Touristen, hatte obendrein noch die romantische Ruine einer mittelalterlichen Burg aufzuweisen, die einem Vorfahren von Franklin D. Roosevelt gehört hatte.

Trotz der friedlichen Stimmung war Joseph Geiben, ein junger Bürger von Clervaux, der vom deutschen Heer desertiert war, von Angst und Unruhe erfüllt. Man hörte dauernd von großen deutschen Truppenzusammenziehungen hinter der Siegfriedlinie. Es mußte etwas Wahres daran sein. Wenn aber wirklich ein Angriff erfolgte, lag sein schönes kleines Clervaux auf dem Weg des deutschen Vormarsches. Es befand sich unmittelbar hinter dem wichtigsten Übergang über die Ur an der Straße nach Bastogne, der Schlüsselposition der Ardennen. Warum hörten die Amerikaner nicht auf die warnenden Stimmen?

Es lag daran, daß die wenigen Amerikaner, denen die Warnungen überhaupt zu Ohren kamen, eine scheinbar stichhaltige Erklärung für die deutschen Truppenzusammenziehungen in diesem Gebiet hatten. Nicht weit von Clervaux hatte Troy Middleton gerade ein Scheinmanöver durchgeführt. Als Generale verkleidete GIs hatten die Gegend durchstreift, als ob sie für eine neue Division Quartiere suchten. Panzer- und Geschützattrappen wurden auffällig herumgefahren, um den Anschein zu erwecken, neue Truppen seien eingetroffen – alles zu dem Zweck, deutsche Einheiten von Saar und Rur in die Ardennen zu locken. Offenbar hatten die Deutschen den Köder geschluckt.

In dieser Nacht fürchtete kein alliierter Befehlshaber ernstlich einen deutschen Angriff. Trotzdem war Middleton, der ungefähr dreißig Kilometer westlich von Clervaux im belgischen Bastogne saß, nervös. Sein VIII. Korps hielt den größten Teil der Geisterfront besetzt. Die 28. Division hatte an diesem Morgen eine Frau zu ihm geschickt. Sie erzählte, daß sie in der Nacht zuvor hinter der Siegfriedlinie östlich von Clervaux eine Ansammlung deutscher Truppen beobachtet habe. Und ihre Panzer seien zweimal so groß wie die größten Panzer der Amerikaner.

Middleton war sich bewußt, daß sich im Falle eines Angriffs seine vier Divisionen – zwei gänzlich unerfahrene und zwei völlig ausgepumpte – nur sehr schwer verteidigen konnten. Deshalb schickte er die Frau zu seinem Vorgesetzten, Lieutenant General Courtney Hodges, Kommandeur der Ersten Armee.

Hodges jedoch war in dem berühmten belgischen Kurort Spa viel zu sehr damit beschäftigt, sich von seinem Angriff auf die Rur-Dämme zu erholen. In der vergangenen Woche hatte zwar sein Abwehroffizier, Colonel »Monk« Dickson, zur allgemeinen Überraschung erklärt, in Kürze sei eine deutsche Großoffensive zu erwarten, und in den letzten Tagen war er allen mit der Ankündigung auf die Nerven gefallen, der Angriff könne sehr wohl an einer Stelle erfolgen, wo ihn niemand erwarte – dort nämlich, wo er 1870, 1914 und 1940 stattgefunden hatte: in den Ardennen. Und bei einer Lagebesprechung am vorhergehenden Abend war Dicksons Ahnung zur Überzeugung geworden. Er hatte mit der Faust auf den Kartentisch geschlagen und mit Bestimmtheit gesagt: »Ganz klar, in den Ardennen!«

Doch der ganze Stab hatte General Hodges empfohlen, Dickson

nicht allzu ernst zu nehmen. Er sei ein notorischer Pessimist. Außerdem sei er überarbeitet; drei Tage Urlaub in Paris würden ihn ein bißchen aufmöbeln.

Auch die 12. Armeegruppe, der Hodges unterstand, war von Dicksons Vorhersage unangenehm berührt. Lieutenant General Omar Bradleys Abwehroffizier wies Dicksons Vermutung zurück: »Es steht fest, daß der Zerfall der deutschen Wehrmacht an der Westfront immer weiter fortschreitet.«

Das oberste Hauptquartier der Alliierten Streitkräfte (SHAEF) schloß sich Dicksons Kritikern an. Eisenhowers Abwehroffizier verfaßte einen Bericht, in dem es hieß, die Deutschen seien so gut wie erledigt.

Sogar die Engländer fanden jede Angst vor einem feindlichen Angriff lächerlich. Erst an diesem Nachmittag hatte Montgomery rundheraus erklärt, daß die Deutschen »keiner größeren Offensive mehr fähig seien«. Ja, er fand es an der Front sogar derart langweilig, daß er Eisenhower fragte, ob er etwas dagegen habe, wenn er nächste Woche nach England zurückkehre.

Durch die Zuversicht seiner Vorgesetzten beruhigt, hatte Hodges sich den ganzen Abend mit der Vorbereitung seiner eigenen Offensive beschäftigt. Etwa um Mitternacht legte er sich schlafen. Nur sein Schnupfen bereitete ihm jetzt noch Unbehagen.

Im Hotel Alfa in der Stadt Luxemburg ging auch Omar Bradley, sein unmittelbarer Vorgesetzter, eben zu Bett. Bradley, der mehr Kampftruppen unter sich hatte als ein amerikanischer Befehlshaber je zuvor, wollte am nächsten Morgen nach Versailles fahren und mit seinem Vorgesetzten, Eisenhower, über den erschrekkenden Mangel an Infanterienachschub beraten. Er erwartete keinen Angriff. Es war im Gegenteil so, daß er sich einen wünschte.

»Wenn die da drüben doch endlich angreifen würden!« hatte er vor ein paar Tagen gesagt. »Wir kämen mit viel weniger Anstrengung zum Erfolg, wenn die Deutschen aus ihren Löchern kriechen und auf uns losgehen würden.«

Weit hinten in der Etappe, im Offiziersklub von Versailles, sprach man von den bevorstehenden alliierten Angriffen auf Rur und Saar und fand es idiotisch, MacArthur Infanterie zu schicken, die in Europa gebraucht wurde. Und auch von Major Glenn Miller sprach man. Tags zuvor hatte der berühmte Kapellmeister mit dem Flugzeug England verlassen. Er hätte schon vor Stunden in

Paris eintreffen sollen.

Nicht weit vom Offiziersklub, in der gleichen Villa, die noch vor einigen Monaten Feldmarschall Gerd von Rundstedt beherbergt hatte, befand sich Dwight D. Eisenhower in bester Laune. Der Oberste Befehlshaber war eben zum Fünf-Sterne-General befördert worden. Morgen hatte er eine wichtige Besprechung mit Bradley, und außerdem hatte er zugesagt, der Trauung seiner Ordonnanz Mickey mit einer WAC beizuwohnen. Ein schwerer Tag stand bevor. An die Ardennen dachte er nicht im entferntesten.

Um Mitternacht des 15. Dezember lag alles Tatsachenmaterial gesammelt vor. Berichte über Truppenzusammenziehungen östlich von Clervaux, Gefangenenaussagen über eine bevorstehende große Offensive, Meldungen aus den vordersten Linien über einen umfangreichen Panzeraufmarsch, sogar abgefangene deutsche Dokumente, in denen von einem Schulungslager die Rede war, in dem deutschen Kampftruppen beigebracht wurde, sich wie Amerikaner zu verhalten – lauter Dinge, aus denen man hätte schließen müssen, daß in den Ardennen etwas bevorstand.

Doch niemand zog diesen Schluß. Alle Verantwortlichen für die alliierte Ardennenfront – die obersten Strategen Churchill und Roosevelt ebenso wie die Militärbefehlshaber – schliefen in dieser Nacht tief, im sicheren Bewußtsein, von Deutschland sei nichts mehr zu fürchten. Hitler war geschlagen, auch wenn er selbst es noch nicht wahrhaben wollte.

In den Ardennen war es kurz nach Mitternacht. Der 16. Dezember 1944 war angebrochen. Entlang der 140 Kilometer langen Geisterfront herrschte Ruhe. Nur ein paar Kilometer weiter östlich hörte man ein schwaches, undeutbares, dumpfes Dröhnen.

Über Feldwege und Straßen, die man mit Stroh bedeckt hatte, um den Lärm zu dämpfen, schoben sich 250 000 deutsche Soldaten, 1900 schwere Geschütze und 970 Panzer und Sturmgeschütze langsam nach Westen und bereiteten sich zum Angriff vor.

Sechs Stunden später sollte das Unternehmen »Christrose« beginnen, die umfangreichste und am besten getarnte Offensive, die je an der Westfront stattfand.

»Wacht am Rhein«

31. Juli bis 15. Dezember 1944

1

Hinter diesem gigantischen Angriffsplan stand ein einziger Mann: Adolf Hitler.

Seit dem 31. Juli 1944, als man ihm berichtet hatte, die Alliierten seien von ihren Brückenköpfen bei Avranches in der Normandie aus vorgestoßen, war ihm klar gewesen, daß er die Initiative wieder an sich reißen mußte. Zuerst schien er völlig niedergeschmettert; er war noch wie gelähmt von dem Attentatsversuch, den Graf Stauffenberg elf Tage zuvor unternommen hatte. Doch ein paar Wochen später begann er wieder herumzustapfen, den Generalstab zu beschimpfen, seinen Optimismus wiederzugewinnen.

Am 16. September bat der Führer nach seiner täglichen Lagebesprechung in der »Wolfsschanze« jene Generale, denen er am meisten vertraute, zu einer zweiten Besprechung in einen anderen Raum.

Der erste, der eintrat, war Feldmarschall Wilhelm Keitel, Chef des Oberkommandos der Wehrmacht. Ihm folgte Generaloberst Alfred Jodl. Dann kamen Heinz Guderian, der berühmte Panzergeneral, jetzt Chef des Generalstabes des Heeres und als solcher für den östlichen Kriegsschauplatz verantwortlich, und General Kreipe in Vertretung von Göring. Sie unterhielten sich flüsternd und rätselten herum, welche Überraschung Hitler wohl für sie bereithalten mochte.

Schließlich trat Hitler ein, gebeugt, bleich, abgespannt. Seine blauen Augen waren wäßrig und blickten unstet, der Mund war schlaff.

Jodl, der im Rang unter Keitel stand, in Hitlers Vertrauen aber an erster Stelle rangierte, ergriff wie immer bei diesen Beratungen auf höchster Ebene zuerst das Wort. Mit ruhiger Stimme schilderte er knapp und sachlich die bedrohliche Lage.

In politischer Hinsicht war das Reich völlig isoliert und ohne Freunde. Japan hatte höflich vorgeschlagen, Deutschland möge mit der Sowjetunion Waffenstillstandsverhandlungen aufnehmen. Die Rumänen und Bulgaren hatten die Front gewechselt und sich den siegreichen Russen angeschlossen. Finnland hatte soeben mit Deutschland gebrochen.

Die Wehrmacht war noch immer zehn Millionen Mann stark. Über vier Millionen Soldaten waren seit Kriegsausbruch gefallen, und in den letzten drei Monaten hatte es mindestens 1 200 000 Mann Verluste gegeben, die Hälfte davon an der Westfront.

Was die Lage an den Fronten betraf, führte Jodl mit einem Anflug von Optimismus aus, so schien sich die russische Sommeroffensive totgelaufen zu haben. »Und an der Westfront herrscht in den Ardennen eine Ruhepause.«

Beim Wort »Ardennen« erwachte Hitler plötzlich zum Leben. Er hob theatralisch die Hand und rief: »Halt!«

Zwei Minuten herrschte Totenstille. Dann sagte Hitler: »Ich habe einen wichtigen Entschluß gefaßt. Ich will die Offensive. Hier – in den Ardennen!« Seine Faust krachte auf die Landkarte, die vor ihm lag. »Über die Maas, und weiter nach Antwerpen!«

Die anderen starrten ihn an. Seine Schultern strafften sich, seine Augen leuchteten, alle Zeichen von Erschöpfung und Krankheit waren verschwunden. Er war wieder der energische, schneidige Hitler des Jahres 1940.

2

Am nächsten Tag befahl Hitler beschleunigte Vorbereitungen für die Gegenoffensive. Er erließ Befehle für die Neuaufstellung der 6. Panzerarmee und zog dazu einen neuen Mann heran, der später eine wichtige Rolle spielen sollte – General Rudolf Gercke, Chef des Wehrmachtstransportwesens.

Am 25. September befahl Hitler Generaloberst Jodl, einen umfassenden Plan für die Offensive auszuarbeiten. Keitel bekam die Aufgabe, die benötigten Munitions- und Verpflegungsmengen zu berechnen und festzustellen, bis wann sie verfügbar wären. Und er befahl, fünf Panzerdivisionen von der Front abzuziehen und zwecks Reorganisation und Überholung in die Gegend westlich von Köln zu verlegen. Diese fünf Divisionen sollten das Rückgrat der Offensive bilden.

Anfang Oktober hatte Gercke den Aufbau des Transportsystems fast beendet. Er hatte sein Hauptaugenmerk auf die Rheinübergänge gerichtet. Brückenpfeiler und Landestege wurden verstärkt, über Straßenbrücken Geleise verlegt, Fähren für den Transport von Zugmaschinen und siebzig Tonnen schweren »Königstiger«-Panzern eingerichtet. Man baute besonders tragfähige Pionierbrückenteile und lagerte sie – für den Fall, daß die festen Brücken zerbombt werden sollten – gut getarnt entlang dem Rhein.

Östlich des Rheins wurden Sammelstellen und Lager angelegt. Ganze Berge von Nachschub lagen hier für den Transport zum Westufer bereit. Gerckes wichtigste Aufgabe jedoch war die gründliche Überholung der Deutschen Reichsbahn. Notfahrpläne wurden aufgestellt und Überwachungsstellen errichtet, Züge zum Schutz der Bemannung mit Panzerplatten versehen und zur Abwehr von Jagdbombern mit leichten Flakgeschützen bestückt.

Am 11. Oktober legte Jodl Hitler den Entwurf seines Planes für die Ardennenoffensive vor. Er trug den symbolischen Namen »Christrose« und sah den Einsatz dreier Armeen vor – der 5. und 6. Panzerarmee und der 7. Armee, die zusammen zwölf Panzer- und achtzehn Infanteriedivisionen umfaßten. Das Unternehmen »Christrose« beruhte auf zwei Voraussetzungen: völlige Überrumpelung des Feindes und eine Wetterlage, die den Einsatz von alliierten Flugzeugen unmöglich machte. Man plante, auf breiter Front durchzubrechen, am zweiten Tag die Maas zu überqueren und am siebenten Tag Antwerpen zu nehmen. Mehr als dreißig amerikanische und englische Divisionen sollten aufgerieben werden.

Um die völlige Geheimhaltung zu gewährleisten, wurden nur wenige Auserwählte in den Plan eingeweiht. Bei jeder hohen Dienststelle sollte jeweils ein anderes Codewort für die Offensive verwendet und alle zwei Wochen gewechselt werden. Nichts über die Offensive durfte Telefon oder Fernschreiber anvertraut werden. Als Kuriere sollten auf absolutes Stillschweigen vereidigte Offiziere verwendet werden.

Um das Täuschungsmanöver perfekt zu machen, erließ Keitel am 12. Oktober an alle Kommandeure der Westfront einen Tagesbefehl, in dem es hieß, zur Zeit sei eine Gegenoffensive unmöglich, da alle militärischen Reserven für die lebenswichtige Verteidigung des Vaterlandes eingesetzt werden müßten.

Am Morgen des 12. Oktober überreichte Jodl Hitler den ausgearbeiteten Plan. Der Führer war begeistert. Er machte Witze und steuerte einen neuen Decknamen für das Unternehmen bei: die »Wacht am Rhein«.

Am Nachmittag wurde ein großer blonder Mann in der Uniform eines SS-Majors zu einer Privatbesprechung in die »Wolfsschanze« befohlen: Otto Skorzeny, den die englische Abwehr für den gefährlichsten Mann Europas hielt. Sein bekanntestes Unternehmen war die Befreiung Mussolinis aus den Händen der Alliierten. Kürzlich erst hatte er Admiral Horthys Sohn entführt und die Budapester Burg, den Sitz der ungarischen Regierung, genommen. Hitler begrüßte ihn mit breitem Lächeln, ausgestreckter Hand und einem herzlichen: »Bravo, Skorzeny!«

»Danke, mein Führer!«

»Setzen Sie sich und erzählen Sie. Erzählen Sie mir von Ihrem Unternehmen ›Mickey Mouse‹.«

Skorzeny berichtete über die Entführung des jungen Horthy, und der Führer lachte mehrmals. Als er mit seiner Geschichte fertig war, erhob sich Skorzeny und wollte gehen.

»Einen Augenblick noch«, sagte der Führer. »Ich erteile Ihnen jetzt den wichtigsten Auftrag Ihres Lebens. Im Dezember werden wir eine große Offensive starten, die vielleicht entscheidend für Deutschlands Schicksal ist.«

Skorzeny, führte er weiter aus, werde dabei eine wichtige Rolle spielen. Er solle ausgesuchte Männer schulen, sich wie Amerikaner zu benehmen. Sie sollten hinter den amerikanischen Linien in amerikanischen Uniformen und mit amerikanischen Fahrzeugen eingesetzt werden. Ihre Aufgabe werde es sein, die Brücken über die Maas zu nehmen, Gerüchte zu verbreiten, falsche Befehle zu erteilen und Verwirrung und Panik zu stiften.

»Ich gebe Ihnen zur Aufstellung Ihrer Brigade unbeschränkte Vollmacht. Nützen Sie sie, Herr *Oberst*!« Hitler lächelte über Skorzenys spontanes Grinsen. »Ja, ich habe Sie zum Obersturmbannführer befördert.«

Hitler stand auf und bot ihm wieder die Hand. »Leben Sie wohl, Skorzeny. Ich erwarte Großes vom ›Unternehmen Greif‹.«

3

Zeitig am nächsten Morgen erhielten Feldmarschall von Rundstedt, Oberbefehlshaber aller deutschen Bodenstreitkräfte im Westen, und Feldmarschall Model, dem Hitler persönlich die Ausführung der Offensive übertragen hatte, Abschriften von der »Wacht am Rhein«.

Rundstedt las den Plan mit wachsendem Unbehagen und schüttelte bedrückt den Kopf. Die »Wacht am Rhein« war klug ausgedacht, in der Praxis aber fragwürdig. Außerdem verlangte sie zuviel von den noch verfügbaren Truppen. Der müde alte Aristokrat mit der pergamentenen Haut machte sich mit seinem Adjutanten daran, einen neuen Plan, das »Unternehmen Martin«, auszuarbeiten.

Model las den Plan voll Eifer, denn im Gegensatz zu Rundstedt war er jung, vital und von unglaublichem Ehrgeiz. Und genau wie Hitler war er ein Hasardeur. Als er jedoch zu Ende gelesen hatte, murrte er: »Die ganze Sache ist ein Phantom.« Und er begann ebenfalls einen Gegenplan auszuarbeiten, den er »Herbstnebel« nannte.

Am 27. Oktober traf der Führer mit Rundstedt und Model zusammen. Sie brachten ihre Einwände gegen die »Wacht am Rhein« vor. Als Rundstedt ihm seinen Plan »Martin« schilderte, der eine Offensive von siebzehn Divisionen an einem fünfunddreißig Kilometer breiten Frontabschnitt vorsah, hörte der Führer ungeduldig zu.

Während Model ihm »Herbstnebel« auseinandersetzte, den Plan einer Offensive von zwanzig Divisionen an einer fünfundsechzig Kilometer breiten Front, lief er Grimassen schneidend im Zimmer auf und ab und schnitt Model schließlich mit einer Handbewegung das Wort ab. »Haben Sie denn Friedrich den Großen ganz vergessen?« fragte er sarkastisch. »Bei Roßbach und Leuthen besiegte er eine zweifache Übermacht. Und wie? Durch einen kühnen Angriff.« Er warf die Arme hoch. Es war immer die gleiche Geschichte. Seinen Generalen fehlte ganz einfach die Phantasie für die »Große Lösung«*.

* Der Vorstand auf Antwerpen, im Gegensatz zum Stoß an die Maas mit anschließendem Eindrehen und Norden, der sog. »Kleinen Lösung«.

Friedrich, erklärte er, habe alles auf eine Karte gesetzt, und da sei, wie ein Blitz aus heiterem Himmel, die Belohnung für seinen Wagemut gekommen. *Ein unvorhergesehenes geschichtliches Ereignis:* der Staatenbund gegen Preußen brach plötzlich auseinander. Und Friedrich, den alle bedeutenden politischen Köpfe Europas schon aufgegeben hatten, errang den größten Sieg für sein Vaterland.

»Die Geschichte wird sich wiederholen«, sagte Hitler. »Die Ardennen werden *mein* Roßbach und Leuthen sein, und die Folge wiederum ein unvorhergesehenes geschichtliches Ereignis: die Allianz gegen das Dritte Reich wird plötzlich auseinanderbrechen.«

Und so traf Hitler die Entscheidung – gegen die Stimmen seiner Generale. Am 7. Dezember billigte er den endgültigen Entwurf. Es war fast der gleiche Plan, den er anfangs vorgeschlagen hatte. Sogar den irreführenden Namen hatte man beibehalten: die »Wacht am Rhein«.

4

Das Unternehmen »Wacht am Rhein« lief an.

Kommandeure und Generalstabsoffiziere auf Korpsebene wurden eingeweiht. Um die absolute Geheimhaltung zu gewährleisten, wurden die Generale angewiesen, ihre Operationsskizzen eigenhändig zu entwerfen, alle schriftlichen Arbeiten selbst zu erledigen und alles Geheimmaterial Tag und Nacht bei sich zu tragen. Funker schickten verschlüsselte Nachrichten an fingierte Hauptquartiere, fingierte Nachrichten an echte Hauptquartiere und echte Nachrichten an Hauptquartiere, die hundert Kilometer entfernt von den angegebenen Positionen lagen. Under den niedrigen Rängen sowie in Bars und Restaurants wurden irreführende Gerüchte verbreitet. Man hoffte, daß sie den alliierten Agenten zu Ohren kommen würden.

Nun begann der schwierigste und gefährlichste Teil der Vorbereitungen: innerhalb der nächsten Woche mußten Zehntausende von Soldaten und Zehntausende von Tonnen Material bei Nacht unauffällig von den Sammelstellen zu ihren Einsatzpunkten dicht hinter der Front transportiert werden.

Das große Unternehmen lief auf Hochtouren. Am 7. Dezember, bei Anbruch der Dunkelheit, war das erste Verladen beendet, und alle

Transporte rollten in die gleiche Richtung – den Ardennen entgegen. Am nächsten Tag um drei Uhr morgens waren alle Züge entladen und befanden sich auf dem Rückweg zum Rhein. Vor Tagesanbruch wurden sie am Ausgangspunkt von neuem beladen.

So ging das drei Tage lang.

Otto Skorzeny, der als Oberst über eine größere Macht verfügte als die meisten Generale, hatte in seiner »Schule für Amerikaner« das halbe Pensum bewältigt. Die Freiwilligen machten blendende Fortschritte. Die Lehrgegenstände waren: Slang, Gewohnheiten und Eigenarten der Amerikaner und die Kunst, hinter den feindlichen Linien Panik zu stiften.

Unter Oberstleutnant Friedrich August Baron von der Heydte wurde eine neue Sondergruppe aufgestellt. Der Baron, ein stiller, nachdenklicher Mann, schien mehr für den Hörsaal als für das Schlachtfeld geschaffen. 1935 hatte man ihm eine Carnegie-Fellowship angetragen. Er sollte an der Columbia-Universität internationales Recht lesen. Doch er lehnte ab und wurde einer der berühmtesten deutschen Fallschirmjägerkommandeure.

Die »Wacht am Rhein« reizte trotz verstandesmäßiger Zweifel das Soldatische in von der Heydte. Als er jedoch erfuhr, daß Dietrich sein Vorgesetzter sein würde, war er entsetzt. Sepp Dietrich war im ersten Weltkrieg Unteroffizier gewesen und nach dem Krieg Metzger und Unruhestifter. Man konnte ihm höchstens den Befehl über eine Division anvertrauen. Für von der Heydte war er ein ungebildeter Rohling. Hitler aber überhäufte ihn wegen seines blindwütigen Einsatzes beim Putsch im Münchner Hofbräuhaus immer noch mit Belohnungen, und jetzt wurde dem bayrischen Schlächter eine Riesenarmee von neun Divisionen unterstellt.

In seinem Hauptquartier in der Nähe von Münstereifel begrüßte Dietrich, ein großer, vierschrötiger Mann, von der Heydte voll Verachtung. »Was könnt ihr Fallschirmjungens denn schon tun?«

»Alles, was in den Grenzen des Möglichen liegt«, erwiderte von der Heydte und fuhr vor Dietrichs schnapsgeschwängertem Atem zurück.

»In Ordnung.« Dietrich schlug auf eine Karte, die vor ihm auf dem Tisch lag. »Dann nehmen Sie die mit Kreuzen bezeichneten Stellen.«

»Das liegt *nicht* in den Grenzen des Möglichen«, sagte der Baron.

»General Dietrich«, unterbrach ihn Kraemer, sein Stabschef. »Diese Kreuze bezeichnen die Operationsziele.«

»Warum haben Sie das nicht gleich gesagt?« knurrte Dietrich. »Also, Sie haben die Wahl, von der Heydte.«

Der Oberstleutnant wählte die Straßenkreuzung bei Baraque Michel im unbesiedelten Ödland nördlich von Malmedy in Belgien.

»Sehen Sie also zu, daß Sie dorthin kommen, und stiften Sie möglichst viel Verwirrung«, sagte Dietrich.

Der Baron runzelte die Stirn.

Wieder mischte Kraemer sich ein. »Die Gruppe von der Heydte hat nicht die Aufgabe, Verwirrung zu stiften. Sie verwechseln das mit Oberst Skorzenys ›Unternehmen Greif‹.«

Nachdem alle Einzelheiten besprochen waren, verlangte von der Heydte Brieftauben für den Fall, daß die Sendegeräte beim Absprung defekt wurden.

»Brieftauben!« höhnte Dietrich. »Lächerlich! Brieftauben! Ich halte meine ganze Armee ohne Täubchen zusammen, verdammt noch mal! Und Sie brauchen für eine einzige Kampfgruppe eine ganze Menagerie?«

Der Baron bemühte sich, seinen Widerwillen zu unterdrücken, und erweckte damit bei Dietrich den Eindruck, er habe Angst.

»Keine Sorge«, sagte Dietrich gutmütig und schlug ihm derb auf den Rücken. »Ich gebe Ihnen mein Wort, daß wir uns bei Baraque Michel treffen werden. Am Mittag des ersten Angriffstages.«

Es war keine verrückte Laune gewesen, daß Hitler Dietrich ausgewählt hatte. Er kannte seine Schwächen und Fehler wohl, aber Dietrichs Name hatte, genau wie der Rundstedts, bei den Truppen einen geradezu magischen Klang. Außerdem wünschte Hitler, daß ein guter Nazi die großen Siege der 6. Panzerarmee erringen sollte.

Und er wußte, daß hinter Dietrich ein gescheiter Kopf stand – Kraemer.

5

Am 11. Dezember war die Aufstellung abgeschlossen. Die Reichsbahn hatte ein wahres Wunder vollbracht und die erste Welle in die Angriffszone transportiert.

Um mit der Offensive in engster persönlicher Fühlung zu bleiben, übersiedelte Hitler am Morgen dieses Tages in sein neues Hauptquartier in der Nähe der mittelalterlichen Burg Ziegenberg. Der Zeitpunkt für den Beginn des Angriffs war endgültig festgesetzt: 16. Dezember. Jetzt konnte nur noch unpassendes Wetter – gutes Flugwetter – seine Armee zurückhalten.

Er berief die Divisionskommandeure zu sich, um sie in den Plan einzuweihen.

Als die Kommandeure mit ihren Stabsoffizieren eintrafen, wurden ihnen von Gestapoleuten Revolver und Aktentaschen abgenommen, und sie mußten bei ihrem Leben schwören, kein Wort von dem, was sie hören würden, verlauten zu lassen. Keiner von ihnen hatte eine Ahnung, warum man sie hierherbefohlen hatte; sie alle wußten lediglich, daß ihre Divisionen sich seit Wochen im Kreis bewegten.

Hitler betrat mit Keitel und Jodl das Beratungszimmer. Der linke Arm des Führers zitterte, und er sah übermüdet aus. Doch über eine Stunde lang sprach er begeistert über Friedrich den Großen, die deutsche Geschichte und die Nazipartei.

Dann wurde die »Wacht am Rhein« im einzelnen erläutert.

Am 16. Dezember, um 5 Uhr 30, sollten drei große Armeen an der Ardennenfront zwischen Monschau und Echternach durchbrechen, zwischen Lüttich und Namur die Maas überqueren, Brüssel umgehen und innerhalb einer Woche Antwerpen erreichen. Die Alliierten würden zerschmettert werden und um einen Separatfrieden bitten.

Die Divisionskommandeure waren wie vom Blitz gerührt.

Die drei angreifenden Armeen waren: die 6. Panzerarmee unter Sepp Dietrich, die 5. Panzerarmee unter Baron Hasso von Manteuffel und die hauptsächlich aus Infanterie bestehende 7. Armee unter General Ernst Brandenberger.

Dietrich wurde die nördliche Flanke zugeteilt. Er sollte den Hauptstoß führen. Ihm unterstanden auch die besten Truppen – Elite der Waffen-SS, die man überall zusammengeklaubt hatte, um eine Armee zu bilden, die ebenso schlagkräftig war wie jene, die an der russischen Front die großen Siege errungen hatte. Die 6. Panzerarmee sollte mit vier starken Panzer- und fünf Infanteriedivisionen zwischen Monschau und dem Losheimer Graben angreifen, die Elsenborner Hügel überrollen, über die Maas setzen und nach Antwerpen vorstoßen.

Links von Dietrich, südlich also, stand die 5. Panzerarmee unter Manteuffel, einem Abkömmling der berühmten preußischen Familie, aus der schon mancher General hervorgegangen war. Dieser ehemalige Herrenreiter und deutsche Meister im Fünfkampf war nur ungefähr 1,60 Meter groß, aber von unbeugsamem Geist und nimmermüder Energie. Er war einer der wenigen, die Hitler offen zu widersprechen wagten. In den letzten Monaten hatte er vielleicht mehr als jeder andere Frontgeneral Hitlers Ohr gehabt. Gelegentlich flüsterte er ihm auch eine seiner pikanten Anekdoten zu. Auch dies wagte außer ihm niemand.

Manteuffel erhielt zwei Operationsziele: an seinem rechten Flügel sollten zwei Infanteriedivisionen den Keil in der Schnee-Eifel einkreisen, die 106. Division einkesseln und dann St. Vith, den wichtigsten Eisenbahn- und Straßenknotenpunkt östlich von Bastogne, nehmen. Seine übrigen Streitkräfte, drei Panzer- und zwei Infanteriedivisionen, sollten im Eiltempo südlich der Schnee-Eifel durch Luxemburg vorstoßen.

Brandenbergers 7. Armee, die schwächste der drei Armeen, sollte das Gebiet von Vianden und Echternach nehmen und dann nach Westen vorstoßen, um Manteuffels linken Flügel zu decken. Brandenberger, ein verläßlicher, peinlich genauer Kommandeur, wirkte wie ein Wissenschaftler, und in diesem Stil führte er auch seine Truppen. Er war für seine Aufgabe bestens geeignet. Obwohl sie wenig glanzvoll war, konnte doch der ganze Erfolg der Offensive von dem Schutzwall abhängen, den er gegen eventuelle, von Süden kommende Gegenangriffe Pattons zu errichten hatte.

Die Besprechung war zu Ende.

»Diese Schlacht«, schloß Hitler, »entscheidet über Sein oder Nichtsein der deutschen Nation. Ich verlange von allen meinen Soldaten, den härtesten, mitleidlosesten Kampfgeist. Die Schlacht muß mit aller Brutalität geführt und jeder Widerstand gebrochen werden. In dieser ernstesten Stunde unseres Vaterlandes fordere ich von jedem meiner Soldaten Mut, Mut und nochmals Mut. Der Feind muß auf die Knie gezwungen werden – jetzt oder nie! – damit unser Deutschland lebe!«

Die Divisionskommandeure begaben sich zurück an die Ardennenfront.

Dort war man bei den letzten Vorbereitungen. Man stellte fahrbare Rampen bereit, mit denen die Panzer über die »Drachenzähne« der Siegfriedlinie befördert werden sollten. Knüppeldämme zur Front wurden gelegt und mit dicken Strohlagen bedeckt, um das Rasseln der Panzer und Halbkettenwagen zu dämpfen. Um Benzin zu sparen und den Motorenlärm auszuschalten, ließ man die Munition für das erste Sperrfeuer von Trägern nach vorn bringen.

Größte Sicherheitsmaßnahmen wurden getroffen. Es herrschte Funkverbot, und die zivilen Telefonleitungen hinter den Linien wurden überwacht. Jedes Dorf erhielt einen eigenen Tarnoffizier. Sonderpolizeigruppen durchstreiften die Gegend und unterbanden jeden überflüssigen Verkehr. Man berief Spähtrupps zurück und stellte jede Artillerietätigkeit ein. Schon früher hatte man aus Belgien, Luxemburg und dem Elsaß stammende Soldaten von ihren Einheiten abgezogen und hinter die Front versetzt, um Desertionen möglichst zu verhindern. Täglich wurden fünf bis sechs strenge Appelle durchgeführt. Die Truppen erhielten sogar Holzkohlen zugeteilt, damit der Rauch von Holzfeuern nicht ihre Stellungen verriet.

Die letzte Phase der »Wacht am Rhein« lief an.

7

Am 13. Dezember gingen die letzten Berichte der Männer ein, die die »Wacht am Rhein« organisiert hatten.

General Jodl berichtete, daß die drei Armeen mit 77 000 Mann aufgefüllt worden seien. Für den Beginn der Offensive stünden zwanzig Divisionen bereit, fünf weitere würden in Kürze dazustoßen.

Feldmarschall Keitel meldete, daß über 14 Millionen Liter Treibstoff an die Front gebracht worden seien, weitere 9½ Millionen befänden sich auf dem Weg und 3½ Millionen in Reserve. Jeder Panzer sei mit Treibstoff für eine Fahrt von 140 bis 160 Kilometern versorgt.

Über den Munitionsbestand berichtete Keitel, daß ein Vorrat für acht Tage – 15 099 Tonnen – vorhanden sei. Ein zweiter Acht-

Tage-Vorrat liege zum Nachschub bereit.

General Kreipe meldete, daß die Luftwaffe 350 Maschinen einsatzbereit halte, darunter fast 80 neue Düsenjäger. Und noch bevor besseres Wetter einsetze, seien weitere zu erwarten.

In dieser Nacht gingen die deutschen Armeen abschnittsweise durch das fünfzehn Kilometer breite Niemandsland vor, das sie vom Feind trennte, und bezogen ihre endgültigen Angriffsstellungen. Die Infanteriedivisionen rückten bis zu einer zehn Kilometer von der Front entfernten Linie vor. Mit Pferden bespannte Geschütze und Haubitzen wurden bis auf acht Kilometer an ihre Feuerstellungen herangebracht.

In der nächsten Nacht rückten Panzer und Halbkettenwagen bis auf zehn Kilometer an die Front vor; deutsche Flieger führten indessen Tiefflüge durch, um den Lärm zu übertönen. Die Infanterie kroch bis auf fünf Kilometer heran, und die mit Pferden bespannte und motorisierte Artillerie rollte in ihre Stellungen.

Endlich brach die Nacht des 15. Dezember an. Zwanzig Divisionen – 250 000 Mann und Tausende von Fahrzeugen – standen bereit.

Kurz vor Mitternacht versammelten sich alle an der Offensive beteiligten deutschen Soldaten in ihren Angriffstellungen. Zitternd vor Kälte, doch mit gespannter Aufmerksamkeit, lauschten sie der Botschaft von Feldmarschall von Rundstedt, die ihre Offiziere verlasen:

> »Soldaten der Westfront! Eure große Stunde ist gekommen. Starke Angriffsarmeen sind gegen die Anglo-Amerikaner im Vormarsch. Mehr brauche ich euch nicht zu sagen. Ihr wißt selbst, was das bedeutet. *Wir setzen alles auf eine Karte!* Ihr habt die heilige Verpflichtung, euer Bestes zu geben und für Führer und Vaterland Übermenschliches zu leisten.«

Die Erregung früherer Siege bemächtigte sich der Männer. Sie waren wieder im Angriff.

Dann war Mitternacht vorüber. Der 16. Dezember 1944 brach an. An der 140 Kilometer langen Geisterfront war alles ruhig.

Angriff

16. Dezember 1944

1

Am Morgen des 16. Dezember lag dichter Nebel über der Schnee-Eifel. Die Männer des Panzerartillerieregiments der 1. SS-Panzerdivison »Adolf Hitler« fieberten vor Erregung.

»Alle Batterien feuerbereit«, lautete die Meldung.

Auf einer nahegelegenen Straße formierten sich die Panzer der Division wie ein riesiger gewundener Drache zum Angriff. Ein Offizier winkte dem Mann zu, der im Turm des nächsten Panzers stand.

»Auf Wiedersehn in Amerika, Leutnant!«

Der Leutnant lachte.

Ein letztes Mal wurden die Entfernungsmesser überprüft. Kehlen wurden trocken, Hände legten sich an den Abzug, Augen hefteten sich auf Uhrzeiger.

Überall an der Front hoben die Geschützführer den Arm.

Es war 5 Uhr 30.

»Feuer!«

Die Geisterfront spie Feuer und Rauch. Die ganzen 140 Kilometer entlang bellten Granatwerfer, zischten Raketen von ihren Abschußrampen, brüllten die 8,8er. Die Erde zitterte. Schneebedeckte Tannen erbebten, weiße Schleier rieselten zu Boden. Hunderte von Panzern dröhnten und rasselten, und von hinten kam das dumpfe Getöse der Eisenbahngeschütze, die ihre 35-cm-Granaten auf Ziele schleuderten, die kilometerweit hinter den feindlichen Linien lagen.

In seinem Schützenloch nahe dem Nordende der Ardennenfront erwachte Anthony Thibeau von der 99. Division durch den Lärm der Geschosse, die über ihn hinwegheulten. Dann vernahm er das ohrenbetäubende Geräusch von Nebelwerfergranaten, und eine Sekunde später schlugen ein paar Schritt entfernt zwei Granaten ein. Dann gingen die Explosionen ineinander über, und man konnte sie nicht mehr unterscheiden.

Einen Kilometer hinter der Schützenlinie stolperten die Offiziere in den Bataillonsgefechtsstand. Das entsetzliche, pausenlose

Sperrfeuer erschreckte und verwirrte sie. Den Berichten der Abwehr zufolge lagen ihrem Frontabschnitt nur zwei mit Pferden bespannte deutsche Geschütze gegenüber.

»Herrgott!« sagte der Exekutivoffizier. »Die strapazieren ja ihre beiden Rösser zu Tode!«

Noch weiter hinter der Front saß ein halbes Dutzend Soldaten im Messezelt der 99. Division beim Kaffee, und Tyger, der Koch, rührte Omelettenteig an. Plötzlich pfiffen Geschosse über ihre Köpfe hinweg.

»Heizt ihnen tüchtig ein, Jungs!« sagte ein GI.

Ein paar hundert Meter entfernt schlug eine Granate ein.

»Die heizen ja *uns* ein!« rief der Koch erstaunt.

In diesem Augenblick explodierte über ihnen ein Geschoß, und Tyger machte einen Luftsprung. Während die andern auf die Schrapnellöcher im Zelt starrten, zog Tyger langsam und vorsichtig seinen Fuß aus dem Teig. Dann rührte er weiter.

Südlich davon, im Losheimer Graben, stieg Sergeant John Banister von der 14. Kavalleriegruppe aus dem Bett und starrte durch die Finsternis nach Osten. In Krewinkel, seinem Dorf, gab es keine Einschläge, aber die Leute zu seiner Linken bekamen allerhand ab. Er dachte an das einen Kilometer entfernte Haus, in dem fünfzig Deutsche lagen. Wenn die massiert angriffen, konnte seine Einheit sie kaum aufhalten.

Zur Rechten Banisters, an der Spitze des Schnee-Eifel-Keils, im Gefechtsstand von Lieutenant Alan Jones, dem Sohn des Kommandierenden Generals der 106. Division, herrschte beträchtliche Verwirrung. Die Telefonleitungen waren unterbrochen, und auf allen amerikanischen Wellenlängen dröhnte deutsche Marschmusik. So war der junge Jones völlig abgeschnitten. Er wußte, daß das Sperrfeuer schwer war, daß es aber bis jetzt nur wenig Verluste gegeben hatte. Das war aber auch alles, was er wußte.

Genau südlich davon, in der Mitte des großen Frontabschnittes der 28. Division, beschoß deutsche Artillerie die kleinen Dörfer an der geschotterten Höhenstraße, die – parallel zum Fluß – drei Kilometer westlich der Ur verlief. Doch dieses Sperrfeuer ließ bald nach, und der Beschuß konzentrierte sich auf die dahinterliegenden Etappenorte, deren wichtigster Clervaux war.

Dort weckten die Detonationen Joseph Geiben, den jungen Mann, der nach seinem Zwangseinsatz in Rußland von der deutschen Armee desertiert war. Er kleidete sich an und weckte seine Mutter. »Ach, das sind nur die Amerikaner, die da schießen«, murmelte sie. »Leg dich wieder hin.«

Geiben ging die Treppe hinunter. Als er die Haustür öffnete, hörte er ein durchdringendes Pfeifen und ließ sich zu Boden fallen. Eine Explosion erschütterte das Haus, Staubwolken wälzten sich über ihn hinweg. Er stand wieder auf und blickte sich um. Die Tür war zertrümmert, die Fenster der Vorderfront lagen in Scherben. Auf der anderen Straßenseite brannte ein Haus, und im Schein des Feuers sah Geiben, wie seine Mutter und seine beiden Schwestern zitternd und mit angstvoll aufgerissenen Augen die Treppe herunterkamen. Nun gab es keinen Zweifel mehr: die Deutschen rückten wieder an.

Südlich der 28. Division, in den Schützengräben entlang der Sauer, erlebten die Rekruten der 9. Panzerdivision ihr erstes Feuergefecht. Es war schlimmer, als sie gedacht hatten. Wie sollte ein Mensch das überleben?

Noch ein paar Kilometer weiter südlich wurden die vordersten Stellungen der 4. Division völlig zerschossen. In und um Echternach waren sämtliche Vorposten vernichtet und die Telefonleitungen unterbrochen.

An der ganzen Ardennenfront hatte dieser brutale Weckruf die amerikanischen Soldaten, die Belgier und Luxemburger aus dem Schlaf gerissen. Doch in der Verwirrung, die durch den Zusammenbruch des gesamten Nachrichtensystems entstand, glaubte jede Gruppe, es handle sich um einen rein örtlichen, nur ihr allein geltenden Angriff.

2

Nach einer Stunde brach das Sperrfeuer ab. Eine beklemmende Stille folgte, doch nur für die Dauer eines Augenblicks. Dann stachen an allen strategisch wichtigen Punkten riesige Scheinwerfer durch den Morgennebel und tauchten die zusammengeschlagenen, rauchenden Stellungen der Amerikaner in gleißendes Licht. Die GIs starrten hervor, die Gesichter weiß in dem tödlichen Schein. Dies war ihre erste, bestürzende Begegnung mit einer neuen deutschen Schreckenswaffe: dem »künstlichen Mondlicht«.

Dann lösten sich aus dem Nebel geisterhafte, weißgekleidete Gestalten und rückten in Gruppen zu zwölf und vierzehn Mann langsam gegen sie vor.

Im Norden brachen die Grenadiere von Sepp Dietrichs 6. Panzerarmee in die vorderen Linien der 99. Division ein. Zugleich näherten sich von Osten her mit einem seltsamen ohrenbetäubenden Dröhnen Flugzeuge eines neuen Typs und fegten mit unglaublicher Geschwindigkeit über sie hinweg. Die Deutschen blickten zu ihnen empor und wußten plötzlich: dies waren die neuen Düsenjäger. Begeistert jubelten sie ihnen zu. Hitlers »Wunderwaffe« gab es also wirklich. Sogar in den hartgesottensten Veteranen, die in Rußland besiegt und quer durch Frankreich gehetzt worden waren, erwachte neue Hoffnung. Triumphierend stürzten sie vor und schwangen laut schreiend ihre Gewehre.

Diesem kraftvollen, hitzigen und überraschenden Angriff setzten die unerfahrenen amerikanischen Truppen einen zwar nur improvisierten, doch hartnäckigen Widerstand entgegen. Köche und Bäcker, Schreiber und Musiker, Holzfäller und Lastwagenfahrer wurden wahllos in die Bresche geworfen, um die Flut aufzuhalten. Manche rannten davon, doch die meisten hielten stand und kämpften. Obwohl Sepp Dietrich geprahlt hatte, er würde diese unerprobte Division im ersten Ansturm überrennen, gelang ihm das nicht. Zwar wankte die Front zwischen Monschau und dem Losheimer Graben, sie zerbrach aber nicht.

Im Losheimer Graben lagen die Dinge anders. Hier konnte kaum etwas den deutschen Angriff zum Stehen bringen. Schon hatte man Planken über die Beton-»Drachenzähne« gelegt und befestigte sie eilends an den in der vergangenen Nacht heimlich errichteten Stützen. Über diese behelfsmäßigen Brücken und durch die breiten Lücken, welche die Infanteristen in die schwach besetzten amerikanischen Linien geschlagen hatten, rollten dröhnend Panzer, Schützenpanzer und Sturmgeschütze.

Kurz vor Morgengrauen wurde die schwache Verbindung zwischen der 99. Division und der anschließenden, zu General Jones' Truppen gehörenden 14. Kavalleriegruppe unterbrochen. Der kleine Spähtrupp der 99., der beauftragt war, jede Stunde mit einem Jeep eine Erkundungsfahrt durch die drei Kilometer breite

Lücke zu machen, die seine Division von den Kavalleristen trennte, wurde durch vordringende Deutsche abgeschnitten. Er konnte nur noch melden, daß es in diesem Teil des Losheimer Grabens »von Deutschen wimmele«. Dann verstummte er.

Ein Stück weiter südlich, mitten im Losheimer Graben, beobachtete Sergeant John Banister von der 14. Kavalleriegruppe, wie Hunderte von Deutschen nach Krewinkel strömten.

Seine Männer hatten im zweiten Stock des Hauses, in dem sie lagen, Maschinengewehre aufgestellt und die Angreifer unter Feuer genommen. Die Hauptflut der Deutschen umging sie und stieß weiter nach Westen vor.

Banister, ein großer, kräftiger Mann von 22 Jahren, fand sonst fast für alles ein Witzwort. An diesem Morgen aber schien ihm die Lage zum Spaßen zu ernst.

Wieder näherte sich durch Nebel und Sprühregen eine Welle weißgekleideter Gestalten. Sie wurde jedoch abgewehrt und zog sich um 7 Uhr 30 zurück. Das Vorfeld war mit Toten übersät.

»Erholt euch zehn Minuten!« rief ein Deutscher auf Englisch. »Dann kommen wir wieder!«

»Schert euch zum Teufel!« brüllte Banister zurück. »Wir bleiben hier!«

In Vielsalm, vierzig Kilometer hinter der Front, wo die Hälfte der 14. Kavalleriegruppe in Reserve lag, schrillten die Telefone. Als First Lieutenant Bob Reppa um 7 Uhr 30 in aller Ruhe beim Frühstück saß, kam eine Meldung vom Losheimer Graben. Fünf feindliche Panzer, hieß es, machten den Kameraden draußen, die sich schon zurückgezogen hätten, teuflisch zu schaffen.

Reppa war empört. Er wickelte seine Alkoholration in einen Schlafsack und sprang in seinen Panzerwagen. Die Reserve, die ursprünglich zur berühmten »Black Horse«-Truppe aus Chikago gehört hatte, würde schon wieder Ordnung schaffen.

Die Meldung war falsch, aber daß die neunhundert Kavalleristen von Banisters Schwadron dringend Hilfe brauchten, stimmte. Nicht nur Dietrichs linke Flanke griff sie an, sondern auch der rechte Flügel von Manteuffels 5. Panzerarmee.

Manteuffels Infanteristen hatten die Kavalleriestützpunkte im Südteil des Losheimer Grabens bereits umgangen und versuchten, zu dem Dorf Schönberg vorzustoßen, das direkt hinter dem Schnee-Eifel-Keil lag. Gleichzeitig stießen andere Infanteristen

Manteuffels jenseits der Schnee-Eifel vor. Die beiden Gruppen griffen nach Schönberg wie die Backen einer riesigen Zange und drohten Jones' 106. Division völlig einzuschließen.

Doch dies war nicht Manteuffels wichtigstes Vorhaben. In diesem Augenblick überwachte er persönlich den wuchtigen Angriff von fünf Panzer- und Infanteriedivisionen auf das Zentrum der Geisterfront, das von der kampferprobten, aber erschöpften 28. Division gehalten wurde.

Schon Stunden vor Beginn des morgendlichen Sperrfeuers hatte Manteuffel mit Gummibooten Infanteristen über die Ur setzen lassen, um dem Panzerangriff den Weg zu ebnen. Die linke Flanke der 28. schlug schnell zu. Die Angreifer konnten zwar ein paar Feldküchen erobern, wurden aber bald zurückgedrängt. Nun lag eine Menge verhungert aussehender Deutscher tot um die Küchen herum; manche hatten im Mund noch halbzerkaute Würstchen.

Der mittlere Teil der 28. Division jedoch, der das Schwergewicht des Angriffs aufzufangen hatte, war ernstlich in Gefahr. Die Stellungen in den Dörfern entlang der Höhenstraße waren umzingelt und wurden heftig beschossen. Hier hatten die deutschen Infanteristen ganze Arbeit geleistet. Die Straße nach Westen – nach Clervaux, Bastogne und zur Maas – lag offen vor ihnen.

Doch die »Tiger« und »Panther«, die durch dieses Loch vorstoßen sollten, erschienen nicht. Bei Dasburg, wo die 2. deutsche Panzerdivision über die Ur setzen sollte, mußte etwas schiefgegangen sein.

Als Leutnant Rudolf Siebert und seine Panzerkompanie um 7 Uhr 40 die kurvenreiche Bergstraße zu dem kleinen Grenzstädtchen herunterkamen, hatten die Pioniere noch keine Brücke über den Fluß geschlagen. Irgendein Dummkopf war schuld daran, daß man an der Übersetzstelle den Oberbau vor den Hauptteil der 60-Tonnen-Brücke gelegt hatte. Auf der engen Straße herrschte ein heilloses Durcheinander. Verzweifelt überquerte Siebert mit seinem Volks-Schwimmwagen den Fluß. Auf dem deutschen Ufer der Ur stauten sich kilometerweit Panzer und Panzerwagen.

Trotz dieses Mißgeschicks auf deutscher Seite stand das Kernstück der amerikanischen Front unmittelbar vor dem Zusammenbruch. 70 000 Mann und mehr als 200 Panzer bereiteten sich darauf vor, über die Ur vorzustoßen.

Dieser Flut stand eine einzige Kampfgruppe von 5000 Mann gegenüber. Und das einzige natürliche Hindernis auf ihrem Weg war die schöne Stadt Clervaux mit ihrer alten Burg, zehn Kilometer westlich von Dasburg, wo die Truppen den Fluß überquerten. Unter den Einwohnern von Clervaux drohte eine Panik auszubrechen. Sie liefen in den Straßen umher und beschworen die Soldaten, ihnen zu sagen, wie die Dinge stünden. Doch die GIs wußten noch weniger als die Zivilisten. Sie lagen in Clervaux in Ruhestellung, und es paßte ihnen nicht, daß sie in dieser Zeit der Gefahr nicht bei ihren Einheiten waren.

Im Hotel Claravallis, an der Straße, die von der Burg herunterführte, versuchte Colonel Hurley Fuller, sich aus den einander widersprechenden Meldungen, die aus den Dörfern an der Höhenstraße eingingen, ein Bild zu machen. Er wußte wohl, daß die Lage seines ganzen 110. Regiments, dessen Stellungen elf Kilometer vor Clervaux lagen, immer kritischer wurde, doch die Einzelheiten konnte er nur erraten. Im Sperrfeuer der Deutschen waren alle seine Nachrichtenverbindungen zusammengebrochen; die Telefone schwiegen, der Funkverkehr war gestört.

Um 7 Uhr 45 berichtete ein Melder seines nördlichen Bataillons aufgeregt, daß alle Stellungen an der Höhenstraße von feindlicher Infanterie angegriffen wurden. Panzer waren bis jetzt noch nicht aufgetaucht.

Ein paar Minuten später erschien ein noch aufgeregterer Melder von Fullers südlichem Bataillon. Hier hatten die deutschen Panzer bereits die Ur überquert und rollten nach Westen vor. Auch mit Pferden bespannte Artillerie hatte man durch die Täler rasen sehen.

Im Hotel Claravallis zeigten sich die ersten Anzeichen von Panik. Doch Hurley Fuller in seinem kleinen Büro bewahrte die Ruhe. Kurz und knapp erließ er seine Befehle. Er befand sich offensichtlich in seinem Element. Rasch verbreitete sich die Kunde, daß er in Hochform sei. Das erstickte die aufflackernde Panik im Keime. Ein Donnerwetter des »Alten« fürchtete man mehr als die Deutschen.

Südlich von Fullers Regiment griff die 7. Armee unter General Ernst Brandenberger den Zugang nach Echternach, den Endpunkt der Geisterfront, an. Eine Stunde lang hatten Infanteristen mit Booten die Sauer überquert. Jetzt gingen sie im Schutz des Nebels und der dichten Wälder weiter vor.

Schon hatten sie die vordersten amerikanischen Stellungen im südlichen Frontabschnitt entweder umgangen, wie bei Echternach, oder, wie bei Vianden, genommen. Wie Ameisenarmeen schoben sich deutsche Angriffssäulen durch die Täler und Schluchten nach Westen. In einem winzigen Flugzeug über dem Schlachtfeld funkte ein amerikanischer Artilleriebeobachter: »Mein Gott, da unten wimmelt es nur so von Zielen – wie in einem Spielautomaten.«

Bis 9 Uhr hatte die »Wacht am Rhein« schon große Fortschritte gemacht. Der Losheimer Graben war so gut wie überrannt und das Kernstück der ehemaligen Geisterfront, das Tor nach Bastogne, an einem Dutzend Stellen durchlöchert.

Ein klares System zeichnete sich ab, aber niemand auf alliierter Seite erkannte es. Da die Telefonleitungen unterbrochen waren und der Funk gestört, stand jeder Zug und jede Kompanie für sich allein im Kampf. Den Regimentern gelang es nur schwer, mit den Bataillonen vorn und der Division hinten Verbindung zu halten. Und es gab viele Verluste, ehe die Division Meldungen erhielt und sich vom Korps Weisungen holen konnten. Der ganze Instanzenweg der Kommandostellen war wie durch einen Kurzschluß lahmgelegt.

Um die Mitte des Vormittags waren widersprechende Berichte auf allen möglichen Irrwegen bis zu den Korpskommandostellen gedrungen. In Bastogne saß ratlos Troy Middleton und dachte immer wieder sorgenvoll an die Schnee-Eifel. Was immer das Ziel und wie groß auch die Wucht des deutschen Angriffs war, auf jeden Fall bereitete er Jones und seiner 106. Division schwere Stunden.

Leonard Gerow, der Kommandeur des nördlichen V. Korps, stand vor einem noch schwierigeren Problem. Er wurde nicht nur angegriffen – er griff selbst mit einer seiner Divisionen die Rur-Dämme an. Falls es sich herausstellte, daß der deutsche Angriff eine Großoffensive war, würde seine 2. Division bald abgeschnitten und aufgerieben sein.

Die Berichte vom nördlichen Frontabschnitt wurden von Stunde zu Stunde ernster. Um 11 Uhr ließ sich Gerow mit Courtney Hodges, seinem Vorgesetzten im Hauptquartier der Ersten

Armee in Spa, verbinden.

»Ich möchte meinen Angriff abbrechen«, sagte er.

Hodges überlegte einen Augenblick. Etwas früher an diesem Vormittag hatte die 2. Division nach einem brillanten Einbruch ein Wespennest der Siegfriedlinie, das Verkehrszentrum Wahlerscheid, genommen. Der Angriff auf die Rur-Dämme war endlich ins Rollen gekommen.

»Greifen Sie weiter an!« befahl er Gerow. Die spärlichen, widerspruchsvollen Meldungen ließen darauf schließen, daß es sich bei dem deutschen Unternehmen nur um einen Störversuch handelte.

Omar Bradley, Hodges' Vorgesetzter, war in diesem Augenblick nicht einmal für spärliche, widerspruchsvolle Meldungen erreichbar. Er war in seinem Dienstwagen unterwegs nach Versailles, zur Lagebesprechung mit Eisenhower. Vor zwei Stunden hatte er die Stadt Luxemburg verlassen – ohne zu ahnen, daß die Deutschen nur dreißig Kilometer entfernt angriffen.

In Versailles legte Eisenhower eben in seinen übervollen Arbeitstag eine kleine Pause ein, um einen humorvollen Brief an Montgomery zu schreiben. Tags zuvor hatte der Field Marshal auf Zahlung der fünf Pfund gemahnt, die er darauf gesetzt hatte, daß der Krieg bis Weihnachten zu Ende sein würde.

»Ich habe immer noch eine Chance von neun Tagen«, antwortete Eisenhower.

3

Um die Mittagszeit waren die Dörfer im Losheimer Graben teils genommen, teils belagert oder vom Angriff bedroht. Auf allen Straßen, die durch den Graben führten, herrschte wildes Durcheinander.

Colonel Mark Devine, Kommandeur der 14. Kavalleriegruppe, hatte sich an die Front begeben, um selbst nach dem Rechten zu sehen. Ein paar Minuten nach zwölf fuhr er zu seinem Gefechtsstand in Manderfeld zurück.

Dort waren die engen Straßen von Fahrzeugen und Artillerie verstopft, die nach Westen, in die sichere Gegend von St. Vith, strömten. Hysterische Zivilisten liefen neben den Wagen her und baten flehentlich, man möge sie mitnehmen. Andere, die zu den Deutschen hielten, standen am Straßenrand und sahen lächelnd und kopfnickend zu.

Als Devine seinen Gefechtsstand betrat, fand er seinen Stab inmitten heilloser Unordnung beim Packen. Er bekam einen Wutanfall. Devine war ein strenger, energischer Vorgesetzter, der seinen Untergebenen nichts durchgehen ließ. Bald war alles wieder ausgepackt.

Drei Kilometer weiter vorn, in Krewinkel, hatte Sergeant John Banisters Truppe den ganzen Vormittag über einen heftigen Angriff nach dem andern abgewehrt. Als ihr um 13 Uhr die Munition ausging, wurden die Überlebenden in fünf Jeeps und drei Panzerwagen verfrachtet. Während die kleine Wagenkolonne in westlicher Richtung davon fuhr, drangen Deutsche in weißen Tarnanzügen von drei Seiten in das zerschossene Dorf ein.

Im selben Augenblick, als Banisters Kolonne von Osten her in Manderfeld einfuhr, traf von Westen, angeführt von Lieutenant Bob Reppas Trupp, die Reserveschwadron ein. Die Reservisten, die einer falschen Meldung zufolge glaubten, die Soldaten an der Front seien, ohne daß ein Schuß gefallen war, geflüchtet, überschütteten Banister und seine Leute, als die Kolonnen aneinander vorbeifuhren, mit höhnischen Zurufen.

Doch die Männer vom Trupp C, deren Gesichter verfallen und schmutzverkrustet waren, kümmerten sich nicht um das Gejohle und folgten ihren Offizieren zu einem nach Osten abfallenden Hügel, wo sie sich einzugraben begannen.

Als am frühen Nachmittag zur Unterstützung der deutschen Sturmtrupps Infanterie nachrückte und durch den Losheimer Graben drängte, verschlechterte sich die Lage der Amerikaner rapid. In heller Aufregung telefonierte Colonel Devines Adjutant an Jones' Gefechtsstand in St. Vith: »Die Deutschen brechen südwestlich von uns durch! Sie gehen gegen die Ur vor!« Die 14. Kavalleriegruppe, so betonte er, würde, falls sie sich nicht sofort zurückzog, vom Hinterland abgeschnitten werden.

Die Erlaubnis zum Rückzug wurde erteilt, und bald darauf räumte Banisters Trupp Manderfeld. Die »Black Horse«-Schwadron gab Feuerschutz. Doch die Männer dieser stolzen Einheit, die am Morgen noch so gemütlich in Reserve gelegen hatten, folgten ihnen bald nach. Obwohl sie noch kaum Pulver gerochen hatten, hatte ihr Colonel das Kommando schon seinem Adjutanten übergeben. In der Meldung hieß es, er sei in schlechter nervlicher Verfassung und begebe sich nach hinten, »um für weitere Munition zu sorgen«.

Die Amerikaner setzten alles daran, vor dem Eintreffen der Deutschen die Stadt zu verlassen. In ihrer kopflosen Hast steckten sie, lediglich um wichtige Papiere zu verbrennen, einige Häuser in Brand. Als Bob Reppas Trupp A, der sich als letzter zurückzog, nordwestwärts durch die zunehmende Dämmerung davonraste, brannte die ganze Stadt.

Nach ein paar Kilometern erreichte Reppa das armselige Dörfchen Holzheim, in dem er sich zur Verteidigung festsetzen sollte. Eine Raketenabwehrbatterie verließ eben den Ort.

»Die Deutschen kommen!« schrie ihm ein Lieutenant zu. »Sie haben die Hauptstraße nach Schönberg abgeschnitten und können jeden Augenblick hiersein. Folgt uns nach Norden, in Richtung Honsfeld!«

»Ich habe keinen Befehl, den Ort zu räumen«, sagte Reppa. Er ging zu seiner Funkanlage zurück und versuchte noch einmal, Verbindung mit der Schwadron zu bekommen. Die Befehle, die er erhalten hatte, waren reichlich unklar gewesen, und wenn er sich nicht näher erkundigte, bestand die Gefahr, daß alles, was er unternahm, verkehrt war.

Diesmal bestätigte die Schwadron den Empfang von Reppas Botschaft. Aber seine Bitte um Weisungen blieb unbeantwortet.

Reppa ließ sich mit seiner kleinen Kampfgruppe auf einem Hügel im Osten des Dorfes nieder. Die Männer hatten nichts zu tun, und so saßen sie mürrisch da und starrten nach Holzheim hinunter, das langsam in der Dämmerung versank. Die Dorfbewohner verhielten sich kühl, fast feindselig, und warfen alles, was an die amerikanischen Besatzungen erinnerte, aus ihren Häusern.

»Gleich werden sie deutsche Fahnen heraushängen«, sagte einer der Männer grimmig.

4

Im SHAEF in Versailles fand indessen die wichtige Besprechung über die Verstärkung der Infanterie statt. Anwesend waren Eisenhower mit seinem Stab und Bradley.

Mitten in der Diskussion betrat ein Colonel das Besprechungszimmer und überreichte dem britischen Major General Ken Strong, Eisenhowers Abwehroffizier, wortlos eine Meldung. Strong überflog sie, dann unterbrach er die Diskussion und las sie laut vor: »Heute morgen hat der Feind im Bereich der Ersten Armee an fünf verschiedenen Punkten zum Großangriff angesetzt.«

Bradley vermutete, daß es sich um reine Störversuche handle. »Die Deutschen wissen, daß sie etwas gegen den Druck tun müssen, unter den sie Patton gesetzt hat«, sagte er gelassen. »Wenn es ihnen gelingt, uns durch einen Ausfall in den Ardennen zu zwingen, Pattons Truppen von der Saar abzuziehen und ihrer Gegenoffensive entgegenzuwerfen, dann haben sie erreicht, was sie wollen – ein wenig Zeitgewinn.«

»Das ist kein lokaler Angriff«, sagte Eisenhower. »Es hätte für die Deutschen keinen Sinn, auf unsere schwächste Stelle einen lokalen Angriff zu unternehmen.«

»Was für eine Art von Angriff soll es denn sonst sein?«

»Das wird sich noch herausstellen. Ich glaube aber nicht, daß wir es uns leisten können, bis dahin Daumen zu drehen.«

»Und was sollten wir Ihrer Meinung nach tun?«

»Middleton zu Hilfe eilen. Mit etwa zwei Panzerdivisionen.«

»Kann sein, daß Sie recht haben«, sagte Bradley. »Aber Sie sind sich doch wohl bewußt, daß eine dieser Divisionen von Patton gestellt werden muß?«

»Na, und?«

»Georgie wird nicht gerade begeistert sein, wenn man ihm ein paar Tage vor seinem Großangriff auf die Saar eine Division wegnimmt.«

»Dann sagen Sie ihm«, erwiderte Eisenhower ziemlich aufgebracht, »daß Ike in diesem verdammten Krieg das Kommando führt.«

Eine Minute später telefonierte Bradley mit Lieutenant General George Patton in Nancy, der Befehlsstelle der Dritten Armee. »George«, sagte er, »setzten Sie die 10. Panzerdivision nach Stadt

Luxemburg in Marsch.«

Patton erhob heftig Einwände. Wenn man ihm die 10. wegnähme, dann werde es ihm womöglich nicht gelingen, zur Saar durchzubrechen. Und wozu brauche man denn überhaupt noch eine Panzerdivision?

Geduldig erklärte Bradley ihm die Lage.

»Aber zum Teufel!« rief Patton mit seiner hohen Fistelstimme. »Da oben ist doch weiter keine Gefahr. Das ist doch bloß ein lächerlicher kleiner Störangriff. Die Deutschen wollen uns hier unten aus dem Gleichgewicht bringen und mich zwingen, meine Offensive abzublasen.«

»Es ist mir schrecklich unangenehm, George, aber ich muß Ihnen die Division wegnehmen. Troy Middleton braucht Hilfe.«

Dann rief Bradley sein eigenes Hauptquartier in der Stadt Luxemburg an und befahl seinem Stabschef, die Neunte Armee zu benachrichtigen, sie solle die 7. Panzerdivision von Holland herunterschicken.

Als er aufhängte, legte ihm Walter Bedell Smith, Eisenhowers Stabschef, die Hand auf die Schulter. »Na, Brad«, sagte er, »Sie haben sich doch immer einen Gegenangriff gewünscht. Sieht ganz so aus, als ob Sie jetzt einen kriegen.«

»Ja, einen Gegenangriff wollte ich schon«, erwiderte Bradley mit einem verzerrten Lächeln. »Aber ganz bestimmt nicht so einen großen, verdammt noch mal!«

Noch in derselben Stunde wurde Bradleys Befehl von Luxemburg aus an das Hauptquartier der Neunten Armee und von dort an die 7. Panzerdivision in dem deutschen Städtchen Eubach, 43 Kilometer nördlich von Monschau, weitergegeben.

In Eubach packte Brigadier General Bruce Clarke vom Kampfkommando B der 7. Panzerdivision eben in seinem Quartier die Koffer, um nach Paris auf Urlaub zu fahren. Obwohl er seit fünf Monaten ununterbrochen im Fronteinsatz stand, hatte er nicht selbst darum nachgesucht. Der neue Kommandeur der Division, Brigadier General Robert Hasbrouck, hatte darauf bestanden, daß Clarke sich drei Tage freinahm.

Clarke war gerade mit dem Anziehen fertig, als er zum Telefon gerufen wurde.

»Bruce«, sagte Hasbrouck. »Sie können leider doch nicht nach

Paris fahren. Eben kommt der Befehl, die Division nach Bastogne in Marsch zu setzen.«

»Bastogne? Das ist bestimmt eine Ruhestellung. Was sollen wir denn dort?«

»Keine Ahnung. General Simpson sagt, ich soll mich mit der Division bei Troy Middleton melden. Sie können schon vorausfahren und festzustellen versuchen, welche Aufgabe man für uns hat. Vielleicht haben sie dort unten Schwierigkeiten.«

Clarke fuhr ab. Schon ein paar Minuten später stimmte der Auftrag, den Hasbrouck ihm gegeben hatte, nicht mehr. Die 7. sollte nicht nach Bastogne, sondern nach Vielsalm verlegt werden. Doch auch dieser Befehl war bald überholt. Die 7. wurde 20 Kilometer weiter östlich verzweifelt gebraucht – in St. Vith. Die Schlacht richtete sich nicht nach Meldungen und Befehlen.

In der häßlich düsteren Stadt St. Vith waren die Straßen jetzt finster, kein Licht drang aus den Häusern. Ein Teil der Bevölkerung verhielt sich gegen die Amerikaner noch feindseliger als tags zuvor. Jene Einwohner, die sich als Belgier fühlten – etwa die Hälfte – packten in Angst und Schrecken ihre Habseligkeiten; die andere Hälfte jedoch, die zu den Deutschen hielt, war offensichtlich begeistert. Bald würde St. Vith wieder deutsch sein.

In seinem Gefechtsstand im Schulhaus wartete Alan Jones dringend auf Nachricht von Korpskommandeur Troy Middleton. Jones wußte, daß die Deutschen im Losheimer Graben durchgebrochen waren und seine Leute in der Schnee-Eifel jeden Augenblick abzuschneiden drohten; er hatte jedoch keine Ahnung davon, daß die 14. Kavalleriegruppe fast gänzlich aufgerieben war und daß die Deutschen St. Vith als Hauptangriffsziel für den nächsten Tag vorgesehen hatten.

Obwohl die Männer im Schulhaus nur sehr wenig über die Lage wußten, spürten sie genau, daß sich ein Unheil zusammenbraute. Müde und erschöpft standen sie in den Gängen umher und unterhielten sich aufgeregt.

Mitten in diese Verwirrung hinein platzte ein strengblickender Offizier – Brigadier General William Hoge vom Kampfkommando B der 9. Panzerdivision. Ihm ging der Ruf voraus, daß er ebensowenig zu erschüttern sei wie seine steinerne Miene. Unteroffiziere liefen umher, junge Offiziere diskutierten mit lauter Stimme, doch alles, was er von ihnen erfahren konnte, waren Gerüchte. Verärgert begab er sich nach oben in Jones' Büro.

»Wissen Sie schon Bescheid?« fragte ihn Jones.

»Ich weiß überhaupt nichts«, sagte Hoge in seiner knappen Art. »Ich war oben bei Monschau zur Feindbeobachtung eingesetzt. General Gerow sagte mir, meine Einheit sei aufgelöst und ich solle mich bei Ihnen melden. Ich habe mich gleich hierher auf den Weg gemacht.«

»Es sieht übel aus«, sagte Jones. »Meine Front in der Eifel ist schwer angeschlagen. Zwei Regimenter sind fast abgeschnitten.«

»Und was soll ich machen?«

»Ihr Kampfkommando sofort hierher verlegen, morgen früh Schönberg angreifen und meine Regimenter zurückbringen.«

Wortlos verließ Hoge das Büro. Als er nach einem Telefon suchte, um sich mit seinem Gefechtsstand in Verbindung zu setzen, stieß er auf Colonel Mark Devine von der 14. Kavalleriegruppe.

»Was zum Teufel ist denn hier eigentlich los?« fragte Hoge.

Devine, der eben erlebt hatte, wie seine kleine Truppe von zwei deutschen Divisionen zerschmettert worden war, brachte keine zusammenhängende Antwort heraus.

Inzwischen hatte Jones endlich Verbindung mit Middleton bekommen. Beide drückten sich sehr vorsichtig aus; es war leicht möglich, daß der Feind mithörte.

»Ich mache mir Sorgen um ein paar von meinen Leuten«, sagte Jones. Die Verständigung war schlecht, er mußte beinahe schreien.

»Ich verstehe.« Middleton wußte, daß Jones von seinen Regimentern in der Schnee-Eifel sprach. »Wie geht's ihnen?«

»Nicht gut. Sie fühlen sich sehr einsam.«

»Ich werde einen tüchtigen Freund hinschicken. Aus der Werkstatt. Er müßte morgen etwa um 7 Uhr bei euch sein.«

Jones wußte, daß »Werkstatt« das Codewort für die 7. Panzerdivision war. Er atmete auf. »Und meine Leute?« fragte er. »Glauben Sie nicht, daß ich sie zurückrufen soll?«

Infolge der schlechten Verbindung hörte Middleton diesen letzten Satz nicht. »Sie wissen besser als ich, wie die Dinge dort oben stehen«, sagte er. »Aber glauben Sie nicht, daß Sie ihre Truppen zurückziehen sollten?«

Jones wiederum hörte diese Frage nicht. »Ich möchte wissen,

was Sie von Ihrem Standpunkt aus von der Lage halten«, fragte er eindringlich. »Soll ich warten? Ist noch Zeit?« Er war überzeugt, daß Middleton meinte, er solle seine Leute in der Schnee-Eifel lassen. Am liebsten hätte er dagegen protestiert, doch er zögerte. Er war neu an der Front und deshalb vielleicht zu ängstlich und vorsichtig. Er beschloß, sich auf Middletons Erfahrung zu verlassen, und legte auf.

Seufzend blickte Jones zu Colonel Malin Craig auf, einem seiner Artillerieoffiziere. »Na, da haben wir's«, sagte er mürrisch. »Middleton meint, wir sollen sie dortlassen. Holen Sie General Hoge!«

Craig ging zur Tür; die beiden Regimenter sind verloren, dachte er, nutzlos geopfert.

Jones wandte sich an Lieutenant Colonel Slayden, einen Offizier vom VIII. Korps, den Middleton ihm zugeteilt hatte. Sein Gesicht hellte sich auf. »Na ja«, sagte er. »Ich habe auch eine gute Nachricht. Sie schicken die 7. Panzerdivision. Morgen früh wird sie hier sein.«

Slayden war nahe daran, Jones zu sagen, die 7. liege so weit nördlich, daß sie unmöglich vor Mittag hier sein könne, doch dann schwieg er lieber.

Die Tür ging auf, und Hoge trat ein.

»Die 7. Panzer kommt!« rief Jones. »Morgen früh, gegen 7 Uhr, wird sie hier sein!« Er ging zu einer Wandkarte. Zwei Straßen führten von St. Vith zur Schnee-Eifel. Er zeigte auf ein Dorf an der nördlichen Straße. »Ich werde Schönberg nicht von Ihnen, sondern von der 7. angreifen lassen. Sie nehmen statt dessen Winterspelt.« Er deutete auf ein Dorf an der südlichen Straße zwischen St. Vith und den eingeschlossenen Regimentern.

Nach Stunden höchster Anspannung fand Jones endlich seine Ruhe wieder. Er hatte einen kräftigen Schlag einstecken müssen, und die Lage war kritisch; morgen früh aber würden die 7. Panzer und Hoges Kampfkommando zur Schnee-Eifel durchstoßen. Bis dahin würden seine Leute sich schon halten. Er hatte sich alle Mühe gegeben, gute Soldaten aus ihnen zu machen, und er war auf jeden der 8000 stolz – besonders auf First Lieutenant Alan Jones jr.

Ein Stabsoffizier betrat Middletons Büro in Bastogne.

»Eben habe ich mit Jones gesprochen«, sagte Middleton. »Ich habe ihm befohlen, daß er seine Regimenter aus der Schnee-Eifel zurückziehen soll.«

5

Nach 20 Uhr flaute die Kampftätigkeit langsam ab, und an der ganzen Front begannen die Vorbereitungen für die Unternehmungen des nächsten Tages. Nur in den zwei großen Durchbruchsgebieten der Deutschen, im Losheimer Graben und östlich von Clervaux, trat keine Ruhe ein.

In dem malerischen Burgstädtchen Clervaux war die Nacht sehr bewegt. Während im Osten immer wieder Gewehrfeuer aufflakkerte, telefonierte Colonel Fuller mit Major General Norman Cota, dem Kommandeur der 28. Division.

»Aber ich *muß* ganz einfach mein 2. Bataillon haben«, sagte er. Fuller war schon seit dem ersten Weltkrieg aktiver Offizier, und er hatte sich in all den Jahren nie bemüht, seinen Vorgesetzten gegenüber ein Blatt vor den Mund zu nehmen.

»Tut mir leid«, sagte der ebenso leicht aufbrausende Cota. »Da kann ich nicht nachgeben. Das Bataillon ist meine einzige Reserve. Sie wissen doch, daß ich mich noch um zwei andere Regimenter kümmern muß.«

Aufgebracht wiederholte Fuller seine Forderung.

Wieder wis Cota ihn ab. »Aber«, fügte er hinzu, »Sie können meinetwegen die Offiziere und Soldaten haben, die in Clervaux in Ruhestellung sind.«

Fuller legte auf und holte sich rasch die 300 Soldaten zusammen, die nach Clervaux gekommen waren, um sich ein paar schöne Tage zu machen. Sie wurden mit Gewehren, Karabinern und Handgranaten bewaffnet und schleunigst in die östlichen Vororte geschickt. Dann klaubte man in allen Hotels der Stadt Köche, Schreiber und für Sonderaufträge Angestellte zusammen und befahl ihnen, die MP bei der Verteidigung der Burg zu unterstützen.

Einer der Köche hielt entsetzt eine Handgranate in der Hand. Tränen liefen ihm über die Wangen. »Drei Jahre bin ich jetzt beim Militär«, sagte er, »und hab' immer bloß gekocht. Das Ding wird mich in Stücke reißen.«

Während dieser bunte Haufen widerwillig zur Burg marschierte, nahmen die Deutschen die Stadt neuerlich unter Feuer.

Um 21 Uhr 30 kam wieder ein Anruf für Fuller.

»Ich denke daran, Ihnen das 2. Bataillon zur Unterstützung zu schicken«, sagte Cota. »Was würden Sie damit machen, falls Sie es bekommen?«

»Einen Gegenangriff«, erwiderte Fuller rasch. »Um die eingeschlossene Besatzung von Marnach zu befreien.« Dies war die Schlüsselposition zwischen der Ur und Clervaux. »Und wenn das klappt, werde ich den Angriff auf der Straße von Marnach nach Hosingen fortsetzen und meine Leute in Hosingen herausschlagen.«

Cota knurrte befriedigt. »Sie können das 2. Bataillon haben. Mit Ausnahme von Kompanie G, die ich in Reserve halte.«

Fuller legte auf. Nun hatte er etwas, was er auf die Hügelkette östlich von Clervaux ansetzen konnte.

Doch Manteuffel hatte genügend vorgesorgt, um Fullers Pläne zum Scheitern zu bringen. Seine ganze 2. Panzerdivision, eine Elitetruppe, und eine Grenadierdivision bereiteten sich darauf vor, im Morgengrauen anzugreifen. Manteuffel war entschlossen, Clervaux bis zum nächsten Mittag zu erobern.

Im Losheimer Graben, 40 Kilometer nordöstlich von Clervaux, war die Lage viel unübersichtlicher und bei weitem gefährlicher.

Schulter an Schulter hatten Dietrichs und Manteuffels Männer einen breiten Einbruch in den Graben erzwungen und waren daran, nach Belgien einzufallen. Wenn ihnen das gelang, sollte Manteuffel südwestlich nach St. Vith und Dietrich weiter nach Westen vorstoßen.

Trotzdem vermuteten weder Troy Middleton, der Kommandeur des Korps, das von Manteuffel bedroht wurde, noch Gerow, der Kommandeur des Korps, das Dietrich auf seinem Weg zur Maas überrennen sollte, daß der Losheimer Graben weit offen stand.

Die 14. Kavalleriegruppe war zu angeschlagen, zersplittert und verwirrt, um Middleton korrekte Lageberichte senden zu können.

Und obwohl die 99. Division wußte, daß sie seit dem frühen Morgen die Verbindung mit den Kavalleristen verloren hatte, war diese Erkenntnis durch unerklärliche Nachlässigkeit nicht bis zu Gerow gedrungen.

Um 21 Uhr 30 fühlte sich der Kommandeur des V. Korps sogar ziemlich sicher. Überall an der Front der 99. Division war der Tag sehr unruhig gewesen, Gerow aber hatte sich rasch darauf eingestellt und die Einbruchstellen und schwachen Punkte mit zwei Reservebataillonen der 2. Division gefestigt. Nun schien die ganze Front in recht gutem Zustand.

Seine optimistische Einschätzung der Lage beruhte auf einem Irrtum. Gewiß, die Vordertür war verschlossen. Die Seitentür aber, der Südteil seines Frontabschnittes, stand weit offen.

Nahe bei diesem südlichen Endpunkt lag das stille Dorf Honsfeld. An der Straße, die nach Westen zur Front führte, war alles ruhig. Die vordersten Stellungen der 99. Division hielten und gaben bis jetzt keinen Grund zur Besorgnis. Aber die Straße nach Holzheim, drei Kilometer weiter südlich, wurde immer mehr von angsterfüllten Flüchtlingen des VIII. Korps verstopft, die nach dem Zusammenbruch im Losheimer Graben zurückdrängten. Dieser aus Flak-, Nachschub- und Artillerietruppen gemischte Haufen wälzte sich mit lautem Lärm von Süden her in das friedliche Honsfeld und strömte ohne Aufenthalt weiter zurück. Die Soldaten, die sich im Freizeitheim einen Film ansahen, verwünschten den lärmenden Straßenverkehr.

Auch Lieutenant Bob Reppas Truppe A von der 14. Kavalleriegruppe schloß sich jetzt der panischen Flucht an. Reppa hatte zwei Stunden lang voll Unruhe in Holzheim gelegen, ohne Weisungen von seinem Hauptquartier zu erhalten. Nun verließ er den unfreundlichen Ort ohne Befehl und auch ohne Bedauern. Die Deutschen mußten bald da sein. Er hoffte, mit seinen Leuten Honsfeld zu erreichen, bevor sie von ihnen eingeholt wurden.

Vorläufig waren sie in Sicherheit. Die Entwicklung am Losheimer Graben hatte die Deutschen ebenso aus der Fassung gebracht wie die Amerikaner. Als es Abend wurde, war Sepp Dietrich mit den Fortschritten seiner 6. Panzerarmee äußerst unzufrieden. Dem Plan zufolge hätte die unerfahrene 99. Division schon am Morgen zusammenbrechen müssen.

Am meisten aber erbitterte ihn das Hindernis, das sich ihm bei Losheimergraben, einem Dorf auf der belgischen Seite des Losheimer Grabens, entgegenstellte. Es war den Volksgrenadieren nicht gelungen, die zähen Amerikaner, die sich in dem Dorf festgesetzt hatten, hinauszuwerfen. Und diese paar Mann blockierten nun die wichtigste Straße nach Westen. Ein in die Luft gesprengter Eisenbahnviadukt eineinhalb Kilometer östlich des Dorfes erschwerte das Vordringen noch mehr. Zwar waren schon vor längerer Zeit deutsche Pioniere eingetroffen, doch sie konnten nur wenig ausrichten. Ein Lastwagen mit wichtigen Brückenteilen war verlorengegangen.

Diese Brücke hätte die 12. SS-Panzerdivision schon lange vor Mittag überschreiten sollen. Doch nun war es halb acht Uhr abends, und die Division kämpfte nicht mit den Amerikanern, sondern mit einem Verkehrschaos, das sich kilometerweit nach Osten erstreckte. Die Panzer der Division wühlten tief im Schlamm und versuchten vergebens, sich durch eine kompakte Masse von Infanteriefahrzeugen einen Weg zu bahnen.

Hinter den steckengebliebenen Panzern saß Obersturmbannführer Otto Skorzeny mit seiner in amerikanische Uniformen gekleideten Brigade fest. Skorzeny wußte, daß das Unternehmen »Greif« einen Durchbruch brauchte, um Erfolg zu haben, und daran war auf dieser Straße nicht zu denken. Wütend zog er sich mit seinen drei Kampfgruppen in einen Wald zurück, um die Entwicklung abzuwarten. Er schickte mehrere Jeeps mit Soldaten in amerikanischen Uniformen auf die Suche nach einem Loch in der Front. Doch von Minute zu Minute schwanden die Aussichten auf einen Erfolg des Unternehmens »Greif«.

Nahe der Spitze dieser hoffnungslos verkeilten Kolonne war ein anderer Obersturmbannführer einem Wutausbruch nahe: Jochen Peiper, Kommandeur der Vorhut der 1. SS-Panzerdivision. Der schneidige junge Anführer der Kampfgruppe Peiper hatte bereits einen fast legendären Ruf, den er sowohl seiner unbekümmerten Kritik an Generalen wie seinen wagemutigen Panzerattacken in Rußland verdankte.

Peiper war so weit vorgestoßen, weil er eine mit Pferden bespannte Artillerieeinheit rücksichtslos von der Straße gedrängt hatte. Er fuhr seiner Gruppe mit einem Panzerwagen voraus und erreichte schließlich das Hindernis – den noch nicht wiederhergestellten Bahnübergang. Ohne zu zögern, befahl er seinem Fahrer, von der Straße abzuschwenken. Peipers Wagen schlitterte die steile Eisenbahnböschung hinunter. Die anderen Panzer und Wagen der Kampfgruppe Peiper folgten.

In diesem Augenblick erhielt er über Sprechfunk einen Korpsbefehl: »Biegen Sie westlich nach Lanzerath ab. Die 3. Fallschirmjägerdivision steckt fest. Übernehmen Sie den Befehl und bringen Sie sie wieder in Gang.«

Die Straße nach Lanzerath war schlecht und gefährlich. Ein paar der vordersten Panzer flogen in die Luft. Die Fallschirmjäger, die diese Straße eroberten, hatten verabsäumt, die von den Deutschen vor ein paar Monaten gelegten Minen wegzuräumen. Aber Peiper war zu ungeduldig, um auf Minenräumgeräte zu warten.

»Die Straße wird durch Überrollen der Minen geräumt!« befahl er.

Obwohl sechs Panzer den eigenen Minen geopfert wurden, fuhr Peiper erst kurz vor Mitternacht in Lanzerath ein. Der Ort lag an der vordersten Front, doch es war erstaunlich ruhig. Der Oberst, der die Fallschirmjäger anführte, berichtete Peiper, daß die Wälder im Westen, zwischen ihnen und Honsfeld, von Minen und verbissen kämpfenden Amerikanern wimmelten.

Peiper war tief enttäuscht. Das bedeutete eine weitere Verzögerung von mehreren Stunden, die er benützte, um seinen Vortrupp neu zu gruppieren. Dabei war es eine völlig sinnlose Verzögerung. In den Wäldern vor ihnen gab es in Wirklichkeit keine einzige Mine und nicht einen Amerikaner.

Drei Kilometer weiter nordwestlich wurden vor dem Freizeitheim in Honsfeld Lastwagen mit GIs beladen, die nach dreitägiger Erholung wieder an die Front sollten. Angeblich hatte es »vorn« einige Plänkeleien gegeben, doch nun war alles wieder in Ordnung. Als der eine Lastwagen losfuhr, winkte ein Corporal der 99. Division einem drallen belgischen Mädchen zum Abschied zu. Sie winkte zurück; er warf ihr eine Kußhand zu und rief auf Englisch: »Auf Wiedersehen, du Schlampe!«

Das Mädchen, das nicht Englisch verstand, faßte das als Kompliment auf und schrie auf Deutsch: »Danke schön, mein Herr!«

Zur gleichen Zeit, da der letzte Lastwagen nach Osten davonrollte, fuhr Lieutenant Bob Reppa von der 14. Kavalleriegruppe mit seiner kleinen Kolonne von Süden her in den häßlichen Ort ein.

Honsfeld war eine andere Welt. Reppa sah einen GI, der seelenruhig in einem kleinen, operettenhaften, buntgestreiften Schilderhaus Posten stand. Dann traf er auf einen Captain der 99. Division, der ihm lächelnd sagte, er solle es sich doch gemütlich machen – der Ort diene dem 394. Regiment als Ruhestellung. Hier war alles auf Ruhe und Entspannung eingestellt.

Reppa folgte dem Vorschlag des Captains und errichtete seinen Gefechtsstand im Rotkreuz-Hauptquartier. Dann postierte er einen Zug als Straßensperre an den Südrand der Stadt und zog mit zwei weiteren einen Verteidigungsring um den Ort. Doch als er zurückkehrte, war ihm noch immer nicht wohl. Der Captain belustigte sich über seine Nervosität.

»Wieso zum Teufel ist denn kein Mensch hier?« fragte Reppa.

Zur Klärung der Lage rief der Captain sein Regimentskommando an und ließ Reppa mit einem Stabsoffizier verbinden.

»Ich habe bis jetzt noch keine Deutschen gesehen«, sagte Reppa. »Aber ich weiß, daß sie im Anzug sind.«

»Machen Sie sich keine Sorgen, junger Mann«, sagte der Stabsoffizier. »Sie sind ein gutes Stück hinter der Front. Und da Sie ab Tagesanbruch unter meinem Kommando stehen, wünsche ich, daß Sie sich auf die Fühlungnahme mit dem Feind vorbereiten.«

»Bei Tagesanbruch«, murmelte Reppa, »werden die Deutschen hier sein und selbst Fühlung aufnehmen.«

»Was meinten Sie, junger Mann?«

»Nichts, Sir. Gute Nacht!«

Der Captain der 99. Division lächelte und riet ihm, mit dem Unsinn Schluß zu machen. Vor allem sollte er damit aufhören, an der Straßensperre im Süden der Stadt Fahrzeuge anzuhalten und zu überprüfen. Vom Losheimer Graben strömten Flak- und Panzerabwehreinheiten zurück, und der Verkehr müsse in Fluß gehalten werden.

Reppas Unruhe war etwas besänftigt, und er versuchte sich zu entspannen. Der ganze Tag war von jähen Alarmen, plötzlichen Ortswechseln und nervösem Warten ausgefüllt gewesen. Er wünschte, es würde endlich etwas geschehen.

6

Um Mitternacht hatte die Kampftätigkeit an der Ardennenfront fast völlig aufgehört.

Ihr Südpfeiler, Echternach, war zwar eingekreist, aber noch in amerikanischer Hand.

In Clervaux saß Colonel Hurley Fuller dösend am Telefon seines Gefechtsstandes.

In Honsfeld wartete Lieutenant Bob Reppa auf den Anbruch des Tages. Von der Schwadron war schließlich der Befehl gekommen, sich im Morgengrauen nach Südwesten in Bewegung zu setzen. Anscheinend war die Krise vorüber. Nur ein paar Kilometer südlich von ihm gruppierte Jochen Peiper seinen Vortrupp für den Angriff auf Honsfeld.

Noch war auf Hitlers geliebtes Monschau, den Nordpfeiler der Front, keine deutsche Bombe gefallen. Die kleine amerikanische Besatzung hatte sich früh zur Ruhe begeben, als wäre an diesem Tag an der Geisterfront überhaupt nichts geschehen.

Weit im Norden von Monschau beluden die Soldaten der 7. Panzerdivision ihre Lastwagen, versorgten ihre Shermans und Halbkettenwagen mit Treibstoff und studierten die Straßenkarten der Ardennen. Man erwartete sie in sieben Stunden in St. Vith, doch sie wurden nach Vielsalm in Marsch gesetzt.

Eine andere amerikanische Entsatzkolonne war schon unterwegs. Obwohl man in Spa aus der Flut von verworrenen Meldungen noch immer nicht auf eine deutsche Großoffensive hatte schließen können, war Courtney Hodges doch entsprechend vorsichtig. Er hatte die 1. Division, eine Einheit, die sich schon in vielen Nöten als Helfer bewährt hatte, eilends vom Norden herunterbeordert – nur für den Fall, daß die Lage doch ernster war, als es den Anschein hatte.

Weit im Westen, in Versailles, liefen zahlreiche Meldungen von der Front ein. Hunderte davon schienen das gleiche auszudrükken: »Die Hölle ist los!« Trotzdem erkannte niemand im SHAEF, daß dies Hitlers größter Einsatz war, ein Großangriff, der auf Antwerpen zielte.

Und die Alliierten balancierten am Rande eines Abgrunds.

Lange nach Mitternacht läutete im Hauptquartier der deutschen Heeresgruppe G, weit südlich der Ardennen, das Telefon. Der Mann am anderen Ende der Leitung behauptete, der Führer zu sein, und verlangte den Kommandierenden General.

Panzergeneral Balck eilte ans Telefon.

»Vom heutigen Tag an, Balck«, sagte Hitler, »darf kein Fußbreit Boden mehr preisgegeben werden. Heute marschieren wir.«

»Ach«, sagte Balck und ließ sich auf einen Stuhl sinken.

Hitler berichtete ihm von den ersten Erfolgen in den Ardennen. Dietrich – der gute alte Dietrich – sei im Losheimer Graben durchgestoßen, stünde nur ein paar Kilometer vor Honsfeld und sei im Begriff, mit der Kampfgruppe Peiper ins Hinterland einzufallen. Manteuffel habe mit einem einzigen Korps im Handumdrehen die Schnee-Eifel abgeschnitten und eile nun mit zwei anderen auf die Maas zu. Er stünde schon auf den Höhenzügen östlich von Clervaux und habe versprochen, die Straße nach Bastogne vor dem nächsten Mittag zu nehmen.

Und es herrsche noch immer »Hitlerwetter«. Nebel, leichter Regen, bedeckt, laute die Vorhersage. Die alliierten Flugzeuge würden weiterhin nicht aufsteigen können.

Fünf Minuten lang sprach Hitler mit Balck, und Balck, der schon den ersten Weltkrieg mitgemacht hatte, saß da, hörte zu und spürte wie ihn die Erregung packte.

Zum Schluß stieß Hitler mit vor Rührung bebender Stimme hervor: »Balck, Balck, das ist der große Umschwung im Westen! Der Sieg – der Endsieg – jetzt haben wir ihn in der Hand!«

Durchbruch

17. Dezember 1944

1

Ein paar Minuten nach Mitternacht fing ein alliierter Agent weit hinter den deutschen Linien folgenden Funkspruch auf: »15 Junkers-88 und 90 Junkers-52 steigen um 01.45 im Gebiet Paderborn-Wahn auf. Bestimmungsziel 30 km südlich Aachen. Rückkehr um 05.30.«

Dieser Bericht, der bis auf die genaue Zeit und das Ziel stimmte, wurde von der alliierten Abwehr gebührend beachtet. Die Bedeutung war klar: der Absprung größerer Fallschirmjägerverbände stand bevor; wahrscheinlich sollten sie den Vormarsch amerikanischer Verstärkungstruppen, die von Norden her nach den Ardennen unterwegs waren, verhindern. Während der Bericht noch durch die alliierten Instanzen lief, nahmen die großen Junkers-Transportmaschinen in Paderborn und Lippspringe 1200 deutsche Fallschirmjäger an Bord.

Ihr Kommandeur war Oberstleutnant von der Heydte. Er sollte – obwohl er für diese Aufgabe durchaus nicht vorbereitet war – über den Wäldern nördlich von Malmedy abspringen und versuchen, den für die Ardennen bestimmten Nachschub auf seinem Weg nach Süden abzuschneiden.

Am 17. Dezember, etwa um 1 Uhr morgens, startete in Lippspringe das erste Flugzeug mit von der Heydte an Bord. Eine halbe Stunde später verließ das letzte Flugzeug Paderborn. Die Kampfgruppe von der Heydte befand sich in der Luft.

Während sich der Schwarm von Junkermaschinen mit brüllenden Motoren den Ardennen näherte, betrachtete der Baron seine Leute und sah, wie die erst frisch eingezogenen Männer unruhig auf ihren Sitzen herumrutschten. Er hatte die Truppe vor fünf Tagen das erste Mal zu Gesicht bekommen, und es war der traurigste Haufen, den er je kommandiert hatte.

Die Junkers flogen jetzt in Bomberformation; ihre unerfahrenen Piloten wurden von einer Linie hilfsbereiter Scheinwerfer geleitet. Die Soldaten in von der Heydtes Maschine flüsterten miteinander und verwünschten erst die Amis und dann die Luftwaffe. Geduldig erklärte ihnen der Absetzer noch einmal, was sie zu tun hatten.

Um 3 Uhr 15 überprüfte von der Heydte ein letztes Mal seinen Fallschirm – einen neuen dreieckigen russischen Typ, der angeblich nicht pendelte. Er war der erste Deutsche, der diesen Typ im Einsatz erproben sollte. Als er die Schlinge an seinem fest bandagierten linken Arm festzog, fiel ihm ein, daß er wahrscheinlich auch der erste Kommandeur war, der mit einem gebrochenen Arm zum Feindeinsatz absprang.

Er hoffte, daß man zumindest das Zielgebiet genau gekennzeichnet hatte. Vier Naphthabomben mußten jetzt schon abgeworfen sein und ein Kreuz bilden. Drei davon sollten mit weißem Feuer brennen und die vierte, mit rotem Licht, das westliche Ende markieren.

Nun setzte Flakbeschuß ein. Sie überflogen die Front. Das Feuer war so heftig, daß es fast schien, als hätten die Amerikaner sie erwartet.

Jetzt gab es keine deutschen Scheinwerfer und Leuchtfeuer mehr, die den Weg wiesen, und die unerfahrenen Piloten hielten sich nur mit Mühe in Geschwaderformation. Ihre roten und grünen Positionslichter huschten über den Himmel. Ohne sie wären die Piloten zusammengestoßen.

Die beleuchteten Junkers boten ein leichtes Ziel, und der Flakbeschuß wurde noch stärker. Plötzlich kippte das Flugzeug hinter von der Heydtes Maschine um, stürzte ab und bohrte sich mit einer fahl orangenfarbigen Stichflamme in den Boden.

Der Baron unterdrückte seine Erregung und sah sich nach den andern um. Seine zehn Leute, von denen nur zwei schon einmal abgesprungen waren, schienen tief erschüttert. Er stand auf und gab die letzten Befehle. Dann erschien weit unten, links von ihnen, ein hell leuchtendes Kreuz, drei weiße Lichter und ein rotes. Sie waren am Ziel.

Um Punkt 3 Uhr 30 sprang von der Heydte aus dem ersten Flugzeug. Seine Leute folgten ihm in guter Ordnung. Die nächsten Maschinen flogen über sie hinweg, und dann war der dunkle Himmel übersät von Fallschirmen. Wie blasse Blüten schwebten sie durch die Nacht. Dennoch schienen es weder genug Flugzeuge noch Fallschirme zu sein. Hatte irgend etwas nicht geklappt?

Die Nacht war kalt, und es wehte ein starker Wind. Eine Zeitlang hatte von der Heydte das Gefühl, aufwärts getrieben zu werden. Dann ließ der Wind nach, und er sank auf das Zielgebiet hinab.

Ein Wald ragte ihm drohend entgegen und glitt erst im letzten Moment seitlich unter ihm vorbei. Seine Füße schlugen hart auf Ackererde auf. Bevor der Wind seinen Fallschirm aufblähen konnte, drückte er auf die beiden Knöpfe an seiner Brust und öffnete die Riemen an den Schenkeln.

Über ihm, beleuchtet von den roten, grünen und gelben Kaskaden der Leuchtspurgeschosse, schwebten immer noch seine Fallschirmjäger. Der starke Wind trieb sie auseinander, und er erkannte jetzt deutlich, daß es viel zu wenig waren.

Tatsächlich hatten nur 10 von den 105 Junkermaschinen von der Heydte bis ins Zielgebiet folgen können. Die meisten hatte das starke Flakfeuer abgedrängt. Und etwa fünfzehn »Ladungen« waren von übereifrigen Piloten schon über Bonn abgesetzt worden.

Um 3 Uhr 50 waren keine Fallschirme mehr am Himmel, und von der Heydte hatte vier verängstigte Rekruten, einen Unteroffizier mit verstauchtem Knöchel und einen jungen Leutnant voll Nazieifer und Angriffslust um sich versammelt.

Eine Stunde später stießen in einem Dickicht zwischen einem Torfmoor und einem langen Streifen sumpfiger Heide weitere zwanzig Mann zu ihm. Er wußte, daß er noch ein paar finden würde, aber bei weitem nicht genug. Die Kampfgruppe von der Heydte war ein kleines und völlig sinnloses Opfer eines Krieges, der schon verloren war. Wäre das Bombenattentat seines Vetters, Graf Felix von Stauffenberg, nicht fehlgeschlagen, dann hätte er nicht in dieser öden Hochebene auf einen ehemaligen Metzger warten müssen.

Vier Tage zuvor hatte Sepp Dietrich versprochen, bis zum Mittag des ersten Angriffstages in Baraque Michel zu sein. Nun war es fünf Uhr früh – der zweite Tag brach an, und von Dietrich war nichts zu sehen.

Zehn Minuten später aber hörte der Baron das dumpfe Dröhnen einer Fahrzeugkolonne. Seine rasch aufflackernde Hoffnung erlosch, als er eine lange Reihe mit Infanterie beladener Lastwagen erblickte, die eine große rote Eins trugen. Und die Wagen zeigten nicht ein schwarzes Kreuz, sondern einen weißen Stern.

Es war die 1. Division der Amerikaner, ihre Elitetruppe, ein harter Gegner. Ihn sollte er aufhalten. Womit?

2

Lange vor Tagesanbruch zog die kleine Vorausabteilung der 7. Panzerdivison in Bastogne ein und hatte noch immer keine Ahnung davon, daß ihr Bestimmungsort St. Vith war. General Bruce Clarke vom Kampfkommando B saß auf dem engen Vordersitz des alten Mercedes-Benz, den der Divisionskommandeur, General Hasbrouck, ihm geliehen hatte. Den ganzen Weg von Eubach her hatte er den Schalthebel festhalten müssen, damit der Gang nicht heraussprang. Es war eine lange Fahrt in der Kälte gewesen, und in Lüttich hatte eine deutsche Rakete ihr beinahe ein vorzeitiges Ende bereitet.

Der Mercedes und der ihn begleitende Jeep hielten vor der belgischen Kaserne an, in der sich das Hauptquartier des VIII. Korps befand, und Clarke bestand darauf, Middleton zu sprechen. Der Stabschef führte ihn zum Wohnwagen des Generals, der auf ein zwei mal zwei Meter großes Chassis aufmontiert war und ein eingebautes Bett, ein Waschbecken und einen Kleiderschrank enthielt.

Middleton, der an einer Schleimbeutelentzündung litt und nicht schlafen konnte, las, als Clarke eintrat. »Hallo, Clarke!« rief er herzlich. »Sie müssen nach St. Vith und General Jones helfen. In der Schnee-Eifel stecken zwei Regimenter von der 106. in der Klemme.«

»Ich habe genau vier Mann bei mir«, sagte Clarke.

Inzwischen hatte Middleton seine Brille gefunden und setzte sie auf. »Ich weiß, Ihre Division kommt auf drei verschiedenen Routen nach Süden.« Er lächelte über Clarkes Überraschung.

Troy Middleton stammte vom Mississippi und war 1910 als gemeiner Soldat zum Militär gekommen. Er gehörte – wie Courtney Hodges – zu dem neuen Typ amerikanischer Generale, die ihre Verbände so ruhig und reibungslos leiteten wie eine Aktiengesellschaft. Seine Kriegsführung war logisch, leidenschaftslos und unerbittlich.

Clarke ließ sich erschöpft auf einen Klappstuhl fallen.

»Gehen Sie schlafen, Clarke«, sagte Middleton. Er wußte, wie wichtig für einen Kommandeur der Schlaf ist. »Morgen können Sie nach St. Vith fahren und mit Jones reden.«

Er schien ganz ruhig, und so nahm Clarke an, daß die Lage nicht allzu ernst sei. Clarke ging in die Offiziersunterkunft und streckte sich auf einem leeren Feldbett aus. Es sollte für die nächsten sechs Tage das letzte Mal sein, daß er richtig schlief.

In der Kälte und Finsternis vor dem Morgengrauen waren drei größere amerikanische Einheiten unterwegs.

Abgeblendete Fahrzeuge der 7. Panzerdivision rollten südwärts den Ardennen zu. Von Panzer zu Panzer verbreitete sich das Gerücht, daß der Krieg in Europa zu Ende sei und daß sie in den Pazifik verlegt würden. Die Besatzungen schrieben mit Kreide *Richtung Pazifik* auf die Seitenwände ihrer Panzer.

An einer der Straßen, welche die 7. Panzerdivision später nehmen sollte, hatte einige Stunden zuvor eine Kampfgruppe der 1.

Division von der Heydtes Handvoll Fallschirmjäger passiert. Man hatte diese erschöpften alten Krieger mitten in der Nacht aus den Betten gejagt und auf offene Lastwagen verfrachtet. Sie hatten das sehr übel aufgenommen. Während der Fahrt zu den Ardennen zitterten und schimpften sie.

Weit unten im Süden ließ sich die von Patton »ausgeborgte« 10. Panzerdivision Zeit. Es sah nicht so aus, als ob die Vorhut vor dem Nachmittag nach Stadt Luxemburg aufbrechen würde.

Diese drei Verstärkungseinheiten sollten später ankommen, als die amerikanischen Verteidiger hofften, aber früher, als der deutsche Generalstab für möglich hielt.

3

Um 4 Uhr morgens fuhren immer noch vom gesprengten Losheimer Graben kommende amerikanische Fahrzeuge in Honsfeld ein: einzelne, von ihren Batterien abgeschnittene Geschütze, Flakeinheiten, die sich zu ihrer Überraschung plötzlich in vorderster Linie befunden hatten, mit verängstigten Köchen, Pionieren und Schreibern vollgestopfte Jeeps und Zugmaschinen und mit Formularen, Sportgeräten, Bekleidung und Munition beladene Lastwagen.

Nicht weit hinter dieser im Schneckentempo dahinkriechenden Kolonne kamen zwei Panzer – breit, tiefliegend und viel größer als Shermans. Und diesen Panzern folgten Panzerwagen, Schützenpanzer und weitere Riesenpanzer. Sie waren mit dem schwarzen Kreuz gekennzeichnet, und ihre Besatzungen trugen schwarze Lederjacken.

Im ersten Panzerwagen saß Jochen Peiper.

Nachdem er seinen Vortrupp umgruppiert hatte, war er zum Angriff auf die Wälder westlich von Lanzerath vorgegangen. Überrascht und verärgert hatte er festgestellt, daß er auf keinerlei Widerstand stieß. Er war zu der Straße abgeschwenkt, die Leutenant Bob Reppa nach Honsfeld genommen hatte, und verfolgte nun lauernd die ahnungslosen amerikanischen Kolonnen.

Dicht vor ihm tauchte jetzt, nur hin und wieder von Granatexplosionen beleuchtet, eine dunkle Ansammlung von Gebäuden auf: Honsfeld.

VON DER HEYDTE
BARAQUE MICHEL
MALMEDY
BAUGNEZ
STAVELOT
LIGNEUVILLE
DIE ERSTEN 48 STUNDEN
AMERIKANISCHE FRONT
STRASSEN
5 km
POTEAU
RÜCKZUGSROUTE ★
17. DEZ.
VIELSALM
ST. VITH

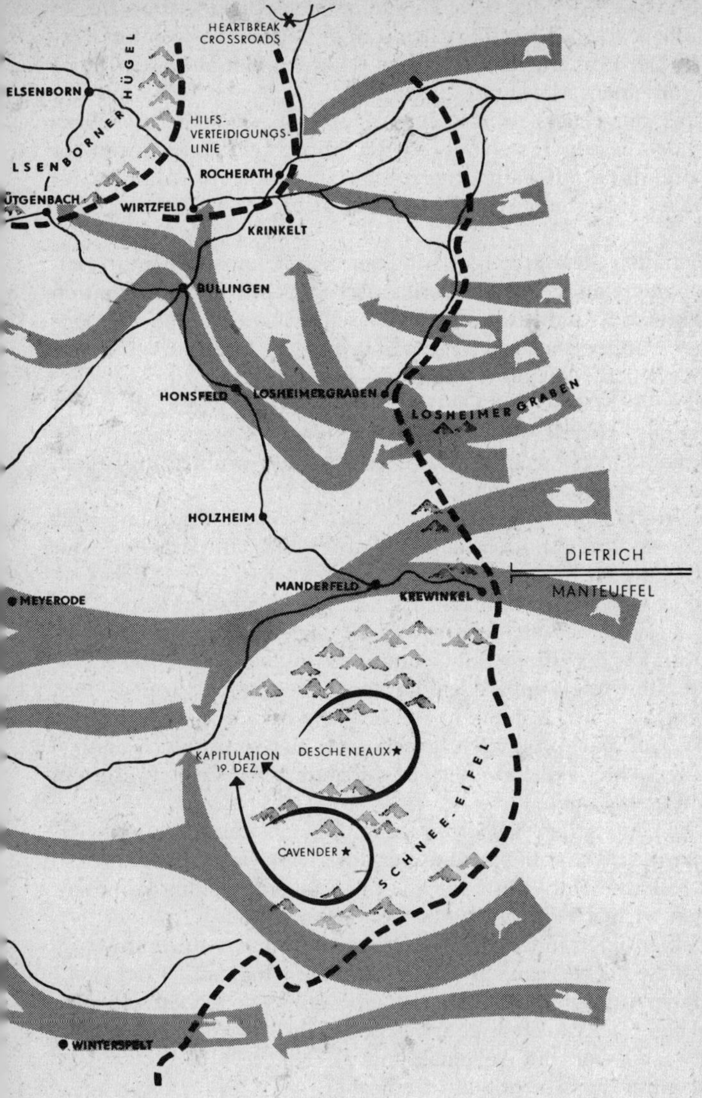

HEARTBREAK CROSSROADS
ELSENBORN
LSENBORNER HÜGEL
HILFS-VERTEIDIGUNGS-LINIE
ROCHERATH
ÜTGENBACH
WIRTZFELD
KRINKELT
BULLINGEN
HONSFELD
LOSHEIMERGRABEN
LOSHEIMER GRABEN
HOLZHEIM
DIETRICH
MANTEUFFEL
MANDERFELD
KREWINKEL
MEYERODE
KAPITULATION 19. DEZ.
DESCHENEAUX
CAVENDER
SCHNEE-EIFEL
WINTERSPELT

In Honsfeld lümmelte sich Lieutenant Bob Reppa in seinen Sessel und döste vor sich hin. Plötzlich fuhr er hoch und war sofort hellwach. Der Verkehrslärm vor dem Rotkreuz-Hauptquartier hörte sich mit einem Male anders an.

»Das klingt nicht nach unseren Panzern«, sagte er zu William Lovelock, seinem Ersten Sergeanten. Mit einem Satz war er an der Tür und riß sie auf. Fahrzeuge rollten langsam vorbei. Ganz in der Nähe explodierte eine Granate und tauchte die Straße in grelles Licht.

»Schauen Sie!« Er zeigte auf einen Schützenpanzer mit schrägen Seitenwänden. Die amerikanischen Schützenpanzer hatten senkrechte Seitenwände. Dann rasselte ein riesiger 60-Tonnen-»Tiger«, doppelt so groß wie ein Sherman, an ihnen vorbei. »Mein Gott!« keuchte er und schloß vorsichtig die Tür.

»Das sind tatsächlich Deutsche«, flüsterte Lovelock.

Reppas Schreck schlug in Erbitterung um. »Dieser Regimentskommandeur hat sich gründlich geirrt! Und warum, zum Teufel, hat uns Crell nicht gewarnt?«

Während sein Zorn sich gegen den Mann kehrte, dem er die Straßensperre im Süden der Stadt unterstellt hatte, trat Sergeant Crell ein.

»Was haben Sie zu Ihrer Entschuldigung vorzubringen?«

»Ich saß in meinem Panzerwagen«, sagte Crell ruhig. »Da kam ein Kerl auf der Straße daher und schwenkte einen Handscheinwerfer. Ihm folgte ein großes Fahrzeug, der größte Panzer, den ich je gesehen habe. Mit einem Hakenkreuz drauf.«

»Warum haben Sie nicht geschossen, verdammt noch mal?«

»Ich dachte, es ist am besten, die andern zu warnen, und bin hierhergekommen.«

»Die Leute sollen sich fertigmachen!« befahl Reppa. »Wir ziehen uns zurück. Es ist finster draußen und wir reihen uns einfach in ihre Kolonne ein. Wenn wir an eine Straßenkreuzung kommen, biegen wir nach rechts ab und verkrümeln uns.«

Melder liefen hinaus, um die Leute zusammenzutrommeln.

Draußen hörte man lautes Poltern. Reppa lugte unter dem Fensterladen hindurch und sah, daß ein mit deutschen Fallschirmjägern besetzter Panzer angehalten hatte. Die Fallschirmjäger stürzten, das Gewehr im Anschlag, auf die Tür zu.

»Kommt raus!« schrie ein Deutscher.

Reppa schaute die anderen an. Dann blickte er zur Treppe, die in den mit Verwundeten belegten ersten Stock führte. Er fühlte sich plötzlich wie ein alter Mann.

»Wir schaffen's nicht mehr«, murmelte er. »Wir können überhaupt nichts machen.«

Er ging zur Tür, öffnete sie und rief: »Kamerad!«

Früh am Morgen war Honsfeld gefallen, und die Kampfgruppe Peiper war über die Tatsache, daß die Hauptstraße zur Maas nun offen vor ihr lag, vor Begeisterung außer sich. Ein zweites 1940 schien angebrochen.

Peiper stand nun vor einem schweren Entschluß. Drei Kilometer nordwestlich der ihm zugewiesenen Route lag Bullingen, wo sich ein großes amerikanisches Depot befand. Seine Fahrzeuge hatten wieder einmal beängstigend wenig Treibstoff. Doch er stand ebenso wie alle anderen Vorausabteilungen unter dem Befehl, sich bei Todesstrafe strikt an seine Straße zu halten.

Der gewöhnliche deutsche Kommandeur, der einem Befehl sklavisch gehorchte, wäre weiter nach Süden vorgestoßen und hätte bald ohne Treibstoff dagestanden. Peiper hingegen wandte sich nach Nordwesten und erkämpfte nach einem scharfen Gefecht mit einer Pioniereinheit die Zufahrt nach Bullingen. Während er Treibstoff tanken ließ, blickte er unablässig nervös nach Osten und erwartete, die 12. SS-Panzerdivision auftauchen zu sehen. Er hätte unbesorgt sein können. Wäre seine Funkverbindung mit den nachstoßenden Truppen nicht unterbrochen gewesen, so hätte er gewußt, daß die Division, der die Straße zugewiesen war, immer noch bei Losheimergraben von der 99. Division aufgehalten wurde.

Ein paar Minuten, nachdem Peiper wieder nach Süden zu seiner Straße abgebogen war, rollte ein starker Panzerspähtrupp seiner Einheit in Bullingen ein. Er hielt kurz an und wandte sich dann nach Norden. Seine Aufgabe war, nach dem Feind Ausschau zu halten. Sein nächstes Ziel: das drei Kilometer weiter nördlich gelegene Wirtzfeld.

In diesem Dorf schritt Colonel Matt Konop, Kommandeur der Sonderabteilung der 2. Division, in einem Bauernhaus auf und ab. Genau um 6 Uhr wurde er ans Telefon gerufen.

»Passen Sie auf, Konop!« Der Colonel erkannte die Stimme von Major General Walter Robertson, dem Kommandeur der 2. Division. So erregt hatte er ihn noch nie gehört. »Sie versetzen sofort alle Einheiten in Alarmbereitschaft und richten den Gefechtsstand zur Verteidigung ein. Bei Bullingen, an unserem rechten Flügel, sind feindliche Panzer durchgebrochen. Und wir haben Berichte, daß nordwestlich von uns Fallschirmjäger gelandet sind. Wir *müssen* unsere Stellungen halten. Wenn sie hier durchbrechen, liegt der Weg zur Küste fast frei vor ihnen! Schnappen Sie jedes erreichbare Gewehr und verteidigen Sie sich bis auf den letzten Mann! Verstanden?«

»Ja, Sir. Aber ich habe nur noch Köche, Schreiber und Küchenpersonal.«

»Trommeln Sie alles zusammen!«

Granaten schlugen ein. Als Konop die Verteidigung aufstellte, fragten Meyer Levin und Morley Cassidy, zwei Reporter, die in der vergangenen Nacht in das Bauernhaus gekommen waren, was los sei. Konop riet ihnen, nicht mehr an ihre Schreiberei zu denken, ihr Zeug zusammenzupacken und sich schleunigst nach hinten zu verziehen. In fünf Minuten könnte es dazu schon zu spät sein. Maschinengewehrgeknatter untermalte die Warnung.

Die Reporter aber blieben.

In einem etwa einen Kilometer entfernten Haus telefonierte Robertson mit dem V. Korps und berichtete, daß Wirtzfeld von Süden her bedroht sei. Vor ihm war der Abschnitt der 99. Division im Zusammenbrechen, und im Norden, kurz vor Monschau, griffen zwei Drittel seiner Division immer noch die Rur-Dämme an.

Das V. Korps befahl ihm, die beiden angreifenden Regimenter sofort zurückzuziehen und damit eine Hilfsverteidigungslinie hinter der schwer bedrängten 99. Division aufzubauen.

Das V. Korps beendete das Gespräch sofort, und Robertson rief Colonel Chester Hirschfelder an, den Kommandeur der Streitkräfte, die vor kurzem Wahlerscheid, den Verkehrsknotenpunkt in der Siegfriedlinie, genommen hatten. Er befahl Hirschfelder, um 9 Uhr mit dem Rückzug zu beginnen.

Noch während er sprach, setzte Gewehr- und Artilleriefeuer ein. Plötzlich erschienen auf dem Hügelkamm 800 Meter südlich Wirtzfeld sechs deutsche Panzer, gefolgt von Schützenpanzern und Infanterie.

»Du lieber Himmel!« schrie Robertson ins Telefon. »Die Deutschen sind schon da!«

Er beobachtete durchs Fenster, wie Colonel Konops drei 37-mm-Paks – bedient von Fahrern und Köchen – ein tödliches Feuer auf die anrückende Kolonne legten. Innerhalb fünfzehn Minuten waren alle deutschen Fahrzeuge zerstört. Dann stürmte die aus Köchen und Schreibern zusammengewürfelte Truppe vor und kämpfte die überlebenden deutschen Infanteristen nieder.

Robertson wußte nun, daß Konop Wirtzfeld halten konnte, und fuhr mit seinem Jeep nach Osten. Seine größte Sorge war, wie er die Soldaten zurückholen konnte, die soeben in die Siegfriedlinie eingebrochen waren.

Auf dem Weg zur Front begegnete er den ersten zurückflutenden Einheiten. Offiziere und Mannschaften waren verwirrt und verbittert. Sie verstanden nicht, warum man sie aus Wahlerscheid zurückzog, nachdem sie es unter großen Opfern erobert hatten. Sie hatten dem Ort schon einen Namen gegeben: »Heartbreak Crossroads«.

Während sich die Einheiten zurückzogen, ordnete Robertson sie zu einer Verteidigungslinie. Offensichtlich waren die ungeübten Truppen der 99. Divison nicht imstande, den drei angreifenden deutschen Divisionen noch länger Widerstand zu leisten.

Die beunruhigenden Berichte hatten nicht übertrieben. Starke Verbände von Volksgrenadieren waren, unterstützt von Dietrichs 12. SS-Panzerdivision, durchgebrochen und stießen auf Krinkelt und Rocherath vor, zwei Dörfer, die ungefähr acht Kilometer hinter dem mittleren Frontabschnitt der 99. Division lagen. Diese Zwillingsdörfer links und rechts der einzigen Straße nach Westen, die es in dieser Gegend gab, waren an diesem Tag das Hauptangriffsziel der Deutschen. Und für die Amerikaner bildeten sie den Engpaß, durch den die zurückflutenden Truppen der 2. und 99. Division hindurch mußten, wenn sie ins sichere Hinterland wollten.

4

Die Zange des Barons Manteuffel, die sich im Süden um die zwei Regimenter der 106. Division in der Schnee-Eifel zu schließen drohte, war jetzt im Begriff, Schönberg, einen Talort zwischen dem Hügelkeil und St. Vith, zu umklammern.

Fünf Kilometer weiter hinten, in St. Vith, studierte General Alan Jones die große Karte an der Wand des Lageraumes. Rote Pfeile kreisten jetzt bedrohlich jene Punkte ein, die den Standort seiner zwei Regimenter in der Schnee-Eifel bezeichneten.

Jones war verzweifelt. Wo steckte die 7. Panzerdivision? Sie hätte St. Vith zeitig an diesem Morgen erreichen und von hier nach Schönberg vorstoßen sollen. Wenn er gewußt hätte, daß die 7. sich verspätete, hätte er Hoges Kampfgruppe statt südlich nach Winterspelt lieber nach Schönberg geschickt.

Trotz aller Verzweiflung verbarg Jones sorgfältig seine Gefühle. Er war ein Systematiker, der es vorzog, seine Division unauffällig aus dem Hintergrund zu leiten. Gefühlsäußerungen hielt er für unsoldatisch.

Nun, da die Deutschen sich bis auf zehn Kilometer genähert hatten und fast keine amerikanischen Truppen zwischen ihm und ihnen standen, klaubte Jones seine letzten Soldaten zusammen und unterstellte sie Lieutenant Colonel Thomas Riggs, dem Kommandeur des 81. Pionierbataillons, einem ehemaligen Fußballchampion der Universität Illinois. Mit etwa 500 Pionieren, einem Schützenzug und drei zusammengeflickten Pakgeschützen brach Riggs in östlicher Richtung auf. Seine Aufgabe: die 18. Volksgrenadierdivison aufzuhalten, bis Hilfe anrückte.

Jones, der immer noch hoffte, die 7. Panzer würde jeden Augenblick eintreffen, diktierte einen Befehl an seine beiden eingeschlossenen Regimenter: »Verstärkungen werden heute nachmittag durchstoßen. Zieht euch aus den gegenwärtigen Stellungen erst zurück, wenn sie nicht mehr zu halten sind.«

Diese Nachricht ging über den Artilleriefunk der Division und sollte erst am Nachmittag von den Regimentern empfangen werden.

Eine Stunde später, um 10 Uhr vormittags, fuhr General Bruce Clarke, der Kommandeur des Kampfkommandos B der 7. Panzerdivision, in St. Vith ein. Von Bastogne an waren die Straßen überfüllt gewesen, und ein paar Kilometer vor St. Vith war sein Mercedes beim Versuch, quer über ein Feld zu fahren, steckengeblieben. Gleich nach seiner Ankunft in der Stadt begab sich Clarke in die große Klosterschule St. Joseph, die der 106. Division als Gefechtsstand diente. Die Gänge waren voll aufgeregt diskutierender Soldaten. Er drängte sich zwischen ihnen hindurch und meldete sich bei Jones.

»Gott sei Dank!« sagte Jones. »Ich erwarte Sie seit sieben Uhr.«

»Seit sieben Uhr?« Clarke runzelte die Stirn. »General Middleton hat mir nichts davon gesagt, daß es bei Ihnen so schlimm aussieht.«

»Sie müssen Schönberg angreifen. In der Eifel sind zwei meiner Regimenter abgeschnitten. Sie müssen sie dort herausholen! Wann können Sie angreifen?«

»Keine Ahnung.«

Ungläubig starrte Jones ihn an. »Was soll das heißen?«

»Ich bin vorausgefahren. Ich weiß nicht, wann meine Leute eintreffen werden.«

Jones schwieg. Seine letzte Hoffnung war dahin.

5

Um 10 Uhr 30 liefen im Hauptquartier der Ersten Armee im Hotel Britannica in Spa alarmierende Berichte ein. Ein paar Kilometer weiter östlich waren ganze Schwärme von deutschen Fallschirmjägern gesichtet worden; feindliche Patrouillen waren bis weit hinter die amerikanischen Linien vorgedrungen.

Eine wahre Flut von Meldungen kam von der Front. Immer noch waren die Berichte verworren, verstümmelt und widerspruchsvoll. Trotzdem erkannte Courtney Hodges, daß die Lage sehr ernst war. Offensichtlich war die Front an mehreren Stellen tief und breit durchbrochen worden. Es sah ganz nach einer Großoffensive aus.

Hodges studierte seinen letzten Lagebericht und kam zu dem Schluß, daß die schwersten Angriffe von Sepp Dietrichs 6. Panzerarmee geführt wurden. Dietrich hatte zwei bedrohliche Möglichkeiten: er konnte direkt nach Westen zur Maas vorstoßen oder sich plötzlich nach Norden wenden und damit nicht nur die Erste Armee, sondern auch die alliierten Streitkräfte in Holland abschneiden.

Der Durchbruch nach Westen machte Hodges weniger Kopfzerbrechen als ein eventueller Angriff nach Norden, von Bullingen aus, das den Meldungen zufolge in deutscher Hand war. Er mußte einen Damm errichten und verhindern, daß die deutsche Flut sich nordwärts ergoß. Doch wo war die beste Stelle dafür? Wenn er einen falschen Entschluß traf, hatte er womöglich ganz verspielt. Er studierte eine Karte, und dabei stach ihm immer wieder eine Kette bewaldeter Hügel unmittelbar hinter den Zwillingsdörfern Krinkelt und Rocherath ins Auge. Diese parallel verlaufenden, ein paar Kilometer nördlich der Hauptstraße zur Maas liegenden Hügel waren nicht hoch, boten aber ausgezeichnete Möglichkeiten zur Verteidigung – ein Vorteil, der vielleicht den Ausgang der Schlacht bestimmen konnte. Hodges entschloß sich für diesen Höhenzug.

Es waren die Elsenborner Hügel.

Um 11 Uhr vormittags rief Hodges das SHAEF in Versailles an und verlangte General Bradley, der angeblich die Nacht in Eisenhowers Villa in St. Germain verbracht hatte.

»Brad«, sagte Hodges, »ich brauche die zwei Luftlandedivisionen.«

»Aber Courtney, die 101. und 82. Luftlandedivision sind Ikes einzige Reserve.«

»Ich muß sie aber haben.«

»Gut, ich werde ihn fragen.«

Hodges fürchtete noch nicht im geringsten für die Sicherheit seines eigenen Hauptquartiers in Spa, obwohl die Front immer näher rückte. Knapp 25 Kilometer südöstlich des Hotels Britannica, bei Baugnez, einem einsamen Ort an der Kreuzung von fünf Straßen, spielten sich Ereignisse von größter militärischer Bedeutung ab. Zwei große Panzerkolonnen hatten den Ort auf ihrer Marschroute eingezeichnet: die Kampfkommandoreserve, die aus einem Drittel der 7. Panzerdivision bestand und, ohne zu wissen, warum, von Norden nach den Ardennen unterwegs war – und die Kampfgruppe Peiper, die siegesgewiß der Maas entgegeneilte. Diese beiden Kolonnen stießen – die eine von Norden, die andere von

Osten – auf Baugnez vor.

In Baugnez aber geschah gar nichts. Es kam dort selten vor, daß etwas geschah. Die meisten Einwohner befanden sich im mehrere Kilometer entfernten Malmedy in der Kirche. Zwei waren nicht zur Kirche gegangen. Henri Lejoly fütterte sein Vieh. Und hundert Meter weiter saß Madame Adèle Bodarwé hinter der Theke ihres Cafés.

30 Kilometer nördlich näherte sich ein Jeep mit zwei Amerikanern Baugnez. Major Don Boyer und sein Fahrer waren eine Vorausabteilung der Kampfkommandoreserve der 7. Panzerdivision. Ihre Einheit, die sich als letzte der drei Kampfkommandos der Division in Bewegung setzte, hatte den deutschen Ort Eubach erst kurz nach Morgengrauen verlassen, war aber auf den völlig freien Straßen sehr rasch vorangekommen.

Boyer wirkte eher wie ein Professor als wie ein Panzerkommandeur. Er hatte im Jahre 1938 das *Virginia Military Institute* absolviert und, da die diplomatische Laufbahn seinen Fähigkeiten besser zu entsprechen schien, die *Fletcher School of Law and Diplomacy* bezogen. Doch Pearl Harbour hatte seinen Entschluß wieder umgeworfen.

Er hatte keine Ahnung, warum die 7. so plötzlich in Marsch gesetzt worden war. Er wußte nur, daß er sich in Vielsalm melden sollte, einem wichtigen Straßenknotenpunkt ungefähr 30 Kilometer hinter St. Vith. Da Vielsalm so weit hinter der Front lag, vermutete er, daß die Division für das VIII. Korps in Reserve gehen sollte.

Ein MP winkte mit seiner Maschinenpistole und hielt den Jeep an. »Wie heißt die Freundin von Mickey Mouse?« fragte er und richtete den Lauf auf Boyers Bauch.

Boyer dachte, der Mann habe den Verstand verloren, antwortete aber: »Minnie.«

»Wer sind die Bums?«

»Die Brooklyn Dodgers.« (Eine Baseballmannschaft.)

»Ihr seid okay«, sagte der MP. »Aber wir müssen gut aufpassen. Heute nacht sind hier deutsche Fallschirmjäger gelandet. Sie tragen amerikanische Uniformen und fahren Jeeps, und ihr Englisch ist so gut wie meins.«

Boyer nahm das Gewehr seines Fahrers aus dem Halter an der Windschutzscheibe. »Jetzt gib Gas! Wir müssen der Kolonne soweit wie möglich vorausfahren und nachsehen, was da los ist.«

Zwanzig Minuten später rollte der Jeep in das düstere Städtchen Malmedy. Die Leute auf den Straßen starrten Boyer an; manche lächelten seltsam, andere machten ein finsteres Gesicht.

Auf dem Hauptplatz zeigte ihnen ein MP die Straße nach Baugnez. »Was ist denn hier bloß los, Major?« fragte der Mann. »Irgendwas muß faul sein. Sehn Sie sich nur die Leute an. Wie mürrisch die dreinschaun!«

»Wenn ich's nur wüßte, Kamerad!« Doch während sie weiterfuhren, wurde es Boyer klar: diese unglückliche Gegend hatte so oft zwischen Deutschland und Belgien hin- und hergewechselt, daß den Leuten ganz einfach jeder neue Wechsel gründlich zuwider war.

Der Jeep eilte Baugnez und den fünf sich dort kreuzenden Straßen entgegen. Vor einem schmierigen Café, das den seltsamen Namen Bodarwé trug, sah Boyer noch einmal auf der Karte nach und sagte dem Fahrer, er solle die nach Süden führende Straße nehmen.

Eine halbe Stunde später kamen die beiden Männer zu einem aus einem Dutzend Häusern und Scheunen bestehenden Dorf. Boyer zog wieder die Karte zu Rate und stellte fest, daß es Poteau hieß. Hier sollte ihre Straße in die Hauptstraße einmünden, die St. Vith mit dem Westen verband.

Der Jeep fuhr durch Poteau und kam auf eine von Osten nach Westen verlaufende Schotterstraße. Lastwagen, Jeeps, Geschütze, Panzer, Schützenpanzer, Zugmaschinen und alle möglichen anderen Fahrzeuge rollten in Richtung Hinterland. Plötzlich stockte der Verkehr. Hupen ertönten und Fahrer schrien. Ein mit Offizieren besetzter Jeep scherte aus und raste auf der leeren Gegenfahrbahn weiter nach Westen. Laut hupend folgte ihm ein Lastwagen mit drei barhäuptigen, zerzausten Männern, dann ein Panzerwagen, ein Kranwagen und eine Zugmaschine ohne Geschütz. Schließlich fuhr die ganze Kolonne wieder an. Sie erstreckte sich nach beiden Richtungen, soweit das Auge reichte. Doch kein einziges Fahrzeug fuhr nach Osten, zur Front.

Boyer war entsetzt. Das war kein Konvoi, das war wilde, kopflose Flucht. Er befahl seinem Fahrer, in den Strom einzubrechen und ihm bis Vielsalm, ein paar Kilometer weiter im Hinterland, zu folgen.

Das Tempo wurde vorübergehend schneller, dann kroch die

Kolonne wieder dahin. Und als Boyers Jeep sich einem kleinen Dörfchen näherte, kam sie völlig zum Stillstand. Der Lärm – Hupen, wütendes Geschrei, Motorengeheul – war ohrenbetäubend.

Boyer kletterte aus seinem Jeep. Vor sich sah er einen unabsehbaren Wirrwarr von Fahrzeugen. Eine lange Kolonne Panzer, deren Fahrer zornig herumschrien, versuchte aus der entgegengesetzten Richtung durchzubrechen, doch die zurückflutenden Fahrzeuge verstopften jetzt beide Fahrbahnen.

Boyer ging zu einem Ordonnanzoffizier, auf dessen Ärmelabzeichen ein Löwenkopf prangte. »Zu welcher Einheit gehören Sie?« fragte er.

»106. Division.«

»Woher?«

»St. Vith.«

»Wie ist die Lage?«

»Zwei Panzerarmeen – mindestens sechs Panzerdivisionen – haben uns gestern angegriffen.«

»Und was haben Sie vor?«

»Was mich anbetrifft – ich hau ab.«

»Wer steht vor St. Vith?«

»Keine Ahnung. Vielleicht etwas Kavallerie. Vielleicht auch gar nichts. Alles geht zurück. Gott im Himmel, was für ein Schlamassel!«

Boyer drängte sich weiter nach vorn durch und entdeckte bald, daß die Panzertruppe, die von Westen her durchzubrechen versuchte, Bruce Clarkes Kampfkommando B war. Es hatte Vielsalm auf einem Umweg erreicht und dort den Befehl erhalten, nach Osten weiterzufahren und sich in St. Vith bei Clarke zu melden.

Boyer konnte sich ausrechnen, daß auch seine Einheit in St. Vith und nicht in Vielsalm benötigt wurde. Aber er brauchte Gewißheit. Er lief zu seinem Jeep zurück, drängte den Fahrer beiseite und lenkte den Wagen von der Straße auf ein ungeackertes Feld. Vielleicht konnte er in Vielsalm neue Befehle bekommen und noch rechtzeitig nach Poteau zurückkehren, um das Kampfkommando R aufzuhalten, ehe es in dieses Verkehrschaos geriet und in die falsche Richtung fuhr.

General Jones in St. Vith konnte seine Sorge um die zwei eingeschlossenen Regimenter in der Schnee-Eifel nicht länger für sich behalten. Sie mußten ihre Reserven an Verpflegung, Munition und Sanitätsmaterial inzwischen fast verbraucht haben. Es war Zeit, ihnen zu Hilfe zu kommen.

Er rief den Luftwaffenverbindungsoffizier des VIII. Korps an. Dieser versprach zu veranlassen, daß sofort Vorräte mit Fallschirmen abgeworfen würden, und gab die Meldung an das IX. Jagdkommando weiter. Jones' Ansuchen ging den Instanzenweg weiter, lief durch zahllose Hauptquartiere bis zum IX. Taktischen Luftkommando, zur Bestätigung zurück zur Ersten Armee, dann weiter zum SHAEF. Endlich, Stunden später, erreichte es CATOR *(Combined Air Transport Operations Room)*. Beim IX. Truppentransportkommando jedoch, dessen Piloten das Unternehmen fliegen sollten, traf der Befehl auch jetzt noch nicht ein, sondern erst am nächsten Morgen.

Jones aber funkte um 13 Uhr 30 an seine zwei Regimenter, daß man in der folgenden Nacht Vorräte abwerfen würde.

Dann richtete er seine ganze Aufmerksamkeit auf St. Vith. Zuerst erfuhr er zu seinem Entsetzen, daß Colonel Devine die Überreste der 14. Kavalleriegruppe fast bis nach St. Vith zurückgenommen hatte – ohne Befehl.

Und dann, um 14 Uhr, kam die Nachricht, daß man nur drei Kilometer östlich deutsche Fahrzeuge gesichtet hatte. Während Jones diese letzte Entwicklung mit Bruce Clarke besprach, stürzte Devine mit hochrotem Gesicht in das Büro.

»Die Deutschen sind ganz dicht hinter uns!« rief er. »Sie sind im Norden durchgebrochen. Meine Gruppe ist praktisch vernichtet.«

»Warum schicken Sie den Colonel nicht nach Bastogne zurück?« fragte Clarke. Devine schien in dieser Verfassung an der Front nicht von großem Nutzen zu sein. »Er könnte General Middleton einen Lagebericht geben.«

Bevor Jones antworten konnte, lief eine Meldung von Riggs ein. Die kleine Pionierkampfgruppe war unter schwerem Druck zum Rückzug aus ihren nur eineinhalb Kilometer östlich St. Vith gelegenen Stellungen gezwungen worden.

In diesem Moment setzte im Norden heftiges Geschützfeuer ein – diesmal von schwerer amerikanischer Artillerie. Ein Beobachtungsflugzeug hatte eine deutsche Panzer- und Infanteriekolonne gesichtet, die nach St. Vith vorrückte.

Eine 155–mm–Granate traf den deutschen Führungspanzer. Die

Kolonne hielt an. Fünfzig weitere Geschosse folgten, und die Deutschen zerstreuten sich und gingen zurück.

»Stoßen auf massiven Widerstand«, funkte der deutsche Kommandeur.

Die Angreifer gruppierten sich neu, zögerten aber vorzugehen, denn sie ahnten ja nicht, daß zwischen ihnen und St. Vith nur eine kleine Pioniergruppe lag, die mit ihren Bazookas und Maschinengewehren so gut wie gar nicht umzugehen verstand.

Zusammenbruch

17. Dezember 1944

1

Seit dem frühen Morgen schon rollte die Kampfgruppe Peiper auf ihrem Weg zur Maas auf Baugnez zu. Und seit dem frühen Morgen rollte die Kampfkommandoreserve der 7. Panzerdivision, die nach St. Vith unterwegs war, um General Jones zu Hilfe zu kommen, auf Baugnez zu. Um die Mittagszeit waren sie nur mehr 15 Kilometer voneinander entfernt und näherten sich beide der verlassenen Straßenkreuzung.

Um 12 Uhr 05 fuhr die Kampfkommandoreserve durch Malmedy, wandte sich scharf nach Osten und mühte sich einen steilen Hang hinauf. Zehn Minuten später fuhr sie langsam nach Baugnez hinunter.

Ein einsamer MP vor dem Café Bodarwé dirigierte sie auf die südliche Straße nach Poteau. Als um 12 Uhr 45 das letzte Fahrzeug seinen Augen entschwunden war, kletterte er in seinen Jeep und fuhr zurück nach Malmedy. Er mußte eine Stunde warten, bis die nächste Kolonne aus Norden, die Divisionsartillerie, fällig war.

Eine kleine Kolonne amerikanischer Lastwagen und Jeeps kroch fünfzehn Minuten später von Malmedy kommend den Hügel hinauf. Es war die Batterie B des 285. Feldartillerie-Beobachtungsbataillons. Diese Einheit war noch keiner Division zugeteilt und verhältnismäßig unerfahren und schutzlos. Nur durch einen glücklichen Zufall hatte sie sich zwischen Kampfkommandoreserve und Artillerie in die Marschlinie der 7. Panzerdivision einordnen können.

Als dieser selbständige kleine Konvoi das Café Bodarwé passierte, scherte einer der Jeeps aus und hielt an. Drei Männer betraten das Café.

In dem Lokal saßen nur Henri Lejoly, der Bauer von der anderen Seite der Straße, und Madame Bodarwé.

»Vielsalm?« fragte der eine Amerikaner und zeigte nach Süden.

Madame Bodarwé, die sich als Belgierin fühlte, obwohl ihr Mann zwangsweise im deutschen Heer diente, nickte liebenswürdig.

»Avez-vous vu des Allemands?« wandte sich der Amerikaner an Lejoly.

Lejoly, der sich trotz seines Namens als Deutscher fühlte, schüttelte mürrisch den Kopf. Er hätte auf keinen Fall etwas gesagt.

In diesem Augenblick erschien auf dem Hügel östlich der Kreuzung ein Schützenpanzer. Ihm folgten zwei weitere Schützenpanzer und drei Panzer – der Vortrupp der Kampfgruppe Peiper.

Der junge Kommandeur saß hundert Meter weiter hinten in einem kürzlich eroberten Jeep und verhörte einen amerikanischen Lieutenant Colonel. Er bekam heraus, daß sich ganz in der Nähe, in Ligneuville, ein wichtiges US-Hauptquartier befand. Er brauchte nur zuzugreifen.

Peiper war viel besserer Laune als tags zuvor. Seit Bullingen hatte er keinen Ami gesehen, nur dann und wann einen Jeep, der sich eilends in Sicherheit brachte. Sein Durchbruch war gelungen.

Plötzlich erklang vorn das dumpfe Krachen von 8,8ern und das scharfe Geknatter von Maschinengewehren. Die Vorhut hatte die amerikanische Kolonne gesichtet, die sich langsam am Café Bodarwé vorbeischob. Peiper raste nach vorn und befahl der Vorhut, das Feuer einzustellen. Jeder weitere Lärm konnte die ahnungslosen Amerikaner in Ligneuville alarmieren.

Henri Lejoly stand mutig in der Tür des Cafés und winkte, als sich Peipers Vorhut nach Süden wandte. Einen Augenblick später sah er, wie auf derselben Straße etwa 125 amerikanische Soldaten zurückkamen, die Hände hoch erhoben. Der ganze kleine Beobachtungstrupp war gefangengenommen worden.

Deutsche Posten trieben die Amerikaner auf dem offenen Feld neben dem Café zusammen. Sie hielten immer noch die Hände hoch und plauderten miteinander – derart unbekümmert, daß Lejoly sich wunderte.

Jetzt rollten weitere Fahrzeuge, der Hauptteil der Kampfgruppe Peiper, von Osten heran und bogen beim Café Bodarwé nach Süden ab. Ein Schützenpanzer hielt an. Hinten auf dem Fahrzeug stand ein Mann auf, brachte seine Pistole in Anschlag und schoß in die Gruppe der Gefangenen. Einer fiel.

»Stillgestanden!« rief ein amerikanischer Offizier. Die Gefangenen drängten sich, plötzlich von Entsetzen erfüllt, zusammen.

Ein Panzerwagen blieb schleudernd stehen. Ein zweiter Pistolenschuß fiel, dann knatterte eine Maschinenpistole.

Die Amerikaner stöhnten und schrien.

Lejoly sah sie fallen. Von Grauen geschüttelt beobachtete er, wie einer nach dem andern niedergemäht wurde.

Als nächstes sah Lejoly, wie die Deutschen das Café seiner Freundin, der Madame Bodarwé, in Brand steckten. Er schlich über die Straße zu seinem Hof.

Fünf Kilometer südlich von Baugnez rollten jetzt die letzten Einheiten der Kampfkommandoreserve der 7. Panzer an Ligneuville vorbei. Dieses reizende Dorf war weit bekannt wegen seines Hôtel du Moulin, ein Gasthaus, das bei den Touristen wegen seiner Forellen, seines Ardennenschinkens und seines liebenswürdigen Wirtes Peter Rupp den besten Ruf genoß. Rupp, ein schon älterer, sehr patriotisch gesinnter Belgier und leidenschaftlicher Nazigegner, hatte während der deutschen Besatzung geholfen, 22 alliierte Flieger hinauszuschmuggeln.

Die Soldaten auf den Lastwagen schliefen. Einige standen in den Panzertürmen und winkten und pfiffen den sonntäglich gekleideten Mädchen zu.

Das letzte Fahrzeug fuhr vorbei; die Staubwolken legten sich, die Abgase verflogen. Es war wieder ruhig – zu ruhig. Die Dorfbewohner wurden allmählich nervös. Seit dem frühen Morgen waren amerikanische Truppen im Eiltempo nach Süden gezogen. Und vor ein paar Minuten hatte man gar nicht weit weg Geschützdonner gehört. Kamen die Deutschen wieder?

Sie fragten die wenigen Soldaten, die im Dorf biwakierten, was denn los sei. Die Soldaten, die am vergangenen Tag spät abends mit den Proviantlastwagen von General Bill Hoges Kampfkommando B der 9. Panzerdivision gekommen waren, zuckten die Achseln. Sie hatten keine Ahnung.

Ihr Kommandeur, Captain Seymour Green, wußte lediglich, daß man ihm befohlen hatte, nach Ligneuville zu fahren und dort zu zwei anderen Proviantzügen zu stoßen. Er hatte nicht die leiseste Ahnung davon, daß ihn nur ein knapper Kilometer von einem fanatischen Obersturmbannführer trennte.

Plötzlich donnerte in vorschriftswidrigem Tempo ein Bulldozer den Hügel von Baugnez herunter. »Deutsche Panzer!« schrie der Fahrer Captain Green zu, der beim Hôtel du Moulin stand.

»Captain, deutsche Panzer haben mich beschossen!« schrie er.

»Fertigmachen zum Abmarsch!« rief Green seinem Ersten Sergeanten zu. Dann sprang er in einen Jeep und preschte nordwärts auf der gewundenen Hügelstraße nach Baugnez davon. Bevor er weitere Entschlüsse faßte, mußte er genau wissen, wie nahe die Deutschen herangekommen waren.

In einer scharfen Kurve ließ Green den Fahrer halten. »Ich gehe voraus und sehe mich ein bißchen um. Wenn was passiert, fahren Sie zurück.« Er nahm einen Karabiner und kroch um die Straßenbiegung.

25 Meter entfernt rollte ein deutscher Spähwagen auf ihn zu; dahinter kam mit lautem Getöse eine lange Kolonne Panzer. Green hielt an. Die Kolonne auch.

Zuerst war Green wie erstarrt. Dann kam es ihm komisch vor, wie er da am Boden kauerte, ein einzelner Mann mit einem Karabiner.

Ein deutscher Offizier bedeutete ihm mit einer Handbewegung, auf die andere Seite der Straße zu gehen. Während die Kolonne vorüberfuhr, hoben mehrere SS-Männer ihre Maschinenpistolen und lachten.

Die ersten Fahrzeuge der Kampfgruppe Peiper bogen vorsichtig um die Kurve und fuhren die Straße hinab. Tief unter ihnen verließen die ersten von Greens Lastwagen Ligneuville und krochen auf der südlichen Straße dahin. Peipers Panzer und Laster rasten den Hügel hinunter, um sie zu vernichten. Es würde das reinste Scheibenschießen werden.

Plötzlich schlugen aus einem der vordersten deutschen Wagen helle Flammen. Er blieb schlitternd stehen, stellte sich quer und blockierte die Straße. Peipers Kolonne hielt an.

Ein einsamer Sherman, dessen eine Kette zur Reparatur abmontiert war, stand vor dem Hôtel du Moulin und jagte Granate um Granate in die Kolonne, um die Deutschen aufzuhalten, bis die amerikanischen Fahrzeuge entkommen waren.

Schließlich verpaßte ihm eine deutsche 8,8er einen Volltreffer. Die Kampfgruppe Peiper raste durch den Ort und vernichtete die letzten Nachzügler von Greens Kolonne. Peipers Vorhut fuhr noch eineinhalb Kilometer auf der Hauptstraße weiter, überquerte den Amblève-Fluß und bog dann nach Westen auf einen Feldweg ein, der über einen zerklüfteten Hügel nach Stavelot, dem nächsten Ziel, führte.

In Ligneuville richtete man im Hôtel du Moulin einen Gefechtsstand ein. Als scharenweise Gefangene in die Halle getrieben wurden, stürzte Peter Rupp, der Besitzer, wild fuchtelnd auf einen deutschen Unteroffizier zu. Rupp hatte gesehen, wie der Mann ein paar Minuten zuvor hinter dem Hotel Amerikaner erschoß.

»Mörder! Du hast acht Amerikaner umgebracht! Ich habe gesehen, wie du ihnen den Pistolenlauf in den Mund gesteckt hast!«

Der Unteroffizier versetzte dem alten Mann einen Kinnhaken und schlug ihm dabei zwei Zähne aus.

Ein Offizier trat heran. »Erschießen Sie alle«, sagte er. »Das belgische Schwein auch.«

Der Unteroffizier wollte die Amerikaner und Rupp hinaustreiben.

»Lassen Sie die Leute in Ruhe, Unteroffizier!« Ein anderer Offizier, der die SS-Abzeichen trug, drängte sich vor. Er legte Rupp die Hand auf die Schulter. »Sie haben recht, mein Herr. Es ist eine Schande, wie manche Leute Gefangene behandeln.« Er warf dem anderen Offizier einen verächtlichen Blick zu. Dann drehte er sich um und sagte streng: »Unteroffizier, bringen Sie die Leute in das Zimmer dort und behandeln Sie sie so, wie Sie selbst von den Amis behandelt werden möchten, verstanden?«

Widerstrebend gehorchte der Mann. Die 14 gefangenen Amerikaner wurden in einem Zimmer zusammengepfercht. Captain Seymour Green wußte nicht recht, was er von dem Benehmen der Deutschen halten sollte. Manche behandelten ihn mißtrauisch, manche gleichgültig, andere wieder machten den Eindruck, als würden sie beim geringsten Anlaß schießen.

Der deutsche Unteroffizier, der Staff Sergeant Abraham Lincoln und sieben andere Männer des 14. Panzerbataillons erschossen hatte, trat ein, deutete mürrisch mit dem Kopf auf Green und führte ihn in ein anderes Zimmer, in dem der SS-Offizier saß, der ihn und seine Leute vorhin beschützt hatte. Dieser bot ihm eine Zigarette an und fragte freundlich auf englisch: »Wie gefallen Ihnen unsere Panzer, Captain?«

Green zuckte die Achseln.

»Sind Sie Jude?«

»Nein. Ich stamme aus einer alten amerikanischen Familie.«

Der Deutsche legte die Hand auf den Mund und stieß einen Indianerschrei aus. Dann fragte er, wo sich der Gefechtsstand der Division befinde. Nach einem Augenblick des Schweigens sagte er: »Von euch Offizieren erfährt man ja nie etwas, aber unter den Gemeinen gibt's immer welche, die uns sagen, was wir wissen wollen.« Er griff nach einem Buch. »Ich werde mir jetzt ein Lesestündchen gönnen. Der Titel ist sehr vielsagend, finden Sie nicht?« Lachend hielt er Green das Buch hin.

Es war *»Eine amerikanische Tragödie«*.

Peter Rupp, der Hotelbesitzer, fürchtete immer noch für die 14 Gefangenen. Die Deutschen waren in einer gefährlichen Stimmung. Es brauchte bloß etwas schiefzugehen, und das Morden fing wieder an. Da kam ihm eine Idee. In einem geheimen Weinkeller hatte er viele hundert Flaschen feinsten Kognak und Champagner lagern. Damit würde er die Deutschen bei Laune halten.

Er schlich in den Keller und kehrte, beide Arme voll Flaschen, in die Küche zurück.

»Marie«, sagte er zu seiner Tochter, »gib den Wächtern einen ordentlichen Kognak, damit ich mit den Gefangenen reden kann.«

Ohne weiter zu fragen, ging sie hinaus. Einen Augenblick später betrat Rupp ohne Schwierigkeiten das Zimmer mit den Gefangenen. Er hielt ihnen zwei Flaschen hin.

»Einen Moment«, sagte Green mißtrauisch. »Sind Sie Belgier oder Deutscher?«

»Belgier natürlich.«

Ein GI versteckte die Flaschen.

»Danke für den Kognak«, sagte Green. »Aber wir haben Hunger.«

Rupp ging hinaus und kam mit einem Tablett zurück, auf dem acht riesige Teller standen. Als er weitere sechs Teller bringen wollte, hielt ihn auf dem Gang ein zorniger SS-Offizier an.

»Was soll das heißen?«

»Nun, wenn ihr ihnen nichts zu essen gebt, muß wohl ich es tun.«

Rupps Frau, Balbina, betrat eben das Hotel und hörte die Worte ihres Mannes. Sie stammte aus der Schweiz und war ebenso klein, starrköpfig und freiheitsliebend wie ihr Vaterland.

»Hören Sie mal«, sagte sie und blickte zu dem Offizier auf, »ich bin vom Schweizerischen Roten Kreuz. Ich habe den Auftrag, mich um die Gefangenen zu kümmern, und ich werde dafür sorgen, daß sie dieses Essen bekommen!«

Rupp eilte strahlend zu den Gefangenen, während seine Frau sich weiter mit dem SS-Offizier herumstritt.

Als er das Essen verteilt hatte, stand er in der Vorhalle Posten und gab heimlich eine Kognakflasche nach der andern an die deutschen Soldaten aus. Die Stimmung im Hôtel du Moulin wurde herzlich und schließlich jovial. Rupp wußte, daß die Gefahr vorüber war. Seine 14 Amerikaner würden am Leben bleiben.

2

Die in der Schnee-Eifel eingekreisten Truppen der 106. Division waren an diesem Nachmittag eher verwirrt als besorgt. Bis jetzt waren sie, abgesehen von den Leuten an den Flanken, kaum mit dem Feind in Berührung gekommen.

Colonel George Descheneaux jr., der Kommandeur des 422. Regiments, einer der jüngsten Regimentskommandeure der ganzen Armee, wußte kaum mehr als seine Untergebenen. Schon seit Beginn der Offensive war die Verbindung mit der Division sehr schlecht.

Um 14 Uhr telefonierte Descheneaux mit Colonel Charles Cavender, dem Kommandeur des rechts von ihm liegenden Regiments. Um diese Zeit bestand die Verbindung zwischen ihnen einzig und allein in diesem Telefondraht.

»Was gedenken Sie zu tun?« fragte der junge Descheneaux.

Cavender, der schon den ersten Weltkrieg mitgemacht hatte, erwiderte, daß er das selbst noch nicht wisse. Er hatte gerade die Befehle erhalten, die Jones Stunden zuvor abgeschickt hatte:

»Rückzug aus den gegenwärtigen Stellungen nur dann, wenn sie nicht mehr zu halten sind.«

»Na«, meinte Descheneaux, der noch keine Weisungen bekommen hatte, »ich bleibe, wo ich bin, bis die Division mir ausdrücklich befiehlt, mich von hier abzusetzen.«

Am andern Ende der Leitung war es einen Moment still. Dann sagte Cavender: »Ich auch.«

Im Gefechtsstand der 106. Division in St. Vith herrschte eine unheilschwangere Atmosphäre. Der Lärm in den Gängen des Schulhauses hatte sich gelegt, doch ganz in der Nähe knatterte trocken und scharf Gewehrfeuer. Jones und Clarke stiegen in den obersten Stock des Gebäudes. Sie sahen, daß sich von einem nicht weit entfernten Waldrand im Zickzack kleine graue Gestalten näherten.

Mit zusammengepreßtem Mund und starrem Gesicht schaute Jones über die angreifenden Deutschen hinweg zur Schnee-Eifel. Dort drüben lagen seine zwei Regimenter, dort war sein Sohn. Er hätte sie gestern abend trotz Middletons Weisung zurückziehen sollen. Er hätte seinem Instinkt folgen sollen. Jetzt war es zu spät.

»Clarke«, sagte er düster, »ich habe meine letzte Karte verspielt. Übernehmen Sie jetzt die Verteidigung von St. Vith.«

Clarke wußte, was Jones bewegte. In weniger als zwei Tagen war seine Division zerstört worden und damit wahrscheinlich auch seine Karriere. Und obendrein durchlitt er noch die Qualen eines Vaters, der um seinen Sohn bangt. Clarke hatte drei Söhne, und er gelobte sich, sie nie zu seinen eigenen Truppen zu kommandieren.

»In Ordnung«, erwiderte er kurz. »Ich übernehme die Verteidigung.« Aber womit?

Sowohl mit der Verteidigung von St. Vith wie mit dem Vormarsch der 7. Panzer stand es viel ärger, als Clarke ahnte. Die linke Flanke der Verteidigungslinie vor der Stadt bröckelte schon ab. Colonel Mark Devine hatte, wiederum ohne Rücksprache mit Jones, seine 14. Kavalleriegruppe erneut zurückgenommen. Die Kavalleristen, die den ganzen Tag über keinen einzigen Schuß abgegeben hatten, setzten sich soweit wie möglich nach Westen ab.

Die Stadt wurde jetzt nur mehr von Riggs' Handvoll Pionieren gehalten, und ihr Schicksal hing allein von der Ankunft von Clarkes Kampfkommando B ab.

Das Kampfkommando B hatte noch nicht einmal Poteau erreicht. Es mühte sich, an den verzweifelt nach Westen strebenden Fahrzeugen vorbeizukommen, die auf der Straße Vielsalm - St. Vith ein fast 30 Kilometer weit reichendes Verkehrschaos bildeten.

Major Don Boyer in Vielsalm war von kalter Wut erfüllt. Er war um 14 Uhr 05 angekommen und hatte sich seither unablässig bemüht, das Verkehrschaos zu entwirren und gleichzeitig Nachrichten einzuholen. Um 14 Uhr 40 gab er es auf. Er umfuhr die stekkengebliebenen Panzer des Kampfkommandos B und arbeitete sich mühsam durch lehmige Felder bis auf sechs Kilometer an die Front heran. Dort erfuhr er, daß General Clarke dem 31. Panzerbataillon den Befehl erteilt hatte, am frühen Nachmittag östlich St. Vith zum Angriff vorzugehen. Jetzt war es 15 Uhr 15, und der Kommandeur des 31. Bataillons versuchte immer noch verzweifelt, seine Fahrzeuge aus dem Lehm und dem Verkehrschaos zu befreien.

Boyer erbot sich, eine Durchfahrt freizumachen. Er setzte sich in einen 30-Tonnen-Panzer und fuhr winkend und schreiend auf die Straße. Als sich ein nach Westen fahrender Waffentransporter weigerte, den Weg freizugeben, befahl Boyer seinem Panzer, auf ihn loszufahren. Der Waffentransporter zog sich in den Straßengraben zurück.

Boyers Panzer rollte dreißig Meter weiter, dann wurde er wieder aufgehalten. Ein auf dem Rückzug befindlicher, mit hohen Offizieren besetzter Jeep versuchte sich in die Lücke zu zwängen, die Boyer eben geschaffen hatte.

Er sprang vor den Wagen. »Zurück! Ich pfeife drauf, wer ihr seid! Hier wird nichts durchgelassen, was nicht an die Front geht!«

»Ganz recht, Major!« rief ein GI. »Machen Sie sie fertig!«

Die Panzer und Panzerwagen des Kampfkommandos B krochen weiter nach St. Vith. Die Soldaten hingen wie Trauben an den Fahrzeugen und machten schreiend den Weg frei. Man hatte ihnen eingeschärft: »Kein Offizier hat euch etwas zu befehlen, ganz gleich, welchen Rang er hat, außer er trägt das Abzeichen der 7. Panzer. Wenn sich euch einer in den Weg stellt, dann fahrt ihn einfach über den Haufen.«

Dann erreichten sie ein Stück freier Straße. Ein stolzes Gefühl stieg in Boyer auf, als die Soldaten der 7. Panzer ihre Motoren aufheulen ließen und in einem Sprühregen von Lehm und Schmutz auf St. Vith zubrausten. Sie fuhren in eine Schlacht hinein, aus der andere davonliefen.

Ein Sergeant sprang aus einem Artilleriejeep, der auf dem Weg ins Hinterland war. »Ich fahre mit diesen Panzern, verdammt noch mal!« rief er seinen Kameraden zu. »Ich bin Soldat, um zu kämpfen, nicht um davonzurennen.« Und er kletterte hinter den Turm eines nach Osten fahrenden Panzers.

»Hallo, Mac!« sagte ein Panzersoldat. »Willkommen in der 7. Panzerdivision!«

In St. Vith wartete Bruce Clarke immer noch. Zwei Stunden waren vergangen, seit er die Verteidigung des Ortes von Jones übernommen hatte, und er wußte, wenn nicht in wenigen Minuten sein Kampfkommando B und die ganze übrige 7. Panzer eintraf, würde es nichts mehr zu verteidigen geben.

Ein Melder stürzte in seine Dienststelle im ersten Stock des Schulhauses und berichtete, daß die Straßenkreuzung ein paar hundert Meter weiter westlich hoffnungslos verstopft sei. Hohe Offiziere, die ins Hinterland flohen, hatten den von Clarke zur Regelung des Verkehrs eingesetzten Offizier von der Straße gejagt.

Ein paar Minuten später stand Clarke selbst an der Kreuzung, und bald hatte er das Chaos entwirrt. Die Fahrbahn nach Osten war frei.

Mit zunehmender Dunkelheit wurde das Gewehrfeuer im Osten stärker. Es ließ sich schwer sagen, wie lange Riggs' Pioniere noch standhalten konnten. Wo blieb die 7. Panzer?

»Da kommen sie!« rief plötzlich sein Fahrer.

Um die Kurve schob sich ein lehmüberkrusteter Jeep, der eine Kolonne von schmutzigen, heißgelaufenen Sherman-Panzern anführte.

»Nehmt die Straße nach Schönberg!« rief Clarke dem Panzerkommandeur zu. »Fahrt nach Osten, bis ihr auf die Pioniere stoßt!«

Einige Minuten später rasselten drei Sherman-Panzer die Bergstraße östlich des Ortes hinunter. Aus dem Halbdunkel tauchte plötzlich drohend ein »Panther« vor ihnen auf. Sein erster Schuß ging daneben. Der führende Sherman schwenkte seinen Turm und feuerte. Der deutsche Panzer flog in die Luft. Die folgenden drehten um und flohen.

Westlich des Ortes regelte Clarke immer noch den Verkehr und wies seinen der Reihe nach eintreffenden Truppeneinheiten den Weg. Den Zug B der 87. Aufklärungsschwadron hatte er schon in das Gebiet nördlich der Pionierstraßensperre geschickt. Die Kompanie B des 23. Panzerinfanterieregiments wurde eilends zum Südrand des Ortes in Marsch gesetzt. Langsam und sich immer wieder den jeweiligen Umständen anpassend, errichtete Clarke einen dünnen, beweglichen Verteidigungsbogen zwischen Manteuffels Streitkräften und St. Vith.

Im Ort bezogen die Offiziere und Mannschaften des Kampfkommandos B im Schulhaus Stellung. Ein Corporal der 7. Panzer und ein Sergeant der 106. Division, beide mit zusammengerollten Decken auf dem Rücken, begegneten einander auf der Treppe. »Was zum Teufel ist denn mit euch los?« fragte der Infanteriesergeant. »Wißt ihr nicht, daß die Deutschen schon dicht vor dem Ort stehen?«

»Natürlich wissen wir das! Aber wir sind doch nicht 100 Kilometer weit gefahren, um wieder umzudrehen und abzuhauen.«

Es war dunkel, als sich Major Don Boyer den westlichen Vororten näherte. Er hatte den ganzen Nachmittag damit verbracht, Panzer an die Front zu schicken und sich bei hohen Offizieren unbeliebt zu machen, die es eilig hatten, ins Hinterland zu kommen. Jetzt führte er eine versprengte Kompanie in die Stadt und kämpfte gegen den Strom von Fahrzeugen an, der durch die beiden Schwadronen der 14. Kavalleriegruppe hoch angeschwollen war.

Am Stadtrand von St. Vith rutschte Boyer vom Verdeck seines Jeeps herunter, ging die Kolonne entlang und schärfte allen noch einmal ein: »Wenn sich euch jemand in den Weg stellt . . .« Weiter kam er meist nicht, die Panzersoldaten riefen sofort zurück: ». . . dann fahren wir ihn einfach über den Haufen!« Als er der Kolonne das Startzeichen gab, schlitzte ihm ein vorbeirasender leichter Panzer mit seiner Kette den Hosenboden auf.

Im Schrittempo kroch die kleine Kolonne die letzten Kilometer durch die unheimliche Finsternis und fuhr in St. Vith ein. Bei der großen düsteren Kirche sprang Boyer auf die Straße. Da ertönte ein scharfer Knall, und dicht an seinem Ohr pfiff eine Kugel vorbei. Er warf sich mit dem Gesicht nach unten in den Schmutz. Als er vorsichtig den Kopf hob und sich umsah, bemerkte er in einem

Fenster im ersten Stock eines Hauses auf der anderen Straßenseite ein weißes Gesicht. Es war das eines Heckenschützen.

Er rief ein vorbeifahrendes Sturmgeschütz an. Ein Maschinengewehr schwenkte herum und eröffnete das Feuer. Etwas, das wie ein menschlicher Oberkörper aussah, stürzte aus dem Fenster auf die Straße.

In diesem Augenblick kam von Norden ein Motorrad angebraust und hielt schleudernd vor Boyer. Ein MP mit verletztem, blutendem Gesicht und zerrissener Uniform taumelte auf Boyer zu. Boyer erkannte in ihm einen Mann von Colonel Church Matthews Motorradeskorte.

»Wir sind in einen Hinterhalt geraten«, stieß der Mann mühsam hervor. »Ein paar Kilometer weiter auf dieser Straße sind wir auf eine deutsche Kolonne gestoßen. Was zum Teufel suchen die *hinter* uns? Ich bin in den Straßengraben gekrochen. Der Colonel ist einen Hügel rauf. Ein MG hat ihn zusammengeschossen.«

Boyer traute seinen Ohren nicht. Nun hatten sie nicht nur ihren Stabschef verloren – St. Vith war auch von Norden abgeschnitten.

Diese Nachricht war schon schlecht genug – und dabei wußte er noch nicht einmal, daß Manteuffels 2. Panzerdivision eben dabei war, St. Vith auch von Süden abzuschneiden. Ein zweiter Kessel, viel größer als der in der Schnee-Eifel, war im Entstehen begriffen.

3

Baron Hasso von Manteuffel beschloß, die Nacht an der rechten Flanke seines Korps zu verbringen, denn er war mit dem langsamen Vormarsch auf St. Vith nicht zufrieden. Wohl war die Stadt im Norden und Süden umgangen, doch das genügte nicht; denn St. Vith war von Hitlers ausdrücklichem Befehl, alle stark verteidigten Orte zu umgehen, ausgenommen. St. Vith mußte erobert werden. Von dieser Stadt gingen, wie die Speichen eines Rades, fünf wichtige Straßen aus. Und was noch wichtiger war: es war der einzige Eisenbahnknotenpunkt westlich des Rheins, der den Nachschub für die 5. Panzerarmee bewältigen konnte.

Manteuffel entschloß sich, die Nacht in Schönberg, beim Stab der 18. Volksgrenadierdivision, zu verbringen. Vielleicht konnte er durch seine Anwesenheit ein wenig Dampf hinter den Angriff am nächsten Morgen machen.

Er zog den Mantel an und verließ sein Quartier. Draußen blieb er einen Moment stehen. Der Verkehr auf der Straße war so dicht und floß so langsam, daß er zu Fuß rascher vorankommen würde. Er ging über ein lehmiges Feld zum Stabsquartier der 18. Volksgrenadierdivision.

Als Manteuffel, tief in Gedanken versunken, an einer Kreuzung östlich von Schönberg wieder die Straße erreichte, stieß er auf einen anderen Fußgänger, der körperlich fast ebenso klein war wie er. Es war Feldmarschall Model.

»Guten Abend, Model!«

»Heil Hitler!« erwiderte Model. »Wie ist die Lage bei Ihnen, Baron?«

»Im allgemeinen gut.«

»So? – Ich hatte den Eindruck, daß Sie nicht recht vorankommen, besonders im Raum St. Vith.«

»Ja, aber morgen werden wir St. Vith nehmen.«

»Das will ich hoffen. Und damit es schneller geht, stelle ich Ihnen für morgen die Führerbegleitbrigade zur Verfügung.«

Manteuffel zögerte. Er hatte beabsichtigt, die Führerbegleitbrigade, eine Elite-Panzerbrigade, viel weiter westlich einzusetzen. Aber Model hatte einen Grundsatz. Er lautete: Das Wichtigste zuerst. Die stärkere Streitmacht bedeutet den halben Sieg.

»Sie sind nicht damit einverstanden?« fragte Model gleichmütig.

»Doch. Wir müssen St. Vith morgen nehmen. Und die Brigade«, fügte er ein wenig widerstrebend hinzu, »könnte das Zünglein an der Waage sein.«

Sie gingen ein kurzes Stück zusammen weiter. Ihr gegenseitiges Verhältnis war eigenartig, aber im Grunde gut. Manteuffel respektierte Model wegen seines Schwunges und seiner Gewandtheit, und Model erwiderte die Achtung aus ungefähr den gleichen Gründen. Doch sonst verband sie nicht viel. Model blieb kühl, verschlossen, unpersönlich. Die Gemeinsamkeit beschränkte sich auf das Soldatische. Dies war dem Baron nur recht. Schließlich war Models Vater bloß Schullehrer gewesen.

»Ich biege hier ab, Marschall«, sagte Manteuffel. »Gute Nacht!«

»Heil Hitler!« erwiderte Model. »Und viel Glück für morgen!«

Ein paar Kilometer weiter nördlich, in Manderfeld, trommelte Sepp Dietrich mit der Faust auf einen Tisch und putzte die Kommandeure von fünf Divisionen herunter. Er war mit dem Fortschritt seiner Armee nicht zufrieden. Die 12. SS-Panzerdivision, die im Eiltempo zur Maas vorstoßen sollte, wurde immer noch vor den Zwillingsdörfern Krinkelt und Rocherath aufgehalten. Und während die Kampfgruppe Peiper schon hinter Ligneuville stand, hinkte der Rest der 1. SS-Panzerdivision weit nach.

Hitzig befahl Dietrich, daß die 12. Panzerdivision am nächsten Tag um jeden Preis durchbrechen müsse, doch er sagte dem Divisionskommandeur nicht genau, auf welche Weise das geschehen solle. Plötzlich brach ein Streit aus.

Oberst Otte Skorzeny hörte sich die Argumente, Angriffe, Entschuldigungen und Drohungen an. Schließlich erhob er die Stimme und mischte sich ein. Da sein Unternehmen »Greif« ohne einen Durchbruch auf breitester Front keine Aussicht auf Erfolg hätte, solch ein Durchbruch aber nicht erfolgt sei, wäre es am besten, den ursprünglichen Plan fallenzulassen und seine drei Kampfgruppen für irgendeinen anderen wichtigen Zweck einzusetzen.

Mit düsteren Mienen stimmte man ihm zu.

Skorzeny konnte natürlich nicht wissen, daß sieben Jeeps mit seinen als Amerikaner verkleideten Leuten ein wüstes Durcheinander verursacht hatten. Der Anführer der einen Gruppe dirigierte ein amerikanisches Regiment in die falsche Richtung, indem er seine Leute Wegweiser vertauschen und Telefondrähte durchschneiden ließ. Eine andere Gruppe, die von einer amerikanischen Kolonne angehalten und um Auskunft über die Lage gebeten wurde, mimte so überzeugend Angst, daß die Amerikaner die Flucht ergriffen. Eine dritte Gruppe zerstörte die Telefonleitungen, die die Hauptquartiere von Hodges und Bradley verbanden.

Den größten Schaden aber richtete eine Gruppe an, die in amerikanische Gefangenschaft geraten war. Als die vier Soldaten einem amerikanischen Abwehroffizier ihren Auftrag gestanden, verbreitete man rasch über Funk die Meldung, Tausende von Deutschen in amerikanischen Uniformen seien hinter der Front eingesetzt. Diese Meldung wurde sofort mit den vielen Berichten über Fallschirmabsprünge in Verbindung gebracht. Von der Heydts Leute waren über ein so weites Gebiet verstreut, daß man leicht glauben konnte, mindestens eine Division sei abgesprungen, und man nahm an, daß auch sie an der Aktion beteiligt waren.

Aus einem doppelten Fiasko entwickelte sich ein ungeheurer Erfolg. Es bestand immer noch Aussicht, daß Hitlers Plan, Chaos und Schrecken zu verbreiten, gelang.

4

Am Abend begann der Damm, den Hodges auf den Elsenborner Hügeln errichtete, um einen eventuellen Angriff nach Norden abzufangen, Gestalt anzunehmen. Die 1. Division, die nach Bütgenbach geeilt und dort knapp vor den Deutschen eingetroffen war, hatte sich eingegraben.

Den paar Minuten Vorsprung verdankte Hodges einen bedeutenden Erfolg.

Während Pioniere in rasender Eile die Verteidigungsstellungen auf den Elsenborner Hügeln ausbauten, mühten sich nordöstlich von Bütgenbach erschöpfte und enervierte Überlebende der 99. Division, hinter die Front zu kommen.

Diese Männer waren, nachdem sie Dietrichs Pläne vor Krinkelt und Rocherath zunichte gemacht hatten, spät nachmittags wieder in die beiden Dörfer zurückgekehrt. Dort hatten MPs der 2. Division sie nach hinten dirigiert.

Kurz nach Einbruch der Dämmerung waren die Straßen der zwei Dörfer immer noch verstopft gewesen: mit Soldaten der 99. Division, die sich nach Westen abzusetzen versuchten, und mit Männern der 2. Division, die dabei waren, eine vorübergehende Verteidigungslinie zu errichten, die die Deutschen zurückhielt, bis die Stellungen auf den Elsenborner Hügeln fertig waren.

Während es langsam dunkel wurde, näherte sich ein Bataillon der 2. Division unter dem Befehl von Lieutenant Colonel Frank Mildren den Zwillingsdörfern, um bei Krinkelt eine Lücke zwischen zwei anderen Bataillonen der 2. auszufüllen.

Mildrens Leute waren mürrisch und unwillig. Am Tag zuvor hatten sie mitgeholfen, Wahlerscheid – »Heartbreak Crossroads« – zu nehmen. Heute hatte man ihnen befohlen, umzukehren und den Stützpunkt, der so viel Blut gekostet hatte, aufzugeben.

Gürtel und Gewehrläufe mit Weihnachtspäckchen behängt, trotteten sie langsam nach Süden und fragten sich, in welche Nesseln man sie wohl jetzt jagen würde.

Ein Kundschafter der 277. Volksgrenadierdivision beobachtete sie aus seinem Versteck im Wald. Er fand, daß sie eher Briefträgern als Soldaten ähnelten.

Doch als in dem rasch schwindenden Licht die schattenhaften Umrisse von Krinkelt und Rocherath auftauchten, wurden aus den »Briefträgern« plötzlich quicklebendige Soldaten. Denn von Glied zu Glied lief das Gerücht, daß im Süden schwere Kämpfe im Gange seien und daß sie sich den Weg in die beiden Dörfer möglicherweise erzwingen müßten.

Der bewölkte Himmel wurde schon dunkel. Jenseits der hügeligen Felder tauchten hinter Nebelfetzen, die über dem Schnee hingen, die Umrisse der Dörfer auf – Rocherath im Norden, Krinkelt im Süden. Schwarz und drohend ragte der Kirchturm von Krinkelt auf.

Mildrens Leute sollten sich bei dieser unheimlich wirkenden Kirche eingraben; er hatte schon einen Spähtrupp zur Erkundung vorausgeschickt. Das Beziehen der Stellungen im Finstern würde das reinste Blindekuhspiel werden.

Da brach plötzlich, wie ein Blitz aus heiterem Himmel, schweres Sperrfeuer über sie herein. Lastwagen gingen in Flammen auf und fuhren mitten in die marschierenden Soldaten hinein. Jeeps und Waffentransporter flohen blindlings in die Felder. Die Infanteristen lagen hilflos da, während mit schrecklicher Zielsicherheit schwere Mörsergranaten zwischen ihnen einschlugen. Dann kamen Nebelwerferraketen und vollendeten das Gemetzel.

»Aringdale!« rief Mildren seinem Adjutanten zu. »Lassen Sie aufschließen, sammeln Sie die Nachzügler! Ich gehe an die Spitze der Kolonne!«

Captain Aringdale machte einen Schritt auf Mildren zu. Er taumelte. Jemand zog ihn in den Straßengraben. Ein GI versuchte ungeschickt, die klaffende Wunde in seiner Brust zu verbinden.

In der Nacht des 15. Dezember hatte Aringdale seinem Freund Jesse Morrow gesagt, er würde morgen sterben. Er hatte sich nur um einen Tag geirrt.

Mildren bahnte sich einen Weg durch das Gewirr von brüllenden Soldaten und brennenden Fahrzeugen. Er mußte unbedingt nach Krinkelt hinein und sich ein Bild von der Lage machen.

Dicht neben ihm schlug ein Geschoß ein und warf ihn zu Boden. Er rappelte sich mühsam auf und stolperte auf die ersten Häuser von Rocherath zu und dann durch die schmutzigen Straßen weiter nach Krinkelt. Vergeblich hielt er nach einem Vorhutoffizier Ausschau. In den Straßen herrschte totale Verwirrung. Versprengte Soldaten – manche bewaffnet, manche mit leeren Händen und ohne Stahlhelm – taumelten von den Feldern ins Dorf. Grelle Blitze zuckten über den Himmel im Osten, jeder gefolgt von einem tiefen, dumpfen Dröhnen. Aus den Wäldern jenseits der Ortschaft kam das gereizte Belfern von Maschinengewehren.

Fünfzehn Minuten später fand Mildren endlich am südlichen Ortsrand von Krinkelt den Regimentsgefechtsstand.

»Um Gottes willen, was ist denn los?« fragte er.

Der Adjutant des 38. Regiments erklärte Mildren, welche Stellungen er vor Krinkelt beziehen müsse.

»Aber wer steht links von mir? Und wer rechts?«

Niemand wußte es. Und niemand wußte, woher der Feind kam.

Er kam aus den Wäldern im Osten.

Und von dort kamen auch die Überlebenden der 99. Division. In kleinen und größeren Gruppen kämpften sie sich durch glitschigen Schnee, schauten verzweifelt nach Deckung aus, hielten in der Dunkelheit Verbindung miteinander, indem sie sich am Patronengürtel des Nebenmannes anklammerten. Artilleristen hatten Geschütze und Munition im Stich gelassen, Schützen ihre Weihnachtspäckchen, Bettrollen, Zeltbahnen, Mäntel weggeworfen – ja sogar ihre Rationen und Gewehre.

Manche Gruppen merkten, daß sie seit Stunden im Kreis herumirrten. Andere stellten fest, daß sie nach Osten statt nach Westen liefen. Bei jedem Geräusch fuhren sie erschrocken zusammen. Denn sie wußten: die Deutschen kamen von allen Seiten.

Wenn sie vor Erschöpfung nicht mehr weiter konnten, legten sie sich in den Schnee oder in flache Schützenlöcher; doch Kälte und Angst ließen sie nicht schlafen. Sie wünschten den nächsten Tag herbei, fürchteten aber sein Licht.

Vielen schlug wegen ihres Rückzuges das Gewissen. Doch sie hatten keinen Grund, sich Vorwürfe zu machen. Diese unerfahrenen Truppen hatten die mächtige 12. SS-Panzerdivision schon eineinhalb Tage lang aufgehalten. Sie wußten es zwar nicht, doch sie hatten ihre Aufgabe erfüllt. Von nun an ruhte die Last auf den Schultern der erprobten Krieger der 2. Division.

Die Dunkelheit hatte Nebel gebracht, aber keine Atempause für die Verteidiger der Zwillingsdörfer. Genau östlich von Rocherath besichtigte Lieutenant Colonel William D. McKinley – ein Großneffe des ehemaligen Präsidenten – seine Linien. General Robertson hatte McKinleys Bataillon auf eine kleine Bodenwelle placiert, von der aus man die Landstraße von Osten übersehen konnte, und ihm eingeschärft, daß es das Ende des ganzen Korps sein konnte, wenn er nicht standhielt, bis die Verteidigungslinie auf den Elsenborner Hügeln fest ausgebaut war.

Etwa um 20 Uhr 30 tauchten aus dem Nebel drei riesige, mit einem Zug Infanterie besetzte Panzer auf und rollten, ehe jemand merkte, daß es Deutsche waren, durch McKinleys Straßensperre. Bald darauf fuhren sie mit dröhnendem Lärm in Rocherath ein und durchstreiften die Straßen.

Eine halbe Stunde später rasselten wieder deutsche Panzer auf der Straße daher, doch diesmal wurden sie von McKinleys Leuten schon erwartet. Die ersten beiden Panzer fuhren auf Minen. Die nächsten schwenkten von der Straße ab und wurden eine leichte Beute der Bazookas. Während die deutschen Infanteristen kopflos umherliefen, beschoß amerikanische Artillerie die Straße. Die Deutschen, denen ihre Abwehr gesagt hatte, die ganze 2. Division liege weit hinten in Reserve, gerieten bei diesem unerwarteten Widerstand völlig aus der Fassung, und die restlichen Panzer brachten sich eilig in Sicherheit.

Doch sie sammelten sich wieder und griffen in kombinierter Panzer- und Infanterieattacke erneut an. McKinleys Schützenkette wurde durchstoßen, und die Panzer rollten bis zur nächsten Verteidigungslinie. McKinley telefonierte verzweifelt um Hilfe.

Innerhalb von drei Minuten nahmen sieben Artilleriebataillone, die eben erst auf die Elsenborner Hügel verlegt worden waren, das Gebiet an der Straße unter Beschuß. Viele Deutsche flohen zurück nach Osten.

Doch ein Dutzend »Panther« und »Tiger« und ein paar hundert Infanteristen drängten weiter vor und wandten sich dann im dichten Nebel nach Süden.

Die ersten drei deutschen Panzer erreichten bald Krinkelt und hielten vor der düsteren alten Kirche. Die Soldaten sprangen ab und errichteten einen riesigen Scheiterhaufen. Als die Flammen hochschlugen – ein Signal für ihre Infanterie – ratterten die Panzer weiter in den Ort hinein. In manchen Straßen wurde wild und verbissen Widerstand geleistet, andere waren leer und still.

Colonel Frank Mildren suchte immer noch seine Vorausabteilung. Es war schon 21 Uhr 30, als er endlich an einer Straßenkreuzung östlich der Kirche von Krinkelt eine vertraute lange Gestalt erspähte – seinen Ordonnanzoffizier.

»Ich bin verdammt froh, daß Sie endlich da sind«, sagte der Ordonnanzoffizier.

»Was ist denn passiert?«

»Du lieber Himmel, es gibt nicht viel, was *nicht* passiert ist! Als die Kompanie Able ihre Stellungen vor der Stadt beziehen wollte, brach die Hölle los. Die Deutschen waren schon dort.«

»Wohin haben Sie die Kompanie Able gelegt?« fragte Mildren.

»Ich habe sie auf die Bauernhäuser am Ortsrand verteilt. Wir sind mit dem 3. Bataillon in Tuchfüllung. Wenn nur Baker und Charlie endlich kämen!«

»Wo ist der Bataillonsgefechtsstand?«

»In der Nähe der Kirche. In einem Bauernhaus mit Metzgerei. Riecht phantastisch.«

Als die beiden Männer zur Kirche eilten, kam ihnen ein junger Lieutenant von der Kompanie Baker ohne Gewehr und Helm entgegengerannt. Der Ordonnanzoffizier streckte den Arm aus und hielt ihn fest.

»Panzer!« stammelte der Lieutenant, die Augen angstvoll aufgerissen. »Panzer sind durchgebrochen, bevor wir uns eingraben konnten. Panzer und Infanterie drauf! Alle meine Leute wurden niedergewalzt!«

»Nimm dich zusammen, Mensch!« Der Ordonnanzoffizier schüttelte ihn kräftig.

»Tot! Mein ganzer Zug, alle tot!«

Mildren blickte nach Osten. Dort war es ziemlich ruhig. Wahrscheinlich hatte der Lieutenant, wie so viele Neulinge, wegen ein paar Schüssen die Nerven verloren. »Geh zurück und such deinen Zug!«

»Aber sie sind alle tot! Ich bin der einzige Überlebende!«

»Geh zurück und such deinen Zug!« wiederholte Mildren ruhig.

Der junge Offizier faßte sich plötzlich. »Ja, Sir«, sagte er unterwürfig, drehte sich um und trabte nach Osten, der Front entgegen.

Mildren eilte zu seinem neuen Gefechtsstand.

»Alles ist durcheinander«, berichtete der Planungsoffizier. »Ich konnte die Kompanien Baker und Charlie nicht befehlsmäßig einsetzen. Nur die Kompanie Able hat ihre Stellung bezogen. Sie liegt ein Stück weiter östlich.«

Ein Melder brachte die Nachricht, daß das 2. Bataillon die Überreste der Kompanie C aufgenommen hatte. Dann meldete ein anderer, daß ein Dutzend deutscher Panzer die Kompanie überrollt hatte, während sie in dem gefrorenen Boden Schützenlöcher aushob. Die Panzer hatten die entsetzten Soldaten einfach niedergewalzt und mit Maschinengewehren durchsiebt. Die Kompanie war auf Zugstärke reduziert. Mildren verzog das Gesicht. Der junge Lieutenant hatte also nicht grundlos die Nerven verloren.

Nun war man endlich über die Lage des gesamten Bataillons im Bilde. Mildren zog die Bilanz: »Kompanie B ist zum Teufel. Was von Kompanie C übrig ist, hat das 2. Bataillon übernommen. Also besteht unsere ganze Streitmacht aus einer einzigen Kompanie, einem MG-Zug und ein paar Geschützen. In unserer Linie klafft eine große Lücke, und genau dahinter, nur ein paar Häuser weiter, sitzen wir mit unserem Gefechtsstand.«

»Immerhin«, warf ein sehr junger Lieutenant forsch ein, »sind wir an unserer Rechten in Fühlung mit dem 3. Bataillon.«

»Gewiß«, erwiderte Mildren trocken. »Und an unserer Linken haben wir Fühlung mit den Deutschen.«

Schweigen senkte sich herab. Eine schwere Nacht stand bevor.

Inzwischen versuchte First Lieutenant Jesse Morrow, Mildrens Nachrichtenoffizier, Telefonleitungen zu den Kompanien zu legen. Morrow, Sergeant Hunziger und Sergeant Cutter hatten soeben die Kompanie A verlassen und gingen, um den Weg abzuschneiden, über ein Feld, als MG zu bellen begann. Hunziger fiel in den Schnee.

»Mich hat's bös erwischt«, stöhnte er.

Das Maschinengewehr harkte weiter die Gegend ab und wirbelte den Schnee auf. »Hol einen Sanitäter«, sagte Morrow zu Cutter. »Bringt eine Bahre mit.«

Eine Minute später hörte er deutsche Laute. Er zog Hunziger

hinter die Scheune und legte ihn lang ausgestreckt an die hintere Wand. Die Stimmen wurden lauter. In der Scheune knattere eine Maschinenpistole. Kugeln krachten durch die Wand. Eine ritzte Morrows Unterarm, doch er kümmerte sich nicht darum. Dann klangen Schritte in der Scheune auf, knirschten durch den Schnee und verloren sich.

Morrow fuhr im Dunkeln mit der Hand unter Hunzigers Rock, tastete über seine Brust. Seine Finger berührten die Wunde. Sie war groß, naß und rund. Er horchte das Herz ab. Es flatterte. Dann setzte es aus.

Cutter kam mit einem Sanitäter. »Sehn Sie lieber selber mal nach«, sagte Morrow. »Ich glaube, er ist tot.«

Der Sanitäter fühlte Hunzigers Puls. Dann nahm er ihm wortlos die Erkennungsmarke ab. Morrow stand mühsam auf. Ein wilder, heißer Zorn stieg in ihm hoch.

Das Ende in Clervaux

17. Dezember 1944

1

Fünf Orte sind die Zeugen dessen, was in der Nacht des 17. Dezember in den Ardennen geschah.

Die Zwillingsdörfer Krinkelt und Rocherath standen kurz vor einem wuchtigen Angriff. Der Industrieort Stavelot, gleich hinter dem Hügel bei Ligneuville, sollte am nächsten Morgen das erste Angriffsziel der Kampfgruppe Peiper sein. Und das häßliche, düstere St. Vith wurde von drei Seiten bedroht.

So wichtig diese vier belgischen Städte auch waren, das entscheidende Gefecht dieses Tages fand in der Mitte der Ardennenfront statt, bei und in der romantischen Stadt Clervaux in Luxemburg.

Clervaux war deshalb wichtig, weil es das schwierigste Hindernis auf Manteuffels großem Panzervormarsch nach Bastogne darstellte.

Die Straße, die vom Deutschen ins Luxemburgische hinüberläuft, überquert bei Dasburg die Ur und führt danach in westlicher Richtung 13 Kilometer durch malerisches Bergland. Dann eröffnet sich mit dramatischer Plötzlichkeit ein noch schönerer Blick. Tief unten, in einem kleinen gewundenen Tal, liegt Clervaux, überragt von den bemoosten Ruinen einer mittelalterlichen Burg.

Um Stadt und Burg zu erreichen, windet sich die Straße in drei kühnen Haarnadelkurven etwa eineinhalb Kilometer weit steil hinab.

Unten führt die Straße über den kleinen Clervaux-Fluß. Dann machen Straße und Fluß eine scharfe Wendung zurück nach Osten und umgehen einen zerklüfteten, nach beiden Seiten jäh abfallenden Berg. Am Ostrand dieses Berges, hoch über den Geschäften, Wohnhäusern und Hotels von Clervaux, ragt mächtig, mit vielen Türmen und Türmchen, die achthundert Jahre alte Burg auf.

Sobald der Berg umgangen ist, wendet sich die Straße wieder nach Westen. Und nach etwa einem Kilometer klettert sie einen steilen Hügel hinauf, der wieder eine atemberaubende Aussicht freigibt: sanft gewelltes Land erstreckt sich bis Bastogne – ein ideales Gelände für Panzer.

Im Morgengrauen des 17. Dezember saßen nur wenige Kilometer östlich Clervaux Hunderte von deutschen Panzersoldaten fiebernd vor Erregung in ihren »Panthern« und »Tigern«. Ihrem Stundenplan zufolge sollte Clervaux, der Schlüssel zu der Hügelkette, noch vor Mittag fallen.

Kalt, grau und drohend brach in Clervaux der Tag an. Und die Stimmung von Colonel Hurley Fuller im Hotel Claravallis, dem Gefechtsstand des 110. Regiments, entsprach dem Wetter. Fuller hatte eben einen schweren Schlag erlitten. Sein 2. Bataillon, das 1½ Kilometer entfernt östlich des steilen Hügels in Stellung lag, wurde von einem Infanterieregiment heftig angegriffen. Der Angriff, den er selbst für 8 Uhr angesetzt hatte, um die Stützpunkte in den westlichen Dörfern zu entlasten, war deshalb von vornherein zum Scheitern verurteilt. Er hatte schon General Norman »Dutch« Cota im Gefechtsstand der 28. Division in Wiltz angerufen. Cota hatte versprochen, ihm ein paar Panzer zu schicken.

Zuerst langsam, dann in immer schnellerer Folge trafen schlimme Nachrichten ein. Die Deutschen hatten ein Hotel jenseits des kleinen Clervaux-Flusses genommen und beschossen mit

Maschinengewehren die Burg, die nur mit 200 Köchen, Bäckern, Schreibern, Spezialisten und MPs besetzt war. Wenn sich die Burg ergab, waren die Leute in den östlichen Vororten vom Hinterland abgeschnitten.

Aber Fuller sorgte sich nicht um diese zusammengewürfelte Besatzung. Er hatte ihr aufgetragen, bis zum letzten auszuhalten. Er erwartete von seinen Untergebenen immer das Höchste und wurde meistens auch nicht enttäuscht. Und seine Leute, obwohl sie ihn zum Teil fürchteten oder ablehnten, erwarteten von ihm ebenfalls nur das Höchste.

Fuller wollte es so. Dieser Veteran des ersten Weltkriegs hatte nie versucht, sich bei seinen Untergebenen beliebt zu machen, und er hatte mit zu vielen seiner Vorgesetzten eine offene Sprache gesprochen, um jemals die Generalssterne zu bekommen. Er verabscheute Diplomatie und Intrige innerhalb des Heeres, war durch und durch Soldat und tat einfach seine Pflicht. Und nun war er sich bewußt, daß eine Riesenlast auf seinen Schultern ruhte: einen Großangriff von Osten zum Stehen zu bringen.

Um das Gesetz des Handelns wieder an sich zu reißen, schickte Fuller einen Reserve-Panzerzug in das nahe Dorf Munshausen. Er sollte dort Infanterie aufladen und Marnach entsetzen, das ein paar Kilometer östlich Clervaux auf einer Erhebung lag.

Aber wo blieb die Hilfe von »Dutch« Cota? Ohne Verstärkung konnte er nichts tun als sitzen und warten. Er wartete.

Eine Stunde später wurde Fuller zum Funkgerät gerufen. Der Zugführer der Panzer hatte von Munshausen aus Marnach erreicht, konnte aber nicht zu der belagerten Besatzung durchstoßen. Außerdem hatten die Infanteristen auf seinen Panzern schwere Verluste erlitten. Er bat um Erlaubnis, nach Munshausen zurückkehren zu dürfen.

»Nein«, sagte Fuller hart. »Fahren Sie hierher nach Clervaux. Greifen Sie den Feind an der Straße Marnach–Clervaux an.«

Dann kam eine Meldung von der Burg: irgendwie war es den Deutschen gelungen, ein leichtes Geschütz über den Hügel zu schleppen, und sie hatten soeben ein Scharfschützennest auf dem Hexenturm unschädlich gemacht.

Auch von den Stützpunkten in den Dörfern östlich von Clervaux kamen Meldungen. Die meisten waren umzingelt. Heiderscheid stand kurz vor dem Fall.

Fuller wartete. Immer noch war von den Verstärkungen nichts zu sehen. Und wo steckten die Panzer aus Munshausen, die von Marnach her unterwegs waren?

Sie rasselten eben um die letzte Haarnadelkurve und näherten sich, aus allen Rohren schießend, den östlichen Vororten von Clervaux. Der plötzliche Angriff von hinten erschreckte die Deutschen, die östlich des steilen Hügels das 2. Bataillon angriffen.

»Gut«, sagte Fuller, als er die Meldung erhielt. »Greift jetzt an!«

Doch um 9 Uhr 30, gerade als sich das erschöpfte 2. Bataillon zum Angriff sammelte, brachen dreißig deutsche Panzer durch die von Trümmern übersäten Straßen von Marnach vor und rollten langsam und vorsichtig die kurvenreiche Straße nach Clervaux hinab.

Fünf Minuten später rief der Kommandierende Offizier des 1. Bataillons, das die Stellungen an der linken Flanke hielt, Fuller an und meldete, daß seine Front zu wanken beginne und daß er seinen Gefechtsstand zurücknehmen müsse. Wenn nicht bald Hilfe käme, würde Heiderscheid fallen.

Doch es gab keine Hilfe.

Um 10 Uhr 20 rollte endlich die von Cota geschickte Verstärkung – sechzehn mittlere Panzer – von Westen nach Clervaux herein. Fuller befahl sofort fünf Shermans, Heiderscheid zu entsetzen; die übrigen beauftragte er, die Ostseite des steilen Hügels zu verteidigen.

Mittlerweile stand die »Seitentür« nach Clervaux offen. Diese Seitentür bildete Urspelt, ein winziges Hügeldörfchen, das drei Kilometer nördlich von Clervaux lag und mit diesem durch eine Nebenstraße verbunden war. Mehrere deutsche Panzer hatten die paar Amerikaner in Urspelt umgangen und begannen zusammen mit Hunderten von Infanteristen Clervaux einzuschließen. Ihr Ziel war die Brücke beim Bahnhof. Wenn es ihnen gelang, sie zu nehmen, waren Fullers Gefechtsstand, die Burg und das unweit östlich davon liegende 2. Bataillon abgeschnitten und saßen in der Falle.

Um 11 Uhr 30 fielen rasch hintereinander Hosingen, Holzthum, Consthum, Weiler und Merscheid – Fullers Stützpunkte an der rechten Flanke. An der linken Flanke war die Lage fast noch schlimmer: zwei Stützpunkte waren gefallen und eine Artilleriebatterie in Gefangenschaft geraten. Von den fünf Panzern, die er mit dem Entsatz von Heiderscheid beauftragt hatte, waren zwei in einem heftigen kleinen Gefecht zerstört und drei in Deckung getrieben worden, ehe sie das eingeschlossene Dorf erreichen konnten. Und genau östlich des steilen Hügels waren 30 deutsche Panzer von Marnach eingetroffen, hatten den Angriff des 2. Bataillons zerschlagen und die elf zur Hilfe ausgerückten Shermans kampfunfähig gemacht. Fullers Verstärkungen waren vernichtet worden, ohne auch nur das mindeste ausrichten zu können.

Zu Mittag rief er noch einmal General Cota in Wiltz an. »Ich brauche mehr Artillerieunterstützung, mehr Panzer.«

»Ich schicke Ihnen eine Batterie Sturmgeschütze«, sagte Cota. »Das ist alles, was ich entbehren kann.«

»Aber nicht genug.«

»Ich habe noch zwei andere Regimenter, die um Hilfe schreien.«

»Und bei uns sitzen 12 ›Tiger‹ auf der Erhebung östlich der Stadt und schauen uns direkt in den Hals.«

»Tur mir leid, Fuller, eine Batterie ist alles, was ich Ihnen geben kann«, wiederholte Cota. »Vergessen Sie Ihre Befehle nicht. Halten um jeden Preis. Kein Zurück. Es gibt kein Zurück!«

Stille.

»Haben Sie verstanden, Fuller?«

»Ja, Sir. Es gibt kein Zurück.«

Dreizehn Kilometer östlich rollten Manteuffels Panzer weiter über die Brücke von Dasburg in Richtung Clervaux. Manteuffel stand eine Zeitlang selbst an der Brücke und regelte den Verkehr über die Ur. Immer wieder mußte er Einheiten, die zu schnell vorwärtsdrängten, zurückwinken. Es erfüllte ihn mit Befriedigung, daß er seine Truppen nicht anzutreiben brauchte – daß sie vielmehr ihn antrieben.

Wenn er Glück hatte, rollten diese Panzer in ein oder zwei Stunden durch Clervaux.

Elf Kilometer südlich der Dasburger Brücke ging es ebenso schnell vorwärts. Seine Panzer-Lehrdivision überquerte bei Gemünd die Ur. Am Vortag hatten diese Truppen vor Ungeduld gekocht, als sie in langer Reihe am östlichen Ufer des Flusses steckengeblieben waren. Tausende mit Pferden bespannter Fahrzeuge, die meisten kutschiert von russischen »Hilfsfreiwilligen«, die kein Deutsch verstanden, hatten die Straßen verstopft. Und wenn jemand versuchte, das Chaos zu entwirren, hatten die Russen getan, als ob sie Zeit hätten bis in alle Ewigkeit.

Endlich aber rollte die Panzer-Lehr vorwärts. Sie sollte am nächsten Tag Bastogne nehmen. Generalmajor Fritz Bayerlein, ihr Kommandeur, hatte seinen Offizieren eingeschärft, daß dies die entscheidende Schlacht des Krieges sei. Er stellte sich mit den Worten: »Es ist unwichtig, ob ich falle«, selbst an die Spitze der Vorhut. Die Panzer-Lehr war von Opfermut erfüllt – von Opfermut und rücksichtslosem Siegeswillen.

2

Um 15 Uhr hatte sich der eiserne Ring um Clervaux fast geschlossen. Deutsche Infanterie und Panzer hatten die letzten zusammenbrechenden Stützpunkte an der Höhenstraße umgangen und näherten sich aus drei Richtungen der Stadt. Schon hatte von Urspelt aus, der »Seitentür« nach Clervaux, ein »Panther« die kleine Brücke beim Bahnhof überquert und beim Postamt einen Sherman zusammengeschossen. Und eine deutsche Panzerfaustgruppe hatte unbemerkt den Fluß überschritten und einen weiteren Sherman in die Luft gejagt, der vor dem Hotel Claravallis stand.

Am Ostrand von Clervaux waren deutsche Infanteristen durch die Linien des 2. Bataillons gebrochen und näherten sich rasch dem großen Sanatorium, das an der letzten steilen Kurve der zur Stadt führenden Straße lag. Die Oberin des Krankenhauses und eine Schwester, die die Schlacht von der Haustür aus beobachteten, liefen durch einen langen Gang, bogen um eine Ecke und stürzten in den Keller, der mit 150 Flüchtlingen vollgepfercht war.

Ein Deutscher rannte ihnen durch den Gang nach. Seine Maschinenpistole bellte dumpf. Dann hörten sie seine Schritte über sich. Und dann noch mehr Schritte und laute Rufe. Ein Weilchen verging. Es schien endlos. Dann verloren sich die Schritte, und das Gewehrfeuer entfernte sich den Hügel hinab zur Stadt.

Um 15 Uhr 30 war die Verteidigung des Hotels Claravallis auf einen halben Schützenzug und ein Panzerabwehrgeschütz zusammengeschrumpft. Den Männern war klar, daß sie hier sterben mußten, wenn Fuller nicht sofort den Rückzug befahl.

Fuller hatte in seinem Büro eben einen Anruf vom Kommandeur des 3. Bataillons an seiner aufgeriebenen rechten Flanke erhalten.

»Was gibt's denn jetzt wieder?« fuhr Fuller ihn an.

»Ermächtigen Sie mich, die paar Leute, die ich noch habe, zurückzunehmen. Ich möchte sie nach Wiltz verlegen.«

»Die Division weiß, wie Ihre Lage ist, und sie kennt unsere Lage hier in Clervaux. Aber der Befehl gilt immer noch: kein Zurück!«

Ein paar Minuten später meldete sich der Kommandeur des 1. Bataillons am linken Flügel: »Wir sind hier in Urspelt völlig eingeschlossen. Schicken Sie Entsatz.«

»Ich habe keinen Entsatz, den ich schicken könnte. Nehmen Sie, was Sie noch an Panzern haben, und kämpfen Sie sich nach Süden zum 2. Bataillon durch.«

Während Fuller den Hörer auflegte, rollten die Sturmgeschütze, die General Cota ihm mittags versprochen hatte, in die Stadt. Der Batterieführer erhielt den Befehl, den Hügel hinaufzufahren und die 12 deutschen Panzer zu vernichten, die Clervaux bedrohten.

Bis 16 Uhr fielen rasch hintereinander die letzten Stützpunkte vor der Stadt. Die Besatzung von Munshausen, 2½ Kilometer südöstlich, meldete, daß sie von Osten und Norden schwer angegriffen wurde. Die Ortschaft, die von zwei Kompanien gemeinsam verteidigt wurde, war völlig zerschossen. Die einzelnen Züge hatten längst keine Verbindung mehr miteinander. Jede Gruppe war auf sich gestellt und handelte auf eigene Faust. Captain Irving Warden, der Chef der Kompanie Cannon, sagte Fuller, wenn nicht bald Hilfe einträfe, könne er über sie alle das Kreuz machen.

Und Fullers Nachschuboffizier telefonierte: »Deutsche Patrouillen haben Weicherdange erreicht! Ich habe alle Hände voll zu tun, um meine Lastwagen in Sicherheit zu bringen!« Jetzt war Fuller zu allem anderen auch noch der Möglichkeit beraubt, die wenigen noch nicht eingeschlossenen Stützpunkte zu versorgen.

Verzweifelt wandte er sich seinem dringendsten Problem zu: Munshausen. Wenn dieses Dorf fiel, war die Existenz von Clervaux nur mehr eine Frage von Minuten.

Er kratzte fünf Panzer zusammen und befahl dem Zugführer – einem zappeligen jungen Lieutenant – über die Nebenstraße nach Munshausen zu rasen und soviel 105-mm-Haubitzenmunition wie möglich mitzunehmen. Dann setzte er sich über Funk mit der Kompanie Cannon in Verbindung.

»Warden! Sind Sie noch da?«

»Kaum.«

»Halten Sie aus! Panzer mit Munition sind unterwegs – fünf Stück!«

»Wo, in Teufels Namen, haben Sie fünf Panzer aufgetrieben?«

Während Fuller sprach, hörte er draußen vor dem Hotel lautes Gerumpel. Er schaute aus dem Fenster und sah, daß seine neue Sturmgeschützbatterie Hals über Kopf nach hinten floh.

Fuller fluchte laut und saftig.

3

Als die 2. deutsche Panzerdivision St. Vith südlich umging, hatte sie damit zugleich Clervaux von Norden her abgeschnitten. Um Colonel Hurley Fullers 110. Regiment völlig einzukesseln, stießen weitere Verbände Manteuffels unterhalb Clervaux direkt nach Westen in Richtung Wiltz vor. Als es zu dämmern begann, war General »Dutch« Cotas 28. keine Division mehr. Sie bestand aus drei auseinandergerissenen Regimentern, die, jedes an seinem Frontabschnitt schwer angeschlagen, verzweifelt der gegen sie anrennenden deutschen Übermacht standzuhalten versuchten.

Fullers Regiment, das mittlere, war kein Regiment mehr – es hatte sich in einzelne verstreute Gruppen aufgelöst, die sich nach Clervaux, dem letzten Verteidigungspunkt, zurückzogen. Fuller wußte genau, daß alle seine Stützpunkte im Osten entweder überrannt waren oder kurz vor dem Fall standen. Bald würde nur noch Clervaux Widerstand leisten. Und hier gab es viele Tote und Verwundete, wenig Munition und keine Hoffnung auf Sieg.

Darüber war Fuller sich im klaren. Er kämpfte um Zeitgewinn für die Truppen weiter hinten. Die einzige Frage war: wann würde Clervaux fallen?

Auf der anderen Seite stellte sich ein kleiner Mann mit einem hageren, intelligenten Gesicht die gleiche Frage – Hasso von Manteuffel. Dem Plan zufolge hätten die Stützpunkte vor Clervaux lange vor Mittag fallen sollen, doch manche leisteten immer noch Widerstand. Besonders zähe Brocken waren Marnach und Munshausen.

Fünf Kilometer östlich von Clervaux stand Leutnant Rudolf Siebert von der 2. Panzerdivision neben seinem Panzerwagen und wartete auf den Befehl, Marnach neuerlich anzugreifen. Am Vormittag hatten 30 schwere Panzer einen blitzartigen Vorstoß durch das Dorf gemacht, doch seine eigene Panzerwagenkompanie war von Scharfschützen aufgehalten worden.

Hauptmann Heinz Nowak hatte beschlossen, den Panzern zu Fuß zu folgen. Frech schlenderte er auf das Dorf zu und schwenkte dabei ein amerikanisches Bajonett, das er als Andenken aufgelesen hatte, wie einen Taktstock. Er kam nicht zurück. Alle, sogar der Bataillonskommandeur, brannten darauf, den guten alten Heinz zu befreien.

Um 17 Uhr kam der Befehl, Marnach zu stürmen. Die Soldaten starteten jubelnd ihre Fahrzeuge, sprangen hinein und fuhren los. Der Führungspanzer fuhr krachend durch die Sperre, Panzer und Panzerwagen rollten ihm nach. Sie machten sich eben daran, die Heckenschützen auszuheben, da rief jemand Siebert zu: »Heinz ist bei der Kirche gefunden worden!«

Siebert rannte zur Kirche. Heinz, einst so springlebendig, lag in einem Hausflur, den Schädel gespalten, die Zähne eingeschlagen, und sein Andenken, das amerikanische Bajonett, in der Kehle.

Siebert liefen die Tränen über die Wangen.

Gegen 18 Uhr telefonierte Colonel Hurley Fuller im Hotel Claravallis in Clervaux mit dem Kommandeur des 1. Bataillons. Lieutenant Colonel Paul meldete, daß er und ein paar Leute seines Hauptquartiers sich zum 2. Bataillon östlich des steilen Hügels durchgeschlagen hatten.

»Wie steht's mit Kompanie B in Marnach?« fragte Fuller.

»Vielleicht kämpft sie noch«, sagte Paul niedergeschlagen. »Aber ich denke eher, daß alle meine Stützpunkte ausradiert sind.«

»Denken Sie nicht«, sagte Fuller. »Handeln Sie! Kratzen Sie alles zusammen, was noch lebt, und verteidigen Sie die Straßenkreuzung an der linken Flanke des 1. Bataillons. Und jetzt geben Sie mir jemand vom 2. Bataillon an den Apparat.«

Lieutenant Colonel Hughes, stellvertretender Kommandeur der Verteidigungstruppen vor der Stadt, nahm den Hörer.

»Wie sieht's aus?« fragte Fuller.

»Ich glaube, wir können uns bis morgen früh halten.«

»Ausgezeichnet! Lassen Sie nicht locker!«

Doch ein paar Minuten später hörte Fuller im Osten das Getöse schweren Feuers. Er hoffte, daß das 2. Bataillon durchhalten würde, doch nach der zunehmenden Stärke des Feuers zu schließen, mußten bald alle Stellungen in der Umgebung der Stadt eingeschlossen oder überrannt sein.

Er ging zum Fenster, schaute hinaus und fuhr schnell zurück. Unten auf der Straße fuhr langsam ein »Tiger« vorbei. Er war wenige Minuten zuvor von Norden, aus Richtung Urspelt, den Hügel herabgerollt, hatte die Brücke beim Bahnhof überquert und sich scharf nach Osten gewendet. Nun fuhr er vorsichtig am Hotel Claravallis vorbei und zurück zur Burg. Eine Gewehrkugel prallte ohnmächtig am Turm ab.

»Kein Widerstand in der Unterstadt«, funkte der Kommandant des »Tigers«. »Nur Kleinwaffenfeuer aus der Burg.«

Angespornt von der guten Nachricht, eilten weitere Panzer von Manteuffels 2. Panzerdivision von Urspelt den Hügel hinab, um der Stadt den Rest zu geben.

4

Weit südlich von Clervaux, in Nancy, ärgerte sich General George Patton immer noch, weil Bradley seine 10. Panzerdivision in die Ardennen geschickt hatte. Dann kam ihm eine Idee. Er rief General Eddy an, einen seiner Korpskommandeure.

»Matt«, sagte er und freute sich über seinen guten Einfall, »geben Sie der 4. Panzer sofort etwas Wichtiges zu tun. Ich möchte die nicht auch noch einbüßen.«

In dem Augenblick, als er abhängte, rollte seine 10. Panzerdivision ungefähr 110 Kilometer nördlich durch die altehrwürdige Stadt Luxemburg. Ihr Kommandeur, Major General William Morris jr., betrat das Hauptquartier von »Tubby« Barton, dem Kommandierenden General der 4. Division.

Barton, krank und von schweren Sorgen bedrückt, umarmte Morris. »Gott sei Dank, daß Sie da sind!«

Ein paar Häuser weiter kehrte eben Omar Bradleys Stabswagen mit ausgeschalteten Scheinwerfern von Versailles zurück. Er fuhr durch die verdunkelten Straßen zum Strategischen Hauptquartier im braunen Steingebäude der Staatlichen Eisenbahnen.

Als Bradley in das Besprechungszimmer trat, trug General Sibert, sein Abwehroffizier, eben auf der großen Generalstabskarte die feindlichen Divisionen ein, die man bisher an der Ardennenfront hatte identifizieren können. Es waren schon vierzehn, die Hälfte davon Panzerdivisionen. Bradley betrachtete die Karte, wandte sich an seinen Stabschef und sagte bedrückt: »Ich möchte bloß wissen, Lev, woher die Deutschen diese vielen Truppen haben.«

»Keine Ahnung«, erwiderte Major General Leven Allen. »Ich weiß nur, daß wir alle Hände voll mit ihnen zu tun haben.«

Sie besprachen die letzten Lageberichte, als Bradley ans Telefon gerufen wurde. Es war Courtney Hodges, der seit dem Morgen immer wieder von Spa aus angerufen und flehentlich um die zwei Luftlandedivisionen gebeten hatte, die Eisenhower in Reserve hielt.

»Ich wollte Sie eben anrufen, Courtney«, sagte Bradley. »Endlich habe ich gute Nachrichten für Sie. Ike hat soeben die 101. und die 82. Luftlande freigegeben. Wo möchten Sie sie haben?«

»Ich brauche eine bei Bastogne und die andere 50 Kilometer nördlich davon bei Werbomont.« Man hörte deutlich, wie Hodges erleichtert aufatmete. »Und je früher, desto besser.«

Die Soldaten dieser beiden Luftlandedivisionen genossen an diesem Abend den Wein und die Frauen von Reims.

Pfc. Edward Peniche, ein Mexikaner aus Yucatan, saß mit einer Gruppe Soldaten der 101. in einem Lokal. »Schmeiß einen Bierkrug dort rüber, Peniche«, flüsterte ihm ein Kamerad zu und deutete auf eine Gruppe, die das »AA«-Abzeichen der 82. trug. »AA – alle Affen Amerikas.«

Peniche tat ihm den Gefallen.

Der Krug traf einen riesigen Soldaten der 82. Er hob ihn auf und trat auf Peniche zu. »Wer hat das da geschmissen?«

Eine junge Französin deutete auf Peniche.

»Er ist ihm aus der Hand gerutscht«, erklärte Peniches Kamerad.

Der 82er versetzte Peniche einen Kinnhaken, worauf eine allgemeine Rauferei begann.

Bald trillerten die Alarmpfeifen – doch weniger, um diese letzte Auseinandersetzung zwischen den beiden rivalisierenden Divisionen zu beenden.

»Los, 101., zurück nach Mourmelon!« rief ein MP. »Die Lastwagen stehen draußen!«

Auch die 82er wurden abtransportiert – in ihr Lager bei Suippes.

In ganz Reims holte man die Soldaten aus Bars, Bistros und Bordellen. Teils stockbetrunken, teils weiterraufend, teils halbbekleidet wurden sie auf Laster verladen und in ihre Lager befördert. Was war nur los? Wohin brachte man sie? Jeder wußte etwas anderes: wieder ein Absprung; Erholungslager in Südfrankreich; zurück nach England. Irgendwohin ging's jedenfalls, und die hohen Herrschaften hatten es höllisch eilig damit.

In Suippes, ein paar Kilometer entfernt, sahen sich ein paar Leute der 82. ein Ballett an – Major General James Gavin, ihr junger Divisionskommandeur, war ein Ballettfanatiker. Um 21 Uhr 30 brach man die Vorstellung ab und befahl den Männern, sich schleunigst bei ihren Einheiten zu melden.

In allen Baracken wurde es hell. Die Männer, die schon geschlafen hatten, erwachten zornig oder mißmutig, bewarfen die Wachhabenden mit Schuhen oder zogen sich aufgeregt an. Offiziere trafen ein und erließen Befehle: »Fertigmachen zum Abmarsch! Munition und Verpflegung aufnehmen! In ein paar Stunden geht's los!«

5

Im Verlauf der Nacht erreichte der Angriff auf Clervaux seinen Höhepunkt.

Colonel Hurley Fuller hatte schon längst jede Verbindung mit dem 3. Bataillon zu seiner Rechten verloren. Er wußte, daß das 1. Bataillon links von ihm aufgerieben war. Und die Linien des 2. Bataillons, die dicht vor Clervaux an dem steilen Hügel lagen, gaben unter dem dauernden Druck immer mehr nach.

Munshausen, knapp drei Kilometer südöstlich von Clervaux, stand kurz vor dem Fall. Die Leute der Kompanie C waren auseinandergesprengt und flohen nach Westen.

Die Kompanie Cannon, die zweite Einheit in Munshausen, klammerte sich gerade noch an eine Ecke des Ortes. Ihr Kommandeur, Captain Irving Warden, war von seinen Leuten abgeschnitten. Er lag ohne Munition lang ausgestreckt hinter einer Hecke, und rings um ihn war eine Kompanie Deutsche.

Da hörte er ein leises Rasseln. Auf der dunklen Straße kroch langsam ein Sherman auf ihn zu, dahinter tauchten vier weitere auf – Fullers Verstärkung.

Warden sah, wie einer seiner Männer den Hügel herunterrannte und die Panzer einwinkte. Ein Deutscher sprang auf und feuerte seine Panzerfaust auf den ersten Panzer ab. Obwohl er nicht traf, machte der Sherman eine scharfe Wendung und rollte, gefolgt von den vier anderen, den Hügel hinunter.

Die Soldaten von Munshausen sprangen auf, schüttelten drohend die Fäuste und brüllten ihnen wüste Schimpfworte nach.

Der verängstigte Anführer des Verstärkungstrupps funkte aus seinem nach Südwesten fliehenden Panzer an Colonel Fuller: »Ortschaft Munshausen brennt. Ist in deutscher Hand. Ich kehre um.«

»Sofort zurück nach Munshausen!« befahl Fuller.

Der Panzerkommandant antwortete nicht.

»Haben Sie mich verstanden?« schrie Fuller. »Sofort zurück nach Munshausen!«

Wieder erfolgte keine Antwort. Die fünf Shermans rollten nach hinten.

Fuller ließ sich auf einen Stuhl sinken. Er war erschöpft, fiebrig, halbtot.

Eine unheilverkündende Stille senkte sich plötzlich auf Clervaux. Die wenigen Schützen, die noch im Hotel Claravallis waren, machten sich fertig. Sie wußten, daß der nächste deutsche Angriff der letzte sein würde, den sie erlebten.

Minute um Minute kroch vorbei.

Dann ging es wieder los – zum letzten Male. Im Gefechtsstand klingelte das Telefon. Fuller meldete sich. Am anderen Ende war Hughes vom 2. Bataillon hinter dem steilen Hügel, kaum 1½ Kilometer entfernt.

»Eine Menge deutscher Panzer sind im Anrollen«, sagte er mit müder Stimme. Er war erst gestern aus dem Lazarett entlassen worden. »Sechs sind eben an meinem Gefechtsstand vorbeigefahren, in Richtung auf Ihren Gefechtsstand.«

Fuller hängte auf und verlangte die Division. Es dauerte entsetzlich lange. Inzwischen waren die sechs deutschen Panzer sicherlich schon an der Burg. Endlich meldete sich Colonel Gibney, Cotas Stabschef.

»Unsere Lage ist hoffnungslos«, sagte Fuller. »Ich bitte um Erlaubnis, alles, was noch da ist, zurückzunehmen und hinter der Bodenwelle westlich der Stadt in Verteidigungsstellung zu gehen.«

»Unmöglich!« fuhr Gibney ihn an. »Ihr Befehl lautet, die Stadt zu verteidigen. Kein Fußbreit Boden wird aufgegeben. Verstanden?«

»Verbinden Sie mich mit General Cota«, sagte Fuller und versuchte, seinen Zorn zu unterdrücken.

»Der General ist beim Essen und telefonisch nicht erreichbar.«

Ein Offizier stürzte ins Zimmer und rief: »Colonel! Auf der Straße von der Burg kommen sechs deutsche Panzer!«

»Also schön, Gibney«, sagte Fuller. »Sie übermitteln mir die Befehle des Generals, und ich muß gehorchen. Aber das eine sag' ich Ihnen« – er mußte schreien, um das Dröhnen der Panzer zu übertönen – »das wird ein zweites Alamo!«

Eine laute Explosion erschütterte das Hotel. Gleich darauf folgten zwei weitere Explosionen. Ein deutscher Panzer schoß aus 15 Metern Entfernung in den Raum unter Fuller.

»Was ist denn bei Ihnen los?« fragte Gibney.

»Ein deutscher Panzer hat mir eben ein Ei in meine Adjutantur gelegt!« schrie Fuller. »Ich verschwinde jetzt, bevor das nächste in meinem Schoß landet.«

»Warten Sie, einen Moment . . .«

»Keine Zeit, mit Ihnen zu plaudern!« Fuller schmetterte den Hörer hin und nahm ihn gleich wieder auf. »Geben Sie mir den Gefechtsstand des 2. Bataillons.«

Unten fing ein MG zu tackern an. Kugeln prasselten in das Mauerwerk über Fullers Kopf. Ein Dutzend dumpfer Einschläge übertönte das Maschinengewehr. Die Wände wackelten und das Licht ging aus, doch das Mündungsfeuer der Panzer drunten auf der Straße erhellte den Raum.

Fuller rüttelte das Telefon. Es blieb stumm.

Er stürzte aus dem Zimmer und rannte gegen seinen Planungsoffizier.

»Colonel, wir sitzen in der Falle.«

»Sieht ganz so aus.«

»Was wollen wir machen, verdammt noch mal?«

»Ich versuche, hier rauszukommen«, sagte Fuller. »Was wir brauchen, sind lebendige Soldaten. Ich werde soviel wie möglich vom Regiment zusammenkratzen und hinter die Stadt bringen.«

Im ersten Stock hörten sie jetzt Deutsche schreien. Im Keller drängten sich 40 verwundete GIs neben der Damentoilette zusammen. In einer Ecke verbrannten zwei Offiziere in fieberhafter Eile Papiere. In einem kleinen Raum hinter ihnen saß Jean-Pierre Gillen-Kohner, der Besitzer des Hotels, mit Frau und Tochter. Das Heulen der Granaten, das Knattern der MG, der beißende Rauch und das heisere Triumphgeschrei der Deutschen versetzten sie in Todesangst. Das war der Weltuntergang. Sie sanken auf die Knie und beteten.

Fuller rannte in den dritten Stock hinauf und packte Karabiner und Mantel. Plötzlich sah er in dem dunklen Zimmer schattenhafte Gestalten – vielleicht ein Dutzend.

»Wer ist da?« rief er.

Eine Panzerfaust schoß durchs Fenster und explodierte. Ein paar Männer stürzten zu Boden. Fuller schleppte einen verwundeten Offizier aufs Bett und deckte ihn zu.

»Ich bin blind«, sagte eine Stimme am Fußboden. »Ich bin auf beiden Augen blind.«

Fuller tastete sich zu dem Mann hin und verband ihm mit seinem Erste-Hilfe-Päckchen die Augen.

»Colonel Fuller!« rief jemand vom Gang herein. »Ich hab' einen Ausweg aus diesem Gebäude gefunden. Möchten Sie's versuchen?«

»Natürlich, zum Teufel«, sagte Fuller. »Kommt sonst noch jemand mit?«

»Ich!« riefen alle.

Der Blinde ergriff flehentlich Fullers Hand.

»Ja, du auch«, sagte Fuller. »Halt dich an meinem Gürtel fest und komm!«

Der Mann auf dem Gang führte sie zu einem Fenster an der Rückfront des Hotels. Einer nach dem andern kletterte über eine schmale Eisenleiter auf den Felsen. Fuller führten den Blinden hinüber und dann die Stufen hinauf, die in den Fels gehauen waren. Es war eine anstrengende Klettertour, und als Fuller oben ankam, sank er erschöpft zu Boden.

Während er nach Atem rang, stießen zwölf weitere Flüchtlinge aus dem Hotel zu ihnen. Fuller nahm in die eine Hand den Kompaß, faßte mit der andern den Blinden und sagte: »Also los, Leute, wir gehen nach Elsenborn! Mir nach!«

Im Gänsemarsch kletterten sie den steilen Hügel hinauf, vorbei an dem mächtigen Benediktinerkloster. Endlich erreichten sie einen dichten dunklen Wald. Fuller drehte sich noch einmal um und warf einen Blick auf die Stadt. Clervaux ging in einem Meer von Flammen unter. Die Stadt würde Mitternacht nicht mehr erleben.

Nun überschwemmte deutsche Infanterie Clervaux. Gut bewaffnet und warm in lange Lederjacken gekleidet, schwärmten die Soldaten in Rudeln durch die Straßen und schlugen die Türen ein. Die Zivilisten waren starr vor Schreck.

Als es an Joseph Geibens Haustür hämmerte, überlegte er lange, ehe er öffnete. Ein Freund stürzte herein, ein junger Luxemburger, der ebenfalls aus dem deutschen Heer desertiert war. Und ihm nach taumelte ein verwundeter amerikanischer Soldat, ein Bekannter aus dem Erholungslager. Geiben schlug die Tür zu und verriegelte sie.

»Geiben!« rief sein Freund. »Es ist fürchterlich!«

»Die verdammten Deutschen«, keuchte der GI. »Sie wollen über die Maas.« Ganz grau im Gesicht stand er da. Dann begann er zu schwanken. Das Gewehr fiel ihm aus der Hand, er sank zu Boden.

»Ihre Hand!« rief Geiben.

Alle drei schauten auf die rechte Hand des GIs. Sie war eine blutige Masse. Geiben verband sie.

Das Dröhnen der Panzer war jetzt ohrenbetäubend.

»Wir müssen fort, Geiben!« rief der Freund.

Geiben befestigte den Verband und hob das Gewehr auf.

»Nein!« rief der GI. »Ihr dürft kein Gewehr tragen, ihr seid Zivilisten. Gebt her und verschwindet, bevor es zu spät ist.«

»Kommen Sie nicht mit?« fragte Geiben.

»Ich würde nicht weit kommen«, meinte der GI.

Sie schüttelten ihm die gesunde Linke.

»*Bonne chance*«, sagte Geiben.

»Danke, gleichfalls – ihr werdet es brauchen. Du lieber Gott, wir alle werden es brauchen!«

Die beiden jungen Luxemburger rannten hinaus. Überall explodierten Granaten. Aus der Burg schlugen Flammen, und die Villa Colette, an der sie vorbeiliefen, brannte lichterloh.

Ein deutscher Panzer raste wild feuernd die Straße herunter. Sie gingen ihm aus dem Weg und liefen die enge Gasse zum Kloster hinauf. Sie kletterten über gestürzte Bäume und schüttelten die Zweige ab, die bei jeder Explosion auf sie niederprasselten. Sie rannten um ihr Leben – den Hügel hinauf, am Kloster vorbei, immer weiter.

Plötzlich waren sie im Freien, heraus aus dem Zielfeld der Geschosse. Sie warfen sich zu Boden. Mit zitternden Fingern zündete Geiben sich eine »Camel« an. Dann blickte er um sich. Urspelt, Marnach, Munshausen und Hosingen standen in Flammen. Unter ihnen brannte Clervaux. Über dem ganzen Tal hing eine Rauchwolke – fetter, dicker Qualm, dunkler als die Nacht. Deutsche Scheinwerfer durchstachen ihn wie geisterhafte weiße Finger. Ein Gestank von Zündpulver und Zerstörung wehte von Clervaux herauf.

Langsam verlöschte das Feuer in der Burg, und Asche und verkohlte Balken sanken auf die Trümmer nieder. Doch die festen Grundmauern standen noch. Und auch die amerikanischen Verteidiger der Burg – jene Köche und Schreiber, die in der vergangenen Nacht zum ersten Male ein Gewehr in die Hand bekommen hatten – hielten immer noch stand.

Ein paar junge Luxemburger halfen den Amerikanern. Einer von ihnen, Jean Servé, hatte den ganzen Tag Munition geschleppt und Meldungen hin und her getragen.

Er empfand es als Ironie, daß Amerikaner die Burg verteidigten, denn einer ihrer Herren war Graf Claude de Lannoy gewesen – ein Vorfahre von Franklin Delano Roosevelt.

Es war jetzt 23 Uhr 30. Das Sperrfeuer hatte sich zu einem Crescendo gesteigert, unten in den Straßen donnerten Panzer, und im Burgverlies beteten laut schreiend Frauen und Kinder. Einige alte Bürger gingen zum Kommandeur der Burgverteidigung und baten ihn, sich zu ergeben. Er schüttelte den Kopf. Fuller hatte ihm befohlen, bis zum letzten zu kämpfen.

Aus dem Inneren der Burg drang Klaviermusik. Servé traute seinen Ohren nicht und ging dem Klang nach, bis er in den großen Rittersaal kam. Dort saß ein amerikanischer Soldat an einem Klavier und spielte, tief in Gedanken versunken. Eine Granate schlug in den Hexenturm ein, und Mauerwerk prasselte zu Servés Füßen nieder, doch der Soldat griff nicht einmal daneben.

Unten verstopften Panzer die Straßen. Sie rollten über die Nebenstraße von Urspelt heran und kamen die kurvenreiche Straße von Marnach herab. Zuerst die »Panther« der 2. Panzerdivision. Dann, mit einem Dröhnen, das die Erde erzittern ließ, riesige »Tiger«-Panzer und schließlich ungeheure »Königstiger«. Immer mehr Panzer tauchten aus der Dunkelheit auf, zwängten sich dicht an dicht durch die engen Straßen und rissen zu beiden Seiten Geländer, Veranden und Giebel ein.

Die Truppen, Infanterie und Panzer, waren wie von Sinnen vor Begeisterung. Fieberhaft, fast kopflos, drängten sie vor, um keine einzige Minute zu verlieren. Endlich waren sie durchgebrochen. Der Feind war auf die Knie gezwungen, und man durfte ihm keine Atempause gönnen.

Zweiter Teil

»LASST DIE ZÜGEL LOCKER«

Vorstoß durch Belgien

18. Dezember 1944

1

Am Morgen des 18. Dezember drangen mehr als fünfzig deutsche Kolonnen zwischen Echternach und Monschau in die Ardennen vor. Manche waren nur einen Kilometer weit gekommen, andere fünfzehn oder zwanzig; und eine war fast fünfzig Kilometer vorgeprellt.

Am südlichen Ende der Front, in der Gegend von Echternach, hatte Brandenbergers Infanterie nur wenig Boden gewonnen. Doch weiter nördlich, in der Nähe des Zusammenflusses von Ur und Sauer, war sie etwa fünf Kilometer in Richtung Diekirch vorgestoßen. Bei Vianden hatte die 5. Fallschirmjägerdivision ihren Angriff fünfzehn Kilometer weit vorangetrieben und stand dicht vor Wiltz.

Nördlich davon, wo Manteuffels Bereich anfing, hatten die drei Panzerdivisionen des Barons sogar noch größere Fortschritte gemacht. Zwischen Wiltz und Clervaux war die Panzer-Lehr fünfzehn Kilometer vorgedrungen, ohne auf Widerstand zu stoßen; die 2. Panzer war durch Clervaux gerollt und hielt jetzt den Höhenzug jenseits der Stadt besetzt. Eine Abteilung der 116. Panzer mußte – nachdem sie sich einen Tag lang vergeblich bemüht hatte, unterhalb der Schnee-Eifel einen Keil vorzutreiben – einen Umweg nach Süden machen und folgte mit einem Bodengewinn von fünfundzwanzig Kilometern in 24 Stunden dem Zug der 2. Panzer durch Dasburg, Marnach und Urspelt.

Manteuffels Erfolg in der Schnee-Eifel war fast ebenso groß und genauso sensationell. Er hatte fast die ganze 106. Division eingeschlossen und näherte sich von drei Seiten St. Vith.

Oberhalb der Schnee-Eifel konnte Dietrichs Armee den tiefsten

Einbruch verzeichnen: den 50-Kilometer-Galopp der Kampfgruppe Peiper bis in die Vororte von Stavelot. Seine anderen Kolonnen jedoch waren nur zwei oder drei Kilometer vorwärtsgekommen, und das machte dem Führerhauptquartier große Sorgen.

Trotz seines im allgemeinen langsamen Vordringens war Dietrich fest davon überzeugt, daß er an seinem mittleren Frontabschnitt einem großen Sieg nahe sei. Die 12. SS-Panzer und die 276. Volksgrenadierdivision hatten schlagartig die Linien der verbissen kämpfenden 99. Division durchbrochen, waren bis zum Rand von Krinkelt und Rocherath vorgestoßen und sammelten sich zum gemeinsamen Angriff auf die Zwillingsdörfer. Waren diese beiden Schlüsselorte erst einmal genommen, versicherte Dietrich dem Führer, so war der Damm geborsten, und die 12. SS-Panzer konnte rasch der Maas zustreben.

Die Dörfer wurden von eineinhalb Regimentern der 2. Division verteidigt. Wenn diese Männer nicht standhielten, dann hatten der Rest ihrer Division und die Überlebenden der 99. keine Zeit, sich bei den Elsenborner Hügeln einzugraben, und die Deutschen konnten mühelos nach Nordwesten durchbrechen.

Lieutenant Jesse Morrow, Nachrichtenoffizier von Colonel Mildrens 1. Bataillon, verstand jetzt, weshalb kein Mensch wußte, was vor Krinkelt vor sich ging, doch er war tief darüber verärgert, daß sich deshalb kaum jemand Gedanken zu machen schien.

Als er kurz nach Morgengrauen vor Mildrens Gefechtsstand hinter einem umgestürzten Jeep Ausschau hielt, näherte sich ein mit einem Dutzend Grenadieren besetzter »Tiger«. Morrow wartete, bis der Panzer auf 50 Meter heran war, dann bestrich er das Deck mit seiner Maschinenpistole. Die Hälfte der Grenadiere wurde heruntergemäht. Der Rest sprang ab und floh. Morrow packte einen Karabiner, steckte eine Gewehrgranate auf und feuerte auf den näher kommenden »Tiger«. Der Panzer fuhr an ihm vorbei, schwenkte herum und suchte die Mücke, die ihn da stach. Morrow lief auf ihn zu und feuerte aus 5 Meter Entfernung eine weitere Granate ab.

Der »Tiger« rutschte in den Straßengraben. Während er wieder herauszukriechen versuchte, zielte Morrow sorgfältig und feuerte abermals. Die Granate traf den Munitionskasten, und der Panzer explodierte. Panzersoldaten mit schwarzen Schiffchen auf dem Kopf sprangen aus den Notluken. Ihre Uniformen brannten lichterloh.

In Mildrens Gefechtsstand jenseits der Straße verbrannten Stabsoffiziere Papiere. Sie erwarteten jeden Augenblick ihre Gefangennahme. Mildren war durch eine Meldung beunruhigt, die er eben abgefangen hatte. Sie ging von seinem Regimentskommandeur an die Division und lautete: »1. Bataillon schwer angeschlagen, kaum noch einsatzfähig. Kampfhandlungen lassen nach.« Was wußte Colonel Boos, der dort oben in Rocherath saß, von Krinkelt? Seit acht Stunden knackten Mildrens Leute mit Bazookas und Gewehrgranaten einen Panzer nach dem andern. Und jedesmal, wenn er Boos anrief und ihm sagte, daß die Straßen in Krinkelt von deutschen Panzern wimmelten, beruhigte ihn der Colonel und tat, als ob er Gespenster sähe. Das Schießen riß plötzlich ab. Man hörte das ohrenbetäubende Dröhnen der Panzer.

»Rufen Sie Colonel Boos an und verlangen Sie Panzerabwehr!« überschrie Mildren den Lärm.

Ein junger Stabsoffizier ließ sich über den Sprechfunk mit Colonel Boos verbinden: »Sir, wir müssen ganz einfach Pak bekommen. Die deutschen Panzer überrennen uns!«

»Wie viele Panzer?« fragte Boos ruhig. »Und wie nahe sind sie genau?«

In diesem Augenblick ließ eine mächtige Detonation das Haus erzittern. Große Brocken Mauerwerk fielen herab.

»Es ist so, Colonel«, sagte der Offizier an der Funkanlage. »Wenn ich in den ersten Stock hinaufgehn und aus dem Fenster pissen würde, dann könnt' ich mindestens sechs Stück benässen.«

Einen Kilometer nordöstlich von Rocherath, nicht weit von Boos' Gefechtsstand, lag der Morgennebel über Lieutenant Colonel William McKinleys Bataillon. Seine Stellung, nicht weit östlich des Ortes, wurde von Panzern und Infanterie angegriffen. Die GIs ließen sich in ihren Löchern von den Panzern überrollen und hofften, sie von hinten mit Bazookas erledigen zu können. Aber die Grenadiere folgten den Kolossen zu dicht nach, und überall an dem kurzen Frontabschnitt spielten sich heftige Nahkämpfe mit Bajonett und Messer ab, ja, mit der bloßen Faust.

Plötzlich hob sich der Nebel wie ein Bühnenvorhang. Drei »Tiger«-Panzer drehten um, fuhren die Schützenlöcher entlang und schossen McKinleys Leute Mann für Mann nieder.

»Ich bin überrollt«, funkte der Führer der Kompanie A. »Legt Sperrfeuer direkt vor uns.«

Eine halbe Stunde lang wurde der Abschnitt der Kompanie von einem amerikanischen Artilleriebataillon beharkt.

An der Nordflanke wankten die Kompanien B und C. Ein paar Soldaten verloren die Nerven und rannten nach hinten. Doch McKinley trat ihnen entgegen und trieb sie mit vorgehaltener Pistole zurück. Die Front hielt.

Deutsche Panzer mit weißem Tarnanstrich, gefolgt von Infanteristen mit weißen Tarnhemden, streiften durch Rocherath. Die Panzerduelle wurden von Straße zu Straße ausgetragen, die Infanterie kämpfte von Haus zu Haus.

Hinter McKinley versuchte Colonel Boos, der die Kämpfe in Rocherath mit eigenen Augen sah, verzweifelt, das 2. Bataillon in Verteidigungsstellung zu bringen. »Ich werde eine Stunde brauchen«, funkte er an McKinley. »Es ist besser, Sie gehen zurück.«

»Zwei meiner Kompanien sind schon eingekreist«, antwortete McKinley. »Die übrigen sitzen fest. Nur ein Wunder kann mir jetzt noch heraushelfen.«

In diesem Augenblick hörte er hinter sich ein Dröhnen, und das Wunder stellte sich ein – fünf Shermans, die von Norden her über die Hügel heranrollten.

Sie feuerten heftig in Richtung der eingeschlossenen Kompanien. Innerhalb weniger Minuten waren zwei der drei »Tiger«, die die Schützenlöcher abkämmten, brennende Wracks. Die 23 GIs, die von den zwei eingeschlossenen Kompanien noch übrig waren, rannten zurück nach Rocherath, um sich ihren Kameraden anzuschließen. Das ganze Bataillon zählte nur mehr 240 Mann.

Der Kampf um Mildrens Gefechtsstand im benachbarten Krinkelt tobte immer noch. Die Verteidiger, denen die Bazookas ausgingen, füllten Weinflaschen mit Benzin und steckten Stoffetzen als Lunte hinein. Als die deutschen Panzer auf sie zukamen, zündeten die GIs ihre »Molotow-Cocktails« an und warfen sie gegen die Türme der stählernen Ungeheuer.

Lieutenant Jesse Morrow lief in dem Wirrwarr von Haus zu Haus. Er holte verschreckte Soldaten aus den Kellern, postierte sie in den Hausfluren und drohte, sie zu erschießen, wenn sie ihre

Posten verließen.

Ein »Tiger« donnerte an ihm vorbei. Im selben Augenblick kam aus einer Seitenstraße ein Jeep, bog ein und sah sich plötzlich dem Panzer gegenüber. Zwei GIs sprangen aus dem Jeep heraus, und der »Tiger« walzte ihn nieder. Die berstenden Metallteile krachten und knirschten, übrig blieb ein flachgepreßter Schrotthaufen.

Der »Tiger« fuhr auf die rechte Straßenseite und rieb sich, um seinen verklemmten Turm freizubekommen, mit der langen 8,8er an einem Telefonmast. Der Mast knickte um. Wie ein gepeinigtes Urweltungeheuer kroch der »Tiger« auf den nächsten Mast zu und rammte ihn mit seiner 8,8er. Auch der zweite Mast knickte um, doch der Turm war endlich frei. Der »Tiger« wendete und fuhr direkt auf Mildrens Gefechtsstand los.

Morrow packte seine Bazooka, zielte auf das Deck des Panzers und feuerte. Der Panzer schlitterte herum, krachte in ein Haus am Ende der Straße, rollte in den Graben und blieb liegen.

Ein Kopf tauchte aus der Luke auf. Die 8,8er des Panzers – von Hand bedient – drehte sich langsam und richtete sich auf den Gefechtsstand. Morrow zog seine 45er, lief auf den »Tiger« zu und schoß zweimal auf den Mann in der Luke.

Der Deutsche starrte ihn an, dann rief er seinen Kameraden im Panzer Befehle zu. Morrow blieb fünf Meter vor dem Panzer stehen. Das Magazin seiner Pistole war leer. Wütend schleuderte er sie auf den Deutschen und verschwand blitzartig in einer Seitengasse.

Aus der Gasse kam ihm ein mit einer Bazooka bewaffneter Jeep der 99. Division entgegen.

»Wartet einen Moment!« befahl Morrow. Er nahm die Bazooka, hob sie in Feuerstellung und sprang um die Hausecke. Zu seiner Bestürzung blickte er direkt in den Lauf der langen 8,8er des »Tigers«. Es schien ihm, als käme ein Schuß aus der Mündung, und hinter Morrow dröhnte eine ohrenzerreißende Detonation. Eine schwarze Decke fiel nieder und beraubte ihn seiner Sinne.

Als er wieder zu sich kam, sah er den feindlichen Panzer ein paar Meter vor sich. Das Geschützrohr war immer noch auf ihn gerichtet, Rauchzungen leckten aus der Mündung. Überzeugt davon, daß er jetzt sterben mußte, legte er sich zurück. Da drehte sich das Rohr des »Tigers« langsam von ihm weg. Morrow wurde klar, daß er noch einmal davongekommen war, und kroch um die

Ecke des Hauses. Ein paar Minuten später schleppte er sich in den Bataillonsgefechtsstand.

Mildren blickte auf ihn nieder und schüttelte den Kopf. Er hatte gesehen, wie Morrow, schreiend und eine Pistole schwingend, auf den »Tiger« losging. Gleich darauf hatte ihn die 8,8er des Panzers niedergeschossen. Morrow konnte unmöglich noch am Leben sein.

»Hat's mich arg erwischt?« fragte Morrow. Er spürte, wie ihm Blut über den Hals lief.

»Gar nicht arg«, log Mildren.

»Mach mir doch nichts vor!«

Auf dem Regiments-Verbandsplatz behandelten die Sanitäter Morrows Wunde. Dann legte man ihn zusammen mit drei schwer verbrannten deutschen Panzersoldaten in einen Krankenwagen.

»Diese Burschen da«, erklärte ein Sanitäter dem benommenen Morrow, »waren in dem Panzer, der auf Sie geschossen hat. Ein GI hat eine Thermitbombe in den Turm geworfen.«

Einer der dick bandagierten Deutschen lächelte Morrow an: »Haben Sie eine Zigarette?«

»Eine Zigarette?« Morrow versuchte fluchend, sich von der Bahre zu wälzen. Dann sank er, die Hand nach dem Deutschen ausgestreckt, kraftlos zurück.

2

Hodges war durch den gefährlichen Vorstoß der Kampfgruppe Peiper auf Stavelot zutiefst beunruhigt und schickte schnellstens Verstärkungen. Die 82. Luftlandedivision kam im Eiltempo aus Frankreich, um sich dem deutschen Vormarsch entgegenzuwerfen. Aus dem Norden rückten parallel zueinander die 9. und die 30. Division an, um zu verhindern, daß der Feind sich nach Holland wandte.

Die Deutschen waren über diese amerikanischen Truppenbewegungen genau im Bild. Die »Achsen-Sally« sprach in ihrer Morgensendung für die GIs von den großen deutschen Siegen in den Ardennen. »Und hier«, sagte sie, »nur um euch Burschen in Khaki zu zeigen, daß wir euch dauernd auf der Spur sind, eine Meldung über die letzten Truppenverschiebungen: Roosevelts fanatische 30. Division befindet sich auf dem Marsch nach Süden, um der Ersten Armee zu Hilfe zu kommen.«

Doch bei Morgengrauen bedeutete noch keine der amerikanischen Verstärkungseinheiten für die Kampfgruppe Peiper eine ernstliche Bedrohung. Sie stand am Südrand von Stavelot, nur 40 Kilometer Luftlinie von ihrem Ziel, der Maas, entfernt.

Peipers Leute hatten auf den Hügeln südlich der Amblève biwakiert. Zuerst würden sie über eine alte Steinbrücke nach Norden übersetzen und in das Zentrum von Stavelot, einem Industrieort mit 3000 Einwohnern, eindringen. Nach ein paar hundert Metern würden sie den Marktplatz und die Hauptstraße nach Westen erreichen. Dann würden sie scharf nach links in diese Straße einbiegen und nach Trois Ponts, dem nächsten Ort auf ihrer Route, vorstoßen.

Peipers Hauptsorge war die Steinbrücke. In der vergangenen Nacht war sein Versuch, sie zu überqueren, mit heftigem Gewehrfeuer quittiert worden. Doch ganz gleich, wie stark die Brücke auch verteidigt wurde, sie mußte genommen werden, ehe die Amis sie in die Luft sprengten. Der angeschwollene Amblève-Fluß war tief und reißend genug, um seine Panzer aufzuhalten.

Noch bevor es dämmerte, stand Peiper zum Vorstoß auf die Maas bereit. Er dachte an die letzte Instruktion, die General Kraemer, Dietrichs Stabschef, ihm erteilt hatte. »Fahrt schnell, Peiper, und haltet die Zügel locker!«

Er kletterte in seinen Panzerwagen und winkte einer Gruppe von Panzern, ihm vorauszufahren. Ein paar Minuten später bog der Vortrupp um den Gipfel des steilen Hügels über Stavelot, passierte die Ruinen einer Burg und rumpelte hinunter, auf die Steinbrücke zu.

Peiper sah, wie zwei amerikanische Paks auf seinen ersten Panzer zielten. Aus dem »Tiger« schoß eine orangefarbige Feuergarbe. Eine Pak flog in die Luft. Es folgten eine zweite Feuergarbe und eine zweite Stichflamme.

Jetzt erblickte Peiper einige amerikanische Infanteristen, die über die Brücke zurückkrochen. Er befahl seinen gigantischen »Panthern« und »Tigern«, die Jagd aufzunehmen. Seine Leute manövrierten ihre breiten Fahrzeuge geschickt auf die Brücke. Ein Panzer nach dem andern schob sich über sie hinweg.

Zu Peipers großer Verblüffung und Erleichterung erfolgte keine

Explosion. Nun glaubte er den Weg zu seinem nächsten Ziel frei. Noch als sich die Panzer dem Zentrum von Stavelot näherten, setzte schwerer Bazookabeschuß ein. Der erste Panzer kam ins Schleudern und fuhr in ein Haus. Auf dem Marktplatz eröffneten Panzerabwehrgeschütze das Feuer. Zwei weitere deutsche Panzer gingen in Flammen auf. Zornig beauftragte Peiper ein Sonderkommando, sich von der Hauptkolonne zu lösen, das Widerstandsnest auf dem Marktplatz niederzuwalzen und die rechte Flanke zu sichern.

Dann befahl er der Hauptkolonne, nach Westen weiterzufahren – Trois Ponts und der Maas entgegen. Schon mehr als eine Stunde war ergebnislos vertan.

Der Marktplatz wurde von einer Kompanie Infanterie und einem Zug Panzerabwehr unter Major Paul J. Sollis verteidigt. Sie waren um 4 Uhr morgens in Stavelot eingerückt. Ihre Aufgabe bestand darin, die Stadt zu halten, bis die 30. Division aus dem Norden eintraf.

Sollis hielt das Sonderkommando eine weitere Stunde lang auf und machte noch zwei Panzer kampfunfähig. Als die Deutschen zum Frontalangriff ansetzten, befahl er den Rückzug. Seine zwei übriggebliebenen Paks fuhren auf der Hauptstraße nach Osten, in Richtung auf das 13 Kilometer entfernte Malmedy. Sollis und seine Infanteristen eilten nach Norden, eine steile, gewundene Bergstraße hinauf. Nach ein paar Kilometern wurden sie von einem belgischen Offizier angehalten.

»An dieser Straße befindet sich ein riesiges Benzinlager«, erklärte der Belgier aufgeregt. Er und eine Handvoll Zivilisten seien die alleinigen Hüter von 13 Millionen Litern Treibstoff.

Während sie noch sprachen, hörte Sollis vom Fuß des Hügels das dumpfe Rumpeln deutscher Panzer. Er schaute sich hilflos um. Er hatte keine Pak mehr – nur noch einen Zug erschöpfter Infanteristen. Während die deutschen Panzer mit ohrenbetäubendem Dröhnen den steilen Hang heraufkrochen, kam Sollis eine Idee. Ein paar Minuten später hatten seine Leute und die Belgier in einer scharfen Kurve der Bergstraße Benzinkanister aufgestapelt.

Im Augenblick, als der erste Panzer, ein »Panther«, auftauchte, zündeten sie das Benzin an. Der »Panther« versuchte, das Flammenmeer zu umfahren und rutschte beinahe den steilen Hang hinunter. Er fuhr rasch zurück und drehte um. Die anderen vierzehn wendeten ebenfalls und rumpelten, da ja die Straßensperre das Vorhaben der Kampfgruppe Peiper nicht gefährdete, nach Stavelot zurück.

Es war jetzt 11 Uhr 30. Jochen Peiper, der keine Ahnung davon hatte, daß seinem Sonderkommando soeben die Erbeutung einer Menge Treibstoffes entgangen war, die genügt hätte, die ganze Division bis weit über die Maas hinaus zu versorgen, näherte sich Trois Ponts.

Er wußte, daß dieser Ort sein größtes Hindernis darstellte. Hier mündete die Amblève in die Salm. Doch wenn die Straßenbrükken über diese beiden Flüsse erst überschritten waren, lag der Weg zur Maas fast frei vor ihm.

Am Eingang einer Unterführung, die zum Ortsrand führte, belegten winzige Gestalten die Straße mit Minen. Er gab Befehl zum Angriff.

Deutsche Pioniere liefen mutig voraus und räumten die Minen weg. Dann brausten Peipers Panzer los. Als der erste die Unterführung erreichte, explodierte sein Turm. Der Panzer schleuderte herum und blieb stehen. Hinter ihm stauten sich 19 »Panther« und »Tiger«.

Das Feuer, das den ersten deutschen Panzer außer Gefecht gesetzt hatte, kam von einer 57-mm-Pak, die nur zufällig da war. Ihre Zugmaschine hatte am Morgen auf dem Weg nach Stavelot einen Defekt gehabt. Die Kompanie C des 51. Pionierbataillons, die Trois Ponts verteidigte, hatte das Geschütz gekapert und an der Unterführung aufgestellt. Als man Peipers Panzer kommen hörte, erhielt die vierköpfige Mannschaft den Befehl, die anstürmenden Deutschen aufzuhalten, bis die Brücke über die Amblève zur Sprengung fertig war.

Fünfzehn Minuten lang hielt das kümmerliche 57-mm-Geschütz die deutsche Kolonne auf, die vergeblich versuchte, seinen genauen Standpunkt auszumachen. Dann gab es im Rücken der Verteidiger eine heftige Explosion. Die Erde erzitterte. Felstrümmer und Mauerwerk prasselten herab. Als sich der Rauch verzog, wurde dort, wo eben noch die Straßenbrücke über die Amblève geführt hatte, ein klaffendes Loch sichtbar. Eine Handvoll Amerikaner hatte einen bedeutenden Sieg errungen.

Als Peiper die Detonation hörte, wußte er, daß eine der beiden Brücken in die Luft geflogen war. Wütend befahl er seinen Panzern, den Angriff zu forcieren. Bald darauf traf eine 8,8-cm-Granate das amerikanische Geschütz. Die gesamte Bemannung fiel: McCollum, Hollenbeck, Buchanan und Higgins.

Peiper raste durch die Unterführung. Dann schaute er nach links. Ein paar hundert Meter vor ihm lagen die schwelenden Trümmer der Amblève-Brücke. Die Hauptstraße nach Westen war blockiert. Die wenigen Minuten Verzögerung, verursacht durch ein einziges Geschütz und ein paar amerikanische Pioniere, konnten verhängnisvoll werden. Doch Peiper bezwang seinen Zorn. Er zog die Karte zu Rate und stellte fest, daß er nach Norden über eine schmale Bergstraße ausweichen konnte.

Als Peiper und seine Vorausabteilung sich nach Norden gewandt hatten, fuhr eine kleine Gruppe nach Süden zu der zerstörten Brücke. Genauso wie vorher in Baugnez und Ligneuville ließen die Männer, ohne daß ihr Kommandeur davon wußte, ihrer Wut über den Mißerfolg freien Lauf: sie zerrten Zivilisten aus den Häusern am Flußufer und erschossen 22 Männer, Frauen und Kinder. Vom andern Ufer der Amblève schauten deren Verwandte und Freunde dem Gemetzel hilflos zu.

15 Kilometer weiter nördlich brauchte Peiper nur zuzugreifen, und das Hauptquartier der amerikanischen Ersten Armee im berühmten Kurort Spa war sein. Als das Gewehrfeuer seiner Spähtrupps deren Annäherung verriet, brach unter den Einwohnern eine Panik aus, und in der Halle des Hotels Britannica nistete sich nackte Angst ein. Allein im Büro von Courtney Hodges war alles ruhig. Hodges war ein entschlossener Mann. Er kannte keine Furcht, denn er hatte schon viel erlebt. Major General J. Lawton Collins, der Kommandeur des VII. Korps, trat ins Zimmer.

Hodges, ein Mann von guten Manieren, stand auf und reichte ihm die Hand. »Freut mich, Sie zu sehen, Joe. Sie sollen mir helfen, mit dem Schlamassel fertig zu werden. Die Deutschen sind an der ganzen Front durchgebrochen«, berichtete er in seinem ruhigen, schleppenden Tonfall. »Es ist alles sehr verworren und undurchsichtig.«

Ein Colonel mit Schnurrbart trat ein, beugte sich über Hodges' Schulter und sagte: »General, wenn Sie nicht in Gefangenschaft geraten wollen, dann verlassen Sie lieber die Stadt! Die Deutschen stehen nur noch einen Kilometer von hier.«

»Immer mit der Ruhe!«

Aus der Ferne hörte man jetzt Kleinkaliberfeuer.

»Aber General«, sagte der Colonel – es war »Monk« Dickson, Hodges' Abwehroffizier – »es ist wirklich keine Zeit zu verlieren.«

Hodges bedeutete Dickson höflich, das Zimmer zu verlassen. »Joe«, fuhr er ruhig fort, »ich ernenne Sie zu meiner strategischen Reserve.«

3

In Deutschland wurden gerade die Mittagsnachrichten gesendet. »Unsere Truppen sind wieder im Vormarsch«, sagte der Sprecher. »Wir werden dem Führer Antwerpen als Weihnachtsgeschenk überreichen!«

In der »Wolfsschanze« war Hitler über die Siege der Kampfgruppe Peiper und den Durchbruch bei Clervaux begeistert. Weiträumige Vorstöße waren erfolgt – genau wie er es prophezeit hatte.

In Paris brach bei vielen französischen Regierungsstellen eine Panik aus. Der Blitzkrieg von 1940 war noch nicht vergessen. Beim SHAEF in Versailles traf eine Abordnung aufgeregter französischer Offiziere unter General Juin ein, um sich zu erkundigen, was in den Ardennen los sei. General Bedell Smith, Eisenhowers Stabschef, führte die Offiziere in den Lageraum, um ihnen die Karte der Front zu zeigen.

Als sie durch das Vorzimmer gingen, bemerkte Smith, daß die Franzosen sich über die Ruhe und Ordnung wunderten, die in den Büros herrschten.

»Ich verstehe das nicht!« rief ein französischer General erregt. »Sie packen nicht?«

In einem dieser ruhigen Büroräume traf Eisenhower eben eine wichtige Entscheidung. Obwohl er viele Stimmen gegen sich hatte, war er davon überzeugt, daß man es mit einer deutschen Großoffensive zu tun hatte.

Er entschloß sich zu handeln. Pattons für den nächsten Tag geplanter Angriff auf die Saar mußte abgeblasen werden. Statt dessen sollte Patton sich nach Norden wenden und mit sechs Divisionen die deutsche Flanke angreifen. Eisenhower benachrichtigte

Bradley und Patton und bestellte sie für den nächsten Vormittag nach Verdun. Dort konnten sie die Einzelheiten des amerikanischen Gegenangriffs ausarbeiten.

Hitler war überzeugt gewesen, daß Churchill und Roosevelt mindestens eine Woche brauchen würden, um zu diesem Entschluß zu kommen.

4

Um die Mittagszeit des 18. Dezember war die Schlacht um St. Vith in vollem Gang. Früh am Morgen, als Bruce Clarke eben nach Schönberg vorstoßen wollte, um Jones' in der Schnee-Eifel eingeschlossene Truppen zu befreien, griffen deutsche Panzer und Infanterie nur eineinhalb Kilometer nördlich St. Vith ein Dorf an.

Clarke blies den Angriff auf Schönberg ab und schickte schleunigst Verstärkungen nach Hünningen, wo die Deutschen nach einem scharfen Gefecht zurückgeworfen wurden. Doch er wußte, daß das Ärgste noch bevorstand. Weiter nördlich hörte man das Dröhnen schwerer Fahrzeuge. Offenbar umgingen die Deutschen St. Vith. Bald würde es wie eine Halbinsel in die amerikanische Front hineinragen.

Was Clarke außerdem noch Sorgen bereitete, war die Moral seiner Leute. Er war ihnen immer noch fremd und kannte auch sie nicht. Man hatte sie so oft verlegt, daß die Vorschläge für Ordensauszeichnungen verlorengegangen waren. Auch die Beförderungen hatte man vernachlässigt.

Und noch eine dritte Sorge hatte Clarke: General Jones. Er kommandierte zwar immer noch die 106. Division und Hoges Kampfkommando, hatte aber die unmittelbare Verteidigung von St. Vith ihm, Clarke, übertragen. Und es paßte Clarke nicht, daß ein ranghöherer Offizier unablässig von ihm verlangte, Schönberg anzugreifen und seine eingeschlossenen Truppen zu befreien. Clarke verstand seine Beweggründe, doch ließ sich in dieser Lage an einen Angriff nicht denken. Seine einzige Aufgabe war, St. Vith zu halten.

Jones' Stab versuchte sogar, den General zu überreden, den Gefechtsstand der 106. Division nach Vielsalm zurückzunehmen. Da die Division abgeschnitten sei, versperre er bloß den Zugang zur

Front. Doch Jones hielt es für seine Pflicht, so nahe wie möglich bei seinen eingeschlossenen Leuten zu bleiben. Um 14 Uhr 42 befand er sich immer noch in St. Vith. Er ließ seinen Planungsoffizier rufen und befahl ihm, weitere Munition, Verpflegung und Sanitätsmaterial für die Soldaten in der Schnee-Eifel abwerfen zu lassen. Er wußte nicht, daß bisher noch kein einziger Fallschirm abgeworfen worden war. Das IX. Truppentransportkommando hatte erst an diesem Morgen vom SHAEF die entsprechenden Befehle erhalten.

Dreiundzwanzig in England beladene C-47 näherten sich eben dem belgischen Ort Florennes. Hier sollten sie Instruktionen und den notwendigen Jagdschutz erhalten. Schon begannen Wolken aufzuziehen. Das Wetter wurde zusehends schlechter; doch mit einigem Glück konnten sie die Abwürfe in der Schnee-Eifel tätigen, bevor es ganz umschlug.

Sie kreisten und warteten auf Landeerlaubnis. Doch vergeblich. Florennes wußte nichts von den Abwürfen. »Haben hier zuviel zu tun, können uns nicht um euch kümmern«, funkte der Turm. »Warum fliegt ihr nicht nach Lüttich?«

In der Schnee-Eifel hatte Colonel Cavender dem jungen Colonel Descheneaux bereits einen Befehl von General Jones für die beiden eingeschlossenen Regimenter übermittelt. Sie sollten eine Wendung machen, eine starke Panzergruppe angreifen, die auf der Straße Schönberg–St. Vith vorrückte, und sich dann nach St. Vith durchkämpfen.

Befehlsgemäß brach Descheneaux' Regiment kurz vor Mittag in nordwestlicher Richtung auf. Gulaschkanonen wurden vernichtet, Waffen, die zu schwer zum Tragen waren, liegengelassen. Der Boden war übersät mit den persönlichen und militärischen Besitztümern des Regiments. Der Marschweg zum neuen Kampfgebiet betrug zwar nur fünf Kilometer, führte jedoch über schwieriges hügeliges Gelände. Gebeugt unter der Last ihrer Waffen und Munition stapften die Soldaten über den aufgeweichten Boden, glitschige Hänge hinauf und durch dichte Wälder. Es war eine heiße Angelegenheit, und bald markierten weggeworfene Mäntel ihren Weg.

Descheneaux führte das Regiment an. Er ging an der Spitze.

»Sie sind verrückt, Colonel!« protestierte sein Planungsoffizier.

»Wollen Sie dem Tod direkt in die Arme laufen?«

»Ich muß dafür sorgen, daß wir genau die Richtung einhalten«, sagte Descheneaux. Er war seltsam erregt. Seine ganze Karriere schien wie ausgerichtet auf das bevorstehende Gefecht.

Hinter Descheneaux stapften seine Leute durch den herrlichen, dichten Wald, dessen Zweige mit Tonnen von Schnee beladen waren. »Warum laufen wir dauernd umher, anstatt zu kämpfen?« murrten sie. Der Feind hatte sie aus keiner einzigen Stellung geworfen. Warum hatten sie sie aufgegeben?

Dann lief ein Gerücht durch den Zug: das 331. Sanitätsbataillon sei in Schönberg in Gefahr geraten. Die Männer marschierten schneller. Sie wollten ihre Kameraden befreien. Die Schützen an der Spitze legten ein rascheres Tempo vor. Während des Marschierens wurden schwere Lasten von Mann zu Mann weitergereicht. Immer mehr Männer klappten erschöpft am Wegrand zusammen.

Um 15 Uhr hörte man von Südwesten Gefechtslärm. Descheneaux verließ den Wald und stieß auf eine Straße. Der Lärm wurde lauter. Descheneaux erklärte, daß es zu gefährlich sei, bei Tageslicht weiterzumarschieren, und wies seine Leute an, sich bis Einbruch der Dunkelheit im Wald zu verstecken.

Der Lärm im Südwesten stammte von Cavenders Regiment. Das führende 2. Bataillon war gegen Mittag aufgebrochen und auf eine starke deutsche Straßensperre gestoßen. Cavender befahl dem 3. Bataillon, die Stätte des sich entwickelnden heftigen Gefechtes zu umgehen. Einen Augenblick später lief ein erregendes Gerücht die Front entlang, von Mann zu Mann, von Kompanie zu Kompanie: von Süden her sei eine Panzereinheit durchgebrochen. Bald würde das Ärgste überstanden sein.

In Wirklichkeit aber war keine Verstärkung, kein Nachschub aus der Luft zu den Männern in der Schnee-Eifel unterwegs. Sie waren ganz auf sich allein gestellt.

Bei Einbruch der Dämmerung empfing Cavender eine zweite, sehr verspätete Funkmeldung von General Jones: »Greifen Sie Schönberg an. Fügen Sie dem Feind dort möglichst schwere Verluste zu. Dann greifen Sie St. Vith an. Diese Aufgabe ist von größter Bedeutung für das Vaterland. Viel Glück.«

Cavender las seinem Stab den Befehl vor. Einige Offiziere gerieten in Wut. Der Appell an die Vaterlandsliebe war überflüssig und beleidigend. Bald brach die Artillerie in Richtung Schönberg auf. Zugmaschinen zogen die Haubitzen. Dann folgten die Infanteristen.

Zweieinhalb Kilometer weiter nordöstlich erteilte Colonel Descheneaux seinen Bataillonskommandeuren die letzten Befehle für den Angriff am nächsten Morgen. »Ich weiß nichts über Stärke und Aufstellung des Feindes im Raum Schönberg«, sagte er. »Ich weiß nur, daß links von uns das 423. angreifen wird. Wir werden, drei Bataillone stark, nach rechts hinten gestaffelt, angreifen. Jedes Bataillon geht einzeln nach Kompaß vor und begibt sich in seine Ausgangsposition. Um 7 Uhr früh hat alles zum Angriff bereitzustehen. Viel Glück, meine Herren!«

Nur vom Kompaß geleitet, rückten die drei Bataillone durch den dunklen Wald vor. Sie wurden oft von Patrouillen angehalten, die das Gebiet nach Deutschen absuchten. Es war kalt geworden, und die Soldaten, die ihre Mäntel weggeworfen hatten, zitterten. Schützen, Schreiber, Köche und Kanoniere schleppten sich schläfrig, erschöpft, hungrig und frierend durch den finsteren Wald. Die Verwundeten auf den improvisierten Verbandsplätzen hörten, wie ihre Kameraden in die Dunkelheit davonmarschierten. Sie und die freiwilligen Helfer wurden zurückgelassen – die Deutschen würden sie zweifellos gefangennehmen.

Descheneaux führte sein Regiment über ein freies Feld. Plötzlich hörte er deutsche Fahrzeuge. Seine Leute ließen sich in den Schnee fallen. Es war so still, daß Descheneaux die Soldaten hinter sich atmen hören konnte. Der Motorenlärm verstummte. Doch es war jetzt zu finster, um weiterzumarschieren. Er befahl seinen Leuten, sich bis zum Angriff bei Tagesanbruch in den nahe gelegenen Wäldern zu verstecken.

Descheneaux streckte sich auf dem Boden aus. Er war zu müde, um sich einzugraben. Trotz seines dicken Anoraks fror er wie noch nie in seinem Leben. Hinter ihm verteilten sich die Bataillone gruppenweise im Wald. Auch die Soldaten waren zu müde, um sich einzugraben. Sie warfen sich in den Schnee und versuchten zu schlafen.

Etwa zehn Kilometer nordwestlich von Descheneaux, auf der anderen Seite von Schönberg, wanderte Lieutenant Eric Wood jr., einer seiner Artillerieoffiziere, durch den dichten Wald. Tags zuvor war er, nachdem drei seiner Geschütze entkommen konnten,

DER ANGRIFF AUF BASTOGNE

18. Dezember, mitternachts

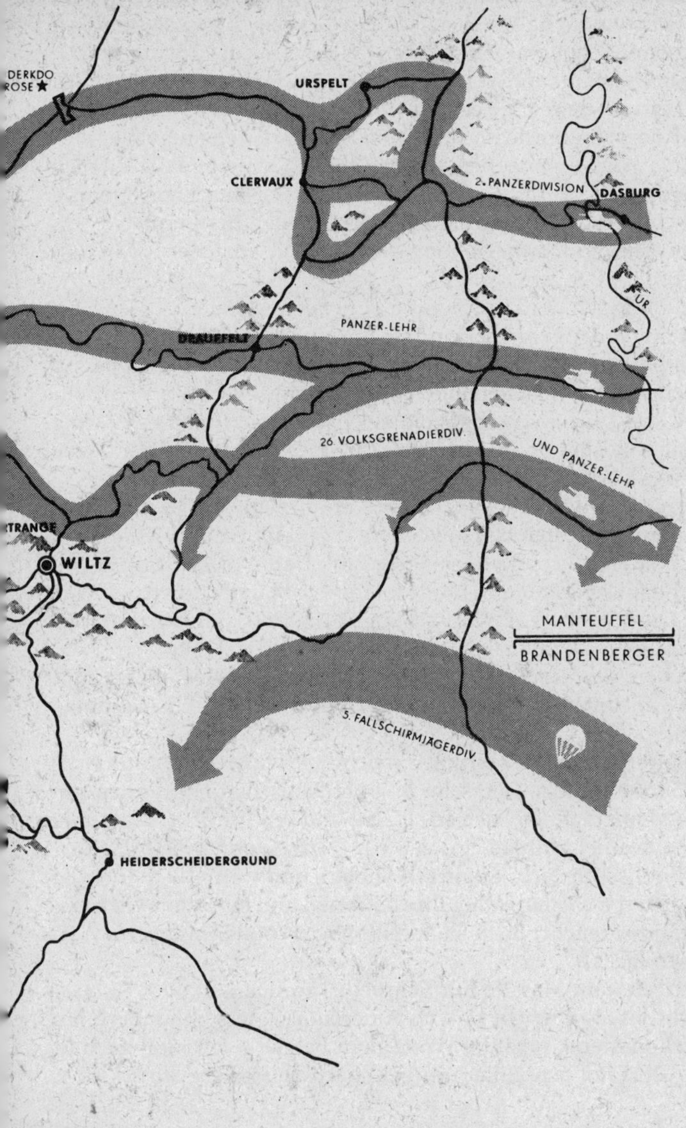

DERKDO.
ROSE
URSPELT
CLERVAUX
2. PANZERDIVISION
DASBURG
UR
PANZER-LEHR
DRAUFFELT
26. VOLKSGRENADIERDIV.
UND PANZER-LEHR
TRANGE
WILTZ
MANTEUFFEL
BRANDENBERGER
5. FALLSCHIRMJÄGERDIV.
HEIDERSCHEIDERGRUND

mit seiner letzten Haubitze in Schönberg in einen Hinterhalt geraten. Seine Leute hatten sich in einem Graben eingenistet und waren gefangengenommen worden. Wood war davongerannt.

Er und ein anderer versprengter GI waren jetzt etwa einen Kilometer von dem abgelegenen Dörfchen Meyerode entfernt, das acht Kilometer nordöstlich St. Vith zwischen den Hügeln verborgen lag. Am vergangenen Tag hatten die Deutschen diesen nicht verteidigten Ort eingenommen und seine 52 Häuser zum Quartier für Sepp Dietrichs persönliche Befehlsstellen bestimmt.

Obwohl die Dorfbewohner nur Deutsch sprachen, waren sie überzeugte Belgier.

Bei Einbruch der Dämmerung ging Peter Maraite, dessen Haus am Rand von Meyerode stand, in den nahen Wald, um sich einen Christbaum zu holen. Der Weg, den er nahm, schlängelte sich zwischen den dichtstehenden Fichten hindurch. Als er an eine Stelle kam, wo sich sechs Waldwege kreuzten, traten zwei schattenhafte Gestalten aus dem Unterholz. Sie winkten ihm. Als er sah, daß es Amerikaner waren, atmete er erleichtert auf.

»Kann ich Ihnen helfen?« fragte er auf deutsch. Er versuchte, ihnen durch Gesten klarzumachen, daß er ihr Freund sei. Die beiden Soldaten schauten einander an. Dann nickte Eric Wood. Durchnäßt, frierend und müde folgten sie Maraite durch den Wald zum Dorf. Vom Waldrand schlichen die drei Männer durch die Hintertür in Maraites Haus.

»Schau her«, sagte Maraite zu seiner Tochter Eva, einem fünfundzwanzigjährigen Mädchen. »Ich hab' zwei Amerikaner mitgebracht.«

»Hoffentlich sind es wirklich welche«, erwiderte sie, denn es liefen Gerüchte über Deutsche in amerikanischen Uniformen um. Eva bedeutete ihnen, sich zu setzen, und brachte Brot, Butter und Kaffee. Da fiel Maraite ein, daß ein Dorfbewohner, Jean Schroeder, Englisch sprach. Er ging ihn holen, und während er fort war, trockneten die Amerikaner ihre Patronen und machten Witze. Eva verstand sie nicht, doch sie mußte über Woods Gesten und Grimassen lachen.

Endlich kam Maraite mit Schroeder zurück.

»Ich bin als einziger von 16 Amerikanern aus Schönberg herausgekommen«, erzählte Wood dem Belgier. »Ich muß nach St. Vith. Dort hol' ich Hilfe und geh' nach Schönberg zurück.«

»Das ist unmöglich«, sagte Schroeder, der sein Englisch als Page in einem englischen Hotel gelernt hatte. »Rund um St. Vith toben schwere Kämpfe. Von unseren Fenstern aus sieht man die Brände.«

Wood wandte sich an seinen Kameraden. »Sieht so aus, als müßten wir wieder in den Wald gehen und den Krieg auf eigene Faust weiterführen.«

Nur zweihundert Meter entfernt saß Sepp Dietrich in einem Haus und trank Schnaps. Es hieß, Manteuffel habe südlich von ihm große Siege errungen. Und er saß immer noch östlich der Elsenborner Hügel fest.

Der einzige Lichtpunkt an seiner Front war die Kampfgruppe Peiper, die sich irgendwo in der Nähe von Hodges' Gefechtsstand in Spa herumtrieb.

Zu dieser Zeit befand sich das Hauptquartier der Ersten Armee bereits auf dem Rückzug, und die Straßen von Spa waren mit Jeeps, Lastwagen und Stabswagen verstopft. Trotz der Verdunkelungsvorschriften erstrahlten viele Gebäude in hellster Beleuchtung.

Abgesehen von ein paar Offizieren, die aufgeregt in den Gängen umherliefen, befanden sich im Hotel Britannica fast keine Amerikaner mehr. Nur im Büro von General Hodges war es immer noch ruhig wie in einer gut geleiteten Bibliothek. Hodges sah die letzten Meldungen durch. Dann packte er seine wichtigsten Papiere zusammen und schlenderte langsam durch den großen Salon im zweiten Stockwerk, in dem Kaiser Wilhelm nach dem ersten Weltkrieg seine Abdankung unterzeichnet hatte. Jetzt war er an der Reihe, abzudanken. Doch trotz des herrschenden Chaos vollzog er seinen Abgang mit Würde.

Jochen Peiper, die unmittelbare Ursache dieses Chaos, hatte nicht das mindeste Interesse an Spa. Obwohl er nur 15 Kilometer südwestlich davon stand – bei dem Bergdörfchen Stoumont – drang er weiter nach Westen vor, einem viel wichtigeren Ziel entgegen: der Maas.

Die Mißerfolge dieses Tages hatten mit den Ereignissen von Trois Ponts noch kein Ende gefunden. Rein zufällig erspähte ein amerikanischer Verbindungsflieger aus Spa durch ein sich gleich wieder schließendes Loch in der Wolkendecke die Spitze der Kolonne. Noch bevor Peiper sich in den Wäldern verbergen konnte, hatten Kampfbomber des IX. Taktischen Luftkommandos zehn Panzer und Schützenpanzer zerstört.

Doch trotz des fortgesetzten Mißgeschicks war Peiper an diesem Tag immerhin weitere 25 Kilometer vorgedrungen. Er beschloß, am nächsten Morgen den Durchgang durch das Dörfchen Stoumont zu erzwingen, das einen Kilometer weiter vorn auf einem Hügel lag. Mit etwas Glück konnte er bei Anbruch der Nacht die Maas erreichen.

Er ging von Gruppe zu Gruppe, um seine Leute mit neuer Energie und Hoffnung zu erfüllen. Sie waren jung, kräftig und ehrgeizig, und ein paar Worte genügten. Bald sprachen sie aufgeregt von Antwerpen, Paris und London. Sie saßen und tranken und sangen heimatliche Lieder.

Vorstoß durch Luxemburg

18. Dezember 1944

1

Der nördliche Zipfel des Großherzogtums Luxemburg liegt wie eine Mauer zwischen Deutschland und Belgien.

Bei Anbruch des 18. Dezember trieben Manteuffels Panzerkolonnen tiefe Keile in diese luxemburgische Mauer, die alle auf eine jenseits von ihr liegende kleine belgische Stadt zielten – auf Bastogne, den wichtigsten Straßen- und Eisenbahnknotenpunkt der Ardennen.

Indessen hatte Manteuffels 2. Panzerdivision die Höhe hinter Clervaux erklommen. Zwischen ihr und Bastogne lagen 35 Kilometer weit hügelige freie Felder und zwei kleine Straßensperren, die von den Sonderkommandos Rose und Harper der weit auseinandergezogenen 9. Panzerdivision besetzt waren.

Etwa elf Kilometer weiter südlich griff Manteuffels Infanterie Wiltz an. War diese Stadt, in der sich der Gefechtsstand der 28. Division befand, erst einmal genommen, dann lag auch die südlich davon nach Bastogne führende Straße frei.

Das 707. Panzerbataillon, das den Zugang von Nordosten bewachte, zog sich bereits mit seinen letzten acht Panzern nach Wiltz zurück. Pioniere des 44. Kampfbataillons, die in einer von Norden nach Osten verlaufenden, gekrümmten Front aufgestellt waren, bildeten jetzt das Hauptbollwerk der Verteidigung.

In Wiltz herrschte nervöse Ungewißheit. Die Kinder wurden zwar wie immer zur Schule geschickt, doch die Einwohner standen verängstigt und fluchtbereit in den Straßen herum. Als der Kampflärm lauter wurde, ging Bürgermeister Joseph Simon durch die Stadt und forderte die Leute auf, sich in die Keller zu begeben. Man werde die Deutschen schon aufhalten.

Doch Eugène Weber, der Drogist und Führer der örtlichen Pfadfindergruppe, glaubte ihm nicht. Ein der 28. Division zugeteilter französischer Offizier hatte ihm gesagt, daß an diesem Vormittag in einer Stabsbesprechung darüber entschieden würde, ob die Stadt verteidigt werde oder nicht. Weber eilte zur Villa Adler, um das Ende der Besprechung abzuwarten.

Sergeant Henry Nathan hatte das Schießen gehört, während er sich im Schlafzimmer über Goebels Tabakladen rasierte und anzog; aber erst, als er auf die Grand' Rue, die Hauptstraße von Wiltz, hinaustrat, bemerkte er, daß etwas Schlimmes passiert sein mußte. Die Einwohner liefen in beiden Richtungen an ihm vorbei, und weiter unten auf der Straße versuchte der Bürgermeister, wild gestikulierend, die Leute aufzuhalten. Neben ihm stand ein Mann und schwenkte aufgeregt eine Glocke. Nathans erster Gedanke war, daß man in dem allgemeinen Durcheinander ihn suche. Er hatte am Abend zuvor gegen den ausdrücklichen Befehl die Kaserne verlassen und die Schwestern Goebel besucht, zwei unverheiratete Frauen mittleren Alters, denen der Tabakladen gehörte. Er war dortgeblieben und hatte in dem weichen Zivilistenbett geschlafen, das sie für ihn bereithielten.

Nathan ging die gewundene Hauptstraße entlang, vorbei an den Geschäften und Wohnhäusern der Honoratioren von Wiltz und an der alten Burg, die auf einem felsigen Hügel thronte. In dem einen Flügel der Burg war jetzt ein Armeelazarett untergebracht, im andern befand sich eine katholische Mädchenschule. Dann ging er die Straße hinab und betrat den Divisionsgefechtsstand.

Die kleine Dienststelle des Order of Battle Team war von oben nach unten gekehrt. Sergeant Lester Koritz verbrannte erbeutete deutsche Dokumente. Der Captain, Kommandeur des Drei-Mann-Teams, dessen Hauptaufgabe die Feststellung der Feindstärke war, packte seine Sachen.

»Was ist denn hier los?« fragte Nathan.

»Wir hauen ab, Henry!« rief der Captain. »Die Deutschen sind durchgebrochen! Sie können jeden Augenblick hier sein.«

»Aber Captain«, sagte Koritz müde, »das ganze übrige Hauptquartier bleibt. Kein Mensch haut ab.«

»Halten Sie den Mund und holen Sie den Jeep!«

»Na schön, aber sollten wir den Anhänger nicht auch mitnehmen?« meinte Koritz. Er enthielt den Großteil ihrer Ausrüstung und Dokumente.

»Keine Zeit dafür. Fahren Sie den Jeep vor die Tür und lassen Sie den Motor laufen!«

Ein paar Minuten später fuhren die drei Männer die steile Straße hinauf, an der Burg vorbei und bogen in die Grand' Rue ein. Nathan und Koritz hätten gern beim Tabakladen angehalten und die Schwestern Goebel gewarnt, doch der Captain wollte nichts davon hören. Sie würden erst anhalten, wenn sie Bastogne erreicht hatten.

Koritz, der auf dem Rücksitz saß, schaute sich nach den vorbeihuschenden Wohnhäusern und Geschäften um. Schwer angeschlagen und ausgeblutet war die 28. vom Hürtgenwald hierhergekommen. Die Einwohner der Stadt hatten sie wie Söhne aufgenommen, ihnen Behagen, Gastfreundschaft und Herzlichkeit geboten. Und nun, einen Monat später, war ihnen, als verließen sie eine zweite Heimat. Nie würde er die Freundlichkeit der Schwestern Goebel vergessen, die netten Abende, die er plaudernd und singend mit den Luxemburgern in den kleinen Cafés verbracht hatte.

Um elf Uhr ließen sie die Stadt hinter sich und fuhren in raschem Tempo Bastogne entgegen. Doch sie sollten Wiltz noch nicht endgültig den Rücken gekehrt haben.

Vor dem Gefechtsstand der 28. Division wartete Eugène Weber, der Drogist, immer noch auf seinen Freund. Endlich war die Besprechung zu Ende, und die Offiziere stürmten aus der Villa Adler. Der Franzose schüttelte den Kopf: die Amerikaner konnten Wiltz nicht halten.

Weber lief zum Rotkreuzgebäude und riet seinen Pfadfindern, die Stadt zu verlassen; dann rannte er nach Hause und bat seine Eltern, ihm ein paar Kleidungsstücke einzupacken. Er streichelte seine Katze, steckte sie in einen Eimer, warf einen Stück mit Chloroform getränkte Watte hinein und klappte den Deckel zu. Jetzt konnte auch er Wiltz verlassen.

2

Um 15 Uhr 30 stand Manteuffels 2. Panzerdivision, die über Clervaux gekommen war, nur noch 15 Kilometer vor Bastogne. Die paar hundert Mann des Sonderkommandos Rose der 9. Panzerdivision waren nach einem heftigen Kampf überwältigt worden, und nun näherte sich die Panzerkolonne der zweiten und letzten Straßensperre vor Bastogne, dem Sonderkommando Harper.

Auch zwei andere deutsche Divisionen zielten auf Bastogne. Die Panzer-Lehr, die sich ein paar Kilometer weiter südlich auf schlechten Nebenstraßen näherte, drängte so schnell wie möglich vorwärts. Sie wurde durch die Soldaten der 26. Volksgrenadierdivision behindert, die dieselben Straßen benutzten.

Doch General Heinrich von Lüttwitz, der Korpskommandeur dieser drei Divisionen, war trotz des verhältnismäßig langsamen Vormarsches zufrieden. Er war ein großer, beleibter Mann von 56 Jahren, und mit dem Monokel, das er fast immer trug, wirkte er wie der Prototyp des arroganten Preußen. In Wahrheit ging er mit seinen Truppen jedoch sehr rücksichtsvoll um. Seines außergewöhnlichen Wagemutes wegen hatte Manteuffel ihm den Hauptangriff anvertraut.

Lüttwitz hatte eben eine der erstaunlich sorglosen Funkmeldungen der Amerikaner abgefangen. Zwei amerikanische Luftlandedivisionen, die 82. und 101., näherten sich von Frankreich her den Ardennen. Daß diese Elite-Luftlandetruppen als Infanterie eingesetzt wurden, war eine gute Nachricht. Es bedeutete, daß die Reserven der Amerikaner gefährlich zusammengeschrumpft waren.

Er vermutete, daß die 82. und die 101. nach Bastogne unterwegs waren – seinem eigenen Ziel. Doch das kümmerte ihn nicht im mindesten. Er war sicher, daß die Panzer-Lehr zuerst dort eintreffen würde. Der wichtigste Straßen- und Eisenbahnknotenpunkt der Ardennen würde kampflos in seine Hand fallen.

Bastogne mußte unter allen Umständen genommen werden. »Sonst«, sagte er zu seinen Kommandeuren, »bleibt es ein Geschwür in unserer Verbindungslinie.«

Lüttwitz war über diese Verstärkungen nur zur Hälfte im Bilde. Lediglich die 101. Luftlande war für Bastogne bestimmt. Am Morgen hatte Courtney Hodges der 82., die als erste abmarschiert war, den Befehl erteilt, Bastogne zu umgehen. Sie sollte statt dessen nach Werbomont marschieren und Peipers Vorstoß zur Maas aufhalten.

Dennoch war eine zweite amerikanische Kolonne nach Bastogne unterwegs – das Kampfkommando B der 10. Panzerdivision. Als es sich in der vergangenen Nacht in der Nähe der Stadt Luxemburg, am Südende der großen Front, in die Kampfhandlungen einschalten wollte, war sein Kommandeur, Colonel William Roberts, ans Telefon gerufen worden.

»Packen Sie zusammen, Bill«, sagte man ihm. »Sie müssen nach Norden, in eine kleine belgische Stadt namens Bastogne.«

Kurz nach 15 Uhr meldete sich Roberts, der seinen Truppen im Jeep vorausfuhr, bei Troy Middleton in Bastogne und teilte dem Kommandeur des VIII. Korps mit, daß seine ersten Truppenverbände jeden Augenblick von Süden her eintreffen müßten.

Middleton atmete auf. »Es wird bereits um Bastogne gekämpft«, erklärte er. Und er fügte hinzu, daß die einzigen beiden Straßensperren östlich der Stadt, die Sonderkommandos Rose und Harper, wahrscheinlich schon überrannt seien. »Wie viele Verbände können Sie bilden, Robbie?«

»Drei«, erwiderte Roberts bedrückt. Es paßte ihm gar nicht, daß er seine Truppen zersplittern sollte.

Middleton zeigte auf eine Karte. »Dann marschieren Sie sofort in drei Verbänden zu diesen Stellungen und wehren die feindlichen Vorstöße ab.« Er deutete auf ein Dorf acht Kilometer nördlich, auf ein weiteres, das in der gleichen Entfernung östlich an der Straße nach St. Vith lag, und auf ein drittes südöstlich an der Straße nach Wiltz. Auf diese Weise wurde ein halbkreisförmiger Schild vor Bastogne gelegt.

»Sehen Sie zu, daß Sie so schnell wie möglich hinkommen,

Robbie. Und halten Sie diese Stellungen um jeden Preis.«

Roberts war sehr unglücklich. Seine Truppen wurden über die ganze Landschaft verstreut. Dies war nicht die beste Art, Panzer einzusetzen. Doch er protestierte nicht, denn Middleton befand sich offensichtlich in einer verzweifelten, ganz und gar ungewöhnlichen Lage.

Roberts eilte zur Stadtmitte. Der eine seiner drei Verbände kam gerade an. Er befahl dem Kommandeur, Lieutenant Colonel James O'Hara, die Straße nach Wiltz zu sperren. Wenige Minuten darauf rollte der Verband O'Hara, 30 Panzer und 500 Mann stark, nach Südosten. Die Verteidigung von Bastogne hatte begonnen.

Inzwischen hatte sich Brigadier General Anthony McAuliffe, der stellvertretende Kommandeur der 101. Luftlandedivision, bei Middleton gemeldet. Er war der Kommandeur der Divisionsartillerie und vertrat vorübergehend Major General Maxwell Taylor, der sich zur Zeit in Washington befand. McAuliffe war früh an diesem Tag, ehe Hodges' neue Befehle über die Umleitung der 101. eintrafen, in Frankreich aufgebrochen und glaubte immer noch, Werbomont sei sein neuer Einsatzort. Doch an einer Straßenkreuzung knapp westlich vor Bastogne war ihm der Gedanke gekommen, für alle Fälle in Middletons Hauptquartier vorbeizugehen und sich zu informieren.

Middleton sagte ihm, daß dies eine sehr gute Idee gewesen sei. »Sie werden wahrscheinlich hier eingesetzt, nicht bei Werbomont.« Dann erklärte er ihm, daß er noch keine endgültigen Pläne für den Einsatz der 101. habe, da er noch nicht genau wisse, ob er unbeschränkt über sie verfügen dürfe. McAuliffe müsse warten, bis das geklärt sei.

Fünfzehn Kilometer östlich von Bastogne erwartete die zweite Straßensperre, das Sonderkommando Harper, voll Unbehagen den ersten feindlichen Angriff. Von der ersten Straßensperre kamen versprengte Infanteristen zurückgelaufen und erzählten wilde Geschichten von ungeheuren Mengen deutscher Panzer und Infanterie.

Sobald es dunkel wurde, griffen »Panter« und »Tiger« das Sonderkommando Harper an. Die Attacke kam so plötzlich, daß nur drei Shermans in Schußposition gebracht werden konnten, und auch diese drei wurden in wenigen Minuten kampfunfähig gemacht. Amerikanische Schützenpanzer und Panzerwagen wurden mit Leuchtspurgeschossen eingedeckt und gingen rasch in Flammen auf. Im Schein des Feuers boten die verteidigenden Infanteristen ein leichtes Ziel.

Die Straßensperre brach bald zusammen. Die Überlebenden drängten sich in den paar unbeschädigten Fahrzeugen zusammen und rasten in panischer Angst nach Longvilly zurück, das nur acht Kilometer vor Bastogne lag. Hier kratzte Colonel Gilbreth, Kommandeur der Kampfkommandoreserve der 9. Panzerdivision, zusammen, was noch da war – Leute vom Stab, Versprengte von den beiden Straßensperren, ein paar Überlebende von Colonel Fullers Regiment – und legte vor seine noch intakten Artilleriebataillone eine Schützenkette. Während der zusammengewürfelte Haufen auf den Angriff von Osten wartete, wurde die Aufregung in der Stadt immer größer.

Doch die 2. deutsche Panzerdivision, welche die beiden Straßensperren überrollt hatte, beabsichtigte gar nicht, durch Longvilly vorzustoßen. Einen Kilometer vor dem Ort bog sie nach Norden auf die Straße nach Noville, einem Dorf acht Kilometer nördlich von Bastogne, ab.

Die wirkliche Gefahr für Longvilly kam von Südosten heran. Lüttwitz' andere Divisionen – die 26. Volksgrenadier und die Panzer-Lehr – näherten sich rasch, um Bastogne zu nehmen, bevor die Amerikaner sich dort eingraben konnten.

Um 20 Uhr kam der Kommandeur von Roberts' zweiter Einheit, dem Verband Cherry, in Gilbreths von Aufregung erfülltes Hauptquartier. Lieutenant Colonel Henry Cherry hatte die Vorhut seines Verbandes einen Kilometer westlich Longvilly bei einer Straßenkapelle halten lassen. In wenigen Minuten erkannte Cherry, daß kein Mensch im Ort etwas Genaues wußte, und daß die Furcht rasch um sich griff. Er befahl seiner Vorhut, an Ort und Stelle zu bleiben, und eilte zurück, um Colonel Roberts von der gefährlichen Lage zu unterrichten.

Als er eintraf, waren die Straßen von Bastogne von den Lastwagen und Jeeps verstopft, die von Middletons Hauptquartier weg nach Südwesten strömten. In der ganzen Stadt hieß es, das Hauptquartier des VIII. Korps ziehe sich auf Befehl von Hodges zurück. Die Verzweiflung, die schon so viele Städte weiter östlich gepackt hatte, befiel nun auch Bastogne.

Die Aufregung wurde noch durch die nicht abreißende Kolonne von Lastwagen, Geschützen und Soldaten verstärkt, die von der Front zurückflutete. Der Anblick der benommenen, schreckerfüllten Soldaten mit den vor Schlaflosigkeit roten Augen und den von Pulver verbrannten Gesichtern ließ deutlich genug auf die Katastrophe schließen: Panzer, Panzer und nochmals Panzer rollten von Osten heran.

Als Colonel Roberts, der schon den wilden Rückzug bei Château-Thierry mitgemacht hatte, diese versprengten Truppen durch die Stadt ziehen sah, bat er General Middleton, sie ihm zu unterstellen.

Während Middleton ihm darüber eine Vollmacht ausstellte, trat McAuliffe, der Kommandeur der Luftlandetruppen, ein. Seiner Ansicht nach, sagte er zu Middleton, sollten alle Truppen in Bastogne dem Befehl eines einzigen Mannes unterstellt werden.

»Ich glaube, es wäre gut, Colonel Roberts' Kampfkommando B mir zuzuteilen.«

Roberts straffte sich. »Was verstehen Sie denn von Panzertruppen?«

Der kleine, stämmige McAuliffe schaute zu Roberts auf und sagte: »Sind Sie vielleicht der Meinung, meine gesamte Division sollte Ihrem Kampfkommando beigegeben werden?«

Middleton schlichtete rasch den Streit. Er verfügte, daß beide unabhängig voneinander vorgehen sollten. Ihre reibungslose Zusammenarbeit sei Bastognes einzige Hoffnung.

Dieser wenig glückliche Kompromiß beendete die Besprechung. Roberts ging zurück zu seinem derzeitigen Gefechtsstand, einem Bauernhaus einen Kilometer südlich von Bastogne. Er hatte Sorgen. Seine zweite Einheit, der Verband Cherry, war bereits in Longvilly. Doch der letzte Verband stand noch aus. Er war nach Noville bestimmt, dem acht Kilometer nördlich der Stadt gelegenen Dorf, und es liefen Gerüchte um, daß eine deutsche Panzerdivision, vermutlich die 2., sich diesem wichtigen Verkehrsknotenpunkt schnell näherte.

Ein junger Major betrag das Bauernhaus und meldete sich bei Roberts. Es war William Desobry, der Kommandeur des dritten Verbandes. Sie waren seit Jahren befreundet, und Desobry sah in dem älteren Mann einen zweiten Vater.

Der Colonel zeigte auf die Karte. »Du mußt Noville halten, Bill.

Du bist jung, und morgen früh wirst du wahrscheinlich die Nerven verlieren. Dann wirst du drauf und dran sein, die Stellung aufzugeben. Wenn du soweit bist«, sagte er und legte dem jungen Mann den Arm um die Schulter, »dann denk an meine Worte: Du darfst dich unter keinen Umständen zurückziehen!«

Sie schüttelten einander die Hand, und der Verband Desobry brach nach Norden auf. Damit war Roberts' erste Aufgabe erledigt. Seine drei Verbände befanden sich an ihren Einsatzorten. Nun hing alles von Cherry, O'Hara und Desobry ab. »Denkt daran«, hatte er ihnen oft gesagt, »daß ich einer der ältesten Colonels hier an der Front bin. Was ich einsetzen muß, ist mein Hirn, nicht mein Körper. Dazu brauche ich genügend Ruhe. Und ihr müßt dafür sorgen, daß ich sie habe.«

Er ging zu Bett und vertraute darauf, daß seine drei Kommandeure ihm die Ruhe verschaffen würden.

Ein paar Kilometer westlich von Bastogne kroch ein alter verbeulter Stabswagen durch dicken Nebel. Neben dem nervösen Fahrer saß ein ungeduldiger Major General. In der letzten Stunde hatte der Fahrer es ein halbes dutzendmal mit Mühe und Not vermieden, in die Hintertür des vor ihnen fahrenden Lastwagens hineinzukrachen.

Matthew Ridgway, Kommandeur des XVIII. Luftlandekorps, war an diesem Morgen noch in England gewesen: Er war nach Reims geflogen und hatte dort erfahren, daß zwei seiner Luftlandedivisionen in die Ardennen verlegt worden waren. Niemand wußte, wie die Dinge eigentlich standen; das einzige, worüber Klarheit herrschte, war, daß die Amerikaner überrumpelt und aufs Kreuz gelegt worden waren. Ridgway war eine geborene Kämpfernatur, und so etwas war gerade das Richtige für ihn. Er war schon dabei, einen Angriffsplan auszuarbeiten. Seine Kampftheorie war einfach: wenn dich jemand niederschlägt, dann steh so rasch wie möglich wieder auf und hau ihn zusammen. Sonst bist du erledigt.

Wieder einmal hielt der Wagen schleudernd an. Ridgway fuhr fast mit dem Kopf in die Windschutzscheibe. »Was ist denn los, Mensch?« fragte er scharf. »Hast du keine Augen im Kopf?«

»Taugen heut nicht viel, meine Augen, Sir.«

Ridgway, der es nicht vertrug, wenn jemand nicht ganz bei der

Sache war, rückte ungeduldig hinüber und sagte: »Laß mich ans Steuer.«

Viele Kilometer hinter Ridgways Auto eilten 380 große offene »Viehwagen«, beladen mit 11 000 Mann der 101. Luftlandedivision, ebenfalls nach Bastogne. Bei ihnen herrschte kein Nebel. Der Himmel war sternenklar. Trotzdem hatten sie die Scheinwerfer aufgeblendet.

Die hell beleuchtete Kolonne war ein einladendes Ziel für die deutsche Luftwaffe. Doch man mußte dieses Risiko auf sich nehmen. Wenn die 101. Bastogne nicht bei Tagesanbruch erreichte, war es womöglich zu spät.

Aus der entgegengesetzten Richtung näherte sich eine andere Kolonne mit verdunkelten Scheinwerfern demselben Ziel. Um 22 Uhr fuhr sie langsam in das luxemburgische Grenzstädtchen Niederwampach ein, 13 Kilometer östlich von Bastogne. An der Spitze saß in einem gepanzerten Halbkettenwagen Generalmajor Fritz Bayerlein, der Kommandeur der Panzer-Lehrdivision.

Er ließ den Wagen halten. Hinter ihm quietschten die Bremsen der Fahrzeuge der Divisionsvorhut. Bayerlein studierte die Karte. Den ganzen Tag über hatte er sich auf schmutzigen Nebenstraßen abgerackert, und sein Korpskommandeur, General von Lüttwitz, erwartete, daß er in der Nacht Bastogne im Handstreich nahm.

Bayerlein hatte drei Möglichkeiten. Er konnte einen Kilometer weit nach Norden fahren und Longvilly über die gepflasterte Straße von St. Vith erreichen. Er konnte nach Süden über die ebenso gute Wiltzer Straße fahren. Oder er konnte weiter geradeaus die Nebenstraße nach Mageret benützen.

Wieder zog er die Karte zu Rate. Die Straße geradeaus war der Karte zufolge in einigermaßen gutem Zustand. Sie verkürzte den Weg und war wahrscheinlich nicht verteidigt. »Geradeaus weiter«, sagte er zu seinem Fahrer.

Gefolgt von 15 Panzern und vier Kompanien Infanterie auf Schützenpanzern, fuhr Bayerlein Mageret entgegen. Nach eineinhalb Kilometern hörte das Pflaster auf. Er dachte, es handle sich nur um ein schlechtes Straßenstück, doch nach einem weiteren Kilometer ging die Straße in einen schmalen Feldweg über.

Zum Umkehren war es zu spät; er mußte weiterfahren. Immer

mehr Fahrzeuge blieben stecken und mußten zurückgelassen werden. Doch Bayerlein befahl seinem Fahrer, weiter nach Mageret vorzustoßen.

Eineinhalb Kilometer weiter nördlich, jenseits der zerklüfteten Hügelkette, hielt Colonel Gilbreth nur mit Mühe die improvisierte amerikanische Verteidigungsfront bei Longvilly zusammen. Vom Westen her rannten die Infanteristen der 26. Volksgrenadierdivision gegen seine schütteren Linien an. Im Norden hatte ihn schon längst die 2. Panzerdivision umgangen; sie näherte sich jetzt Noville. Und von Süden rollte, ohne daß er eine Ahnung davon hatte, Bayerlein heran und war im Begriff, ihn von hinten abzuschneiden.

In der Nähe hörte man Schüsse. Dann lief das Gerücht durch den Ort, die Deutschen seien schon in Mageret oder stünden kurz davor. Gilbreth befahl seinen erschöpften restlichen Truppen, sich nach Bastogne zurückzuziehen. Er überließ es dem Verband Cherry, der sich in der Nacht westlich des Ortes gesammelt hatte, die Lawine aufzuhalten. Die nackte Panik brach aus.

3

Gegen Mitternacht herrschte auf dem Schlachtfeld in den Ardennen mit den Hunderten von Gefechten ein wildes Durcheinander; es war ein Schauplatz unbeschreiblicher Verwirrung.

Niemand – ob Deutscher oder Amerikaner, Rekrut oder General – war sich über die Lage im klaren.

Im Norden kam Dietrichs Hauptstoß vor den Elsenborner Hügeln zum Stehen, obwohl die Kampfgruppe Peiper nur einen guten Tagesmarsch von der Maas entfernt war. Hitler tobte über den langsamen Fortschritt der 6. Panzerarmee und befahl Sepp Dietrich, mit seinen zwei Reservedivisionen – der 2. und der 9. SS-Panzerdivision – nach Süden zu schwenken und durch die großen Lücken vorzustoßen, die Manteuffel in und unterhalb der Schnee-Eifel aufgerissen hatte.

Manteuffel hatte für den nächsten Tag ein schweres Programm. Er befahl seinen Truppen, die in der Schnee-Eifel eingekesselte 106. Division zu vernichten und die drei Schlüsselstellungen St.

Vith, Bastogne und Wiltz zu erobern.

Wiltz war auch das Ziel einer Division Brandenbergers. Die Soldaten der 5. Fallschirmjägerdivision gingen in Richtung Café Schumann vor; es war dies eine kleine Siedlung an einer fünf Kilometer südwestlich Wiltz gelegenen Straßenkreuzung. Diese kleine Gebäudeansammlung mit ihren vier Straßen sollte bald einer der damals wichtigsten Flecken der Erde sein. Wenn man ihn nahm, war die Hauptrückzugslinie von Wiltz nach Bastogne abgeriegelt.

Die Amerikaner in Wiltz hatten keine Ahnung davon, daß die größte Gefahr für sie aus dieser Richtung drohte. Nur eine Handvoll sorgloser GIs sicherte Café Schumann; ihre acht Geschütze zielten nach Norden.

Nicht einmal das deutsche Oberkommando wußte, daß Wiltz von seiner 7. Armee bedroht wurde, und auch der neue Kommandeur der 5. Fallschirmjägerdivision, Oberst Heilmann, hatte keine Kenntnis davon. Er hatte seinen Leuten ausdrücklich befohlen, Wiltz zu umgehen und direkt nach Westen vorzustoßen.

Doch Heilmann hatte seine Truppen nicht in der Hand. Die hungrigen jungen Hitzköpfe der 5. Fallschirmjägerdivision handelten auf eigene Faust. Sie wußten, daß Wiltz ein einziges großes Lager für Verpflegung und Bekleidung war. Und sie waren entschlossen, in dieses Lager von hinten – durch Café Schumann – einzudringen.

In der Nacht arbeiteten sie sich durch die Wälder heran, zitternd vor Kälte in ihren schäbigen Mänteln. Es war ein Raubzug nach Nahrung, warmer Kleidung und Betten.

4

In Deutschland war es Mitternacht. Die Bevölkerung las immer wieder die erregenden Nachrichten von der großen Offensive. Der Rundfunk brachte triumphierende Sondermeldungen:

»Der rasche Zusammenbruch des alliierten Widerstandes hat unsere Aufgabe beträchtlich erleichtert.

Wir alle haben uns gefragt, warum der Führer schweigt. Ist er vielleicht krank? Jetzt können wir es melden: der Führer erfreut sich bester Gesundheit; er hat die neue Offensive bis in die letzten Einzelheiten vorbereitet. Sein Schweigen hat sich gelohnt. Der Feind hat eine schwere Schlappe erlitten!

Wir müssen den Gegner auf die Knie zwingen. Er muß einsehen, daß es keinen Sinn hat, weiterzukämpfen!«

An und hinter der alliierten Front dachten viele dasselbe. In Hunderten kleiner und großer Städte, nicht nur in Luxemburg und Belgien, sondern auch in Frankreich und Holland, entstand eine Panik. Die Menschen dachten an den Blitzkrieg von 1940.

Und sie fragten sich: stehen wir am Beginn eines zweiten, noch größeren Blitzkrieges?

Kapitulation

19. Dezember 1944

1

Als in der Schnee-Eifel am 19. Dezember der Morgen dämmerte, ging Colonel Descheneaux' 422. Regiment der 106. Division aus dem vordersten Graben zum Angriff auf Schönberg, fünf Kilometer nordwestlich, vor.

Major William Moon leitete den Vorstoß. Er führte sein 1. Bataillon aus einem dichten Wald einen welligen, schneebedeckten Hügel hinauf. Das erste Ziel war die gepflasterte Straße auf dem Kamm des Hügels. Während die 1. Kompanie auf Moons Befehl die Straße überquerte, rollten von Osten vier deutsche Panzer heran und entdeckten den am Waldrand eng zusammengedrängten Rest des Bataillons. Ihre 8,8er schwenkten zum Schuß ein. Granatsplitter und Äste prasselten auf die erschrockenen Soldaten herab.

Moon rannte zum Wald zurück. »Rückzug nach links!« brüllte er. Die Soldaten liefen auf eine kleine Schlucht zu und suchten Deckung. Ihre einzige Hoffnung war, in der Schlucht weiterzukommen, die Kammstraße zu überqueren und sich wieder mit der 1. Kompanie ihres Bataillons zu vereinen.

Als die ersten Männer über die Straße rannten, sahen sie sich plötzlich auf freiem Feld weiteren deutschen Panzern und Infanteristen gegenüber, die sich von der anderen Seite näherten. Auch die vier Panzer auf der Kammstraße schoben sich jetzt feuernd vor. Moons Leute, ohne Deckung zwischen zwei Feuern, konnten sich nur zu Boden werfen und beten.

Die Kompanie D brachte ein schweres MG in Stellung und beschoß die von links kommenden deutschen Infanteristen. Doch nach kaum einer Minute wurde das Maschinengewehrnest von einer 8,8-cm-Granate hinweggefegt. Dann lief ein Bazookatrupp vor und zielte auf den Führungspanzer. Beim ersten Abschuß zerfetzte ihn der Feuerstoß eines MGs. Die zu Boden gezwungenen Schützen feuerten trotz der aussichtslosen Lage weiter. Da erhob sich ein GI und ging langsam, ein weißes Taschentuch schwenkend, auf die deutschen Panzer zu. Als sich weitere Amerikaner aufrichteten und die Hände hoben, stellten die Deutschen das Feuer ein.

Moon stand auf. Dann rannte er plötzlich, gefolgt von seinem Stab und ein paar Mann, quer über die Straße davon. Die Gruppe verschwand im Wald.

Eineinhalb Kilometer weiter westlich hatte Colonel Cavenders Regiment die Kammstraße bereits überquert. Lange vor Morgengrauen hatte Cavender seine drei Bataillone besichtigt und den Zustand seiner Leute überprüft. Jetzt ließ er die Bataillonskommandeure zu einer Besprechung kommen. Bevor er anfing, warf er einen Blick zum Himmel. Heute würde man sicherlich die schon lange versprochenen Abwürfe vornehmen. Dann konnte er endlich weiter nach Schönberg und St. Vith vorstoßen.

»Wir werden um 10 Uhr in Bataillonskolonne angreifen«, sagte er zu seinen Offizieren. Dann wandte er sich an Lieutenant Colonel Klinck vom 3. Bataillon. »Sie sind in der besten Verfassung. Deshalb werden Sie den Hauptstoß führen.« Er schaute auf die Uhr. »Meine Herren, es ist genau neun.«

Als die Kommandeure sich abwandten, um wieder zu ihren Einheiten zu gehen, brach ein höllisches Sperrfeuer über sie herein. Zweige prasselten herab, die Erde zitterte, ein Hagel von Eisensplittern raste durch die Luft. Lieutenant Colonel William

Craig, Kommandeur des 1. Bataillons, stürzte schwerverwundet zu Boden.

Ebenso plötzlich, wie es begonnen hatte, brach das Sperrfeuer wieder ab. Cavender kniete nieder. »Kopf hoch!« sagte er zu Craig.

»Wenn ich nur Luft bekäme«, keuchte Craig. »Dann würde ich zu meinem Bataillon zurückgehen.«

»Ist schon recht«, sagte Cavender.

Craig richtete sich mühsam auf, sank aber gleich wieder zurück. Bald darauf war er tot.

Ein paar Minuten später setzte die Kompanie L des 3. Bataillons zu dem von Cavender befohlenen Angriff an und ging auf der Straße nach Schönberg vor. Bald entdeckte die Spitze einen ihr entgegenkommenden Sherman-Panzer. Die Männer dachten, die 7. Panzerdivision sei endlich durchgestoßen.

Doch der Sherman war mit Deutschen besetzt. Plötzlich eröffnete er das Feuer. Im gleichen Augenblick setzte von hinten Gewehrfeuer ein. Von zwei Seiten angegriffen, kämpfte sich die Kompanie L einen Hügel hinauf und grub sich ein. Die übrigen Kompanien stießen nach Schönberg durch und warteten am Ortsrand auf Artillerieunterstützung. Sie ahnten nicht, daß einen Kilometer hinter ihnen die 590. Feldartillerie ein rauchender Trümmerhaufen war.

Nun ging das 1. Bataillon zum Angriff vor. Doch William Craig, sein Kommandeur, der allein an Cavenders Besprechung teilgenommen hatte, war soeben gefallen. Der Adjutant, der die Einzelheiten des Angriffsplanes nicht kannte, führte seine Leute gegen Schönberg. Was er außerdem nicht wußte, war, daß deutsche Panzer und Infanterie ihn von zwei Seiten einkreisten.

Das 2. Bataillon, das am Tag zuvor in einem Gefecht bei Radscheid schwer angeschlagen worden war, zog durch eine Schlucht. Zu seiner Rechten setzte unvermittelt starkes Feuer kleiner Kaliber ein. Zuerst verloren die Männer über den unerwarteten Angriff den Kopf, dann sammelten sie sich und erwiderten das Feuer. Der Feind war ihr Schwesterregiment, Descheneaux' 422.

Das Durcheinander in der Schnee-Eifel hatte seinen Höhepunkt erreicht.

2

In St. Vith fühlte sich Bruce Clarke seiner Leute jetzt sicherer. Bei seinen Besuchen an der vordersten Front stellte er fest, daß sie entschlossen waren, verbissen Widerstand zu leisten. Die Soldaten waren nicht eben übermütig, aber doch überzeugt, daß sie St. Vith halten konnten, solange die Munition reichte. Clarke bekam phantastische Geschichten über die von Lieutenant Colonel Roy Clay befehligte 275. gepanzerte Feldartillerie zu hören – jene Einheit des VIII. Korps, die sich während des großen Rückzugs geweigert hatte, St. Vith zu verlassen, und zwei Tage lang als Clarkes einzige Artillerieunterstützung in drei Richtungen geschossen hatte.

Am Rand von St. Vith lag Major Don Boyer mit einem aus zwei Kompanien bestehenden Sonderkommando. Um 10 Uhr nützte er eine Feuerpause aus und führte eine Offizierspatrouille in die vor ihm liegenden Wälder. Er wollte sich den Schauplatz der drei schweren Angriffe vom Vortag ansehen.

Er kroch an Haufen toter deutscher Soldaten vorbei. Viele waren gefallen, während sie versuchten, mit Helmen und Bajonetten, ja sogar mit bloßen Händen flache Gruben zu schaufeln. Das schreckliche Gemetzel war die Folge eines einzigen Feuerstoßes gewesen; in Abständen von je fünf Metern lagen 19 Fallschirmjäger, Hals und Brust von MG-Kugeln zerfetzt.

Zu seiner Überraschung entdeckte Boyer unter den Tarnanzügen der toten Fallschirmjäger Abzeichen mit den Buchstaben »GD«, den Initialen der berühmten Division »Großdeutschland«, von der man annahm, daß sie in Rußland stand.

Boyer zählte 249 Tote vor der Front des Bataillons. Dann führte er seine Patrouille zurück. Dies war nur der Anfang. Drüben im Osten setzte das unheilverkündende Rumpeln schon wieder ein.

Hinter St. Vith, in Vielsalm, versuchte Brigadier General Robert Hasbrouck in dem Wirrwarr eine klare Linie zu finden. Die Verteidigungslinie des gesamten Sektors verlief etwa in Gestalt eines großen, St. Vith vorgelagerten Bogens, dessen offene Seite Vielsalm zugekehrt war.

Hasbroucks 7. Panzerdivision hielt den Nordteil des Bogens. Die Front war dort gut bestückt und gab im Augenblick keinen Anlaß zu Sorgen. Anders stand es mit dem südlichen Abschnitt, der gleich unterhalb St. Vith begann. General Alan Jones, der diesen Sektor befehligte, hatte wenig genug in der Hand. Seine linke Flanke, die bei St. Vith an Bruce Clarkes Abschnitt grenzte, bestand aus Hoges Kampfkommando B von der 9. Panzer. Rechts von Hoge, doch von ihm durch ein mehrere Kilometer breites Loch getrennt, stand Jones' einzige andere Truppe, das 424. Regiment der 106. Division. Es hatte ursprünglich dicht unterhalb der beiden Schnee-Eifel-Regimenter gelegen und war mit knapper Not Manteuffels Zange entgangen. Glücklicherweise hatte sich der Kommandeur, Colonel Alexander Reid, ohne entsprechende Befehle abzuwarten, vor den zuschnappenden Backen der Zange rechtzeitig zurückgezogen.

Jetzt hielt Reid, der fast keine Verpflegung und Munition mehr hatte, das rechte Endstück des großen Bogens. Unterhalb seines Abschnittes befanden sich keine amerikanischen Truppen mehr – dort lag ein ungewisses Niemandsland. Kurz gesagt: der ganze Raum St. Vith–Vielsalm war gegen einen Angriff von Süden völlig offen.

Am Vortag hatte Middletons letzte Instruktion für Hasbrouck gelautet: »Sie und Jones machen hier oben weiter.« Mit anderen Worten, er und Jones sollten gleichberechtigt handeln, keiner von ihnen trug die ganze Verantwortung. Jones, dessen Hauptquartier jetzt auch in Vielsalm lag, war Major General. Hasbrouck war nur Brigadier, befehligte aber trotzdem die Hauptmasse der Truppen.

Hasbroucks größtes Problem an diesem Morgen war ein eventueller deutscher Angriff von Süden, denn ein Spähtrupp hatte berichtet, daß eine starke deutsche Einheit Gouvy angreife, ein Dorf, das nur 15 Kilometer unterhalb Vielsalm lag.

Es war Jones, der diesen Abschnitt des Verteidigungsbogens unter sich hatte: doch Hasbroucks Sicherheit war ebenfalls gefährdet. Er schickte schleunigst eine Panzerkompanie nach Süden und betete darum, daß es sich nur um einen leichten Angriff handeln möge.

Um elf Uhr, als er sich eben überlegte, was er im Fall eines Durchbruchs bei Gouvy tun könnte, wurde ein erschöpfter Colonel in seine Dienststelle geführt. Er stellte sich als Gustin Nelson vom 112. Regiment der 28. Division vor.

Hasbrouck war perplex. »Was machen denn *Sie* hier oben?«

fragte er. Das 112. war jenes Regiment der 28. Division, das nur wenig nördlich von Hurley Fuller lag. »Und wo zum Teufel ist der Rest Ihrer Division?«

Nelson, auf dessen Gesicht sich tiefe Erschöpfung abzeichnete, zuckte die Achseln. »Mich dürfen Sie nicht fragen. Ich wüßte nicht einmal, wo ich selbst bin, wenn ich nicht heute früh einer Ihrer Patrouillen in die Arme gelaufen wäre.«

Er berichtete, daß sein Regiment sich am 16. Dezember von dem Hurley Fullers getrennt habe. Bald war die Verbindung mit der 28. Division fast völlig abgerissen, und er war auf eigene Faust nach Westen und Norden ausgewichen. Er hatte zwar nicht allzu viele Verluste gehabt, doch seine Leute waren vom vielen Marschieren und von Hunger und Kälte erschöpft.

Nelson zeigte auf einer Karte, wo seine Truppe ungefähr stand – im nördlichsten Zipfel von Luxemburg. In Hasbrouck stieg neue Hoffnung auf. Nelson stand nur acht Kilometer südlich von Reid. Wenn sich diese beiden Gruppen vereinigen und zu Hoge stoßen konnten, dann wurde aus dem wackeligen Bogen ein solides Hufeisen. Er unterrichtete Jones telefonisch von der unerwarteten Verstärkung durch die 28. Division. »Könnte man Nelson nicht der 106. zuteilen?« schlug er vor.

Jones stimmte sofort zu. Das war die erste gute Nachricht seit dem 16. Dezember. Nun verfügte er über drei Einheiten – Hoge, Reid und Nelson. Außerdem bestand noch immer die Möglichkeit, daß sich seine beiden Regimenter in der Schnee-Eifel zurückkämpfen konnten.

In Wallerode, nur acht Kilometer östlich St. Vith, arbeiteten kurz vor Mittag drei Männer einen Plan zur Einnahme der Stadt aus.

»Sie muß rasch genommen werden«, sagte Model ärgerlich. »Sie hält meine ganze Offensive auf.«

»Ich weiß«, erwiderte Manteuffel. Er wandte sich an Lucht, den Korpskommandeur, der für die Eroberung von St. Vith unmittelbar verantwortlich war. »Kesseln Sie die Stadt ein. Setzen Sie den stärksten Druck im Norden und Süden an. Und machen Sie schnell.«

Lucht nickte. Die Sache, die zuerst kinderleicht ausgesehen hatte, wurde allmählich zu einem Alpdruck.

»Wir *müssen* St. Vith in den nächsten 24 Stunden nehmen«, fuhr

Model fort. »Dietrich bombardiert sämtliche Stellen, bis hinauf zur ›Wolfsschanze‹, mit Beschwerden. Er behauptet, seine 1. SS-Panzerdivision werde durch die verstopften Straßen aufgehalten.«

»Dietrich!« Lucht konnte seinen Ärger nicht verbergen. »Seit gestern benutzen seine Truppen meine Straßen. Wie kann ich einen Angriff durchführen, wenn er hinter meinen Linien alles durcheinanderbringt? Gestern mußte ich hinaus und ein paar seiner Offiziere persönlich festnehmen.« Er wandte sich an Manteuffel, dessen Gesicht sich verhärtet hatte. »Heute morgen kam meine mit Pferden bespannte Artillerie nicht durch, weil Dietrichs Leute sich auf meinen Straßen breitmachten. Und sie tun's immer noch!«

»Schmeißen Sie sie einfach runter«, sagte Manteuffel kurz. »Ohne Artillerie können Sie St. Vith niemals nehmen.«

Model stand auf. Er hatte ebensowenig Respekt vor Dietrich wie die beiden andern. »Ich werde mein möglichstes tun«, sagte er. Der kleine Feldmarschall verließ mit langen Schritten das Besprechungszimmer und war bald mitten in dem großen Verkehrschaos. Tausende von Fahrzeugen waren hoffnungslos ineinander verkeilt. Jedes einzelne hatte eine ungeheuer wichtige Aufgabe, die unbedingt sofort durchgeführt werden mußte.

Model stand mitten auf der Straße, das Monokel im Auge. Er rief Befehle und winkte mit den Armen. Endlich formte sich aus dem Durcheinander eine zwar langsam, aber geordnet rollende Kolonne. Vor zwei Tagen hatte westlich von St. Vith General Bruce Clark den Verkehr regeln müssen. Heute mußte es östlich der Stadt sogar ein Feldmarschall tun.

3

Um 15 Uhr 30 kam in der Schnee-Eifel das Ende heran. Um diese Zeit waren schon fast 10 000 Amerikaner auf ein paar Quadratkilometern Wald in der Nähe von Schönberg zusammengedrängt. Als sich das deutsche Artillerie- und Granatwerferfeuer auf dieses Gebiet konzentrierte, begannen die eingekesselten Soldaten vor Verwirrung, Ratlosigkeit und Angst im Kreis herumzulaufen. Kundschafter wurden beauftragt, einen Fluchtweg auszuspähen. Doch sie stießen überall auf Deutsche. Es gab keinen Ausweg mehr.

Eine Katastrophe von riesigem Ausmaß drohte.

Descheneaux' Regiment stand immer noch eineinhalb Kilometer vor Schönberg. In einem schmalen Graben am Waldrand besprach der junge Colonel mit seinem Stab die Lage. Während sie in dem acht Meter langen Graben kauerten und versuchten, sich aus den widerspruchsvollen Meldungen ein Bild zu machen, hörten sie von Norden Panzerlärm. Wieder verbreitete sich das Gerücht, die 7. Panzer sei endlich eingetroffen. Das erfüllte sie für einen Augenblick mit verzweifelter Hoffnung.

Dann steckten die Panzer ihre Nasen über die Kammstraße. Es waren Panzer der Führerbegleitbrigade. Gleich darauf explodierten zwischen den Bäumen die Granaten ihrer 8,8er. Ein Schrapnellregen prasselte herab, und der Wald wurde für Hunderte von Amerikanern zum Schafott.

Descheneaux rief seine Offiziere zusammen. Der Verbandsplatz in der Nähe des Gefechtsstandes füllte sich rasch. Die Verwundeten stöhnten und schrien vor Schmerzen.

»Wir sitzen fest wie die Maus in der Falle«, sagte Descheneaux. Er kämpfte mit sich. Es war keine Verpflegung mehr da, kein Wasser, kein Verbandsmaterial und nur noch wenig Munition. Trotzdem war eine Kapitulation undenkbar. Eine Tragbahre wurde am Graben vorbeigetragen. Descheneaux sah, daß Perkins darauf lag, der Chef seiner Kompanie M. Ein Bein war ihm abgeschossen worden. Blut tropfte auf den Schnee.

Descheneaux spürte, wie ihm übel wurde. »Mein Gott«, sagte er. »Sie schlachten uns buchstäblich ab.« Seine Kehle war trocken. »Wir können überhaupt nichts dagegen tun.« Er sah die Männer an, die neben ihm im Graben kauerten. »Es hat keinen Sinn, nur des Ruhmes wegen zu kämpfen, wenn man nichts damit erreicht. Ich glaube, wir müssen einpacken.«

Zögernd und niedergeschlagen stimmten die andern zu.

Es gab eine unbehagliche Pause. Dann sagte Lieutenant Frederick Nagle: »Soll ich die weiße Fahne nehmen?«

Descheneaux nickte.

Nagle, der von einer Wunde im Rücken geschwächt war, nahm die Fahne. Noch nie war ihm etwas so schwergefallen. Er rief einen Soldaten, der Deutsch sprach. Dann gingen die beiden, die weiße Fahne schwingend, vorsichtig den Hügel hinunter.

Colonel T. Paine Kelly, kommandierender Offizier von Eric Woods Artilleriebataillon, war eben dabei, sich einzugraben, als er die Nachricht von Descheneaux' Kapitulation erhielt. Er lief zum Gefechtsstand.

»Um Himmels willen, Desch«, sagte er. »Das können Sie nicht machen! In einer Stunde ist es finster. Dann können wir nach Westen ausbrechen!«

Descheneaux schüttelte langsam den Kopf.

Kelly sah ihn vorwurfsvoll an. »Desch, Sie dürfen sich nicht ergeben!«

»Nein?« sagte Descheneaux voll Bitterkeit. »Was, zum Teufel, soll ich sonst tun? Vielleicht können Sie's mir sagen?«

»Aber . . .«

»Das einzige, was mich interessiert, ist, möglichst vielen meiner Leute das Leben zu retten. Und ich schere mich einen Dreck darum, ob man mich vor ein Kriegsgericht stellt.« Er kletterte aus dem Graben. »Vernichtet eure Ausrüstung!« rief er. »Zerschlagt eure Gewehre und Pistolen!«

Ein paar junge Offiziere starrten ihn an. Er wußte nicht, ob aus Mitleid oder Haß – jedenfalls war ihm nicht wohl dabei. Wieder stieg die Übelkeit in ihm hoch. In den Schulzimmern von West Point kannte man den Begriff Kapitulation nicht. Doch hier draußen sah das alles ganz anders aus. Einmal kam der Augenblick, da man einfach nicht mehr imstande war, auch nur einen einzigen Tropfen Blut zu vergießen.

Ein GI blickte Descheneaux ungläubig an. In den letzten drei Tagen war der persönliche Mut des Colonels bei den Soldaten zur Legende geworden. Er war immer dort, wo es am heißesten zuging.

»Ihr habt doch gehört! Zerschlagt eure Gewehre und Pistolen!«

Der GI hielt seinen Karabiner hoch. »Monatelang hab' ich das verdammte Ding mit mir herumgeschleppt. Nicht ein einziges Mal hab ich's vor Wut hingeschmissen.« Dann zertrümmerte er ihn zornig.

Descheneaux kamen die Tränen. Er wandte sein Gesicht ab und kroch in den Graben zurück.

Bald kehrte Nagle mit einem jungen deutschen Leutnant und ein paar Grenadieren zurück. Der Leutnant brachte auf Französisch seine Wünsche vor. Descheneaux, ein Französisch-Kanadier, antwortete in derselben Sprache. Er sah, wie die Grenadiere einigen seiner Leute Zigaretten und Uhren wegnahmen. »Lassen Sie meinen Männern pro Kopf ein Päckchen«, sagte er.

Der deutsche Leutnant nickte. »Wir werden euch korrekt behandeln, Colonel.«

Bald darauf zogen Hunderte von Amerikanern im Gänsemarsch den Hügel hinab, vorbei an zahllosen gut bewaffneten, einsatzfreudigen Grenadieren. Descheneaux drehte sich um und blickte auf das Riesenaufgebot an Waffen und Soldaten, das den Hügel umgab.

Kelly, der hinter ihm ging, nickte bedrückt. »Sie haben recht gehabt, Descheneaux«, sagte er. »Sie konnten nichts anderes tun.«

Etwa einen Kilometer weiter westlich, in einem andern Teil desselben Waldes, lag Cavender mit seinen Leuten. Er hatte, ebenso wie Descheneaux, keine Verpflegung, kein Wasser, keine Munition mehr.

Um 15 Uhr 45 rief Cavender seine Offiziere zu einer Besprechung zusammen.

»Wir haben außer ein paar Gewehrpatronen keine Munition mehr«, sagte er. »Ich habe den ersten Weltkrieg als Gemeiner mitgemacht«, fuhr er fort, als ein paar Offiziere zu murren begannen. »Und ich bemühe mich, die Dinge vom Standpunkt des einfachen Soldaten aus zu sehen. Die Leute haben den ganzen Tag nichts zu essen gekriegt, und seit dem frühen Morgen gibt's kein Wasser mehr.« Er blickte von einem zum andern. »Was halten Sie davon, sich zu ergeben?«

Die Hälfte der Offiziere war dafür, nach Westen durchzubrechen.

»Ich erwarte um 16 Uhr 30 feindlichen Artilleriebeschuß«, sagte Cavender.

»Ich weiß, daß es keinen Sinn hat, weiterzukämpfen«, sagte ein Offizier niedergeschlagen. »Aber ergeben möchte ich mich trotzdem nicht.«

Cavender schwieg. Er wußte, daß das Leben der Männer, die von seinem Regiment noch übrig waren, von seinem Entschluß abhing. Doch was ebenso davon abhing, war seine Offiziersehre. Er sagte: »Meine Herren, um 16 Uhr ergeben wir uns.«

Die Nachricht lief von Gruppe zu Gruppe. Lieutenant »Rip«

Collins, Adjutant der Kompanie I, war eben dabei, auf einem Hügel einen neuen Graben auszuheben, als sein Vorgesetzter zurückkam.

»Wir sind abgeschnitten«, sagte der Captain. »In zehn Minuten ergibt sich das Regiment. Sorgen Sie dafür, daß die Leute ihre Waffen vernichten.«

Collins war entsetzt. Das war Wahnsinn. »Hat da jemand die Nerven verloren?« fragte er. Je länger er darüber nachdachte, desto zorniger wurde er. Er rief die Männer der Kompanie I zusammen. »Zerschlagt eure Waffen!« befahl er bitter.

Einige Soldaten waren froh über die Kapitulation. Andere waren empört. Sergeant Dowling kam zu Collins. »Alle meine Leute sind fürs Ausbrechen«, sagte er. »Wollen Sie uns führen, Lieutenant?«

Collins kämpfte mit sich selbst. Dann sagte er: »Tut mir leid, Sergeant, aber der Befehl lautet: Kapitulation.«

Ein Stückchen weiter weg lag Lieutenant Alan Jones jr., der Sohn des Divisionskommandeurs. Er weigerte sich, an die Nachricht von einer Kapitulation zu glauben. Die 50 versprengten Soldaten, die er sich zusammengeholt hatte, drängten sich bestürzt um ihn.

Ein Negersergeant trat auf Jones zu. »Wir haben doch noch nicht mal richtig angefangen zu kämpfen, Lieutenant«, sagte er vorwurfsvoll.

Im gleichen Moment kam ein Melder angerannt. »Alle Waffen sind zu vernichten, Sir«, meldetete er Jones. »Und alle Einheiten sollen an Ort und Stelle bleiben.«

Wenige Minuten später stiegen deutsche Soldaten den Hügel herauf und trieben die fassungslosen Amerikaner zusammen. Jones brachte es nicht fertig, seinen Leuten ins Gesicht zu sehen.

Die Deutschen waren stramm und energisch. Die Befehle waren kurz, die Antworten knapp.

Die Tragödie in der Schnee-Eifel war zu Ende.

8000 Amerikaner – vielleicht auch 9000, die Lage war zu verworren, um es genau festzustellen – wurden von den Deutschen gefangengenommen.

Es war nach Bataan die größte amerikanische Kapitulation der Geschichte.

Die Deutschen beherrschten jetzt uneingeschränkt das Straßennetz östlich von St. Vith. Fahrzeug auf Fahrzeug rollte nach vorn. Die vorrückenden Deutschen unterhielten sich laut und triumphierend. Wenn sie an den langen Reihen hilfloser Gefangener vorbeifuhren, schnappten sie sich Uhren, Ringe und Mäntel. Junge Nazioffiziere flitzten herum, schüttelten einander die Hände, beglückwünschten sich. Mit glänzenden Augen blickten sie den scheinbar endlosen, ostwärts ziehenden Gefangenenkolonnen nach.

In einer dieser Kolonnen befand sich Descheneaux. Habe ich richtig gehandelt? fragte er sich immer wieder. Die Antwort war: Wenn ich noch einmal in der gleichen Lage wäre, würde ich mich wieder ergeben. Trotzdem machte er sich schreckliche Vorwürfe. Inmitten all der Gefangenen fühlte er sich einsam und verlassen.

Ein Soldat erkannte ihn und rief: »He, Colonel Descheneaux!« Descheneaux drehte sich um und sah einen unrasierten Infanteristen, der ihn mit rot umränderten, müden Augen ansah. »Ich muß Ihnen was sagen, Colonel.«

Und dann steckte der GI die Zunge heraus und machte verächtlich: »Bäh!«

In Vielsalm hatten alle, außer ein paar unverbesserlichen Optimisten, die Hoffnung für die beiden Regimenter in der Schnee-Eifel aufgegeben.

Um 16 Uhr erhielt General Alan Jones eine Funkmeldung von Middleton. Er las sie durch und ließ sie auf den Tisch flattern. Keine Verpflegung, kein Sanitätsmaterial, keine einzige Patrone war für seine Leute in der Schnee-Eifel abgeworfen worden.

Jetzt wußte Jones: seine beiden Regimenter waren verloren. Und mit ihnen sein Sohn.

4

Am späten Nachmittag stand die Kampfgruppe Peiper nördlich von Vielsalm kurz vor dem endgültigen Durchbruch. Sie war durch Stoumont gebraust und hatte ein Bataillon der 30. Division und zehn Panzer überwältigt.

Amerikanische Infanteristen rannten von panischem Schrecken

ergriffen die westliche Seite des Hügels hinunter und schrien, daß ihnen unzählige deutsche Panzer dicht auf den Fersen seien.

Ein paar Kilometer vor Peipers vorrückender Kolonne hatte Captain Berry vom 740. Panzerbataillon soeben von dem Durchbruch erfahren und eilte vom Nachschubdepot Remouchamps mit 14 zusammengeflickten Panzern nach Stoumont. Er hoffte, daß die erst vor kurzem eingebauten Geschütze sich drehen ließen. Zur Überprüfung war keine Zeit gewesen. Eins stand fest: mit den Funkgeräten war nichts anzufangen. Sie waren englischer Herkunft, und seine Leute konnten nicht damit umgehen.

Als Berrys 14 Panzer sich durch Nebel und Regenschauer dem Bahnhof von Stoumont näherten, begegneten ihnen andere amerikanische Panzer, die sich nach hinten absetzten.

»Wir haben kaum noch Munition und Treibstoff!« rief einer der flüchtenden Panzerführer.

»Und Mumm wohl auch nicht?« murmelte Berry.

Jetzt hing alles von den 740ern ab. Da er keine Funkanlage zur Verfügung hatte, gebot er Lieutenant Powers durch ein Handzeichen, daß er mit seinen fünf Panzern die Führung übernehmen solle. Powers stieß durch den Nebel vor und bemerkte fast im selben Augenblick 150 Meter vor sich in einer Kurve einen »Panther«. Seine erste Granate traf die Geschützverkleidung des deutschen Panzers, prallte ins Innere und tötete den Fahrer und den Mann am Geschütz. Der »Panther« ging in Flammen auf.

Ohne zu wissen, was vor ihm lag, rollte Powers langsam weiter. Da tauchte drohend ein zweiter großer Panzer auf. Bevor der Deutsche schießen konnte, feuerte Powers auf die Vorderfront des »Tigers«. Die Granate prallte wirkungslos ab.

Powers' Geschütz klemmte. Da die Funkanlage unbrauchbar war, winkte er mit der Hand den hinter ihm fahrenden Panzerzerstörer heran. Der »Tiger«, von Powers' erstem Schuß wachgerüttelt, feuerte zweimal. Dann krachte die große 90 mm des amerikanischen Panzerzerstörers. Der »Tiger« ging in Flammen auf.

Powers hatte inzwischen sein Geschütz wieder klarbekommen. Er fuhr um den brennenden Panzer herum und bemerkte einen »Panther«. Wieder glückte es ihm, zuerst zu schießen. Das Geschützrohr des »Panthers« wurde weggerissen. Der »Panther« begann zu brennen und versuchte zurückzufahren.

Die Deutschen hatten genug. Im Schutz des dichten Nebels

kehrten ihre Panzer um, kletterten den steilen Hügel nach Stoumont hinauf und versteckten sich hinter dem Steinbau eines Sanatoriums.

Vierzig Kilometer östlich Stavelot waren die Verteidiger der Zwillingsdörfer Krinkelt und Rocherath erschöpft, ohne Verpflegung und fast ohne Munition.

Hinter ihnen gruben andere Soldaten der 2. und 99. Division Geschützstellungen und Schützenlöcher in den gefrorenen Boden der Elsenborner Hügel. Die Felder und Bauernhäuser der Umgebung wurden nach Zaunpfählen, Torpfosten und Brettern abgesucht – nach allem, was man als Stützrahmen für Sandsäcke verwenden konnte. Die Soldaten arbeiteten fieberhaft und hofften, daß ihre Kameraden vorn an der Front sich noch kurze Zeit halten konnten.

Erst nach Einbruch der Dunkelheit wurden sie fertig. Der letzte Verteidigungswall wartete auf den deutschen Angriff.

Die Männer an der Front wurden davon verständigt, daß sie sich zurückziehen konnten.

Die Verteidiger von Krinkelt und Rocherath hatten ihre Aufgabe erfüllt. Ihre neue Aufgabe bestand darin, sich in Sicherheit zu bringen. Lange Reihen von Soldaten und Fahrzeugen verließen langsam die Zwillingsdörfer. Sie ließen ausgebrannte Gebäude, von deutschen Panzerwracks verstopfte Straßen und mit toten Deutschen und Amerikanern übersäte Gassen zurück. Von nun an war jeder Mann auf sich allein gestellt.

Der Rückzug zu den Elsenborner Hügeln wurde bald ein Wettlauf mit dem Tod. Die Truppen an der Spitze beschleunigten das Tempo, um dem deutschen Artillerie- und Nebelwerferbeschuß zu entkommen. Mit jedem Kilometer wurden die Überschuhe und Mäntel schwerer. Trotz der Kälte war der Straßenrand bald von Mänteln, Stiefeln und Gewehren gesäumt. In einem Punkt waren sich sämtliche Amerikaner in den Ardennen einig: die Kälte war ein Nichts, verglichen mit den Deutschen, die hinter ihnen her waren.

»Montgomery an die Front!«

19. Dezember 1944

1

Lange vor Morgengrauen bereitete sich am südlichen Abschnitt der Ardennenfront das wichtigste Ereignis des 19. Dezember vor.

Die Vorhut der Panzer-Lehr rollte erst um zwei Uhr früh in Mageret, einem Dörfchen acht Kilometer östlich Bastogne, ein. Die Nebenstraße, die ihr Kommandeur, General Bayerlein, laut Karte für gut gehalten hatte, war, wie es sich herausstellte, in Wirklichkeit nur ein Feldweg gewesen.

In Mageret stießen Bayerleins Leute bald auf amerikanische Last- und Ambulanzwagen. Es kam zu einem Feuergefecht, und die Deutschen stellten fest, daß sie eine Sanitätseinheit gefangengenommen hatten.

Ein verschreckter Belgier wurde zu Bayerlein gebracht. »Haben Sie noch andere Amerikaner gesehen?« fragte der General.

»Vor ein paar Stunden ist eine sehr starke Panzereinheit durchgezogen«, sagte der Zivilist und deutete nach Osten, auf die Straße nach Longvilly. »Mindestens 50 Panzer und 40 Panzerwagen. Ein Major General hat sie geführt.« (Es war der aus 30 Panzern bestehende, von einem Captain geführte Verband Cherry.)

Bayerleins Angriffslust schwand plötzlich. Er hörte aus mehreren Richtungen schwaches Dröhnen und schloß daraus, daß amerikanische Panzer ihn eingeschlossen hatten und nun von allen Seiten angriffen. In Wirklichkeit hörte er zwei verschiedene Kolonnen: seine eigenen Panzer, die von hinten aufschlossen, und zurückflutende amerikanische Fahrzeuge, die wenige Augenblikke, bevor seine Leute die Straße Longvilly-Bastogne gesperrt hatten, durch das Dorf gekommen waren.

Bayerlein entschloß sich erst um 5 Uhr 30, auf dieser Straße nach Bastogne weiterzufahren. Nachdem seine Kolonne vorsichtig einen Kilometer weit dahingekrochen war, fuhr der vorderste Panzer auf eine Mine und flog in die Luft. Die Panzersoldaten räumten die Minen weg, und die Kolonne rollte langsam weiter. Als die Vorhut endlich den Bahnhof von Neffe erreichte, zeigte sich im Osten das erste Streifchen Grau.

Bis jetzt war kein einziger Schuß gefallen. Doch Bayerlein zögerte wieder. Der undurchdringliche Nebel ringsum und die »sehr starke Panzereinheit« hinter ihm machten ihn unsicher. Er beschloß anzuhalten und zu warten, bis es heller wurde.

Sechs Kilometer weiter westlich, in Bastogne, führte Colonel Julian Ewell gerade das 1. Bataillon seines 501. Fallschirmjägerregiments auf die Straße nach Neffe. Ewells Leute kamen aus Frankreich. Sie waren fast die ganze Nacht auf Lastwagen unterwegs gewesen und durchfroren, hungrig und müde in Bastogne angekommen. Da sie als erste Einheit der 101. Luftlandedivision eintrafen, fiel ihnen die wichtigste und schwierigste Aufgabe zu.

»Ewell«, sagte General McAuliffe und zeigte auf die gleiche Straße, auf der in der vergangenen Nacht der Verband Cherry nach Longvilly gefahren war, »Sie nehmen diese Straße, suchen Feindberührung, greifen an und klären die Lage.«

Ewell, ein derbkomischer Mann mit undurchdringlichem Gesicht, der seine Leute immer an Ned Sparks erinnerte, sagte nur: »Ja, Sir.« Ein paar Minuten später meldete sich Pater Sampson, sein Kaplan, bei ihm und fragte, wie die Dinge stünden. »Wenn ich mehr wüßte, Pater«, sagte Ewell, »dann würde ich mich nicht mehr auskennen.«

Im Morgengrauen machte sich Ewell mit seinen Männern auf den Weg. Viele hatten keinen Helm mehr, einige, die kein Gewehr mehr besaßen, waren degradiert worden, und nur wenige trugen noch Mäntel. Doch sie marschierten flott und unternehmungslustig los, einem unbekannten Ziel entgegen.

Zurückflutende Panzer, Artillerie und Zugmaschinen, die noch durch Mageret gekommen waren, bevor Bayerlein die Straße von Longvilly abgeschnitten hatte, zogen langsam in entgegengesetzter Richtung an den Doppelreihen der Fallschirmjäger vorbei. Dann schleppten sich ein paar Infanteristen der 28. Division vorüber, mit entzündeten Augen und verfallenen, schmutzstarrenden Gesichtern.

»Was zum Teufel habt ihr denn vor?« fragte einer.

Ein Fallschirmjäger deutete drohend mit einem Stock, seiner einzigen Waffe, nach Osten. »Wir werden die Deutschen verhauen!« sagte er.

»Das haben wir schon probiert«, sagte der Infanterist.

»Viel Vergnügen!«

Colonel Ewell marschierte in der Mitte der Kolonne. Er hatte im November zufällig zwei Urlaubstage in Bastogne verbracht und damals weite Spaziergänge über die kahlen Hügel zwischen den spärlichen Kiefernpflanzungen gemacht. Als die Spitze der Kolonne im dichten Nebel in eine falsche Richtung abbog, kam ihm die Kenntnis der Gegend zugute. Ewell eilte nach vorn und führte seine Leute auf die richtige Straße zurück.

Plötzlich begann ein deutsches MG zu tacken. Ewells und Bayerleins Truppen waren im Nebel aufeinandergestoßen.

Ewell rief seine Offiziere zusammen und befahl einer Kompanie, nach rechts aufzumarschieren. Er erinnerte sich, daß links, in der Nähe eines flachen Hügels, den man leicht verteidigen konnte, Bizory lag. Er übermittelte dem 2. Bataillon, das sich hinter ihm befand, den Befehl, dieses Dorf einzunehmen.

»Klären Sie die Lage«, schloß er trocken, McAuliffe nachäffend. »Aber, meine Herren, ich möchte nicht, daß Sie den Feind völlig vernichten.« Ewells Entschluß, sich zum Gefecht zu stellen, basierte auf der Annahme, daß er auf eine schwache deutsche Straßensperre gestoßen sei.

Als Bayerlein hörte, daß Ewells Fallschirmjäger das Feuer erwiderten, vermutete er, eine ganze Division vor sich zu haben. Und als er das Donnern der Fallschirmjäger-Spezialhaubitze, der M-3, vernahm, war er überzeugt, einem großen Panzerverband gegenüberzustehen. Ein Versuch, den weiteren Vorstoß mit Gewalt zu erzwingen, konnte teuer zu stehen kommen.

Bayerlein, der sonst ein Mann von großem persönlichem Mut war, sah auf einmal hinter jedem Busch das Verhängnis lauern. Er befahl seinen Leuten, sich einzugraben.

Zehn Kilometer nördlich Bastogne, in dem öden, baumlosen Dorf Noville, hatte der Verband Desobry, das letzte der drei Panzer-Sonderkommandos, die Colonel Roberts ausgesandt hatte, um den deutschen Vormarsch aufzuhalten, eine schlaflose Nacht verbracht. Die ganze Zeit, bis zum Morgen, hatten immer wieder deutsche Panzer angegriffen.

Seit dem Morgengrauen breitete sich über das tiefgelegene Dorf undurchdringlich dichter Nebel. Ein paar Minuten nach zehn Uhr hob er sich plötzlich. Major Desobry war bestürzt. Die ganze Gegend wimmelte von deutschen Panzern.

Im Norden rasten 14 Stück einen Hügelkamm entlang und suchten Deckung. Desobrys Kanoniere schossen sie der Reihe nach ab wie Schießbudenfiguren. Auf den Hügeln im Westen tauchten weitere Panzer auf.

Die Munition wurde knapp. Desobry rief Colonel Roberts an und bat um die Erlaubnis, sich ein paar Kilometer zurückziehen zu dürfen.

»Das mußt du nach deinem eigenen Ermessen entscheiden«, sagte Roberts und erinnerte den jungen Mann an seine letzten Worte am vergangenen Abend. »Ich schicke dir ein Fallschirmjägerbataillon zur Verstärkung.«

Desobry erwiderte: »Dann mache ich mich bereit zum Gegenangriff.«

Dies war die Antwort, die Roberts erhofft hatte. Die Männer der 101. Luftlandedivision waren auf jede Minute, die die Panzerverbände ihnen geben konnten, angewiesen.

Südöstlich von Bastogne, in dem Abschnitt, den Colonel Roberts dem Verband O'Hara zugewiesen hatte, war es bis jetzt zu keinen Kampfhandlungen gekommen, doch die Lage war gespannt. O'Hara befahl drei Männern, mit einem Jeep das Gebiet im Norden zu erkunden.

Kurz vor Mittag fuhr der Jeep, gelenkt von Lieutenant John Drew Devereaux, einem Abkömmling der berühmten amerikanischen Schauspielerfamilie, langsam in das in dichtem Nebel liegende Dorf Wardin ein. Zögernd traten die Bewohner aus den Häusern. Als sie sahen, daß es Amerikaner waren, scharten sie sich um den Jeep.

»Hier sind überall Deutsche!« rief ein alter Mann.

Devereaux, der vor noch gar nicht langer Zeit am Broadway in *»Life with Father«* gespielt hatte, sprang auf das Verdeck des Jeeps. »Habt keine Angst«, rief er auf Französisch. »Wir Amerikaner lassen uns nicht wieder vertreiben. Bleibt in euren Kellern, aber habt keine Angst.«

Die Zuversicht des jungen Mannes beruhigte die Leute. Sie jubelten ihm zu. Devereaux kletterte wieder auf den Fahrersitz. Er fuhr durch Wardin hindurch und dann weiter nach Osten. Als sich der Nebel einen Augenblick hob, sah Devereaux, daß zwei Fahrzeuge auf ihn zukamen, die wie ein amerikanischer Schützenpanzer und ein Panzerwagen aussahen. Er hielt an. Irgend etwas kam ihm doch nicht ganz geheuer vor.

»Mein Gott, das sind ja Deutsche!« schrie der Mann neben Devereaux. Aus dem »amerikanischen« Schützenpanzer schoß ein Blitz. Der Jeep, an der Stoßstange getroffen, schwankte und kippte fast um. Devereaux riß ihn herum und raste nach Wardin zurück. Dort standen die Dorfbewohner immer noch auf der Straße und sprachen über den vertrauenerweckenden jungen Amerikaner.

»Die Deutschen kommen!« rief Devereaux und bremste ein wenig. »Macht, daß ihr in die Keller kommt!«

Dann gab er Gas und verschwand. Die Leute von Wardin stürzten in ihre Keller.

Der Schützenpanzer, der in die Stoßstange von Devereaux' Jeep ein Loch geschossen hatte, gehörte zu einem Spähtrupp der Panzer-Lehr. Doch der größte Teil dieser Division stieß jetzt nach Osten zurück. Bayerlein, der überzeugt war, in einer Falle zu stekken, hatte Bastogne vorübergehend den Rücken zugewandt. Zuerst wollte er die Amerikaner hinter sich, bei Longvilly, vernichten und dann erst Bastogne nehmen.

Um 14 Uhr setzte er von Süden zum Angriff auf Longvilly an. Im gleichen Augenblick griff, unabhängig davon, die 26. Volksgrenadierdivision den Ort von Südosten an. Als eine 8,8er-Batterie der 2. Panzerdivision, die Longvilly nördlich umging, den Lärm hörte, eröffnete sie ebenfalls das Feuer.

Das erste Ziel dieser unbeabsichtigten Konzentration war die von Longvilly bis Mageret reichende Kolonne steckengebliebener amerikanischer Fahrzeuge. Es gab ein schreckliches Gemetzel.

Die Vorhut des Verbandes, die noch immer eineinhalb Kilometer westlich von Longvilly, bei der St.-Michaels-Grotte, stand, kämpfte so verbissen, daß die 26. Volksgrenadierdivision einen Gegenangriff meldete. Doch die übrige lange Kolonne – Versprengte von den beiden Straßensperren der 9. Panzerdivision und andere Flüchtlinge von der Front – verlor unter dem schweren Beschuß die Nerven. Ohne auch nur im mindesten Widerstand zu leisten, rannten die Leute zu Fuß nach Bastogne.

Obwohl der Verband Cherry zäh standhielt, waren um

15 Uhr 30 fast sämtliche Fahrzeuge der langen amerikanischen Kolonne vernichtet oder verlassen. Die Straße war der reinste Autofriedhof. Am schlimmsten sah es bei der Straßenkapelle aus. Dort brannte lichterloh ein riesiger Schrotthaufen von amerikanischen Panzern, Panzerwagen, Sturmgeschützen, Zugmaschinen und Jeeps. Zwischen den Steinkreuzen und Heiligenbildern lagen Dutzende gefallener GIs.

Alles in allem wurden mehr als 200 Fahrzeuge vernichtet oder unbeschädigt vom Feind erobert. Doch die Deutschen hatten einen hohen Preis dafür bezahlt. Bastogne bekam einen Tag Gnadenfrist.

2

Am späten Vormittag näherte sich Eisenhowers Stabswagen dem Stadtrand von Verdun. Während der ganzen Fahrt hatte der General über dem Ardennenproblem gebrütet. Es war eine unheimliche Schlacht mit immer neuen Überraschungen. Am erstaunlichsten war die merkwürdige Hysterie, die sich plötzlich hinter der amerikanischen Front bemerkbar machte.

Sie war schon bis Paris gedrungen. Als er am Morgen abfahren wollte, hatte ein aufgeregter Colonel vom Sicherheitsdienst darauf bestanden, daß er einen gepanzerten Wagen nahm. »Ich weiß zuverlässig«, sagte er, »daß Otto Skorzeny Sonderkommandos in amerikanischen Uniformen ausgeschickt hat, die Sie ermorden sollen.« In Epernay hatte man fünf deutsche Fallschirmjäger gesichtet. Angeblich waren sie jetzt in einem Zivilauto nach Paris unterwegs.

Eisenhowers Wagen fuhr durch die Straßen des berühmten Schlachtortes zur Kaserne, einem scheußlichen Monsterbau. Um elf Uhr betrat er den kalten Mannschaftsraum, in dem die Besprechung stattfinden sollte. Er musterte den Halbkreis feierlich-ernster Gesichter und sagte: »Die augenblickliche Lage ist für uns durchaus günstig und keineswegs katastrophal.« Wieder sah er die anderen Anwesenden prüfend an. »Ich möchte an diesem Konferenztisch nur fröhliche Gesichter sehen.«

Pattons Gesicht verzerrte sich zu einem breiten Grinsen, und man sah seine kurzen, gelben Zähne. »Zum Teufel«, sagte er.

»Haben wir doch den Mut und lassen die Kerle bis Paris rennen. Dann können wir sie völlig abschneiden und vernichten.«

Die düstere Stimmung war verflogen. Alles lächelte.

Eisenhower schüttelte den Kopf. »Nein, wir dürfen den Feind auf keinen Fall über die Maas lassen.« Die bedrohliche Lage, in der Hodges sich befand, durfte nicht übersehen werden. Wenn man nicht schnellstens einen Ablenkungsangriff unternahm, brach die Front der Ersten Armee womöglich völlig zusammen. »George«, sagte er zu Patton, »ich möchte, daß Sie nach Luxemburg gehen und dort den Oberbefehl übernehmen. Wann können Sie aufbrechen?«

»Sofort!« rief Patton.

»Sie meinen, noch heute?«

»Ich meine, sobald Sie mit uns hier fertig sind.«

»Wann können Sie frühestens angreifen, George?« fragte Omar Bradley.

»In 48 Stunden.«

Eisenhower runzelte die Stirn. Patton mußte seine Armee um 90 Grad schwenken lassen. »Machen Sie keine Witze«, sagte er.

»Debattieren wir doch nicht über Termine«, winkte Patton ab. »Ich werde schon rechtzeitig dort sein.«

Ein aufgeregtes Gemurmel erhob sich. Manche hielten Patton für einen Angeber, andere, darunter Bradley, waren von seiner draufgängerischen Art begeistert.

Patton war in seinem Element. Er zündete sich eine Zigarre an und deutete auf den großen Keil, den die Ardennenkarte zeigte. »Brad«, sagte er. »Diesmal haben die Deutschen ihren Kopf in eine Fleischmaschine gesteckt.« Er ballte die Faust. »Und diesmal hab' ich die Hand an der Kurbel.«

Sogar Eisenhower mußte lachen. »Also gut, George«, sagte er. »Gehen Sie zum Angriff über, aber nicht vor dem 22. und nicht nach dem 23.« Dann hob er warnend den Zeigefinger. »Und vergessen Sie nicht, *methodisch* vorzugehen!«

Patton fegte sorglos alle Schwierigkeiten beiseite. »Ich werde noch vor Weihnachten in Bastogne sein«, sagte er. Eisenhower bat ihn, die Stärke der Deutschen nicht zu unterschätzen, und wandte sich dann an Devers, der die Armeegruppe im Süden von Bradley befehligte. »Jake«, sagte er. »Sie werden Ihre Font stark auseinanderziehen müssen, um die große Lücke auszufüllen, die George hinterläßt. Wenn Sie angegriffen werden, weichen Sie zurück – wenn es sein muß, bis zu den Vogesen.«

Sofort nachdem die Besprechung zu Ende war, befahl Patton einem Stabsoffizier, seinen Stabschef, General »Hap« Gay, anzurufen. Er hatte, bevor er an diesem Morgen Nancy verließ, drei Pläne zur Lösung der Ardennenkrise entworfen und Gay für jeden ein Codewort gegeben. Auf Grund eines einzigen telefonisch durchgegebenen Wortes schwenkte Pattons Armee innerhalb weniger Minuten herum und wandte sich nach Norden, den Ardennen zu.

Eisenhower trat zu Patton und deutete auf seinen neuen fünften Stern. »Merkwürdig, George«, sagte er lächelnd. »Jedesmal, wenn ich befördert werde, greift man mich an.«

»Ja, ja«, sagte Patton. »Und jedesmal, wenn man Sie angreift, muß ich Sie herausprügeln.«

Einhundertzwanzig Kilometer nordöstlich davon hielt die 28. Division immer noch Wiltz, obwohl die Deutschen schon weit darüber hinaus, bis an den Rand von Bastogne, vorgedrungen waren. Nachdem General »Dutch« Cota die Verteidigung des Ortes Colonel Dan Strickler übergeben und versprochen hatte, Munition und Verstärkung zu schicken, zog er sich zögernd mit seinem Jeep zum neuen Divisionsgefechtsstand drei Kilometer südlich Bastogne zurück.

Strickler wußte, daß seiner bunt zusammengewürfelten, etwa 1500 Mann starken Einheit ein schwerer Kampf bevorstand. Doch er ahnte nicht, daß die Einkesselung des Ortes schon begonnen hatte. Eine Kolonne Manteuffels hatte bereits von Norden her die Hauptstraße elf Kilometer hinter Wiltz abgeschnitten. Von Süden stieß eine Kolonne Brandenbergers auf sie zu. Wenn die beiden Kolonnen zusammentrafen – was nur noch eine Frage von Stunden war – hatten sie Wiltz in der Zange.

Ein paar Kilometer nordöstlich von Wiltz stolperten Colonel Hurley Fuller und vier seiner Leute durch einen dichten, von Dornbüschen und Unterholz verfilzten Wald. Seit dem Fall von Clervaux hatte Fuller, wie viele andere Angehörige seines zerschlagenen Regiments, auf eigene Faust Nachhutgefechte geführt. Jetzt aber wußte er, daß der deutsche Ring sich schloß.

Plötzlich hörte er ein scharfes Kommando in deutscher Sprache.

Sie waren auf einen feindlichen Truppensammelplatz gestoßen. Fuller lehnte sich an einen Baum, die anderen hockten sich in den Schnee. Das Knirschen im Schnee wurde lauter.

Einer von Fullers Männern sprang plötzlich auf und schrie angstvoll: »Kamerad!«

Die vier andern rannten in westlicher Richtung davon. Da spürte Fuller, wie ihn etwas am Hinterkopf traf. Als er wieder zu sich kam, lag er in einem Graben, und seine vier Leute schauten ängstlich auf ihn herab. Er spürte einen stechenden Schmerz in der Leistengegend und stellte fest, daß ihn ein Bajonett verwundet hatte. Ein mürrischer Deutscher bewachte sie.

»Sind Sie verwundet, Colonel?« fragte einer seiner Männer.

»Ich blute.« Er senkte die Stimme und winkte die andern näher heran. »Denkt daran«, flüsterte er. »Ihr dürft den Deutschen kein Wort erzählen.«

Ein deutscher Offizier, der hinter Fuller stand, schlug ihm zornig einen Pistolenknauf über den Schädel. Dann brachte man ihn zu einem deutschen Gefechtsstand, und ein Unteroffizier führte ihn in einen kleinen Raum, in dem ein Offizier der 2. Panzerdivision saß.

»Wie fühlen Sie sich?« fragte der deutsche Unteroffizier besorgt. Er sprach Englisch mit britischem Akzent.

»So gut, wie man sich mit einer Beule am Kopf und einem Stich in der Leiste fühlen kann.«

»Darum werden wir uns später kümmern«, sagte der Deutsche. Er zeigte auf eine Karte. »Wissen Sie, wo Sie sind?« Fuller nickte. »Nehmen Sie diesen Stock, Colonel, und zeigen Sie mir auf der Karte das Hauptquartier der 28. Division.«

Fuller schaute ihn an und schwieg.

»Verstehen Sie nicht?«

»Doch. Aber ich denke nicht daran, Ihnen irgend etwas zu zeigen.«

Der Unteroffizier beriet sich einen Augenblick mit dem Offizier. Dann wandte er sich wieder an Fuller. »Colonel, ich habe schlechte Nachrichten für Sie. Wir werden Sie erschießen.«

»Warum?« fragte Fuller mit gespielter Gleichgültigkeit.

»Sie haben in Hosingen deutsche Gefangene ermorden lassen. Wir haben die Leichen gefunden. Und als unsere Sanitäter mit einer weißen Fahne die Verwundeten herausholen wollten, haben

Ihre Leute sie niedergemacht. Deshalb werden wir Sie erschießen.«

Die Deutschen saßen da, rauchten »Camel« und starrten Fuller an. Er starrte zurück.

Acht Kilometer südlich von Wiltz machte sich das dreiköpfige Order of Battle Team, das tags zuvor in panischer Angst aus der Stadt geflohen war, wieder auf den Rückweg, um den im Stich gelassenen Anhänger zu holen. Vor ein paar Stunden hatten Koritz und Nathan, die beiden Sergeanten, ihren Captain davon überzeugt, daß es ihre Pflicht war, ihre geheimen Papiere und ihre Ausrüstung aus Wiltz fortzuschaffen.

Als sie bei Heiderscheidergrund die Sauerbrücke überquerten, ahnten sie nicht, daß nur ein paar hundert Meter entfernt deutsche Soldaten der 5. Fallschirmjägerdivision versteckt lagen und einen Angriff vorbereiteten.

Zwanzig Minuten später rasten sie den steilen Berg nach Wiltz hinunter. Vielleicht war alles nur halb so schlimm, wie sie gedacht hatten. Sie waren auf keinen einzigen Deutschen gestoßen und hatten keinen Gefechtslärm gehört. Wiltz war jetzt eine tote Stadt. Nur GIs sah man in den Straßen. Von einer Panik war nichts zu merken. Soldatengruppen hoben an strategisch wichtigen Stellen Schützengräben aus, und Panzer rollten auf und ab.

Die drei beluden in aller Eile ihren Anhänger und fuhren bald auf der gleichen Straße, auf der sie gekommen waren, in südlicher Richtung davon – den Berg hinunter zur Brücke bei Heiderscheidergrund.

Der Jeep und sein Anhänger nahmen eine scharfe Kurve. Plötzlich entdeckte Koritz, der Fahrer, am Straßenrand eine lange Reihe von Deutschen in blauen Uniformen.

Es waren Soldaten der 5. Fallschirmjägerdivision. Nachdem die Brücke genommen war, hatten sie sich in zwei Gruppen aufgeteilt. Die eine zog nach Westen, in Richtung Harlange, wo sie sich bald mit Manteuffels von Norden vorstoßender Kolonne vereinen und Wiltz umzingeln würde.

Die zweite Gruppe, auf welche die Amerikaner eben gestoßen waren, ging direkt auf Wiltz vor. Ihr Kommandeur, Oberst Heilmann, hatte ihr den strikten Befehl erteilt, die Stadt zu umgehen und nach Westen vorzustoßen. Doch die eigensinnigen jungen

Fallschirmjäger hatten in der Nacht zuvor beschlossen, auf eigene Faust einen Beutezug nach Wiltz zu unternehmen.

Der plötzlich auftauchende Ami-Jeep brachte sie völlig aus der Fassung. Sie schrien verblüfft auf, als er vorbeiraste. Koritz trat aufs Gaspedal. Seine einzige Chance war, zwischen den Deutschen hindurchzuflitzen. Weiter unten an der Straße rissen die Fallschirmjäger ihre Gewehre und Maschinenpistolen hoch und schossen. Von beiden Seiten der Straße kamen Kugeln gepfiffen. Koritz duckte sich. Der Jeep schleuderte gefährlich. Nathan, der auf dem Rücksitz saß, feuerte mit der einen Hand seinen Karabiner ab und griff mit der andern nach vorn, um Koritz zu helfen, damit der wild schleudernde Jeep nicht in den Fluß raste.

Koritz sah vor sich Deutsche. Es gab kein Durchkommen mehr. »Haltet euch fest!« schrie er. »Ich fahr' in einen Schneehaufen!«

Der Jeep schoß über die Brücke. Dann lenkte Koritz ihn nicht in die Kurve, sondern fuhr direkt in den am Straßenrand aufgehäuften Schnee. Sein letzter Gedanke war: hoffentlich können sie den Jeep nicht mehr gebrauchen.

Als er die Augen öffnete, sah er eine Schar Deutscher auf sich herabstarrten. Er kletterte aus dem zertrümmerten Jeep und stellte zu seinem Erstaunen fest, daß er nicht verletzt war. Er sah sich um. Sein Captain saß da und hielt sich den Unterarm. Nathan rührte sich nicht, an seinem Bein lief Blut herab.

Ein junger pausbäckiger Deutscher zog Koritz' 45er aus dem Halfter, streifte ihm die Armbanduhr ab und fragte, ob er Schokolade habe.

Als der Abend dämmerte, war Wiltz eingeschlossen. Bei Einbruch der Dunkelheit erfolgte aus drei Richtungen der Großangriff. Die Verbindung mit dem neuen Divisionsgefechtsstand in Sibret war längst abgerissen. Es gab fast keine Munition mehr, und die wenigen überlebenden Panzersoldaten waren halbtot vor Erschöpfung.

Um 22 Uhr taumelte ein Divisionsmelder, der sich durch mehrere feindliche Straßensperren geschlichen hatte, in Stricklers Gefechtsstand. Die Nachricht, die er überbrachte, war von brutaler Klarheit. Verstärkungen seien nicht zu erwarten. Wiltz sei aufgegeben. Aller Nachschub, alle Verstärkungen müßten statt dessen nach Bastogne gehen.

Ein paar Minuten später kam die Meldung, daß sich die Deutschen von Süden näherten. Strickler rief alle seine Kommandeure zusammen und teilte ihnen mit, daß der Rückzug nach Bastogne zu beginnen habe. »Wir haben unser möglichstes getan. Sie teilen sich jetzt in Gruppen zu zehn Mann auf und schlagen sich einzeln durch die deutschen Linien nach Sibret durch. Sorgen Sie dafür, daß nur das Allernötigste an Ausrüstung und Munition mitgenommen wird. Alles andere ist zu vernichten. Hat jemand eine Frage?«

»Ja«, sagte Major Milton, der Kommandeur der letzten überlebenden Infanteristen von Hurley Fullers Regiment, grinsend. »Wann gibt's was zu essen?«

Strickler überging die Frage und fuhr fort: »Der Rückzug beginnt in 20 Minuten.« Er wandte sich an Colonel Linus T. Hoban, einen schon älteren Richter aus Scranton, der das Versorgungsbataillon unter sich hatte – eine gemischte Einheit, die einschließlich Köchen, Schreibern, Flaksoldaten und Musikern 700 Mann stark war: »Hoban, Sie haben diese Straßen ausgekundschaftet. Sie übernehmen die Führung. Die restliche Kolonne folgt.«

Die Besprechung war zu Ende. Die Offiziere begaben sich mit grimmigen Gesichtern zu ihren Einheiten zurück und erteilten die zum Rückzug notwendigen Befehle.

»Künstliches Mondlicht« erhellte die östliche und nördliche Zufahrtsstraße, als Richter Hoban den Vortrupp die Grand' Rue hinaufführte. Kurz vor dem westlichen Stadtrand teilte sich die Straße in zwei Wege, die beide zum Café Schumann führten. Hobans Jeep bog auf den linken Weg ein. Bei der nächsten Kreuzung wartete er auf die Hauptkolonne. Nach 15 Minuten wurde ihm klar, daß sie den anderen Weg genommen haben mußte.

»Kehren Sie um, Byers!« befahl er seinem Fahrer. Der Jeep fuhr nach Wiltz zurück.

Inzwischen war die Hauptkolonne auf der rechts abbiegenden Straße nach einigen Kilometern auf eine Straßensperre gestoßen.

»Wir brechen durch!« rief ein Mann am Steuer eines Flakhalbkettenfahrzeuges und raste feuernd auf die Straßensperre zu. Er fuhr in ein Minenfeld, und es gab eine heftige Explosion.

Nachdem man das Wrack weggeräumt hatte, fuhr die Kolonne vorsichtig weiter und näherte sich der wichtigsten Straßenkreuzung der Gegend beim Café Schumann, einem von mehreren Gebäuden umgebenen Wirtshaus. Hier lief die Hauptstraße nach Bastogne in westlicher Richtung weiter. Zwei andere Straßen führten nach Süden und Südwesten.

Als die Gruppe auf das Café Schumann zufuhr, näherte sie sich zugleich einem Zug der 5. Fallschirmjägerdivision, der sich zu beiden Seiten der Straße eingegraben hatte – am Nordrand mit einem MG, am Südrand mit einem Sturmgeschütz.

Als das erste amerikanische Fahrzeug, ein Panzerwagen, die Kreuzung erreichte, wurde es von einem heftigen Feuerstoß empfangen. In die Flanke getroffen, kippte der Panzerwagen um und ging in Flammen auf.

Ein Captain sprang von einem Schützenpanzer. »Los, wir heben sie aus!« rief er. Ein Zug Neger kletterte von den Lastwagen und ging beiderseits der Straße vor. Am Südrand der Straße räumten sie systematisch Schützenloch um Schützenloch aus und machten schließlich mit Handgranaten das Sturmgeschütz unschädlich. Die Gruppe am Nordrand kroch unter dem deutschen Maschinengewehrfeuer vor, stürmte plötzlich los und machte die Bemannung mit dem Bajonett nieder.

Als die Kreuzung frei war, fuhr die Kolonne nach Bastogne weiter. Doch nach ein paar hundert Metern stieß sie auf eine dritte Straßensperre.

Plötzlich wurde sie von beiden Straßenseiten beschossen. In wilder Hast sprangen die Soldaten von den Lastwagen. Viele fielen, manche wurden gefangengenommen. Nur wenige entkamen.

Eineinhalb Kilometer hinter ihnen näherte sich ihr Kommandeur, Richter Hoban, eben dem Café Schumann, ohne von dem Unheil etwas zu ahnen. Als er die Schießerei hörte, ließ er seinen Fahrer anhalten.

Er stieg aus und ging zur Kreuzung.

Sie schien verlassen. Er kehrte wieder um. Bei seinem Jeep hatte ein Schützenpanzer mit einem 50er-Geschütz angehalten. Drei Infanteristen vom 110. Regiment sprangen herunter. »Colonel«, sagte der eine. »Wir sind Ihr Feuerschutz. Wir begleiten Sie.« Sie kletterten in den Jeep.

»Wir fahren hinter Ihnen und decken Sie«, sagte der Führer des Schützenpanzers.

Die beiden Fahrzeuge preschten mit Höchstgeschwindigkeit am Café Schumann vorbei und wandten sich dann nach Westen in Richtung Bastogne. Plötzlich hörte Hoban hinter sich eine Explosion. Er spürte an den Schultern und im Nacken einen stechenden Schmerz. Die Pneus kreischten, es krachte dröhnend. Dann sah er sich von Deutschen umringt. Wie durch ein Wunder lebte er noch. Er schaute nach links. Sein Fahrer hatte ein tiefes Loch im Rücken und stöhnte vor Schmerzen. Zwei der Infanteristen hinter ihm waren tot, einer verwundet. Mühsam stieg Hoban aus dem Wagen. In seinem linken Bein pochte das Blut.

Für den Richter war der Krieg zu Ende.

Es war fast Mitternacht. Granaten explodierten in den Straßen von Wiltz, als sich die Nachhut in die Stadt zurückzog. Pioniere wateten durch den Wiltz-Fluß und stürzten in die Häuser am Ostrand des Ortes, um einen letzten Widerstand zu leisten. Die Überlebenden des Musikzuges hatten sich mit den Leuten des Quartiermeisters zu einer Gruppe von 60 Mann zusammengetan und zogen sich von Unterwiltz in die Oberstadt zurück. Sie stolperten den steilen Berg hinauf, vorbei am Divisionsgefechtsstand. »Wir haben nur noch eine Hoffnung – über die Straße zur Kreuzung beim Café Schumann zu entkommen«, sagte ihr Anführer.

Colonel Dan Strickler befand sich noch im Gefechtsstand und vernichtete Papiere. Er riß ein Stück Karte von der Wand und stopfte es in die Tasche. Dann verbrannte er den restlichen Teil der Karte und ging hinaus. Soldaten strömten vorbei und feuerten hinter sich. Sein Jeep, der »Gefährliche Dan«, wartete auf der Straße. Bob Martin, sein Fahrer, begrüßte ihn fröhlich.

»Bob«, sagte Strickler. »Ich möchte mich noch einmal umsehen.« Der Jeep bog in eine Seitengasse, um die Grand' Rue, die von Fahrzeugen aller Art und Fußtruppen verstopft war, zu umfahren, und kroch dann die Hügel westlich von Wiltz hinauf. Als sie durch eine Waldschlucht kamen, brach eine wilde Schießerei los. Von Maschinengewehrgarben durchsiebt, schlitterte der Jeep in einen Graben.

Strickler sah einen deutschen Panzer langsam auf sich zukommen und seine 8,8er einschwenken. Die Amerikaner liefen in den Wald. Es gab nur eine Möglichkeit: die Straßensperre durch den Wald zu umgehen. Strickler stellte seinen Kompaß ein und übernahm die Führung.

Hinter ihnen lag Wiltz jetzt fast verlassen. Eine Handvoll Pioniere waren die letzten Verteidiger. Die von allen Seiten herandrängenden Deutschen zögerten. Sie beschlossen, mit dem letzten Angriff bis zum Morgengrauen zu warten.

3

Zehn unbeleuchtete Lastwagen näherten sich langsam von Wiltz her Bastogne. Sie waren am Nachmittag den deutschen Truppen, die die Stadt einkreisten, gerade noch in wilder Flucht über Seitenstraßen entkommen.

Voran fuhr ein Halbtonner mit Post. Neben dem Fahrer saß Lieutenant Walter Grogan. Grogan war wie so viele andere der 28. Division ein Dickkopf, der seinen Weg stur verfolgte. Er hatte den Befehl erhalten, die Post sicher zur Front zu bringen, weil sie großen moralischen Wert hatte.

Grogan dirigierte den Fahrer zur Polizeistation von Bastogne. Dort riet ihm ein MP, zur Stadt hinaus und weiter nach Westen zu fahren. Der MP nahm an, daß sich der Gefechtsstand der 28. Division an dieser Straße, ein paar Kilometer vor der Stadt, befand.

Die zehn Lastwagen fuhren nach Westen. An einer Straßenkreuzung ließ Grogan die Kolonne anhalten. »Hier kommt mir etwas nicht geheuer vor«, sagte er. Das klang töricht, denn diese Straße führte ins Hinterland. Doch er hatte wohl eine Vorahnung. Mit zwei Soldaten ging er zur Kreuzung. Da sprangen aus dem Graben mehrere Deutsche und überwältigten die drei Amerikaner.

»Einen Moment bitte«, sagte Grogan ernst und würdevoll. »Das ist Post der Vereinigten Staaten. Und ihr wißt doch sicherlich, was in der Genfer Konvention über Post steht.«

Der Anführer der Deutschen, ein Unteroffizier, war perplex. Er führte Grogan die Straße hinunter zu einem Panzerwagen, in dem ein Offizier saß.

»Ich befördere lediglich Post der Vereinigten Staaten«, erklärte Grogan. »Sie ist völlig wertlos für Sie.« Er berief sich wieder auf die Genfer Konvention. »Lassen Sie uns sofort weiterfahren, dann ist meinetwegen alles okay.«

Grogans entrüstet vorgebrachte Argumente hatten den Offizier völlig verwirrt. Plötzlich wurde auf der Hauptstraße geschossen. Grogan erkannte das tiefe, dumpfe Geknatter eines amerikanischen MGs. Offenbar war jemand im Konvoi wegen ihres langen Ausbleibens mißtrauisch geworden.

Die deutsche Kolonne erwachte ruckartig, und wenige Minuten später standen die amerikanischen Lastwagen in hellen Flammen. Grogans Aufgabe, die Post unversehrt durchzubringen, war gescheitert. Doch er hoffte, daß der brennende Wagenzug die Verteidiger von Bastogne vor der ihnen im Rücken drohenden Gefahr warnen würde.

Im nahen Bastogne aber bemerkte man den Feuerschein, der von Grogans Lastwagen herrührte, überhaupt nicht. Furcht und Mutlosigkeit hatten sich über die Stadt gebreitet. Immer noch schleppten sich Überlebende des verhängnisvollen Überfalls bei Longvilly durch die Straßen.

Colonel Roberts' weit auseinandergezogene Linien fingen die meisten dieser Soldaten auf, verloren sie jedoch bald wieder. Viele schlichen sich, nachdem sie sich sattgegessen hatten, weiter zurück. Sie hatten keine Ahnung, was eigentlich geschehen war. Sie wußten lediglich, daß sie wieder und wieder von riesigen Panzerrudeln angegriffen worden waren. Der Versuch, gegen eine derartige Übermacht anzukämpfen, war Wahnsinn. Ein paar von ihnen blieben jedoch und reihten sich in die Verbände von McAuliffe und Roberts ein.

Trotz der Rückschläge dieses Tages ließen sich die Männer der 10. Panzer- und der 101. Luftlandedivision von der wachsenden Furcht nicht anstecken. Dabei war der Überfall bei Longvilly nicht der einzige harte Schlag gewesen. Bei Noville, nördlich von Bastogne, war der Verband Desobry übel zugerichtet worden. Den schwersten Verlust aber hatte er erlitten, kurz nachdem Colonel La Prade in die Stadt einmarschiert war, um den Panzerleuten zu helfen. Wenige Minuten, nachdem man beschlossen hatte, die Einheiten zusammenzufassen und Colonel La Prades Befehl zu unterstellen, traf eine 8,8er den Gefechtsstand. La Prade wurde getötet. Desobry schwer verwundet.

Auch Colonel Ewells Regiment war schwer angeschlagen. In Wardin, dem Ort, in dem Lieutenant Devereaux, der frühere

Schauspieler, seine Rede gehalten hatte, war die Kompanie I zuerst von »Königstigern« und dann von einem Infanteriebataillon angegriffen worden. Von der ganzen Kompanie waren nur 83 Mann übriggeblieben.

Am Abend herrschte in Ewells Gefechtsstand in Bastogne, dem riesigen, fünfstöckigen Priesterseminar, eine düstere, gedrückte Stimmung. Pater Sampson, Ewells Kaplan, bemerkte eine Gruppe von etwa 50 halbwüchsigen Jungen, die sich nervös in einem der großen Säle herumdrückten.

Ein belgischer Priester erkannte Sampsons Abzeichen. »Ich bin Abbé Musty«, sagte er. »Was soll ich mit meinen Jungen machen? Es heißt allgemein, daß es in Bastogne zu einer großen Schlacht kommen werde. Soll ich sie nicht lieber aus der Stadt herausbringen?«

Sampson zögerte. »Da muß ich Colonel Ewell fragen«, sagte er.

Er ging in Ewells Büro. Der Regimentskommandeur saß hinter einem Schreibtisch. Man merkte ihm äußerlich nichts an, doch die Nachricht, daß die Kompanie I praktisch ausgelöscht war, hatte ihn tief erschüttert. Er zog einen Teebeutel aus der Tasche, tauchte ihn in eine Tasse heißen Wassers und reichte sie seinem Freund.

Sampson, ein derber, grobknochiger Mann, wußte, welche inneren Qualen Ewell wegen seiner verlorenen Soldaten litt. Er hatte einige Zeit gebraucht, bis er Ewell verstand, doch jetzt waren die beiden Männer – schweigsam und gehemmt der eine, unbeschwert herzlich und gut gelaunt der andere – die besten Freunde. Sampson fragte, was er mit den Seminaristen machen solle.

»Das ist Sache der Division«, erwiderte Ewell. »Ich kann dir nur empfehlen, sie in Sicherheit zu bringen.«

Draußen vor dem Kloster fuhr eben ein Jeep vor, der von der Front kam. Drei Kavalleristen sprangen heraus. Einer von ihnen war Sergeant John Banister von der 14. Kavalleriegruppe. Am Morgen waren die drei Männer der 7. Panzerdivision für die Schlacht von St. Vith zugeteilt worden. Doch in dem allgemeinen Durcheinander waren sie von ihrer neuen Einheit abgekommen und hatten beschlossen, nach Westen zu fahren.

Ein MP hielt die drei Kavalleristen auf. »Fahrt zu dem großen Gebäude dort vorn an der Straße!« befahl er ihnen. Die drei Soldaten traten in das Gebäude und stellten fest, daß es mit Versprengten vollgestopft war, die von der 106. und der 28. Division und einem Dutzend Artillerie- und Pioniereinheiten stammten.

»Was zum Teufel macht ihr denn hier?« fragte Banister einen schmutzigen, triefäugigen Infanteristen von der 28.

»Man nennt uns den verlorenen Haufen, und das trifft den Nagel genau auf den Kopf«, sagte der Mann bedrückt. »Das eine steht jedenfalls fest: uns stecken sie immer dorthin, wo's am mulmigsten ist.«

Banister gab seinem Freund einen Rippenstoß. Dies war kein Ort für sie. Die drei verließen das Gebäude. Auf der Hauptstraße fuhr langsam ein Zweieinhalbtonner an ihnen vorbei.

»Wohin fährst du denn?« fragte Banister.

»Raus aus der Stadt«, antwortete der Fahrer.

Die drei sprangen in ihren Jeep und folgten dem Laster nach Norden.

Nach einer Stunde bog der Wagen rechts ab. Der Jeep holperte ihm nach; seine Besatzung ahnte nicht, daß sie wieder geradewegs auf die Front zufuhr. Der Lastwagen hatte Nachschub für die 7. Panzerdivision geladen.

Sein Bestimmungsort war St. Vith.

4

Bei der in Paris allabendlich vom SHAEF veranstalteten Pressekonferenz für Kriegsberichterstatter ging es heiß her. Die Zeitungsleute forderten von dem Public Relations-Offizier aufgebracht die Bekanntgabe von Einzelheiten über die Ardennenoffensive.

Major James Hughes, der Informationsoffizier vom SHAEF, versuchte, ihnen auseinanderzusetzen, daß die Nachrichtensperre aus Sicherheitsgründen erforderlich sei.

»Warum verschwinden Sie nicht und lassen uns mit General Allen reden?« rief ein Berichterstatter. »Es ist seine Sache, diese Fragen zu beantworten.«

Brigadier General Frank Allen, Public Relations-Chef vom SHAEF, bestieg rasch das Podium. »Wir geben keine Nachrichten heraus«, sagte er, »um den Feind nicht davon in Kenntnis zu setzen, wo seine vordersten Verbände stehen.«

George Lyons, der Vertreter des Informationsdienstes des

Kriegsministeriums beim SHAEF, erhob sich. »Darf ich mir die Äußerung erlauben, daß das Verhalten des SHAEF in diesem Fall äußerst unklug ist? Das bezieht sich nicht auf Sie persönlich, Sir. Aber jeder Mensch weit und breit weiß, was los ist. Das amerikanische Volk hat ebenfalls ein Recht, es zu wissen.«

Die Sitzung wurde abgebrochen; die Berichterstatter waren wütend, gekränkt und immer noch ohne Nachrichtenmaterial.

Ein paar Kilometer entfernt brütete Eisenhower über der Ardennenkrise. Seit seiner Rückkehr von Verdun waren alarmierende Berichte über weitere Vorstöße der Deutschen eingegangen. St. Vith und Wiltz standen kurz vor dem Fall. Bastogne konnte sich vielleicht nur noch Stunden halten.

Wie sollte er dem Angriff wirkungsvoll begegnen? Die normalen Nachrichtenverbindungen zwischen Bradley in der Stadt Luxemburg und Hodges in Belgien waren bereits unterbrochen. Der nördliche und der südliche Sektor der amerikanischen Front konnten nicht mehr koordiniert werden.

Er schaute auf die große Karte des Kriegsschauplatzes. Dann zog er dicht oberhalb von Bastogne eine imaginäre Linie mitten durch das Ardennenschlachtfeld.

Das war die Lösung. Zwei Befehlshaber: Bradley für den Südabschnitt und jemand von gleichem Format für den Nordabschnitt. Der einzig richtige Mann für den Norden war Montgomery. Doch Eisenhower wußte genau, daß viele seiner Generale eine solche Wahl nicht gern sehen würden. Seit Monaten übte der Field Marshal an der amerikanischen Führung scharfe Kritik und verfocht die Meinung, daß der einzige Weg zum Endsieg ein gemeinsamer Angriff auf Deutschland sei.

Viele Amerikaner würden Montgomerys Ernennung als eine Beleidigung Bradleys empfinden, viele Engländer daraus die Forderung ableiten, Montgomery müsse zum stellvertretenden Oberbefehlshaber des SHAEF ernannt werden.

Doch Eisenhower wußte, daß dies die einzige Möglichkeit war. Außer rein militärischen Erwägungen gab es noch andere Gründe. Er und noch ein paar Eingeweihte wußten, daß deutsche Wissenschaftler möglicherweise kurz vor der Fertigstellung einer Atombombe standen. Vielleicht hatte die ganze Offensive nur den Zweck, diesen Wissenschaftlern noch ein wenig Zeit zu verschaffen. Das Schlachtfeld mußte um jeden Preis aufgeteilt und der

Endsieg beschleunigt werden.

In der Stadt Luxemburg wurde ein paar Minuten später Bradley ans Telefon gerufen.

»Ike hält es für eine gute Idee«, sagte Bedell Smith, Eisenhowers Stabschef, »Ihre beiden Armeen im Norden Monty zu unterstellen.«

Bradley war fassungslos. Er zögerte einen Augenblick. Dann sagte er: »Ich möchte mir die Frage erlauben, ob eine solche Umstellung unbedingt nötig ist.«

»Es scheint das einzig Richtige zu sein«, sagte Smith. »Monty hat dann alles nördlich des Einbruchkeils unter sich, und Sie alles südlich davon.«

»Dagegen kann ich nur schwer etwas einwenden«, erwiderte Bradley langsam. Vielleicht verlor das amerikanische Oberkommando durch eine solche Maßnahme an Gesicht, doch sie war durchaus logisch. »Wenn wir uns zu diesem Schritt entschließen«, gab er zu, »dann können wir von den Engländern mehr Unterstützung in Form von Reserven erwarten.«

Er unterdrückte verschiedene Einwände und hängte auf.

In dem holländischen Städtchen Zondhoven schliefen in einem Wohnwagen zwei Kanarienvögel und ein schlanker, drahtiger Mann. Der Mann war Bernhard Montgemery – Englands ranghöchster Offizier und für viele hohe amerikanische Offiziere ein ständiger Stein des Anstoßes.

Montgomery widersetzte sich schon seit einiger Zeit mit der ihm eigenen Offenheit Eisenhowers Plan, einen zweiteiligen Angriff gegen Deutschland zu führen. Er vertrat die Meinung, daß es nicht klug sei, den Feind an zwei Stellen massiert anzugreifen, wenn sowohl Soldaten wie Ausrüstung knapp waren. Er war für einen großen Angriff im Norden, und seine 21. Armeegruppe sollte den ersten Stoß führen.

In seinem Wohnwagen läutete das Telefon. Am anderen Ende war Eisenhower. Die Lage in den Ardennen sei sehr ernst. Montgomery sollte den Befehl über den Nordabschnitt der Front übernehmen.

Montgomery legte auf. Er wünschte, die Amerikaner hätten schon früher auf ihn gehört. Dann wären sie jetzt nicht in einer solchen Klemme. Doch es war keine Zeit für Vorwürfe. Er rief seine sechs Verbindungsoffiziere zusammen, junge, gescheite Leute, die für ihren »Chef« durchs Feuer gingen. Sie erhielten den Auftrag, sich an die Front zu begeben und sich an Ort und Stelle über die Lage zu informieren – eine Maßnahme, die Montgomery Napoleon abgeschaut hatte.

Er befahl den jungen Offizieren, mit den verschiedenen im Kampf stehenden amerikanischen Einheiten Kontakt aufzunehmen, Informationen einzuholen und sich am nächsten Tag um 13 Uhr in Hodges' neuem Gefechtsstand in Chaudfontaine bei ihm zu melden. Eine andere Gruppe von Offizieren schickte er zur Maas. Dann ging er wieder zu Bett, denn er war ein alter Soldat und wußte, was Ruhe wert war. Bald war er wieder eingeschlafen.

Bei Eisenhower in Versailles läutete das Telefon. Es war Churchill. Er wollte wissen, wie es an der Front stand.

Eisenhower berichtete über die neue Befehlseinteilung.

Churchill war hocherfreut. »Ich versichere Ihnen«, sagte er, »daß die englischen Truppen es stets als Ehre betrachten werden, Seite an Seite mit ihren amerikanischen Freunden zu kämpfen.«

Eisenhower fühlte sich erleichtert. Er hatte befürchtet, daß es Unannehmlichkeiten geben könnte, doch nun war alles glatt gegangen. Vielleicht fanden in diesem Augenblick wirklicher Gefahr die ständigen Reibereien zwischen Montgomery und gewissen amerikanischen Generalen ein Ende. Befriedigt ging Eisenhower endlich zu Bett.

Front im Nebel

20. Dezember 1944

1

Ein paar Kilometer nördlich von St. Vith wurde Bruce Clarke am Morgen des 20. Dezember bei einer Frontbesichtigung gefangengenommen.

»Ich bin General Bruce Clarke vom Kampfkommando B«, sagte er immer wieder.

»Daß ich nicht lache«, erwiderte einer seiner Bewacher, ein amerikanischer MP. »Du bist einer von Skorzenys Leuten. Wir haben den Befehl, uns nach einem Deutschen umzusehen, der sich als Ein-Stern-General verkleidet hat.«

Clarke wandte seine ganze Überredungskunst auf. Die Maßnahmen, die er in den nächsten paar Stunden traf, konnten für die Schlacht um St. Vith entscheidend sein. Die MPs ignorierten seine Proteste und sperrten ihn in ein Haus. Nur ein Deutscher konnte behaupten, daß die Chicago Cubs zur Amerikanischen Liga gehörten.

Überall in den Ardennen, auf einsamen Straßen, in dichten Nebelwäldern und in verlassenen Dörfern, nahmen die Amerikaner sich gegenseitig ins Kreuzverhör. Losungsworte und Erkennungsmarken hatten keine Bedeutung mehr. Ein Amerikaner war man nur dann, wenn man wußte, wie die Hauptstadt von Pennsylvania hieß, wer den Spitznamen »Pflaumengesicht« trug oder wie die letzten Baseballergebnisse lauteten.

Bruce Clarke war nicht der einzige General, der auf Herz und Nieren geprüft wurde. Omar Bradleys großer Stabswagen wurde an jeder Kreuzung von MPs angehalten, denen es anscheinend Spaß machte, Generale aufs Korn zu nehmen. Beim erstenmal fragte man ihn nach der Hauptstadt von Illinois, beim zweitenmal um die Stellung eines »guard« beim Footballspiel und beim drittenmal nach dem Namen von Betty Grables neuesten Ehemann.

Auf die dritte Frage wußte Bradley keine Antwort.

»Er heißt Harry James«, sagte der MP triumphierend und gab dem Wagen freie Fahrt.

Auch Berichterstatter wurden verhört. Nicht weit von Chaudfontaine, Hodges' neuem Gefechtsstand westlich der Maas, wurden zwei Reporter, Lewis Gannett von der *New York Herald Tribune* und Lou Azrael von der *Baltimore News Post*, von einem zappeligen MP angehalten.

»Aus welchem Staat sind Sie?« fragte er den Fahrer des Jeeps.

»Maryland.«

»Wie heißt die Hauptstadt?«

»Baltimore.«

»Okay«, sagte der MP. »Weiterfahren!«

»He!« protestierte Azrael. »Das stimmt ja gar nicht. Sie heißt . . .« Doch der Jeep hatte den MP schon weit hinter sich gelassen.

In Paris hatte die Angst vor Otto Skorzeny ihren Höhepunkt erreicht. Tausende von Bildern von Hitlers Lieblingsoffizier wurden verteilt. Man nannte ihn den »gefährlichsten Nazi« und gab ihm den Gangsternamen »Narbengesicht«. (Die große Narbe, der er diesen Namen verdankte, stammte aus seiner Studentenzeit in Wien, wo er sich wegen eines Ballettmädchens duelliert hatte.)

Französischen Polizeiberichten zufolge war bereits eine unbekannte Anzahl von Skorzenys Fallschirmjägern bei Port Marly, in der Nähe des SHAEF-Hauptquartiers, gelandet. Eine andere Meldung sprach von 200 Absprüngen bei Bohain. Ein dritter hysterischer Alarm kam aus Valenciennes: soeben seien als Priester und Nonnen verkleidete Skorzeny-Leute vom Himmel geschwebt.

Bestimmungsort all dieser Gruppen war laut Aussage eines gefangenen »Greifers« das Café de la Paix. Dort sollten sie sich treffen und Eisenhower entführen.

Die amerikanischen Sicherheitsoffiziere glaubten fest an diese erfundene Geschichte. Man zäunte das SHAEF-Hauptquartier mit Stacheldraht ein und vervierfachte die Wachen. An den Toren standen Panzer, Pässe wurden immer und immer wieder überprüft. Wenn irgendwo eine Tür laut zufiel, wurde Eisenhowers Büro mit Anrufen überschwemmt, ob er noch lebe.

Eisenhower blieb von all dem unberührt. Er glaubte nicht an die Attentatsgeschichte und versuchte, die komplizierten Schutzmaßnahmen rückgängig zu machen, doch die Offiziere vom Sicherheitsdienst und sein eigener Stab beschworen ihn, aus der »Rundstedt-Villa« auszuziehen. Sie stünde zu weit weg vom Trianon, und die Deutschen wüßten in dieser Gegend gut Bescheid.

Widerwillig fügte Eisenhower sich schließlich dem Druck und übersiedelte in den eingezäunten Bezirk, wo er praktisch wie ein Gefangener bewacht wurde. »Aber das tu ich nur«, sagte er, »damit ihr alle nicht mehr an diese verdammte Geschichte denkt und euch wieder mehr mit dem Krieg beschäftigt.«

Skorzenys 28 Mann hatten ihre Aufgabe bestens gelöst.

2

In hohem Tempo fuhr ein britischer Stabswagen von Holland dem belgischen Kurort Chaudfontaine entgegen. Auf dem Rücksitz saßen Montgomery – in einer Fallschirmjägertarnjacke, auf dem Kopf eine rote Baskenmütze – und sein Stabschef, Brigadier David Belchem.

Montgomery war wochenlang bedrückt und niedergeschlagen gewesen. Doch seit Eisenhower ihn in der vergangenen Nacht angerufen und ihm den Befehl über die nördliche Hälfte der Ardennenfront übertragen hatte, war seine alte Sicherheit und Tatkraft wiedergekehrt. Er steckte wieder alle mit seinem Schwung an.

Belchem hatte ihn schon in anderen schwierigen Situationen ähnlich reagieren sehen. Zum Beispiel, als er die geschlagenen britischen Truppen in Afrika übernahm.

»Eine traurige Geschichte«, hatte Montgomery damals zu Lord Ismay, Churchills Stabschef, gesagt, »wenn ein Berufssoldat bis zur höchsten Generalswürde aufsteigt und dann einen Rückschlag erleiden muß, der seine ganze Karriere ruiniert.«

»Machen Sie sich nichts draus«, sagte Ismay. »Vielleicht geht doch noch alles gut.«

»Aber, mein Lieber«, erwiderte Montgomery, »ich spreche doch nicht von mir. Ich meine Rommel.«

In Chaudfontaine wartete General Courtney Hodges auf Montgomery. Die Kriegsberichterstatter hielten Hodges, einen Mann voll angeborener Würde, für farblos. Verglichen mit dem cholerischen George Patton, dem Granaten schleppenden Ridgway oder Harmon »mit der knarrenden Stimme« gab er keine guten »Stories« ab. Doch das war Hodges nur recht. Er scheute jede Publicity.

Infolgedessen waren die Leistungen der Ersten Armee weit weniger bekannt als die Erfolge von Pattons Dritter Armee. Hodges wurde, genau wie Bradley, fast nur in militärischen Kreisen gebührend geschätzt. Nur wenige Zivilisten erkannten, daß er einer der fähigsten Generale Amerikas war, an Temperament, Lebensart und strategischem Können Robert E. Lee vergleichbar.

Seine militärische Karriere hatte, wie die seines Freundes George Patton, wenig versprechend begonnen. Beide waren 1905 in

West Point im ersten Jahr durchgefallen. Patton hatte die Klasse wiederholt und schließlich die Abschlußprüfung gemacht. Doch Hodges, der in Mathematik »ungenügend« erhielt, fing wieder ganz unten an und trat als Gemeiner ins Heer ein.

Hodges hatte sich wie alle andern durch die Ardennenoffensive völlig verwirren lassen. Bis zum Morgen des 17. Dezember glaubte er fest, daß es sich nur um einen Störangriff handle. Dann erkannte er, was wirklich los war, und schaltete, ohne sich lange mit Entschließungen aufzuhalten, vom Angriff auf die Verteidigung um. Innerhalb weniger Stunden wurden Tausende von Soldaten und Fahrzeugen nach der Gefahrenzone in Marsch gesetzt. Diese Umgruppierung war ausschlaggebend dafür, daß man indessen im Norden, zwischen Monschau und Stavelot, eine starke Verteidigungsflanke hatte aufbauen können.

Doch an diesem Morgen beabsichtigte Hodges, wieder anzugreifen. Wie allen anderen amerikanischen Generalen – die ohne Ausnahme die Kommando- und Generalstabsschule in Leavenworth und die Heereskriegsschule absolviert hatten – war ihm die energische amerikanische Militärdoktrin des unablässigen, pausenlosen Angriffs eingeimpft worden. Er beschloß, Ridgways Korps nach Südosten gegen Vielsalm vorgehen zu lassen und mit ganzer Kraft in den deutschen Keil hineinzustoßen.

Einen Augenblick später trat Montgomery federnden Schrittes in Hodges' Hauptquartier. Er war zuversichtlich, munter und großartiger Laune. Ein belustigter englischer Offizier fand, er sei in das Haus getreten »wie Christus zur Tempelaustreibung.«

»Na, meine Herren«, sagte er aufgeräumt, als er Hodges' Beratungszimmer betrat und die düsteren Mienen sah. »Mir scheint, die Lage ist ernst.« Mit vogelartiger Wendigkeit setzte er sich. »Informieren Sie mich bitte.«

Als man anfing, ihm die Lage auseinanderzusetzen, ließ er seinen geflochtenen Imbißkorb holen, und während ihm die Situation in den Ardennen dargelegt wurde, kaute er nachdenklich seine belegten Brote. Plötzlich fuhr er hoch wie ein Stehaufmännchen. »Meine Herren!« rief er. »Entschuldigen Sie mich bitte für ein paar Minuten.«

Montgomery ging mit Belchem ins Nebenzimmer, wo seine jungen Verbindungsoffiziere warteten. Sie waren alle sechs da. Weil sie weder die Losungsworte noch die Figuren aus den amerikanischen Bildergeschichten kannten, hatte man einige für Spione Skorzenys oder Fallschirmjäger von der Heydts gehalten und eingesperrt. Doch sie hatten sich alle herausreden können. Einer nach dem andern berichtete über seine persönlichen Eindrücke von der Front. Das einzige Gebiet, über das sie keine Meldung brachten, war der Raum St. Vith.

Montgomery kehrte in den Besprechungsraum zurück und legte einen allgemeinen Plan vor. Er sagte voraus, daß die Deutschen, wenn sie Stavelot passiert hatten, sich nordwärts wenden würden, um bei Lüttich die Maas zu überqueren. Deshalb komme ein sofortiger alliierter Gegenangriff nicht in Frage. »Ich schlage vor, Hodges«, sagte er, »daß Sie nordwestlich von Marche ein Korps zum Gegenangriff zusammenziehen. Doch zuerst müssen wir den Kriegsschauplatz übersichtlich machen und die Front begradigen.« Das wichtigste sei, schloß er, sämtliche Truppen aus der großen Tasche bei St. Vith herauszuziehen.

Hodges wollte nicht glauben, daß der Field Marshal im Ernst sprach. Der Keil bei St. Vith, hielt er ihm entgegen, bilde einen wertvollen Brückenkopf für den Gegenangriff.

Doch Montgomery gab nicht nach. Es herrsche dort ein gefährliches Durcheinander. Es wäre einfach Verschwendung, Ridgways Korps nach St. Vith zu schicken.

In diesem Augenblick wurde ein erschöpfter Offizier mit dem Abzeichen der 7. Panzerdivision hereingeführt. Es war Lieutenant Colonel Fred Schroeder, Hasbroucks Spezialoffizier für Chemische Kriegführung. Er überreichte Brigadier General William Kean einen Brief.

Hodges' Stabschef überflog ihn schnell. »Meine Herren«, sagte er aufgeregt, »ich glaube, diese Nachrichten aus St. Vith dürften Sie interessieren.« Er las laut vor:

»Lieber Bill! Ich bin ohne Verbindung mit dem VIII. Korps und habe gehört, daß das XVIII. Luftlandekorps hierherkommen soll. Meine Division verteidigt die Linie St. Vith–Poteau inklusive. Das Kampfkommando B der 9. Panzerdivision (Hoge), das 424. Infanterieregiment der 106. Division (Reid) und das 112. Infanterieregiment der 28. Division (Nelson) stehen rechts von mir und halten die Front von St. Vith (exklusive) bis Holdingen. Beide Infanterieregimenter sind in schlechter Verfassung. Abgesehen von einigen Spähtrupps, Paks und Versprengten, die wir zu Verteidigungsgruppen zusammengefaßt haben und bis zurück nach Cheram (inklusive) an Straßenkreuzungen aufgestellt haben, steht meine rechte Flanke völlig offen. Zwei deutsche Divisionen, die 116. Panzer und die 560. Volksgrenadier, setzen eben nordwestlich zum Angriff auf Gouvy an. Ich kann ihnen *vielleicht* den heutigen Tag über noch standhalten, morgen aber bin ich bestimmt abgeschnitten. Das VIII. Korps hat mir befohlen, auszuhalten, und das werde ich tun, aber ich brauche Hilfe. Ein Angriff auf Bastogne in nordöstlicher Richtung würde mich sehr entlasten und außerdem die Deutschen von ihren rückwärtigen Verbindungen abschneiden. Ich brauche auch reichliche Unterstützung aus der Luft. Bin ohne Verbindung mit dem VIII. Korps, schicke diese Nachricht also an Sie. Habe erfahren, daß die 82. Luftlandedivision an meiner Nordflanke eingesetzt werden soll. Die Nordflanke ist aber nicht gefährdet.

Bob Hasbrouck.«

Hodges räusperte sich. »Dieser neuen Meldung zufolge«, sagte er höflich, aber bestimmt, »muß Ridgways XVIII. Korps weiter nach St. Vith vorstoßen, um Hasbrouck zu helfen.«

Montgomery traf rasch die Entscheidung. »Auch ich bin der Meinung, daß man den Leuten in St. Vith helfen muß«, räumte er ein. Doch es müsse auf folgende Weise geschehen: Ridgway solle weiter nach Südosten vorstoßen, bis er Vielsalm erreiche, und damit einen breiten Fluchtkorridor schaffen. Sobald sich die Truppen aus St. Vith nach Nordwesten zurückgezogen hätten, müsse die Verteidigungslinie drastisch verkürzt werden. »Es hilft nichts, meine Herren«, schloß er. »Wenn man einen großen Sieg erringen will, muß man zuerst Ordnung schaffen.«

3

Bei Einbruch der Dämmerung erreichte die Schlacht um St. Vith ihren Höhepunkt. Die 18. Volksgrenadierdivision und die Führerbegleitbrigade griffen den Ort von Osten an, die 62. Volksgrenadierdivision von Süden, und zwei frische, eifrige Panzerdivisionen, die 2. und die 9. SS, schlossen den Ring. Sie waren ursprünglich dazu bestimmt gewesen, bei Dietrichs Durchbruch nachzustoßen, doch jetzt hatte Hitler sie eilends in Manteuffels Abschnitt geschickt.

Überall an Bruce Clarkes dünnen Linien verstärkte sich der Druck: zwei Kilometer östlich der Stadt besichtigte Major Don Boyer die Unterstände seines arg mitgenommenen Sonderkommandos von 450 Mann. Zwei Pioniereinheiten waren ihm zusätzlich unterstellt worden. Der Kommandeur, der sie hatte übernehmen sollen, war nicht eingetroffen, und Boyer, ein Mensch, der gern Verantwortung auf sich nahm, hatte rasch zugegriffen.

»Wir stecken in einer Klemme«, sagte er zu einem Schützen, der einsam in weit vorgeschobener Stellung mitten im Wald lag. »Ich möchte, daß Sie sich darüber im klaren sind. Wir stecken dem Fritz wie ein Daumen in der Kehle.« Boyer kroch zum nächsten Unterstand. Es gab wenig zu essen und wenig Munition, und die Soldaten froren erbärmlich. Trotzdem hielt die Front.

Während Boyer zu seinem eigenen Unterstand zurückkehrte, schlichen sich von Osten her 70 Mann in seine Linien. Es waren die Reste von Colonel Cavenders 423. Regiment. Diese erschöpften Überlebenden der Niederlage in der Schnee-Eifel wurden vernommen und dann ins Schulhaus von St. Vith gebracht, wo sie verpflegt wurden und Betten bekamen.

Ein paar Kilometer weiter erhielt ein anderer Amerikaner seine Freiheit wieder. Nach fünf Stunden waren die MPs, die Bruce Clarke »gefangen« hatten, endlich davon überzeugt, daß er ein echter Amerikaner war.

»Darf ich um Ihr Autogramm bitten, General?« fragte ein MP.

Ungeduldig schrieb Clarke seinen Namen auf ein Stück Papier und befahl dann seinem Fahrer, ihn so schnell wie möglich zu seinem neuen Gefechtsstand in Neundorf, ein paar Kilometer südwestlich von St. Vith, zu bringen.

Es war schon dunkel, als Clarke das Gasthaus betrat, das ihm als Hauptquartier diente. Nachdem sein Stab ihn rasch über die Lage unterrichtet hatte, wandte er sich an die wartenden Kommandeure. »Die Nachrichten sind nicht sehr aufschlußreich«, sagte er. »Wir müssen Verpflegung und Munition sparen. Unsere Vorräte sind bedenklich zusammengeschrumpft. Geben Sie nur zwei Drittel der Tagesrationen aus. Setzen Sie die Artillerie nur ein, wenn es kritisch wird.«

Nach der Besprechung ging Clarke hinaus. Ein Sergeant, dessen Gesicht von Pulverdampf fast schwarz war, humpelte vorbei.

»Wie steht's denn?« fragte Clarke. »Ziemlich wüst, was?«

»Das will ich meinen«, sagte der Sergeant grimmig.

»Na, es klärt sich langsam auf«, sagte Clarke mit einer Zuversicht, die er nicht empfand. »General Patton stößt von Süden zu uns.«

Über das Gesicht des Sergeanten breitete sich ein strahlendes Lächeln aus. »Na also«, sagte er. »Dann sieht ja alles gleich ganz anders aus. Wenn ›Old Georgie‹ kommt, haben wir das Ärgste überstanden.« Er salutierte und marschierte weiter.

Weiter hinten, in Vielsalm, fragte sich Hasbrouck, was wohl aus Schroeder geworden war, dem Kurier, den er zu Hodges geschickt hatte. Ein paar Minuten nach 20 Uhr hörte er draußen vor der Tür freudig erregte Stimmen. Die Tür ging auf, und Schroeder trat ein. Er hatte den schwersten und wichtigsten Tag seiner militärischen Laufbahn hinter sich.

Hasbrouck schüttelte ihm die Hand und bestellte Kaffee und Essen. Schroeder übergab ihm eine Nachricht von Hodges:

> »Ridgway rückt mit Panzern und Infanterie von Westen an, um mit Ihnen Kontakt aufzunehmen. Sobald die Verbindung hergestellt ist, stehen Sie unter Ridgways Kommando. Unter Ihrem eigenen Kommando verbleiben folgende Einheiten: die 106. Division (R.C.T. 112) und das Kampfkommando B, 9. Panzerdivision.«

Das war eine gute, eine ganz ausgezeichnete Nachricht. Nur wurde die Befehlseinteilung noch komplizierter, als sie ohnehin schon war. Hasbrouck, ein Brigadier General, hatte jetzt den ranghöheren Hoge und Jones, der zwei Sterne trug, unter sich.

Ein paar Häuser weiter erhielt Major General Alan Jones eine Nachricht von Troy Middleton:

> »Aus Richtung Houffalize ist ein schwerer Angriff aus Bastogne in Gang. Er ist bis zu einem Punkt sechs Kilometer östlich von Bastogne vorgedrungen. Können Sie eine kleine Einheit schik-

ken, die den Feind von hinten angreift? Ein Bataillon des 112. Infanterieregiments steht bei Gouvy. Wenn es nicht in Kämpfe verwickelt ist, so bitten Sie den Kommandierenden General, es in Richtung Bastogne in Marsch zu setzen und es den Feind von hinten angreifen zu lassen.«

Jones gab den Befehl an Colonel Nelson weiter. Obwohl der Raum Gouvy selbst von zwei Divisionen angegriffen wurde, stellte Nelson die Kompanie C ab und ließ sie südwestlich in Richtung Bastogne marschieren. Die Kompanie C stürzte sich auf den Feind wie einst David auf Goliath.

Um 20 Uhr 55 erhielt Jones wieder eine Nachricht von Middleton. Sie war vom Vortag datiert und übermittelte einen Befehl der Ersten Armee: zwischen St. Vith und Echternach sei eine Verteidigungslinie aufzubauen. »Wenn Sie hinter der Linie auf feindliche Truppen stoßen, so sind sie zu isolieren und zu vernichten. Ein Rückzug kommt nicht in Frage.«

4

An diesem Tag war Bastogne das Sturmzentrum des südlichen Frontabschnittes. Um 15 Uhr 30 wurde Noville, das Bollwerk an der nördlichen Zufahrtsstraße, geräumt, und die wenigen Amerikaner, die die zweitägige Schlacht überlebt hatten, zogen sich schwer angeschlagen nach Bastogne zurück.

Zu diesem Zeitpunkt verließ Kaplan Francis Sampson in seinem Jeep Bastogne. Er hatte erfahren, daß das ein paar Kilometer hinter der Stadt an einer Straßenkreuzung gelegene Divisionslazarett in die Hände der Deutschen gefallen war und daß etwa 15 Verwundete immer noch in der Nähe des Kampfplatzes lagen.

Nach einer Stunde stieß Sampson auf einen Haufen zerschossener Fahrzeuge.

»Ich glaube, wir sind an unserem letzten Vorposten vorbei«, sagte sein Fahrer nervös.

»Los, weiter!«

Sie kamen an die Stelle des Überfalls. Die Straße war mit Sanitätsmaterial übersät. In einem Graben lagen drei tote Amerikaner. Am Straßenrand standen zwei ausgebrannte deutsche Panzerwagen, voll von Toten. Sampson und sein Helfer begannen das herumliegende Sanitätsmaterial aufzusammeln. Da das Lazarett nicht mehr bestand, würden die Männer von Bastogne jedes Verbandspäckchen brauchen.

Ein Belgier kam den Hügel heruntergerannt. »Dort drüben liegen Verwundete«, sagte er und deutete auf ein Dorf in einer Mulde. Ein paar Minuten später fuhr der Jeep des Kaplans in das Dorf ein.

Als sie sich einem abgestellten Wagen näherten, meinte der Fahrer: »Der sieht nicht aus wie einer von den unseren.«

»Fahren Sie weiter in den Ort hinein«, sagte Sampson und hielt aufmerksam nach Verwundeten Ausschau. Plötzlich strömten aus den Seitenstraßen Deutsche. »Kehren Sie um und geben Sie Gas!« schrie Sampson. »Nein, halten Sie an!« Deutsche mit schußbereiten Gewehren umringten sie. »Tut mir leid«, sagte er. »Wir sind gefangen.«

»Schon gut, Pater«, sagte der Fahrer mit erstickter Stimme.

Sampson sah jetzt, daß sich in den Seitenstraßen dicht an dicht deutsche Panzer und Fahrzeuge drängten. Schreiende Soldaten warfen Musikinstrumente aus dem Schulhaus. Andere kippten Getreidesäcke aus den Fenstern.

Einer riß Sampson die Armbanduhr herunter. »Ich bin Kaplan!« rief dieser empört und nahm sie dem Deutschen wieder weg.

Ein deutscher Offizier, der den Jeep durchsuchte, öffnete Sampsons Tornister und leerte den Inhalt auf die Straße. Er nahm sich einen Kelch und eine Schachtel Kekse.

»Geben Sie mir den Kelch zurück«, sagte Sampson. Man stieß ihn in einen Halbkettenwagen. Ein alter belgischer Priester sah entsetzt zu. »Ich bin ein amerikanischer Kaplan!« rief Sampson auf lateinisch. »Wenn es Ihnen möglich ist, sagen Sie Abbé Musty, dem Priester in Bastogne, daß ich gefangen bin.«

»Nehmt den andern Pfarrer auch mit!« befahl der deutsche Offizier.

Der belgische Priester fuchtelte mit den Armen und schrie erschrocken auf. Der Offizier lachte. »Ach, laßt den Alten laufen.« Er schaute Sampson an. »Aber den da bringt ihr nach hinten!«

Nur einen Kilometer entfernt führte Sampsons Freund, Abbé Musty, die Jungen aus dem Seminar von Bastogne in die entgegengesetzte Richtung, nach Westen. Er war den ganzen Vormittag von einer Dienststelle zur anderen gelaufen und hatte endlich die Erlaubnis bekommen, die Stadt zu verlassen. Die Jungen waren ganz aus dem Häuschen. Das war ein richtiges Abenteuer. Nun, da Bastogne hinter ihnen lag, drohte kaum mehr Gefahr. Musty trieb sie gutmütig schimpfend an. Er wollte noch vor Einbruch der Dunkelheit über die Brücke bei Ortheuville.

Zu dieser Zeit, um 16 Uhr, beriet man 30 Kilometer südwestlich im neuen Gefechtsstand des VIII. Korps in Neufchâteau über das Schicksal von Bastogne.

»In Ihrem Raum stehen drei deutsche Divisionen«, sagte Troy Middleton zu Anthony McAuliffe. »Und die 116. Panzer ist unterwegs. Sie werden sich nur schwer halten können.«

»Verdammt schwer«, erwiderte McAuliffe. »Aber wenn wir uns jetzt zurückziehen, machen sie Kleinholz aus uns.«

»Mir liegt natürlich viel daran, Bastogne zu halten«, räumte Middleton ein. »Doch in Anbetracht der jüngsten Entwicklung weiß ich nicht, ob es möglich sein wird.«

»Ich bin überzeugt, daß wir noch mindestens 48 Stunden standhalten können«, sagte McAuliffe. Der kleine, stämmige Artillerist stand auf und ging zur Tür. Auf dem Papier teilten er und Roberts sich immer noch in den Befehl über Bastogne. Bis jetzt hatten Roberts' Panzerleute die schwerste Last getragen. Doch nun, da der Verband Cherry aufgerieben war und der Verband Desobry sich von Noville zurückkämpfte, hing alles von der 101. Luftlandedivision ab. Die Verteidigung einer Stadt war für den Artilleristen eine ganz neue Aufgabe.

»Viel Glück, Tony!« Middleton lächelte. »Lassen Sie sich nicht einkesseln.«

Bald fuhr McAuliffes Jeep über die Straße Neufchâteau–Bastogne – die einzige Zufahrt nach Bastogne, die noch nicht in deutscher Hand war. Eine Stunde später betrat er seinen Gefechtsstand in der belgischen Kaserne.

Ohne es zu wissen, war er mit knapper Not der Gefangennahme entgangen. Ein paar Minuten nachdem er die Straße von Neufchâteau passiert hatte, wurde sie von den Deutschen abgeschnitten. Bastogne war jetzt völlig eingekreist.

Am Abend sank die Temperatur, und um 22 Uhr war es empfindlich kalt. Von seinem Gefechtsstand im Hôtel le Brun blickte Colonel Roberts von der 10. Panzerdivision in das Schneegestöber hinaus, das Bastogne einhüllte. Durch den Frost wurde der Boden härter, und das bedeutete eine neue Gefahr: die deutschen Panzer, die sich bis jetzt auf den Straßen hatten halten müssen, würden bald quer über die Felder fahren können.

Roberts' Telefon läutete. Middleton verlangte ihn zu sprechen. Er hatte soeben erfahren, daß Bastogne eingekreist war. Er sagte: »Ich übertrage Tony den Gesamtbefehl.«

Es gab eine verlegene Pause.

»Ihre Arbeit war durchaus zufriedenstellend, Robbie, aber ich habe so viele Divisionen, daß ich mir nicht die Zeit nehmen kann, jeweils zwei Berichte aus demselben Abschnitt zu studieren.«

»Ich verstehe schon«, antwortete Roberts. »Sie haben ganz recht.« Er schwieg einen Moment. »Ich hoffe nur, daß McAuliffe das Kampfkommando B richtig einsetzen wird. Die meisten Fallschirmjäger halten Panzer für eine Art von Festungen. Sie wollen uns nur als Straßensperren verwenden.«

Dann hängte er auf. Er packte seine Sachen und fuhr zur belgischen Kaserne. Er nahm sich vor, keinen Augenblick von McAuliffes Seite zu weichen.

5

Zwanzig Kilometer hinter Bastogne hatte Abbé Musty mit seinen Seminaristen soeben die wichtigste Brücke der Ardennen überschritten – die große Steinbrücke, die bei Ortheuville über die Ourthe führte. Sie war deshalb so wichtig, weil, wenn die Deutschen sie erst überschritten hatten, zwischen ihnen und der Maas nur noch ein paar amerikanische Pionierkompanien und Flak- und Panzerabwehreinheiten lagen.

Die Deutschen standen nicht weit hinter Musty. Die Vorhut der ganzen Offensive, Manteuffels 2. Panzerdivision, hielt sich in den Wäldern am Ostufer des Flusses versteckt. Diese Truppen hatten Clervaux überrannt, die zwei Panzersperren vor Bastogne beiseite gedrängt und Noville genommen.

Jetzt bereiteten sie sich darauf vor, die Brücke anzugreifen und zur Maas vorzustoßen. Dies war ihr zweiter Versuch. Am frühen

Morgen war die Brücke schon vorübergehend in ihrem Besitz gewesen – die amerikanischen Sprengladungen an ihrer Unterseite hatten nicht gezündet. Doch als der erste Panzer, der hinüberrollen wollte, von einer der acht amerikanischen Paks, die auf dem Westufer versteckt waren, vernichtet wurde, fürchteten die Deutschen einen Hinterhalt. Sie kehrten um und verbargen sich in den Wäldern.

Um 11 Uhr 30 näherten sich die Panzer der Brücke zum zweiten Male. Zugleich sprangen deutsche Infanteristen in das eiskalte Wasser. Jenseits der Ourthe drückte ein amerikanischer Pionier auf die Sprengtaste.

Doch wiederum geschah nichts.

»Tiger« und »Panther« rollten über die Brücke. Die Verteidiger – ein paar amerikanische Pioniere und die 9. Kanadische Forestry-Kompanie – wehrten den ersten Angriff ab. Aber es stellte sich bald heraus, daß sie zahlenmäßig weit unterlegen waren. Sie erhielten den Befehl, sich zurückzuziehen.

Sobald der Brückenkopf gesichert war, bekam ein junger deutscher Leutnant, Ernst Gottstein, den Auftrag, mit zwei Panzerwagen die Hauptstraße bis zum Verkehrsknotenpunkt Barrière de Champlon, wo sich am Rande eines großen Waldes fünf wichtige Straßen kreuzten, zu erkunden.

Der draufgängerische Deutsche benutzte nicht die Straße, sondern fuhr querfeldein und erreichte schnell sein Ziel. Als er ein Café sah, zog er seine Pistole und trat ein. Die Schankstube war voll essender und trinkender Etappen-GIs.

Als die Amerikaner Gottstein erblickten, flüchteten die meisten durch das Fenster. Zwei ergaben sich. Kein einziger Schuß fiel. Voll Stolz über seinen Sieg funkte Gottstein an seinen Kommandeur: »Straßenkreuzung feindfrei.«

6

Im Norden kämpfte Dietrichs einzige vorrückende Kolonne um ihr Leben. Die Kampfgruppe Peiper wußte jetzt, daß sie in dem malerischen Bergland bei Stoumont völlig eingeschlossen war. 25 Kilometer hinter ihr gelang es dem Rest der 1. SS-Panzerdivision immer noch nicht, über die Amblève nach Stavelot vorzustoßen und den verzweifelt erwarteten Nachschub an Treibstoff, Verpflegung und Munition heranzubringen.

Die Kampfgruppe Peiper wurde seit dem frühen Morgen von drei Seiten angegriffen. Das Sonderkommando Jordan, eine Kolonne der 3. Panzerdivision, hatte sich von Norden her bis auf einen halben Kilometer an Stoumont herangekämpft. 3 Kilometer südlich, jenseits der Amblève, hatte die 82. Luftlandedivision nach langem, erbittertem Gefecht die SS-Truppen in das Dorf Cheneux zurückgeworfen. Doch die größte Gefahr drohte von Westen. Als der Abend dämmerte, hatten sich ein Bataillon der 30. Division und Captain Berrys Panzerkompanie auf der steilen Bergstraße bis zum Sanatorium Saint Edouard durchgeschlagen, einem großen Gebäude, das wie eine Festung am Ortsrand stand.

Im Keller des Sanatoriums versuchten Nonnen mit riesigen Flügelhauben und zwei Priester 200 verängstigte tuberkulosekranke Kinder zu beruhigen. Granaten zerbarsten, Maschinengewehre knatterten, Soldaten schrien und brüllten.

Pater Hanlet betete mit den Kindern. Plötzlich war es draußen totenstill. Die Kinder verstummten. Ein einzelner Schuß fiel, jemand stöhnte laut. Dann herrschte wieder Stille. Die Spannung im Keller war fast unerträglich.

Die Kellertür sprang auf. Auf der Treppe knatterten Schüsse.

»Zivilisten, Zivilisten!« riefen Kinder und Nonnen.

Ein dicker Mann polterte die Treppe herunter. Die Kinder stürzten ihm entgegen und riefen erleichtert: »Sammy! Sammy!«

Weitere Amerikaner traten in den Keller und wurden mit der gleichen wilden Freude begrüßt. Um die außer Rand und Band geratenen Kinder zu beruhigen, betete die Mutter Oberin ein Dutzend Rosenkränze zum Dank. Dann betete sie um ewigen Frieden für alle im Kampf gefallenen Amerikaner und Deutschen.

Während die Amerikaner sich im Erdgeschoß einrichteten, brachten ihnen die Nonnen und die beiden Priester heißes Wasser, Kaffee und Schokolade.

»Das war ein schwerer Tag«, sagte ein müder Infanterist.

»Ja«, sagte ein anderer, dessen Gesicht von Pulver verbrannt war. »Aber wir haben ihnen tüchtig eingeheizt. Und morgen«, fügte er hinzu, »geht's weiter, nach Stavelot, Malmedy und – Deutschland.«

Doch bald darauf lag schweres feindliches Panzerfeuer auf dem

Sanatorium. Während die GIs Deckung suchten, stürmten Deutsche in den Keller. Sie ließen die Amerikaner in einer Reihe antreten, durchsuchten sie und vernichteten ihre Waffen.

»Sieh mal an«, sagte ihr Anführer spöttisch und fuchtelte mit der Kennkarte eines der Gefangenen herum. »Hier haben wir sogar einen Lieutenant.«

32 Amerikaner mußten mit erhobenen Händen in die benachbarte Bäckerei marschieren. Einer, der am rechten Arm schwer verwundet war, blieb am Boden liegen. Eine Nonne versuchte vergeblich, mit einer Aderpresse die Blutung zum Stillstand zu bringen. Pater Hanlet kniete nieder, um dem Mann die Letzte Ölung zu geben.

Der Verwundete schaute müde zu dem Priester auf. »Danke«, sagte er. »Ich bin kein Katholik, aber meine Frau ist katholisch. Sie wird darüber glücklich sein – falls ich sterben muß.«

Der Anführer der Deutschen steckte dem Verwundeten eine Zigarette zwischen die Lippen und zündete sie an. Der Amerikaner lächelte schwach und machte ein paar Züge. Die Zigarette schien ihm gutzutun. Er suchte mit der linken Hand in seinen Taschen herum und gab dem Priester ein kleines Stück Schokolade. »Für den deutschen Kameraden«, sagte er.

Der Deutsche nahm es mit einer knappen, höflichen Verbeugung. »Aber essen kann ich sie nicht«, flüsterte er dem Priester entschuldigend zu. »Sie ist ganz voll Blut.«

Die Schlacht nimmt Gestalt an

21. Dezember 1944

1

Als der 21. Dezember anbrach, hatte die Schlacht deutlich erkennbar die Gestalt eines riesigen Keils angenommen.

An der Südflanke – Bradleys Abschnitt – war es weniger eine Schlacht als ein von Spannung erfülltes Warten. Doch es herrschte keinen Augenblick Ruhe. Pattons Dritte Armee rollte nach Norden, um an einer 30 Kilometer breiten Front anzugreifen. Ununterbrochen rumpelten Panzer und Lastwagen durch die Straßen der Stadt Luxemburg. Die Einwohner, die einen deutschen Einbruch erwartet hatten, begrüßten die Fahrzeuge mit großer Erleichterung.

»Patton! Patton!« riefen sie.

Der am meisten beschäftigte Mann in diesem Abschnitt, der Mann, der die Dritte Armee in ihre Angriffspositionen dirigierte, war George Patton. Er besichtigte jedes einzelne Divisions- und Korpshauptquartier und warnte alle Kommandeure davor, blindlings anzugreifen oder sich allzu sicher zu fühlen. Er mischte sich – einen Revolver mit Perlmuttergriff über den Mantel geschnallt, einen zweiten an der Hüfte – unter die einfachen Soldaten und lachte und scherzte mit ihnen. Mit seinem Jeep wie ein Besessener von einem Ort zum andern rasend, führte er seine Armee nach Norden.

Als der Jeep bei einer Verkehrsstockung warten mußte, wandte sein Fahrer, Sergeant Mims, sich um und sagte: »General, die Regierung schmeißt einen Haufen Geld für einen ganzen Generalstab raus. Wir beide führen die Dritte Armee allein und bringen mehr fertig als sämtliche Generale miteinander.«

2

In seinem Gefechtsstand in der belgischen Kaserne vergegenwärtigte sich der ehemalige Artillerieoffizier McAuliffe noch einmal die Situation im Raum Bastogne. Infolge verschiedener Umstände war er jetzt nicht nur Kommandierender General der 101. Luftlandedivision, sondern Befehlshaber sämtlicher Streitkräfte in Bastogne.

Daß Bastogne an diesem Morgen noch stand, war hauptsächlich das Verdienst des 501. Fallschirmjägerregimentes, das nur zweieinhalb Kilometer östlich der Stadt die heftigen Angriffe der vergangenen Nacht abgeschlagen hatte. Vor den Fallschirmjägern, am Abhang eines Hügels, lagen ganze Berge von gefallenen Grenadieren der Panzer-Lehrdivision. Eingeschlossen zwischen den Stacheldrahtzäunen der Viehweiden, waren sie reihenweise getötet worden.

Die Tatsache, daß die Stadt eingekreist war, beunruhigte McAuliffe nicht. In gewissem Sinne erleichterte ihm das sogar seine Aufgabe: er konnte sich ausschließlich auf die Verteidigung des Ortes konzentrieren.

Mit der Artillerie stand es gut und schlecht zugleich. Außer seiner eigenen Artillerie und den schweren Geschützen der 10. Panzer hatte er noch verschiedene umherirrende Artillerieeinheiten zusammengeklaubt, darunter eine Batterie mit Negerkanonieren bemannter 155-mm-Geschütze. Am frühen Morgen hatte er alle Geschütze so ausgerichtet, daß sie einen geschlossenen Kreis bildeten und nach allen Seiten feuern konnten. Soweit war alles in Ordnung. Das schlimme war nur, daß die Munition rasch zu Ende ging.

Tags zuvor hatten sich zwei neue Verbände in der Stadt eingefunden: das 705. Panzerabwehrbataillon, das den Deutschen schon bei Noville und Mont schwere Verluste zugefügt hatte, und 14 Sherman-Panzer von der 9. Panzerdivision. Diese Panzer waren dem Überfall bei Longvilly entkommen und nach Neufchâteau geflüchtet. Dort hatte sie Lieutenant John DeRoche, ein entschlossener junger Offizier, mit neuen Vorräten versorgt und wieder in den Kampf geführt.

McAuliffes bester Verbündeter war Colonel Roberts. Seit das heikle Befehlsproblem gelöst war und sie ihre persönlichen Gefühle ausgeschaltet hatten, arbeiteten die beiden Männer eng zusammen.

Roberts unterwies McAuliffe nicht nur im Einsatz von Panzern – wobei er kein Blatt vor den Mund nahm –, er hatte auch die ganze Reserve unter sich. Er faßte die von den Verbänden Cherry und Desobry übriggebliebenen acht Panzer zu einem Verband zusammen und stellte eine zweite Einheit von 15 leichten Panzern und 4 Paks auf, die jederzeit schnellstens an bedrohten Abschnitten eingesetzt werden konnte.

Roberts hielt noch eine dritte Gruppe – 16 mit je vier 50er-Maschinengewehren bestückte Schützenpanzer – zum raschen Gegenangriff bereit. Doch unterließ er es absichtlich, McAuliffe von dieser Einheit etwas zu sagen. Er war ein alter Frontsoldat und hielt gern einen Trumpf in Reserve.

Den Verteidigern von Bastogne stand Baron Hasso von Manteuffel mit einem fast gleich starken Verband gegenüber – der 26. Volksgrenadierdivision und einem Regiment der Panzer-Lehr. Manteuffel war sich bewußt, daß Bastogne, solange es sich in Feindeshand befand, alle seine Operationen stören konnte, doch er durfte es sich nicht leisten, seinen Hauptstoß zur Maas zu unterbrechen.

Die beiden anderen Regimenter der Panzer-Lehr fanden bei ihrem Vorstoß unterhalb von Bastogne keinen nennenswerten Widerstand mehr. Am Morgen hatten sie einen Konvoi aufgebracht, der zu den eingeschlossenen Amerikanern unterwegs war – 53 Lastwagen und 15 Jeeps waren ihnen unversehrt in die Hände gefallen. Doch nach diesem leichten Sieg verlangsamten Bayerleins vorrückende Panzer ihr Tempo und kamen schließlich vor einer von amerikanischen Pionieren errichteten Knüppelbarrikade ganz zum Stehen.

Der Fahrer umfuhr die Knüppelbarrikade und rollte weiter. Die andern vier Panzer folgten. Eine Stunde lang führte Manteuffel die Kolonne durch das angeblich »vom Feind erbittert verteidigte Gebiet«. Kein Schuß fiel, kein einziger Amerikaner war zu sehen. Schließlich standen sie auf dem Hügel vor St. Hubert, einem wichtigen Ort 40 Kilometer westlich Bastogne. Vor ihnen lag eine leicht zu machende Beute.

Die 2. Panzerdivision, die endlich die Brücke bei Ortheuville, 20 Kilometer nordwestlich Bastogne, genommen hatte, war nicht so kühn wie bei Marnach und Clervaux. Auch sie wurde durch ihre eigene Furchtsamkeit aufgehalten.

Am Abend zuvor hatte der junge Leutnant Ernst Gottstein ganz allein die Amerikaner von der Straßenkreuzung bei Barrière de Champlon vertrieben und gefunkt, daß der Weg zur Maas frei sei. Im Morgengrauen war die Division, ohne Widerstand zu erwarten, vorgerückt. Nach einem Kilometer stieß die Vorhut auf eine schwache, hastig aufgestellte Straßensperre. Die Deutschen hielten erstaunt und enttäuscht an und funkten zurück. »Werden durch starke Feindverbände aufgehalten.«

Gottstein hatte diese Straßensperre verständlicherweise nicht bemerkt. Er war ja über die Felder gefahren. Nun erwartete ihn für seine kühne Tat statt des Ritterkreuzes das Kriegsgericht. Ebenso erging es dem übervorsichtigen Kommandeur der steckengebliebenen Vorhut. Nur 100 zähe Amerikaner hielten die Straßensperre besetzt.

3

An Montgomerys Nordfront ging es an diesem Morgen heiß her. Dietrich begann noch vor Morgengrauen zwischen Bütgenbach und Malmedy mit einer Reihe wütender Angriffe. Er suchte nach einem schwachen Punkt in der Nordflanke.

Bei Malmedy fand er keinen. Am frühen Morgen war Otto Skorzenys Angriff auf diese Stadt völlig gescheitert. Er hatte seine »Greifer« als normale Panzer- und Infanterietruppen eingesetzt und versucht, von zwei Seiten in Malmedy einzubrechen. Doch der Nebel, in dessen Schutz er vorgegangen war, hob sich plötzlich, und die 30. Division wehrte den Vorstoß der 150. Brigade ab.

Skorzeny mußte Befehl zum allgemeinen Rückzug geben. Dann begab er sich zu seinem Gefechtsstand im Hôtel du Moulin in Ligneuville.

Peter Rupp, der Hotelier, sah, wie er mit leicht gesenktem Kopf die Straße herunterkam. Plötzlich gab es eine Explosion. Als der Rauch sich verzog, sah Rupp, daß Skorzeny taumelte und sich die Hand vor die Augen hielt. Blut sickerte ihm durch die Finger. Der hochgewachsene Mann schob einen Soldaten, der hinzusprang und ihm helfen wollte, beiseite und ging schwankend ins Hotel.

Während der Angriff auf Malmedy zusammenbrach, versuchte östlich davon die 1. amerikanische Division in verzweifeltem Kampf ihre Stellungen vor Bütgenbach zu halten. Seit 1 Uhr 30 morgens rannte eine Welle von »Tigern« und »Panthern« nach der anderen gegen diese Schlüsselstellung vor den Elsenborner Hügeln an.

Bald nach Morgengrauen brachen fünf Panzer der 12. SS-Panzerdivision durch die amerikanischen Linien und vernichteten die Kompanie- und Bataillonsgefechtsstände. Eine Stunde lang schien es, als habe Dietrich den schwachen Punkt gefunden. Doch obwohl weitere Panzer und Grenadiere eilends nachstießen, konnte das Loch wieder geschlossen werden, und die angreifenden Panzer wurden einer nach dem andern abgeschossen.

Es war höchste Zeit gewesen; man hörte bereits, wie sich hinter dem Wald ein neues Panzerregiment zum Angriff formierte.

An diesem Morgen spürte man am ganzen Nordsektor des großen Schlachtfeldes die Wirkung von Bernard Montgomerys Persönlichkeit. Viele amerikanische Offiziere waren hocherfreut, daß man den alten Berufssoldaten beauftragt hatte, Ordnung in das Chaos zu bringen. Andere wieder, besonders Generale, wußten nicht recht, was sie davon halten sollten. Für ihren Geschmack war Monty zu vorsichtig. Doch die GIs faßten alle neuen Mut, als er im offenen Wagen, jede Eskorte verschmähend, an ihren Stellungen vorbeifuhr. Mit seiner Tarnjacke und der roten Baskenmütze wirkte er wie die Zuversicht in Person und verbreitete überall, wo er auftauchte, Hoffnung und Optimismus.

Auch bei den höheren Stellen machte sich sein Einfluß bemerkbar. Er hatte bereits einen Verteidigungsplan ausgearbeitet. Das VII. Korps unter »Blitz-Joe« Collins sollte den deutschen Keil umgehen und sich im Raum Marche sammeln, dabei aber jede Feindberührung vermeiden. Sobald die Offensive an Schlagkraft verlor, sollte Collins an der »Spitze« des Keils gegen die Angreifer vorgehen.

Doch eine plötzliche Umstellung der Pläne des einen Panzerkorps von Manteuffel schien Montgomerys Strategie zunichte zu machen. General Krüger, der Kommandeur des 58. Panzerkorps, war ein vernünftiger, verläßlicher Mann. Er war jedoch nicht so energisch wie Lüttwitz, und so hatte Manteuffel ihm nur die 116. Panzerdivision und die stark dezimierte 560. Volksgrenadierdivision anvertraut.

Krüger hatte ursprünglich, am 16. Dezember, ein Gebiet gleich unterhalb der Schnee-Eifel angegriffen, das von Colonel Nelsons 112. Regiment verteidigt wurde. Das 112. wehrte sich ebenso hartnäckig wie alle anderen Regimenter der 28. Division und hielt Krügers ganzes Korps zwei Tage lang auf. Am 18. Dezember jedoch war Nelson gezwungen worden, nach Nordwesten auszuweichen, wo er sich schließlich mit den Verteidigern von St. Vith vereinigte.

Als Nelson den Weg freigegeben hatte, gab es für Krüger kein Hindernis mehr. Er stieß unterhalb von St. Vith vor, stürmte nach Westen weiter und rollte im Morgengrauen des 19. Dezember in Houffalize ein, einem kleinen Ort 20 Kilometer oberhalb von Bastogne. Er ging weiter nach Westen vor und erreichte gegen Mittag die Ourthe, das letzte natürliche Hindernis dieseits der Maas.

Doch die Brücke war von amerikanischen Pionieren gesprengt worden. Ein Spähtrupp wurde zum nächsten Übergang, 13 Kilometer südwestlich, geschickt. Er fand dort eine intakte Steinbrücke vor, die imstande war, selbst schwerste Fahrzeuge zu tragen. Der vorsichtige Krüger aber ließ sich von dieser Nachricht nicht sonderlich beeindrucken. Er war überzeugt, daß die Amerikaner die Brücke sprengen würden, bevor seine Hauptkolonne sie erreichte. Das ganze wäre nur eine Verschwendung von Treibstoff und Zeit gewesen.

Er faßte einen Entschluß, der den ganzen Verlauf der Schlacht entscheidend beeinflussen sollte. Er wandte sich mit den beiden Divisionen nach Norden und befahl seiner Vorausabteilung, zu einem Dorf namens Hotton vorzustoßen.

Es war der Entschluß eines vorsichtigen, genau überlegenden Mannes. Doch im Krieg ist der Erfolg oft gerade dem Vorsichtigen versagt. Die Steinbrücke, um die es ging, war jene bei Ortheuville. Einen Tag später wurde sie von der 2. Panzerdivision überquert. Sie wurde von den Amerikanern nie gesprengt.

Am 21. Dezember um acht Uhr morgens raste ein Jeep zum Gefechtsstand von Colonel Robert Howze in Soy, einem 40 Kilometer westlich St. Vith gelegenen Dorf. Ein aufgeregter Offizier sprang aus dem Jeep und stürzte in Howzes Dienststelle. Atemlos meldete er, daß er in der Nähe von Hotton schweres Geschützfeuer gehört habe. Howze war zutiefst überrascht. Hotton lag fünf Kilometer weiter westlich. Wer griff ihn da von hinten an?

Tags zuvor hatte seine Einheit, die Kampfkommando-Reserve der 3. Panzerdivision, den bisher wichtigsten Auftrag erhalten. Da die beiden anderen Kampfkommandos der Division bei Stoumont und Malmedy in schwere Kämpfe verwickelt waren, sollte er, während Collins in aller Eile das VII. Korps formierte, allein sämtliche deutschen Angriffe von Westen aufhalten.

Howze wußte, falls die Deutschen hinter seinem Rücken bei Hotton durchbrachen und nach Norden vorrückten, daß Collins seine Stellungen nicht beziehen konnte. Er rief die Division an und teilte mit, daß er persönlich das Kommando über die Besatzung von Hotton übernehmen werde, die nur aus ein paar Pionieren, Nachrichtenleuten und Schreibern bestand. Er bat um die Erlaubnis, eine Entsatztruppe zusammenzustellen und nach Hotton zu schicken. Die Erlaubnis wurde ihm erteilt.

Doch es standen ihm selbst nur wenige Leute zur Verfügung. Am vorhergehenden Tag hatte er seine sämtlichen Kampftruppen zu drei Sonderkommandos von je 400 Mann und acht Panzern formiert. Diese drei Sonderkommandos hatte er auf verschiedenen Straßen in Marsch gesetzt. Sie sollten sich dem anstürmenden Feind entgegenwerfen.

Eine dieser Gruppen, das Sonderkommando Hogan, war bald bei La Roche, einem besonders schönen, ungefähr halbwegs zwischen Bastogne und Marche gelegenen Kurort, auf Deutsche gestoßen. Als Hogan einen Bericht darüber zurückfunkte, wies Howze ihn an, die Nacht über in La Roche zu bleiben und sich am nächsten Morgen persönlich in Soy zur Entgegennahme weiterer Weisungen zu melden.

Also verließen um acht Uhr – im gleichen Augenblick, als Howze von dem Angriff auf Hotton erfuhr – zwei Jeeps La Roche und fuhren in nördlicher Richtung einen Hügel hinauf. An der Antenne des zweiten Jeeps, in dem Hogan saß, flatterte die Flagge von Texas.

Aus einem Graben sprang ein Soldat und hielt die beiden Jeeps an. »Ihr seid wohl verrückt, hier herumzufahren. Beeilt euch wenigstens. Die Deutschen dort oben auf dem Berg schmeißen Handgranaten auf die Straße.«

Hogan winkte dem ersten Jeep, weiter nach Norden zu fahren. Ein paar Kilometer weit geschah nichts; er bemerkte nur, halb in Gedanken versunken, daß Kettenfahrzeuge die Straßendecke aufgerissen hatten.

Plötzlich hielt sein Jeep an. Hogan schaute auf und sah, daß sein erster Jeep einem anderen amerikanischen Jeep und einem Schützenpanzer gegenüberstand. Dann erblickte er 20 Soldaten. Sie standen auf der Straße, hielten amerikanische Konservendosen in der Hand und aßen. 18 davon waren Deutsche, doch die beiden andern schienen Amerikaner zu sein. Er nahm an, daß die Deutschen Gefangene waren.

Lieutenant Clark Worrell im ersten Jeep drehte sich um und flüsterte: »Das sind *alles* Deutsche, Colonel!«

Doch Hogan verstand ihn nicht. Als er aus dem Jeep kletterte, um zu Worrell zu gehen und ihn zu fragen, was er meine, starrten die 20 Soldaten auf der Straße sie erstaunt an.

Major Travis Brown, Hogans Exekutivoffizier, sprang aus dem ersten Jeep und lief, gefolgt von Worrell, nach rechts davon.

Die Männer auf der Straße schrien in deutscher Sprache durcheinander und rannten zu den Fahrzeugen, um ihre Waffen zu holen. Hogan war, ohne es zu wissen, auf die letzten Fahrzeuge von

Krügers nach Norden vordringendem Panzerkorps gestoßen – dessen Spitze Hotton angriff.

»Kehr um!« schrie er seinem Fahrer zu.

Private Gast wollte wenden, doch der Jeep fuhr nicht an. Gast und Phil De Orio, Hogans Ordonnanz, sprangen heraus. Hogan, der pelzgefütterte englische Fliegerstiefel trug, rannte ihnen nach, quer über ein großes Feld. Kugeln pfiffen über ihre Köpfe. Am Ende des Feldes sprang er eine zwei Meter hohe Böschung hinunter und landete um ein Haar auf Worrell, De Orio und Gast. Ein paar Sekunden später kollerte Travis Brown herunter.

»Die schießen aber schlecht, was?« lachte Hogan. »Die besten Schützen haben sich wahrscheinlich über unsere Jeeps hergemacht.« Er hatte einen mit Brandy getränkten englischen Obstkuchen, den ihm seine Tante aus Texas geschickt hatte, im Wagen.

Während die Deutschen die angrenzenden Felder absuchten, krochen die Männer in ein kleines Gehölz. Hogan zündetete sich eine Zigarette an und legte sich auf den Rücken. Mit der Verbissenheit, die er im Kampf zeigte, pflegte er sich auch auszuruhen.

4

Um die Mittagszeit unterhielt sich ein nervöser SS-Mann im Bergdörfchen Stoumont über Sprechfunk mit einem anderen nervösen SS-Mann auf den Hügeln vor Stavelot, 24 Kilometer südöstlich.

»Wir sind in sehr schlechter Verfassung«, sagte der Mann in Stoumont – Jochen Peiper. Seine Kampfgruppe war abgeschnitten, und die Amis bedrängten ihn von mehreren Seiten. »Brauchen dringendst Otto. Ohne Otto können wir nichts unternehmen.«

»Wir werden unser möglichstes tun«, erwiderte der Mann bei Stavelot. Er trug die Verantwortung für Peipers Nachschub. Doch es schien hoffnungslos. Schon ein dutzendmal hatte eine Entsatztruppe versucht, nach Stavelot durchzubrechen und die Straße nach Stoumont wieder zu öffnen. Die Soldaten waren sogar durch die angeschwollene, eiskalte Amblève gewatet, doch keiner hatte lebendig das andere Ufer erreicht.

Peiper war fast gänzlich ohne »Otto« – Treibstoff. Man hatte Kanister in die Amblève geworfen, in der verzweifelten Hoffnung, sie würden flußabwärts nach Stoumont treiben. Kein einziger war angekommen. Auch mehrere Abwürfe aus der Luft waren erfolgt, doch nur wenige Kanister waren in Peipers Bereich niedergegangen. Die Sturheit des Divisionskommandeurs war schuld, daß die meisten in die amerikanischen Linien gefallen waren. Peiper hatte die richtigen Planquadrate gefunkt, doch General Mohnke ließ sich nicht davon abbringen, daß Peiper seinen eigenen Standort nicht kannte.

Die Truppen, die Peiper bei Stoumont immer enger einkreisten, standen jetzt unter dem Befehl von Brigadier General William Harrison. Ihr undisziplinierter Rückzug am Tag zuvor hatte Hoobs, den Kommandeur der 30. Division, schwer verärgert. Er hatte den Regimentskommandeur durch seinen eigenen Adjutanten, den geachtetsten Mann der ganzen Division, ersetzt.

Bis Mittag hatte Harrison einen Angriffsplan ausgearbeitet. Zwei Bataillone sollten mit Panzerunterstützung einen Sturmangriff von Westen unternehmen. Das dritte Bataillon unter Major Hal McCown sollte querfeldein einen Bogen nach Norden schlagen und die Straße östlich von Stoumont abschneiden.

Am frühen Nachmittag hatte Major McCown die Straße abgeschnitten und eine Straßensperre errichtet. Dann führte er seine Leute nach Stoumont zurück, um sich von hinten in den Überraschungsangriff einzuschalten. Bald hörte er aus Richtung Stoumont Schüsse. Die zwei andern Bataillone waren bereits zum Angriff vorgegangen, und McCown befürchtete plötzlich, die beiden amerikanischen Verbände könnten sich womöglich gegenseitig beschießen. Da er zum ersten Male eine Truppe im Kampfeinsatz befehligte, glaubte er alles selbst machen zu müssen. Er wählte zwei Mann als Begleiter aus und ging im Bogen nach Westen zurück, um den andern Bataillonen seinen genauen Standort mitzuteilen.

Als die drei Männer einen zerklüfteten, dichtbewaldeten Hang hinaufkletterten, sprang hinter einem Gebüsch ein deutscher Soldat hervor. McCown riß die Maschinenpistole hoch und schoß ihn nieder. Eine Minute später wurden sie von zwei Seiten beschossen. McCown und seine beiden Männer warfen sich zu Boden.

»Kommen Sie her!« rief hinter ihnen eine Stimme.

McCown drehte sich um. Kaum 50 Meter entfernt stand eine

lange Reihe Deutscher und zielte mit Gewehren auf die drei Amerikaner.

Wenige Minuten danach führte man McCown in ein Haus am Ostrand von Stoumont. Er wurde von Oberst Peiper verhört und dann in den Keller gebracht. Er mußte sich so setzen, daß ihm eine elektrische Lampe ins Gesicht schien. Ein riesiger Unteroffizier lud und entlud schweigend eine Luger.

Inzwischen erreichte die Schlacht um Stoumont ihren Höhepunkt. Im Keller des Sanatoriums knieten drei kleine Mädchen in einem Gewölbe. Pater Hanlet spendete ihnen das Sakrament. Während krachend Granaten einschlugen, flehte er Gott um Gnade für die Kinder an.

Dann begann eine amerikanische Pak aus nur 150 Metern Entfernung auf das Sanatorium zu feuern. Kein Schuß ging fehl – ein GI, der in einem Nebengebäude versteckt lag, lenkte das Feuer. 240 Granaten pulverisierten die Mauern.

Schließlich durchschlug eine Granate den Granitboden des Erdgeschosses, und im Keller stürzte teilweise die Decke ein. Eine große Gruppe schreiender Kinder drängte sich um die Nonnen, deren riesige weiße Hauben beruhigend nickten. Andere warfen sich mit weit aufgerissenen Augen zu Boden.

Der alte Kaplan betete ununterbrochen und bat die Kinder und die wenigen erwachsenen Flüchtlinge aus Stoumont, Ruhe zu bewahren. »Ich werde euch die Generalabsolution erteilen!« rief er.

Einstimmig sprachen alle die Worte der Reue. Dann erhob sich die Stimme des Priesters über das Getöse, und er bat den Herrn um Vergebung für alle Sünden.

Da gab es einen schrecklichen Krach. Eine Granate durchschlug die Decke des Gewölbes. Der ganze Keller füllte sich mit beißendem Rauch. Kinder und Erwachsene schrien in Todesangst: »Hilfe! Hilfe! Wir sind Zivilisten!«

Pater Hanlet stürzte die Treppe zur Küche hinauf. Er wollte beide Seiten um eine Feuerpause bitten, damit die Leute den Keller räumen konnten. Oben sah ein deutscher Soldat eine dunkle Gestalt auf sich zulaufen. Er hob die Maschinenpistole und schoß. Hanlet taumelte zum Keller zurück. Überrascht stellte er fest, daß er nicht verwundet war.

»Habt keine Angst!« rief er. »Ich verspreche euch, daß euch

nichts geschehen wird.« Die andern glaubten, er habe von den Deutschen Zusicherungen erhalten, und atmeten auf.

Das Feuer ließ nach und brach schließlich ab. Die Kinder beruhigten sich. Kerzen wurden angezündet. Hanlet schaute zur Decke auf und sah die Granate, die das Gewölbe durchschlagen hatte. Sie war darin steckengeblieben – ein Blindgänger.

5

Die Schlacht hatte jetzt die Form eines großen Keils angenommen, doch von Nordwesten ragte ein langer amerikanischer Finger in die deutschen Linien hinein: die Halbinsel St. Vith.

Dieser Keil im Keil war schuld daran, daß fast an der ganzen Ardennenfront die Kampftätigkeit nachließ. Das deutsche Oberkommando wußte, daß dieser Finger erst amputiert werden mußte, bevor man weiter vorstieß.

Und so kam es, daß sich die volle Wucht der deutschen Offensive gegen St. Vith richtete.

Tod einer Stadt

21. *Dezember 1944*

1

In Vielsalm war es kurz vor zwei Uhr morgens. General Robert Hasbrouck kämpfte mit dem Schlaf. Seit er Eubach verlassen hatte, war ihm der Luxus eines Bettes nicht beschieden gewesen. Außer den militärischen Problemen machte ihm auch noch eine persönliche Sorge zu schaffen. Er befürchtete, die Meldung, die er tags zuvor an Bill Kean, Hodges' Stabschef, geschickt hatte, könnte einen falschen Eindruck von General Jones' gegenwärtiger Stellung erweckt haben, und so schrieb er einen Brief an Kean:

»General Jones ist Major General, ich bin Brigadier. Aus dem Umstand, daß er mir zugeteilt wurde, könnte man schließen, er habe in irgendeiner Weise versagt. Ich möchte deshalb ausdrücklich feststellen, daß er seine Einheit ganz und gar in der Hand hat und daß wir in der bestmöglichen Weise zusammenarbeiten. Sollte meine Meldung einen anderen Eindruck erweckt haben, so möchte ich hiermit die Angelegenheit klären, bevor irgendeine Ungerechtigkeit geschieht.«

Auf eine Kopie schrieb Hasbrouck ein paar Zeilen an Jones: »Ich schicke dies sofort ab – mit einem Durchschlag für General Ridgway. Ich hoffe, es berichtigt den falschen Eindruck, den meine Meldung an General Kean möglicherweise hervorgerufen hat.«

Bei Einbruch der Dunkelheit gaben nach stundenlangem erbittertem Kampf die Linien östlich St. Vith an zwei Stellen bedenklich nach. Dieser Abschnitt war nur von 1000 Amerikanern und einer Handvoll Panzern besetzt, denen fast 10 000 Deutsche mit 200 Panzern gegenüberstanden.

Um 17 Uhr 15 bepflasterte schwere deutsche Artillerie die Wälder vor der Stadt. In der Nähe lag Major Don Boyer. Er sah vor sich Schatten durch die Finsternis huschen. Dann hörte er die zornigen Rufe deutscher Unteroffiziere, die mit ihren Leuten gegen Lieutenant M. A. Jamiels Zug vorgingen.

Um 17 Uhr 35 schrillte Boyers Telefon. Es war Lieutenant John Higgins von der Kompanie B. »Herrgott!« schrie er verzweifelt. »Meine Leute werden abgeschlachtet! Wo zum Teufel bleiben die Paks?«

Boyer versuchte Lieutenant Colonel W. H. G. Fuller anzurufen, der diesen Sektor unter sich hatte. Doch die Telefon- und Funkverbindung mit dem Bataillonsgefechtsstand war unterbrochen. Er kam lediglich bis zu einem seiner eigenen Kommandeure, Lieutenant W. R. Holland, durch und überschrie den Gefechtslärm: »Sagen Sie Colonel Fuller, wenn wir nicht sofort Pakunterstützung bekommen, brechen die deutschen Panzer durch.«

Einige Minuten später läutete Boyers Telefon. »Don, ich brauche schnellstens Hilfe!« Es war Jamiel. »Die Panzer von Kompanie A, die die Straße nach Schönberg decken sollten, sind teils vernichtet, teils auf und davon. Zwei ›Panther‹ fahren vor meinen Stellungen auf und ab.«

Boyer konnte Jamiel nicht helfen. Um 18 Uhr 44 läutete wieder das Telefon.

»Wir haben den einen ›Panther‹ geknackt!« schrie Jamiel aufgeregt. »Und der andere haut ab!«

»Gut gemacht!« Boyer fiel ein Stein vom Herzen. Er rief Colonel Fuller an und bekam diesmal sofort Verbindung. »Unsere Linien halten noch«, meldete er dem Bataillonskommandeur. »Ein paar Deutsche sind durchgebrochen, aber mit denen werden wir fertig. Ich glaube, wir können uns die Nacht über halten. Aber morgen früh müssen wir unbedingt Unterstützung bekommen.«

Ein paar Minuten später, um 19 Uhr 05, tauchte über seinem Unterstand ein geschwärztes Gesicht auf und grinste ihn an. Es war Higgins.

»Es schaut schon besser aus«, sagte Boyer. »Wir müssen nur zusehen, daß wir die Nacht überstehen.« Er putzte seine Brille und zog den Helmriemen fester. »Ich geh' mal die Stellungen ab.« Als er aus dem Unterstand klettern wollte, explodierte eine Granate und schleuderte ihn gegen Higgins. Nebelwerfer, Artillerie und Granatwerfer belegten den Abschnitt mit dem schwersten Sperrfeuer, das Boyer je erlebt hatte.

»Na, John«, sagte er grimmig, während sie sich duckten. »Jetzt brauchen wir uns nicht mehr den Kopf zu zerbrechen, wie wir die Nacht überstehen. Gehen Sie zurück zum Bataillonsgefechtsstand. Melden Sie, wie verzweifelt die Lage hier ist. Ich glaube nicht, daß wir noch einen größeren Angriff aufhalten können. Wir brauchen Panzer- und Pakverstärkung, und zwar verdammt schnell.«

Higgins war kaum fort, als Boyers Telefon läutete. »Hölle und Teufel, jetzt haben sie wieder zwei Panzer zu uns heraufgeschickt!« Es war Jamiel. Seine Stimme klang vor Erregung so erstickt, daß Boyer ihn kaum verstand. »Sie schießen meine Leute in den Schützenlöchern ab wie die Hasen. Drüben auf der andern Straßenseite ist's dasselbe. Verdammt noch mal, Don, können Sie denn gar nichts dagegen unternehmen? Bitte, helfen Sie uns doch!«

Boyer hörte über den Sprechfunk das Donnern der 8,8er.

»Einer der Panzer steht hinter meinem Haus!« überschrie Jamiel drei rasch aufeinanderfolgende Explosionen. »Wir machen jetzt, daß wir hier rauskommen!«

Ein paar hundert Meter weiter nördlich stürzten Jamiel, Sergeant Knight und drei Soldaten aus dem Haus und verschwanden im nahen Wald. Überall kletterten Infanteristen aus ihren Löchern und rannten nach hinten.

Auf dem Hügelkamm erschienen weitere deutsche Panzer. Aus der entgegengesetzten Richtung tauchten überraschend fünf amerikanische Panzer aus der Dunkelheit auf. Sie verteilten sich und suchten nach den Deutschen. Plötzlich wurden sie von weißen Lichtkegeln erfaßt. In der gleißenden Helligkeit boten sie ein leichtes Ziel. Innerhalb weniger Minuten brannten sie alle lichterloh.

Jamiel und Knight, denen es nicht gelungen war, den ersten Zug zusammenzutrommeln, rannten nach St. Vith. Sie hofften, dort Verstärkung zu bekommen.

Während sie zurückliefen, eilte Boyer mit langen Sprüngen die Südflanke seines Abschnittes entlang. Er hatte einen Zug bemerkt, der, geführt von einem Lieutenant, nach hinten schlich.

»Wo zum Teufel wollt ihr hin?« schrie er wütend.

»Nach hinten«, sagte der Lieutenant. Er zitterte vor Angst.

»Wieso?« Boyer starrte ihn durch seine Brille an wie ein empörter Professor. Er hob seinen Karabiner und richtete ihn auf den Bauch des Lieutenants. »Wenn Sie Ihren Zug nicht sofort zurückführen, pump' ich Sie voll Blei.«

»Aber Major«, protestierte der Lieutenant.

»Ich zähle bis zehn, dann schieße ich. Eins . . . zwei . . .«

»Kommen Sie, Lieutenant«, sagte ein kleiner, krummbeiniger Sergeant. »Tun wir dem Major den Gefallen.«

Der Zug marschierte zu seiner Stellung zurück.

Ein Stück weiter nördlich befanden sich Jamiel und Knight mit einer Pionierkompanie, die sie bei Fullers Gefechtsstand aufgetrieben hatten, auf dem Rückweg zur Front. Bei einer Straßenbiegung in der Nähe ihrer ursprünglichen Stellung kam ihnen mit einem Gerassel, als seien sämtliche Schrauben an ihm locker, ein riesiger deutscher Panzer entgegen. Die GIs rannten in den Wald. Weitere Panzer folgten und bestrichen die Straße mit ihren Maschinengewehren. Die Pioniere wurden in alle Richtungen zerstreut; manche liefen nach hinten, andere rannten völlig kopflos auf die Front zu. Jamiel und Knight kehrten erschöpft um und schleppten sich nach St. Vith zurück.

2

Lieutenant Colonel Robert Erlenbusch, der Kommandeur von Bruce Clarkes Nordflanke, war im Jeep nach St. Vith unterwegs. Er hatte eben seine Front besichtigt und in der Erkenntnis, daß seine Leute sich nicht mehr lange halten konnten, einen Rückzugsplan entworfen. Seine ganze Front sollte, mit der Kompanie C als Angelpunkt, wie eine Tür zurückschwenken und bereits vorbereitete Stellungen auf den Höhen westlich des Ortes beziehen.

Erlenbusch betrat seinen Gefechtsstand in St. Vith. Lieutenant Colonel Robert Rhea vom 23. Bataillon winkte ihm, den Telefonhörer am Ohr, zu sich. »Soeben kommt eine verzweifelte Meldung von Trupp B der 87.«, sagte Rhea. »Sie wird von Infanterie, Panzern und Sturmgeschützen angegriffen.«

Während sie noch sprachen, traf eine weitere Meldung ein. Colonel W. H. G. Fuller bat Erlenbusch dringend um Hilfe. Deutsche Panzer und Infanterie strömten die Straße von Schönberg herab. Die Kompanie B unter Captain Dudley Britton, gleich rechts von Boyer, lag unter mörderischem Beschuß.

»Gut«, sagte Erlenbusch. »Ich schicke meine Reserve.« Fünf Shermans unter dem Befehl von Sergeant John Blair wurden eilends zu Brittons Abschnitt geschickt.

Britton konnte seinen Gefechtsstand nur noch mit Mühe halten. Eine Panzerfaust traf den Steinbau. Die Mauern zitterten, hielten aber stand.

»Komm raus!« schrie ein Deutscher.

»Den T-teufel was k-komm ich raus!« rief Britton, der ein wenig stotterte, zurück. »W-was soll ich denn da d-draußen? K-komm du doch rein, Fritz!«

Der Deutsche schoß wieder eine Panzerfaust ab. Die Möbel im Haus begannen zu brennen. Ein paar Mann krochen zur Hintertür hinaus, kletterten den Hügel hinter dem Haus hinauf und eröffneten ein wildes Feuer. Unter seiner Deckung verließen Britton und die anderen das Gebäude und flüchteten in den Wald.

Um 20 Uhr waren Clarkes Verteidigungslinien an drei Stellen durchbrochen. Als dichter Schneefall einsetzte, rückten Panzer und Grenadiere auf St. Vith vor.

Lieutenant Jamiel und Sergeant Knight liefen über die Bahngeleise zum Ortsrand. Granaten explodierten. Von Norden und Osten her rasten Fahrzeuge mit zermürbten, erschöpften Soldaten durch die Straßen und verließen den Ort in südlicher Richtung.

Colonel Rhea, der auf der Straße Versprengte sammelte, hielt Jamiel an und befahl ihm, einen mit Soldaten beladenen Panzerzerstörer auf den Geleisen nach Nordosten zu bringen und dort das Loch in der Front zu stopfen. Jamiel und Knight sprangen auf das Fahrzeug und verschwanden im Schneetreiben.

Im gleichen Augenblick erreichte Captain Britton von Süden her St. Vith. Er suchte Rhea, um sich über die Lage zu informieren. Plötzlich blitzte es links von ihm auf. Ein amerikanischer Panzerzerstörer explodierte. Fallschirme mit weißen Leuchtkugeln schwebten herab wie ätherische Quallen.

Britton war mitten in ein Feuergefecht geraten. Er suchte in einer Drogerie Zuflucht. Amerikaner stürzten an ihm vorbei, die Gesichter im Feuerschein gespenstisch verzerrt. Dann sah er, wie Rhea hervorsprang und die fliehenden Männer zornig anbrüllte. Jetzt liefen deutsche Infanteristen, ebenso verwirrt wie die Amerikaner, die Straße hinab und suchten Ziele und Deckung.

Britton trat auf Rhea zu. »W-was soll ich machen?« fragte er.

»Nehmen Sie Ihre Leute nach Westen zurück. Wir bauen auf der andern Seite von St. Vith eine neue Verteidigungslinie auf. Viel Glück!«

Boyer lag um 20 Uhr 05 immer noch östlich von St. Vith. Er hörte, wie schwere Panzer kreischend und rasselnd von Schönberg herunterkamen. Rasch nahm er die Straße unter MG- und Granatwerferbeschuß. Die dunklen Gestalten, die hinter den Panzern herliefen, fielen oder rannten zurück. Wenn es ihm gelang, die Infanterie zurückzuschlagen, überlegte Boyer, dann würde schon irgend jemand mit den Panzern, falls welche durchbrachen, fertigwerden. Er rief den vorgeschobenen Beobachter der 275. Gepanzerten Feldartillerie, Lieutenant Shanahan, an.

»Mike!« schrie er. »Legen Sie soviel Feuer wie möglich auf die Straße nach Schönberg!«

Zwei Minuten später pfiffen Granaten über ihn hinweg und explodierten auf der Straße. Doch es kamen immer mehr deutsche Panzer. Sämtliche Geschütze und Bazookas entlang der Straße waren schon mehrmals neu bemannt worden; keine Mannschaft hielt sich länger als zehn oder fünfzehn Minuten. Sobald ein Team gefallen war, kroch ein anderes heran. Boyer kam sich vor wie ein Henker. Er rief die Kompanie B an: »Schicken Sie keine Ersatzmannschaften mehr zur Straße. Ich will nicht, daß Sie so viele Leute opfern.«

Higgins rief an. »Ich habe versucht, eine Patrouille über die Straße zu schicken. Sie ist nicht durchgekommen. Habe überhaupt keine Ahnung, was da drüben los ist. Ich werde von Unmengen Panzern und Infanterie angegriffen! Jamiels Zug ist dahin – bis auf den letzten Mann!«

An Boyer raste mit Höchstgeschwindigkeit ein feindlicher Panzer vorbei; es war, als könne sein Fahrer im Dunkeln sehen. Boyer nahm an, daß er mit irgendeiner neuen Art von infrarotem Licht ausgerüstet war.

Um 21 Uhr 30 tauchten von Westen aus der Dunkelheit fünf amerikanische Panzer auf und krochen langsam an Boyers Stellung vorbei. Es war Sergeant Blairs Zug, den Erlenbusch sich ausgeborgt hatte, um die Straße von Schönberg abzuriegeln. Blair stellte seine Panzer so auf, daß sämtliche Geschütze auf den Hügel gerichtet waren und möglicherweise herunterkommende Panzer beschießen konnten. Einen Augenblick später dröhnten »Panther« und »Tiger« über den Kamm. Bevor Blairs Leute feuern konnten, schossen Leuchtraketen aus den Panzern. Sie explodierten und verbreiteten ein unerträglich grelles Licht. Blairs Leute wurden geblendet, ihre Fahrzeuge hell beleuchtet.

Das Gefecht war heftig, aber einseitig, denn Blairs Leute mußten schießen, ohne zielen zu können. Als Blair flüchtig einen »Tiger« erblickte, richtete er sein Geschütz auf ihn und schoß. Der »Tiger« wurde getroffen, blieb aber manövrierfähig. Er schwenkte herum und stürzte sich mit voller Geschwindigkeit auf den leichten amerikanischen Panzer. Es krachte furchtbar. Blairs Panzer schwankte und kippte um. Dann erfolgte eine Explosion. Die Grundplatte des amerikanischen Panzers wurde fortgerissen, und Blair kroch durch ein klaffendes Loch heraus. Elf weitere Amerikaner kletterten aus brennenden Wracks. Blair sammelte die Männer. Sie zogen sich nach Westen zurück.

3

In Vielsalm versuchte Hasbrouck, sich ein Bild von der Lage an der Front zu machen. Er wußte, daß St. Vith aufgegeben war. Clarke, dessen Gefechtsstand sich jetzt auf halbem Weg nach Vielsalm, in Commanster, befand, baute unmittelbar hinter St. Vith einen neuen Verteidigungsbogen auf. Hoge, der südlich von Clarke stand und seit dem Morgen langsam zurückgedrängt wurde, tat sein möglichstes, um den Anschluß an Clarke wiederzugewinnen.

Glücklicherweise hielt der übrige südliche Teil des Hufeisens stand. Reids 424. und Nelsons 112. Regiment waren in guter Verfassung. Sie hatten einen verhältnismäßig leichten Tag hinter sich. Und das Sonderkommando Jones, jene Einheit der 7. Panzer, die den äußersten rechten Flügel bei Gouvy und Cherain verteidigte, hielt sich weiterhin. Hasbrouck wußte, daß die Deutschen das ganze Hufeisen einkreisen und abschneiden würden, wenn dieser Abschnitt zusammenbrach. »Haltet den Feind auf, zieht euch nach Gouvy zurück!« befahl er dem kleinen Sonderkommando. »Und verteidigt bis zum letzten Beho und Bovigny. Wir müssen die Straße halten.«

Nur wenig östlich von St. Vith forderte Baron von Manteuffel voll Ungeduld auf die lange Belagerung seine Korps- und Divisionskommandeure auf, die Stadt zu überrennen und nach Westen vorzustoßen. Die unerwartete Zähigkeit der Verteidiger von St. Vith erfüllte ihn mit mürrischer Bewunderung. Eine Artillerieeinheit (es war die 275.) tat sich dabei besonders hervor. Doch die größten Schwierigkeiten schien ihm eine Gruppe von Engländern zu bereiten, die den Zugang von Osten verteidigte.

Diese »lästigen Engländer» waren die bunt zusammengewürfelte Einheit von GIs, die Colonel W. H. G. Fuller aufgestellt hatte. Seine Verteidigung zerbröckelte jetzt langsam. Von seinen 1142 Mann waren nur noch 269 übrig. Einige dieser Überlebenden setzten sich nach hinten ab. Doch fast die Hälfte – die Einheiten unter Anstey und Boyer – hielten immer noch in den vordersten Linien stand.

Um 22 Uhr 15 empfing Captain Anstey, der sich links von Boyer mit ein paar Mann verbissen verteidigte, eine Funkmeldung. Sie kam von Sergeant Norris Burns im Kompaniegefechtsstand in St. Vith.

»Unser Haus brennt«, sagte Burns. »Wie wär's, wenn wir den Gefechtsstand aus der Stadt verlegen würden?«

»Tun Sie das.«

»Ihre linke Flanke ist völlig offen, Captain«, sagte Burns. »Und an Ihrer rechten Flanke sieht's nicht viel besser aus.«

»Herzlichen Dank«, erwiderte Anstey ironisch. »Praktisch sind wir jetzt die Nachhut der Deutschen.«

Um 22 Uhr 50 begannen Boyers Leute zu murren. Bis auf ihn selbst schienen sich alle darüber im klaren zu sein, daß die Lage hoffnungslos war.

Er sagte: »Wir ziehen hier nicht ab, bevor General Clarke den Befehl dazu erteilt.«

Gleich darauf kritzelte er hastig eine Meldung für Clarke und gab sie über den Artilleriefunk weiter. »Straße abgeschnitten«, lautete sie. »In der Stadt mindestens acht schwere Panzer, außerdem Infanterie. Erbitte Weisungen.«

Clarkes Antwort kam sofort.

Boyer las sie und rief seine Kommandeure zu sich: Higgins, Holland und Rogers, den neuen Kommandeur von Trupp B der 87. Kavallerieaufklärungsschwadron. Als die drei Männer vor ihm standen, sah er sie der Reihe nach an. Er wußte im voraus, was sie sagen würden. Dann las er den Befehl vor: »Formieren Sie sich neu. Ziehen Sie möglichst viele Fahrzeuge zusammen. Stoßen Sie durch St. Vith nach Westen vor. Wir bauen westlich der Stadt eine neue Verteidigungslinie auf.«

»Meine Leute sind zu einem Angriff nicht mehr fähig«, protestierte Higgins.

»Meine haben die Nase voll«, sagte Holland.

»Meine auch«, pflichtete Rogers bei.

Boyer seufzte. »Ich weiß, ich weiß.« Er war zu müde, um etwas einzuwenden; außerdem war er der gleichen Ansicht. Sie konnten von Glück reden, wenn sie lebend davonkamen. Aber Befehl war Befehl. Sie würden zurückgehen *und* angreifen. »Wir werden nach rechts ausbrechen. Schicken Sie einen Melder zum Granatwerferzug. Sie sollen alle Fahrzeuge unbrauchbar machen und nur die Geschütze und Lafetten in Sicherheit bringen.«

»Diese verdammte Panzergruppe, die mich unterstützt hat, ist schon abgehauen«, berichtete Holland.

»John!« Boyer wandte sich an Higgins. »Versuchen Sie, die A/23 auf der anderen Straßenseite zu verständigen. Sagen Sie ihr, was wir vorhaben. Sie soll nach links durch Ansteys Abschnitt ausweichen.«

»Ich habe fünf Schwerverwundete, die nicht transportfähig sind«, sagte Rogers. »Ein Sanitäter will freiwillig bei ihnen bleiben. Am Morgen will er versuchen, sich einer deutschen Sanitätseinheit zu ergeben.«

Dies war Boyer gar nicht recht, doch es blieb nichts anderes übrig. »Sagen Sie dem Sanitäter, er soll bis zum Nachmittag im Wald bleiben. Wenn er sich deutschen Fronttruppen ergibt, die wir schwer angeschlagen haben, könnte es unseren Jungs schlecht ergehen.« Er schaute auf die Uhr. Es war 23 Uhr 10. »Rücken Sie in einer Stunde ab.«

»Das ist viel zu spät«, begehrte einer auf. Ein anderer meinte, es sei viel zu früh.

»Keine Widerrede, wir rücken in einer Stunde ab!« entgegnete Boyer scharf.

»Und was ist mit unseren vier Gefangenen?« fragte jemand. »Am besten, wir erschießen sie.«

Boyer schüttelte den Kopf. »Gebt ihnen Handschuhe, damit ihnen nicht die Hände erfrieren, und fesselt sie. Morgen früh werden die Deutschen sie finden.«

»Ich bin fürs Erschießen.«

Boyer ging nicht darauf ein. Er wandte sich an Higgins. »Wir beide werden uns nach rechts durchschlagen und den Befehl weitergeben. Kommen Sie, John!«

Boyer kroch aus dem Unterstand und ging nach Süden. Es war 23 Uhr 15.

Hinter ihm dröhnte eine Reihe dumpfer Explosionen. Boyer drehte sich um und sah durch das Schneegestöber einen unwirklichen orangenfarbigen Feuerschein: St. Vith brannte.

4

Auf halbem Wege nach Vielsalm, in Commanster, zog General Bruce Clarke um 23 Uhr 55 mit brennenden, übernächtigten Augen die zerschlagenen Überreste seiner Truppen zusammen. Er hatte mit Versprengten ein halbes Dutzend Stellungen besetzt und zurückflutende Soldaten und Panzer auf der Höhe südwestlich St. Viths aufgestellt. Sogar Köche, Bäcker, Nachrichtenleute und Schreiber wurden dazu herangezogen.

Clarke, der an einem Gasthaustisch saß, hörte draußen jemand mit lauter, eindringlicher Stimme sagen: »Ich möchte General Clarke persönlich sprechen.«

»Der General hat zu tun. Sie können ihn nicht sprechen.« Clarke erkannte die Stimme seines Adjutanten.

Er ging zur Tür. Große Schneeflocken sanken langsam zu Boden. Ein Sergeant, unrasiert, mit blutunterlaufenen Augen, stierte den Adjutanten an. Es war Sergeant Leonard Ladd von der 87. Als er Clarke sah, drängte er sich vor. »General, ich möchte aus Ihrem eigenen Mund hören, daß Zug B sich zurückziehen soll.« Er schwankte erschöpft. »Mir und meinen Leuten paßt es gar nicht, daß wir unsere Stellungen räumen sollen. Ich möchte deshalb genau wissen, ob es stimmt, daß Sie diesen Befehl erteilt haben.«

»Ja, Sergeant, ich habe euren Rückzug befohlen. Hinter euch standen Deutsche. Ich brauche euch hier.«

»Okay. Das ist alles, was ich wissen wollte.«

Die beiden Männer gingen die Straße hinunter. Durch das Schneetreiben sah Clarke die Überlebenden von Ladds Trupp, 40 Mann. Ihre Gesichter waren schmutzig, von Pulver versengt und blutig. Ihre müden Augen sahen wie Löcher aus.

»Wenn ihr ein Stück auf dieser Straße weitermarschiert«, preßte Clarke mühsam hervor, »dann wird euch ein Offizier zu euren neuen Stellungen führen.« Er sah ihnen nach, wie sie sich auf der Straße dahinschleppten, die weiß war von frischgefallenem Schnee.

Ungefähr acht Kilometer nördlich von St. Vith steckten fünf Panzer der 1. Kompanie von Erlenbuschs Bataillon in einem Feld fest. Die Soldaten kauerten mürrisch und regungslos daneben am Boden. Der Schnee hatte die Panzer in weiße Hügel verwandelt und die Helme der Soldaten bedeckt.

Im Süden schossen Flammen hoch. Die Soldaten drehten sich um und sahen, wie dunkle Gestalten mit schußbereitem Gewehr auf St. Vith vorgingen. Die Gestalten kamen näher und liefen in kaum zehn Meter Entfernung an den Panzern vorbei.

Es waren Deutsche.

Sergeant Wallace Hancock kroch zu Al Ettinger, einem anderen Panzerführer. »Al«, flüsterte er, »höchste Zeit, daß wir hier verschwinden.«

»Aber man hat uns noch nicht verständigt. Wir sollen hierbleiben, bis der Rückzugsbefehl kommt.«

Hancock beschloß, die lange Funkstille zu brechen. Vorsichtig kletterte er in seinen Panzer und schaltete das Funkgerät ein. »Charley sieben an Charley eins«, sagte er leise. »Seid ihr schon abgezogen? Wenn ja, wo steht ihr jetzt?«

Es gab eine Pause, dann krachte es im Empfänger. »Charley eins an Charley sieben«, kam undeutlich die Antwort. »Wir räumen St. Vith am Südrand. Zieht euch zurück und stoßt südlich der Stadt zu uns.«

Hancock fluchte. Man hatte sie vergessen. »Was hab' ich dir gesagt?« stieß er wütend hervor. »Verdammter Mist!«

Langsam und vorsichtig setzten sich die fünf Panzer in Richtung St. Vith in Bewegung. Hancock, der im Turm des ersten Panzers stand, sah in der Ferne einen rötlichen Schein. Er ging von St. Vith aus. Häuser standen in Flammen; in den Straßen lagen lichterloh brennende Panzer. Dichter Schneefall legte sich über die sterbende Stadt wie ein weißes Laken.

»Los!« rief Hancock seinem Fahrer zu. »Dreh auf, was du kannst!«

Mit dem MG wild um sich schießend, rasten die Panzer durch die Hauptstraße. Gewehrschüsse krachten. Zivilisten beugten sich aus den Fenstern und beschossen die zurückgehenden Amerikaner.

Im Stadtzentrum versperrte ein brennender Schützenpanzer die Straße. Hancocks Fahrer hielt an. »Soll ich ihn rechts oder links umfahren?« fragte er.

»Versuch's rechts!« rief Hancock.

Plötzlich stürzte ein Haufen GIs aus den Häusern und setzte sich wie ein Fliegenschwarm auf die Panzer. Hancock hatte schon zwei Deutsche mit, die er vor ein paar Stunden gefangengenommen hatte. Die Deutschen rücken zusammen und halfen den Amerikanern herauf. Hancocks Panzer schwenkte nach rechts und schob den Schützenpanzer beiseite. Die Kolonne rollte weiter.

Zwischen den Häusern stürzten deutsche Grenadiere hervor und beschossen sie. Hancock konnte sein Buggeschütz nicht einsetzen; zehn GIs hockten darauf. Ihm blieb nur sein 50er-MG. Er bestrich damit im Vorbeifahren die Häuser. Die Grenadiere flohen.

Mit einer Geschwindigkeit von 20 km/h rollten die Panzer durch die Stadt und bogen dann südwestlich nach Krombach ab. Hinter ihnen leuchtete St. Vith, die Heimat des heiligen Vitus, in unheimlicher Glut wie das höllische Feuer eines Alptraums. Die Gewehrsalven hatten aufgehört, das Geknatter der MG erstarb in der Ferne.

Dick mit Schnee bedeckt pflügten sich die Panzer, vorläufig in Sicherheit, nach Westen. Einer der GIs fing zu singen an:

»Silent night, holy night,
All is calm, all is bright . . .«

Andere Stimmen fielen ein. Bald sangen alle Soldaten auf den Panzern, die beiden Deutschen in ihrer Muttersprache.

»Nur das traute, hochheilige Paar . . .«

Hancock dachte an daheim. Von seinen sieben Brüdern waren fünf Soldaten – vier bei der Armee, einer bei der Marine. Alle standen im Einsatz. Er hoffte, daß sie ebenso gesund und wohlbehalten waren wie er.

»Schlaf in himmlischer Ruh.«
»Sleep in heavenly peace.«

Das Lied war zu Ende. Die Panzer, deren Gerassel durch den tiefen Schnee gedämpft wurde, verschwanden im Dunkel.

Es war Mitternacht – St. Vith hatte ausgelitten.

Dritter Teil

SCHWARZE WEIHNACHT

Das Befestigte Gänseei
22. Dezember 1944

1

Am 22. Dezember beschleunigte die »Wacht am Rhein« ihr Tempo. Die Deutschen wären noch schneller vorgestoßen, wären sie nicht durch zwei Hindernisse aufgehalten worden: eine Insel und eine Halbinsel verlegten der deutschen Sturmflut den Weg.

Die Insel war Bastogne, das die Offensive stark behinderte. Manteuffel war gezwungen, es südlich und nördlich zu umgehen. Die Halbinsel war die neue hufeisenförmige Verteidigungslinie, die man nach dem Fall von St. Vith hinter der Stadt aufgebaut hatte. Sie war beinahe ebenfalls eine Insel, denn der Fluchtkorridor nach Nordwesten wurde von Stunde zu Stunde durch eine zweite deutsche Angriffswelle immer mehr eingeengt.

Gleich östlich von St. Vith wurden Major Don Boyer und seine letzten 100 Mann von Deutschen umzingelt.

»Teilt euch in Gruppen zu fünf Mann auf!« befahl er Lieutenant Higgins und seinen Sergeanten. Er war erschöpft und tief deprimiert. »Schlagt euch durch die deutschen Linien durch. Geht nur bei Nacht vor.« Er zeigte ihnen auf dem Kompaß, in welche Richtung sie sich wenden mußten, um nach hinten zu kommen. Die Leute formierten sich und verschwanden. Boyer gab Higgins seinen Feldstecher. »Sie können mehr damit anfangen, John.«

»Mit wem werden Sie gehen?« fragte Higgins und half Boyer auf die Füße.

»Wahrscheinlich mit Ihnen.«

Boyers fünf Mann starke Gruppe stapfte durch den fast bis zu den Knien reichenden Schnee nach Süden. Links von ihr wuchs ein düsterer grauer Streifen über den Horizont. Plötzlich wurde die Stille von Gewehrschüssen zerrissen. Im ersten schwachen

Morgenlicht schossen die Deutschen die Überlebenden der Schlacht von St. Vith zusammen.

Boyer kletterte im Schutz einer Steinmauer einen Hügel hinauf. Unter ihm lag die Hauptstraße von Prüm nach St. Vith. Er befahl seinen vier Männern, sich hinter der Steinmauer zu verstecken. Sie mußten bis zum Einbruch der Dunkelheit hier in Deckung bleiben und dann über die Straße schleichen.

Ein Soldat verlor die Geduld und kroch weiter.

»Halt«, flüsterte Boyer, doch es war schon zu spät. Ein großer Stein löste sich und rollte auf die Straße. Gleich darauf kamen von unten laute Rufe.

»Ergebt euch!« rief jemand auf englisch. »Ihr seid umzingelt!« Einen Augenblick war es still. »Wenn ihr euch nicht ergebt, laß ich euch mit Granatwerfern beschießen!«

Boyer beriet sich schnell mit den andern. »Vielleicht können wir uns durchkämpfen«, sagte er.

»Das wäre Selbstmord«, protestierte einer der Soldaten; zwei andere stimmten ihm zu. Boyer seufzte. Niedergeschlagen stand er auf. Ein deutscher Unteroffizier rief ihm von der Straße aus zu, er solle den Abhang herunterkommen.

Die Amerikaner wurden nach Osten abgeführt. Deutsche Stabsautos, Kübelwagen und Laster rasten an ihnen vorbei. Ein Infanterieregiment marschierte in Richtung St. Vith. Die Soldaten wirkten frisch und zuversichtlich.

Der Deutsche, der Boyer gefangengenommen hatte, lächelte mitfühlend. »Das ist das Auf und Ab des Krieges«, sagte er. »Vielleicht bin ich morgen ein Gefangener.«

Man brachte sie in ein Gasthaus. Plötzlich hörte man aufgeregtes Stimmengewirr, dann flüstere ein Posten: »Feldmarschall von Rundstedt kommt!«

Einen Augenblick später hielt ein Wagen vor dem Gasthaus. Ein junger Oberst in einem grauen, pelzgefütterten Mantel stieg aus. Ein zweiter Offizier, ein alter Mann mit unwahrscheinlich runzligem Gesicht, folgte ihm. Boyer erkannte, daß es Rundstedt war.

Rundstedt wandte sich an den jungen Oberst und fragte in scharfem Ton: »Wieso sind diese Posten derart verdreckt?«

»Die Männer haben die ganze Nacht gekämpft, Herr Feldmarschall.«

»Hier herrscht eine grauenhafte Schlamperei. Sehen Sie sich

das an!« Rundstedt machte kehrt und verließ mit langen Schritten das Zimmer. Der Oberst putzte einen Major herunter und ging ebenfalls. Der Major schrie einen Leutnant an. Ein paar Minuten später stauchte ein Unteroffizier die schmutzigen Posten zusammen.

Zum erstenmal seit fünf Tagen lächelte Boyer. Man ließ in jedem Heer das Ringlein wandern.

2

Im Nordosten leistete die Kampfgruppe Peiper, die auf immer engeren Raum zusammengedrängt wurde, verzweifelten Widerstand. Die Deutschen hielten nur noch zwei Bergdörfer – Stoumont und La Gleize. Der Schlüssel zu dem ersten Ort war das Sanatorium Saint Edouard, das wie eine Festung am Westrand des Dorfes lag. Wurde es gestürmt, dann mußte Peiper Stoumont aufgeben und sich ein paar Kilometer weit nach La Gleize, seinem letzten Stützpunkt, zurückziehen.

Das Sanatorium war nur mehr eine Ruine. Panzer, Paks und ein großes 155-mm-Geschütz, das ein paar Kilometer weiter westlich stand, hatten es zusammengeschossen. Das Dach war eingestürzt, die durchsiebten Mauern wankten. Aber Peipers zähe Leute weigerten sich, es zu räumen.

Im Keller versuchten 250 Kinder, Nonnen, Priester und Flüchtlinge zu schlafen. Das Feuer wurde schwächer. Im Vergleich zu dem schrecklichen Bombardement des Nachmittags war es jetzt geradezu ruhig und friedlich.

Abgekämpfte SS-Männer stiegen aus der Küche in den Keller. »Die Verstärkungen sind nicht gekommen«, sagte ihr langer Anführer bedrückt zu Pater Hanlet und schleppte sich dann, gefolgt von seinen 19 Mann, die Treppe hinauf. Ein paar Minuten später hörte man aus einer anderen Richtung, aus Norden, Panzerfeuer. Die SS-Männer waren erstaunt und verwirrt, denn dort gab es nichts als felsige, bewaldete Hügel.

GIs der 30. Division und des 704. Pionierbataillons hatten heimlich einen Knüppeldamm von der Hauptstraße über eine steile Böschung bis hinter das Sanatorium gelegt.

Das große Gebäude erzitterte, als es die amerikanischen Panzer von oben beschossen. Das Kellergewölbe schwankte und drohte bei jeder Expolosion einzustürzen. Die Leute im Keller hörten, wie das Geschütz, das die Deutschen in die Vorhalle des Erdgeschosses geschleppt hatten, über eine Stunde lang genau alle zehn Minuten feuerte. Dann trat eine unheimliche Stille ein.

Die oberen Räume waren jetzt leer. Die 20 überlebenden SS-Männer hatten eben das Gebäude verlassen und sich nach Osten, in Richtung La Gleize, zurückgezogen. In einem Keller dieses malerischen Bergdörfchens war ein Amerikaner in ein Gespräch mit Jochen Peiper vertieft. Es war jetzt fast Morgen, und sie unterhielten sich schon seit Mitternacht.

Hal McCown, der vor kurzem in Gefangenschaft geratene Major der 30. Divison, versuchte, für den Fall, daß er entkommen konnte, möglichst viel über Ausdehnung und Zweck der deutschen Offensive zu erfahren. Er brachte Peiper so weit, daß er ihm die Einzelheiten der letzten deutschen Erfolge berichtete.

»Wir können nicht scheitern«, sagte Peiper voll Begeisterung in gutem Englisch. »Himmlers neue Reservearmee hat so viel Divisionen, daß euren Abwehroffizieren die Augen übergehen werden.«

Major McCown schwieg. Das lange Gespräch mit diesem Mann, der voll Stolz zugab, überzeugter Nazi zu sein, hatte ihn fasziniert. Zu seinem großen Erstaunen mußte er feststellen, daß Peiper ein sympathischer, liebenswürdiger Mensch war. Er hatte sogar Humor. Wie konnte solch ein sichtlich intelligenter, kultivierter Mann ein Nazi sein?

»Oh, ich gebe zu, daß viel Unrecht geschehen ist. Aber bedenken Sie doch das Gute, das Hitler geleistet hat! Wir räumen mit der kommunistischen Gefahr auf, führen also einen Kampf, der auch in eurem Interesse liegt. Und die Idee des Führers, ein geeintes, leistungsfähigeres Europa? Sehen Sie denn nicht, wieviel Gutes daraus entstehen kann? Wir wollen erhalten, was in Europa wertvoll ist, und das Minderwertige ausmerzen.« Die Amerikaner seien sich nicht bewußt, wie herzlich die Deutschen zu Beginn ihres Einmarsches in Rußland begrüßt worden seien, wie begeistert Millionen von Franzosen, Belgiern, Holländern, Norwegern und Finnen des Führers Idee von einem »Geeinten Europa« zugestimmt hätten.

McCown brachte jetzt das Gespräch auf die Kriegsgefangenen,

denn er machte sich Sorgen um das Schicksal der 131 Amerikaner, die Peiper in La Gleize festhielt. Er fragte, was Peiper von der berüchtigt schlechten Behandlung der russischen Gefangenen halte.

Peiper lächelte. »Ich würde Ihnen gern einmal die Ostfront zeigen. Dann würden Sie verstehen, weshalb wir die Regeln einer fairen Kriegführung nicht einhalten konnten. Die Russen haben keine Ahnung von der Genfer Konvention. Vielleicht werdet ihr Amerikaner das eines Tages selbst feststellen können. Dann werdet ihr zugeben müssen, daß unser Verhalten an der Ostfront äußerst korrekt war.«

Doch McCown mußte trotz dieser Versicherungen an die Berichte von den Massakern in Stavelot und Baugnez denken. »Oberst Peiper«, sagte er, »geben Sie mir Ihr persönliches Versprechen, daß Sie sich an die Haager Konvention über die Landkriegsführung halten werden?«

»Ich gebe Ihnen mein Wort«, sagte Peiper feierlich.

Die 250 Zivilisten im Keller des Sanatoriums von Stoumont erwachten aus kurzem, unruhigem Schlaf. Das Feuer brach wieder los. Die beiden Priester und die Oberin waren sich darüber einig, daß etwas geschehen mußte. Jeden Augenblick konnte die schwankende Decke einstürzen und sie alle unter sich begraben.

Im flackernden Kerzenlicht wurden die Sachen der Kinder zu Bündeln geschnürt. Draußen wurde es plötzlich still. Die Oberin, eine zweite Nonne und der Sanatoriumsgärtner erboten sich, mit einer weißen Fahne nach oben zu gehen. Sie verließen den Keller.

Ein paar Minuten später setzte wieder schweres Sperrfeuer ein. Das Gebäude schwankte. Oben stürzten dröhnend schwere Balken herab. Durch die vielen Löcher drang Staub in den Keller. Die überbeanspruchte Decke ächzte.

Dann öffnete sich die Kellertür. Ein amerikanischer Offizier stand auf der Schwelle und schaute auf die verängstigten Kinder herab.

»In ein paar Minuten könnt ihr hier heraus.« Sein Gesicht verzog sich zu einem beruhigenden Lächeln.

Zwei Sanitäter kamen herunter und hoben den GI auf, der zwei Nächte zuvor die Letzte Ölung bekommen hatte. Er war außer sich vor Freude. »Alle haben gedacht, mit mir ist's aus«, sagte er. »Keiner hat mehr was für mich gegeben.«

Dann stiegen die Kinder, angeführt von Pater Hanlet, langsam die Treppe hinauf. Manche plapperten, manche weinten, andere waren sprachlos vor Glück.

Entsetzt sah sich der Priester um. Balken lagen wüst übereinander. Die Mauern waren voll Löcher. Er kam am Altar vorbei. Er war unversehrt. Doch in der ganzen Kapelle lagen zertrümmerte Heiligenfiguren herum.

Er stieg benommen über ein Dutzend Leichen – Amerikaner und Deutsche – in einem Meer von Blut. Hanlet blieb stehen und sprach ein Gebet für die Toten. »Herr, der Du uns gerettet hast, nimm diese toten Kämpfer auf in Deine Gnade.«

Amerikanische Soldaten kletterten über die Schuttberge, hoben die Kinder auf und trugen sie über den eingesunkenen Fußboden. Ein Soldat, der ein barfüßiges kleines Mädchen trug, holte ein Paar Socken aus seiner Tasche und zog sie dem Kind über die eiskalten Füße. Die Kleine schaute ernst und vertrauensvoll zu ihm auf.

Pater Hanlet blickte sich noch einmal nach dem zerschossenen Sanatorium um, das für so viele zum Friedhof geworden war. Es schien unglaublich, daß auch nur ein einziger Mensch die dreitägige Schlacht überlebt haben sollte. Doch von den 250 Kindern und Flüchtlingen war niemand verletzt worden. Es war ein Wunder.

Die Schlacht von Stoumont war zu Ende.

3

Vierzig Kilometer weiter östlich, an den schneebedeckten Elsenborner Hügeln, erreichte eine noch bedeutungsvollere Schlacht ihren Höhepunkt. Sepp Dietrich versuchte schon drei Tage lang, nach Norden durchzubrechen.

Um neun Uhr morgens brach am Frontabschnitt der 99. Division ein Inferno los. 8,8er, 10,5er und Nebelwerfergranaten durchpflügten den Boden. Die GIs kauerten sich in ihren Schützenlöchern zusammen. Ihr einziger Wunsch war, dieses den deutschen Angriff einleitende Bombardement zu überleben.

Sergeant Jim Revell ging von Schützenloch zu Schützenloch. Vor zwei Tagen, während eines anderen Sperrfeuers, hatte ihn ein Gefühl der Verzückung erfüllt. »Herr«, hatte er gebetet, »mein

Schicksal liegt in Deinen Händen. Wenn Du mich am Leben lassen willst, dann werde ich leben. Wenn Du mich zu Dir nehmen willst, dann nimm mich zu Dir.«

Er war am Leben geblieben. Und jetzt war sein Leben Gott geweiht. Nach dem Krieg wollte er Geistlicher werden. Doch seine erste Kanzel waren schon an diesem Morgen die Elsenborner Hügel.

In der Kompanie lief das Gerücht um, daß Revell kugelfest sei. Er konnte noch so unvorsichtig sein – keine Kugel, kein Granatsplitter, kein Geschoß traf ihn. Sämtliche Unterstände rissen sich darum, ihn aufzunehmen.

Revell, über den sich früher die ganze Kompanie lustig gemacht hatte, kroch jetzt, von seiner neuen Mission erfüllt, von Graben zu Graben. Die Soldaten, sogar die Offiziere, hörten sich geduldig seine Reden an und versuchten, ihn solange wie möglich festzuhalten.

Eben sprach er mit Lieutenant Faraday. »Sie wissen, was Jesus zu Nikodemus sagte: ›Ihr müsset von neuem geboren werden!‹«

»Schau, Jim«, sagte Faraday ernsthaft, »ich glaube, daß ein anständiges Leben genügt, um in den Himmel zu kommen.«

»Aber Sie müssen erlöst werden!«

»Na ja, kann sein, daß ich unrecht habe.« Mit einer Handbewegung schnitt Faraday das Thema ab. »Ich wünsche mir bloß, daß ich wieder heimkomme und der beste Versicherungsmann unserer Stadt werde.«

Plötzlich brach an der ganzen Elsenborner Hügelkette und an den Verteidigungsstellungen der 1. Divison vor Bütgenbach das Feuer ab. »Tiger«, »Panther« und Wellen von Infanterie stürmten vor.

Die Linien der 99. und der 2. Division hielten stand, doch rechts davon wurden die Stellungen der 1. Division durchbrochen. Ein Dutzend »Panther« und »Tiger« schossen die amerikanischen Nachhuttruppen in Bütgenbach zusammen. Durch ein 800 m breites Loch drangen weitere Infanteristen und Panzer vor.

Mehrere Stunden lang sah es aus, als sei Dietrich der Durchbruch nach Norden endlich gelungen. Doch dann eilten andere GIs der 1. Divison zu der Lücke, knackten die Panzer mit Bazookas und schossen die weißgekleideten deutschen Grenadiere nieder.

Die 800 Meter breite Lücke wurde geschlossen. Sämtliche durchgebrochenen deutschen Panzer wurden für ihre Besatzungen zum Krematorium.

Bei seinen Versuchen, im Bereich der amerikanischen 99., 1. und 2. Division vorzustoßen, hatte Dietrich innerhalb von drei Tagen mehr als 100 Panzer und Tausende von Soldaten verloren. Jetzt gab er es auf. Die Schlacht an den Elsenborner Hügeln war zu Ende.

Nördlich der Elsenborner Hügel, nur drei Kilometer westlich von Hitlers geliebtem Monschau, schleppten sich drei abgerissene, vor Kälte zitternde deutsche Fallschirmjäger einen Hügel hinauf: Baron von der Heydte, sein Adjutant und seine Ordonnanz. Tags zuvor war der Baron zu dem Schluß gekommen, daß seine Lage unhaltbar war. Er hatte eine Menge Verwundete und Gefangene und keine Verpflegung. Es gab nur eine Möglichkeit – zu den deutschen Linien durchzubrechen. Bevor er den halbverhungerten Überlebenden seiner Kampfgruppe den Befehl erteilte, sich in Gruppen zu drei Mann aufzuteilen, hatte er an Major General Maxwell Taylor, von dem er irrtümlich glaubte, daß er die gegenüberliegenden Truppen befehligte, ein paar Zeilen in englischer Sprache geschrieben:

> »Wir haben in der Normandie bei Carentan gegeneinander gekämpft, und ich kenne Sie seither als einen tapferen, ritterlichen General. Ich schicke Ihnen die amerikanischen Soldaten, die ich gefangengenommen habe, zurück. Auch sie haben tapfer gekämpft, und ich kann nicht für sie sorgen. Ich schicke Ihnen auch meine Verwundeten. Ich wäre Ihnen sehr zu Dank verpflichtet, wenn Sie ihnen die nötige ärztliche Behandlung angedeihen ließen.«

Die drei Männer erreichten mit letzter Kraft den Gipfel des Hügels. Vor ihnen lagen im grauen Licht der Dämmerung Häuser – der Stadtrand von Monschau. Von der Heydtes Füße waren gefühllos. Er fürchtete, daß sie erfroren waren. Noch mehr quälte ihn eine nässende Wunde am Handgelenk. Vor Hunger und Erschöpfung konnte er kaum noch klar denken. Seit seinem Abflug aus Deutschland hatte er kaum gegessen.

»Ich gehe direkt nach Monschau«, sagte er heiser. Die beiden anderen, die in besserer körperlicher Verfassung waren, wollten weitermarschieren. »Geht ohne mich!« befahl der Baron. »Ich bin zu schwach.« Mühsam humpelte er zum ersten Haus und klopfte an. Niemand öffnete. Er schleppte sich zum nächsten Haus, dann zu einem dritten.

Ein Mann – es war ein Lehrer – ließ von der Heydte ein.

»Papier und eine Feder, bitte«, sagte der Baron.

Der vierzehnjährige Sohn des Lehrers betrachtete bewundernd die Fallschirmjägerausrüstung des Barons. »Ich bin Hitlerjunge«, erklärte er stolz.

Von der Heydte gab ihm den Zettel. »Bring das den Amerikanern«, sagte er. »Ich ergebe mich.«

Halb bedrückt und halb erleichtert sah der Baron dem Jungen nach. Das war das Ende der Kampfgruppe von der Heydte. Das lächerliche Ende eines sinnlosen Unternehmens. Und doch war er froh, daß alles vorbei war. Wie so viele andere Deutsche war er sich seit Monaten darüber klar, daß der Krieg verloren war. Er hatte sich als einer der ersten dem Unternehmen »Walküre«, der großen Verschwörung gegen Hitler, angeschlossen. Reiner Zufall hatte ihn vor dem Schicksal seines Vetters, des Grafen Stauffenberg, und der anderen Anführer bewahrt.

Nun war für ihn das Ende da. Er hoffte inständig, daß es für alle andern auch bald kommen möge. Dr. Friedrich August Freiherr von der Heydte, Professor für Internationales Recht, Gatte und Vater, ehemaliger Soldat, schlief auf einem Stuhl ein.

4

Die Schlacht an den Elsenborner Hügeln war zwar vorbei, doch am Nordteil der Ardennenfront setzten die Deutschen zu einem neuen, gefährlichen Vorstoß an. Überall an der langen, gewundenen Front von Ridgways XVIII. Luftlandekorps verstärkte sich der Druck. Dieser Abschnitt begann bei Malmedy mit der 30. Division und verlief entlang der Amblève bis Stavelot, Trois Ponts und Stoumont. An dieser Stelle, südlich des Flusses, wo der Bereich der 82. Luftlandedivision anfing, wichen die Linien scharf zurück und umschlossen Peiper. Bei Trois Ponts machte die Front wieder eine Wendung, diesmal nach Süden, und folgte der Salm bis Vielsalm. Dort buchtete sich Ridgways Front weit nach Osten aus und lief dann wieder zurück bis zur Straßenkreuzung bei Baraque de Fraiture, 15 Kilometer westlich Vielsalm.

An dieser Straßenkreuzung begann der Abschnitt von Ridgways letzter Division, der 3. Panzer, der weitere 30 Kilometer bis Hotton reichte. Im Augenblick wurde dieser ganze Raum fast völlig von Krügers Panzerkorps beherrscht. Sogar Hotton, das theoretisch hinter der 3. Panzerdivision lag, wurde schwer angegriffen, und die drei schwachen Panzer-Sonderkommandos, die man beauftragt hatte, den Aufmarsch von »Blitz-Joe« Collins' VIII. Korps zu decken, kämpften verzweifelt. Eins davon, das Sonderkommando Hogan, war verschwunden, und man hatte es bereits abgeschrieben. Colonel Sam Hogan und zwei seiner Leute waren tags zuvor durch einen Überfall vom übrigen Sonderkommando getrennt worden. Als sie an diesem Morgen in das fünf Kilometer nördlich La Roche gelegene Bergdorf Marcouray einfuhren, stießen sie zu ihrer Überraschung wieder auf ihre Einheit. Sie war eingekesselt und fast ohne Munition.

Dieser seltsame Korpsabschnitt, der sich über 150 Kilometer weit dahinschlängelte, hätte jeden Durchschnittskommandeur aus der Fassung gebracht. Ridgway aber war ein Mann, der schwierige Aufgaben liebte und den alles Ungewöhnliche reizte. Am späten Vormittag hatte er all das im Überfluß. Außer Krügers beiden Divisionen, die die 3. Panzerdivision angriffen, bedrohten jetzt auch noch zwei mächtige Panzerdivisionen eines anderen Korps den mittleren Teil seiner Front.

Hitler hatte diese beiden Divisionen, die ursprünglich dazu bestimmt gewesen waren, im Norden bei dem von Dietrich beabsichtigten Durchbruch nachzustoßen, voll Ungeduld Manteuffel zu Hilfe geschickt. Tags zuvor waren sie bei der Eroberung von St. Vith dabeigewesen. Nun umging die 9. Panzerdivision den amerikanischen Keil im Norden und stieß auf Vielsam vor. Die 2. SS-Panzerdivision war südlich des Keils vorgegangen und in raschem, ungehindertem Vormarsch an Vielsalm vorbeigerollt. Jetzt schwenkte sie nach Norden und stand kaum einen Kilometer unterhalb der Landstraße, die Vielsalm mit dem Westen verband.

Wenn die Panzer diese Straße erreichten, war Ridgways Front in der Mitte entzweigeschnitten.

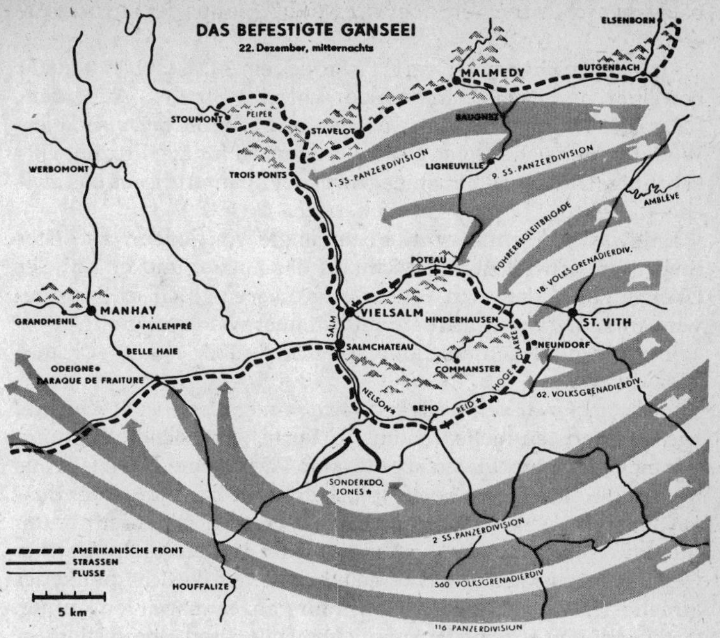

Kurz vor Mittag fuhr Ridgways Jeep am Schulhaus von Vielsalm vor. Die Handgranaten, die an seinem Gürtel hingen, hüpften hoch, als er heraussprang.

Ein paar Minuten später war er schon mitten in der Beratung mit Jones und Hasbrouck. Der Korpskommandeur stand vor einer Landkarte und zeichnete zwischen Vielsalm und St. Vith ein großes Gänseei ein. »Was halten Sie davon, sich in diesem Raum festzusetzen?« fragte er. Hasbrouck und Jones beugten sich über die Karte und betrachteten das Gänseei. »Sie müßten durchhalten, bis eine Gegenoffensive zu Ihnen vordringt. Natürlich werden Sie bald eingeschlossen sein, aber wir werden Sie aus der Luft versorgen.«

»Ich weiß nicht recht«, warf Hasbrouck ein. »Das Gebiet ist dicht bewaldet, und es gibt nur wenige, schlechte Straßen. Außerdem haben die Truppen fünf Tage pausenloser Kämpfe bei miserablem Wetter hinter sich. Meine Leute sind nur zu fünfzig Prozent einsatzfähig. Und ich bin überzeugt, bei der Infanterie ist es das gleiche.«

Ridgway war enttäuscht. Er verlangte von jedem, an erster Stelle von sich selbst, rücksichtslos das Letzte, und er war der Überzeugung, daß man einen Krieg oder eine Schlacht nur gewinnen kann, wenn man angreift, immer wieder angreift.

Jones wandte sich an Ridgway. »Ich glaube, es läßt sich machen«, sagte er.

Hasbrouck war verzweifelt. Es war immer dieselbe Geschichte. Die Infanteristen hielten einen Panzer für eine sichere Festung. Für einen Panzersoldaten aber war ein Panzer eine Todesfalle aus Metall, die eine Tonne hochexplosiver Stoffe und viele Liter Benzin enthielt. Welcher Unsinn, dachte er, sich in diesem Raum nutzlos zu verschanzen. Viel besser wäre es, den Kampf in einer Gegend auszutragen, die man selbst nach dem Gesichtspunkt der günstigsten Gefechtsbedingungen für Panzer auswählen konnte.

»Da drinnen können Panzer nicht manövrieren«, protestierte er und deutete auf das Gänseei. »Wir könnten die Panzer nur als Bunker verwenden.«

Ridgway paßte es gar nicht, daß seine beiden Kommandeure völlig entgegengesetzter Ansicht waren. Es gab nur eine Möglichkeit, sich ein Bild von der Lage und davon zu machen, wer recht hatte – man mußte sich die Front ansehen.

Er nahm seinen Stahlhelm. »Kommen Sie, Bob«, sagte er ungeduldig zu Hasbrouck. »Wir beide gehen an die Front und sehen nach, was dort eigentlich los ist.«

Einen Augenblick später fuhren die zwei Männer, beide gereizt und verärgert, an die Front.

Nahe der Front, auf einem Hügel östlich Commanster, wo sich zur Zeit sein Gefechtsstand befand, saß General Bruce Clarke in einem Jeep. Er blickte nachdenklich über die Hügel und Wälder. Dies war sein neuer Abschnitt – ein dünner, improvisierter Verteidigungsbogen, der überall bedroht war.

Panzer und Infanterie der Führerbegleitbrigade hatten bereits die Nordflanke durchstoßen und damit Clarke vom Kampfkommando A abgeschnitten. Die Kämpfe waren so heftig gewesen, daß man auf einem amerikanischen Verbandsplatz die Verwundeten bewaffnet und in die Schlacht geworfen hatte.

Die amerikanische Artillerie war mit der Munition fast zu Ende. Dutzende von Panzern und Lastwagen steckten fest, weil sie keinen Treibstoff mehr hatten, und viele Soldaten hatten schon über einen Tag nichts gegessen.

Die Lage war düster – aus drei Gründen: Ridgway verbot jeden Rückzug; es gab fast kein Benzin mehr; und der Boden war nicht hart genug, um Panzer zu tragen.

Um 15 Uhr stieg Clarke aus dem Jeep und ging über das verschneite Feld, um die Festigkeit des Bodens zu prüfen. Er schien hart, doch Clarke wußte, daß er unter einem Sherman, ja, sogar unter einem Schützenpanzer, sofort einsinken würde. Mitten auf dem Feld sah er einsam und verlassen einen Wagen stehen. Es war der Mercedes-Benz, den Hasbrouck ihm geliehen hatte. Er wandte sich um und rief seinem Fahrer zu: »An dem Wagen ist ein ganz neuer Stern. Holen Sie ihn bitte.« Es war sein erster Stern, und er wollte nicht, daß er einem deutschen Andenkenjäger in die Hände fiel.

Ein paar Minuten später betrat er seinen Gefechtsstand in Commanster. Sein Adjutant grinste über das ganze Gesicht.

»Worüber freuen Sie sich denn so?« fragte Clarke.

»Ein Konvoi von Nachschublastwagen ist soeben eingetroffen. Sie mußten sich durchkämpfen, aber sie haben es geschafft.«

Clarke lächelte. Das war die erste gute Nachricht dieses Tages. Ein Gefühl der Dankbarkeit für die Nachschubleute stieg in ihm auf.

»Von der Division ist eine Meldung gekommen, Sir«, fuhr der Adjutant fort. »General Hasbrouck ist mit General Ridgway hierher unterwegs. Sie wollen eine Kommandeurbesprechung abhalten.«

Eine Stunde später schritt Ridgway im Zimmer auf und ab. Er wandte sich um und schaute Colonel Reid durchdringend an. »Wie hoch ist die Kampfstärke Ihrer Einheit?«

Der Kommandeur des 424. Regiments überlegte einen Augenblick. Er hatte sämtliche Feldküchen und fast alle schweren Waffen eingebüßt. »Etwa fünfzig Prozent, Sir.«

Ridgway starrte ihn kalt an und wandte sich dann an Clarke.

Clarke überlegte nicht. »Vierzig Prozent, Sir.«

Ridgway schwieg. Er kannte diese Männer und auch Hasbrouck kaum. Vielleicht hatten sie die Nerven verloren. Er brauchte verläßliche Auskunft von einem Mann, dem er vertraute – einem Mann wie Bill Hoge etwa. Sie waren in West Point gute Freunde gewesen.

Als er hörte, daß Hoge sich noch auf dem Weg nach Commanster befand, beendete er die Besprechung. Einige Minuten danach erreichte er seinen Freund über Sprechfunk. Mit verschlüsselten Anspielungen auf die Zeit, als er Fußballmanager und Hoge Angehöriger der Mannschaft von West Point war, gab Ridgway ihm das Planquadrat eines Bauernhauses durch, wo sie sich kurz darauf trafen.

»Bill«, sagte Ridgway, »die Stellung hier ist zu exponiert, als daß man sie noch länger halten könnte. Wir werden euch nicht hier drin sitzenlassen und zusehen, wie die Deutschen langsam Kleinholz aus euch machen.« Während er sprach, beobachtete er Hoge genau und wartete auf eine Reaktion, aus der er auf die wirkliche Lage schließen konnte. »Ich habe die Absicht, heute abend sämtliche Truppen zurückzunehmen. Wir werden euch hier herausholen.«

Hoge starrte seinen Freund schweigend an. Die fast pausenlosen Kämpfe der letzten fünf Tage hatten ihn arg mitgenommen. Seine Leute hatten sich in dieser Schlacht, die ihre Feuertaufe war, gut gehalten, doch jetzt waren sie am Ende. Ein Bataillon, das 27., hatte bereits den dritten Kommandeur. Colonel Seeley hatte einen Herzanfall bekommen, sein Nachfolger war bald zusammengeklappt, und der dritte Kommandeur, der vor Pflichtgefühl fast platzte, bildete sich Befehle ein, die er nie empfangen hatte.

Hoge sagte nur: »Wie?«

Dieses eine Wort genügte Ridgway. Die Lage war hoffnungslos. »Bill«, sagte er; sein Entschluß stand jetzt fest. »Wir *werden* es schaffen.«

Sie schüttelten einander die Hand. Ridgway fuhr ab.

Eine Stunde später stürzte er in den Gefechtsstand der 106. Division in Vielsalm. »Ich möchte General Jones sprechen!« rief er. »Allein!«

Als die andern den Raum verlassen hatten, sagte Ridgway Jones ganz offen, daß ihm die Zustände in Vielsalm nicht paßten. Dann fuhren Ridgway und Jones ein paar Häuser weiter zu Hasbroucks Gefechtsstand in der Schule. Ridgway schickte bis auf die zwei Generale, denen die Truppen im Bereich des Gänseeis unterstanden, und seinen stellvertretenden Stabschef Colonel Quill alle aus dem Zimmer. Wieder machte er seinem Ärger über die verwickelten Kompetenzverhältnisse in Vielsalm gründlich Luft.

Dann diktierte der Korpskommandeur einen Befehl, der die Lage klärte: er machte Jones zu seinem Helfer und unterstellte alle Einheiten im Befestigten Gänseei dem alleinigen Befehl von Hasbrouck.

Ridgway wandte sich an den Ein-Stern-General, dem jetzt Truppen in der Kampfstärke von mehr als zwei kompletten Divisionen unterstanden. »Bob«, sagte er, »fangen Sie so bald wie möglich an, Ihre Leute zurückzunehmen. Ich möchte, daß der Rückzug heute nacht im Schutz der Dunkelheit vollzogen wird.«

»Nuts«

22. Dezember 1944

1

Am 22. Dezember war seit dem Beginn der Schlacht eine Woche vergangen. Präsident Roosevelt verweigerte bei seiner Pressekonferenz in Washington jeden Kommentar zu der großen deutschen Offensive.Er erklärte lediglich, daß »ein Ende nicht abzusehen« sei, und forderte die Leute an der Heimatfront auf, die Soldaten in diesen kritischen Tagen mit allen Kräften zu unterstützen.

In Paris wuchs die Angst der Zivilbevölkerung vor Skorzenys »geschulten Mördern« von Tag zu Tag. In Mayenne hatte man Fallschirmjäger gesichtet. Man erwartete jeden Augenblick Skorzenys Leute im Café de la Paix.

In Versailles war Eisenhower immer noch ein Gefangener seiner eigenen Wachen. Doch die neuen Berichte über deutsche Fallschirmjäger ärgerten ihn nur. »Hölle und Teufel!« sagte er zu Lieutenant Kay Summersby, seiner Sekretärin. »Ich gehe jetzt spazieren. Wenn mich jemand erschießen will, dann soll er es meinetwegen versuchen. Ich muß hier einfach raus.«

Er ging mit langen Schritten über den Hof und genoß, ängstlich von seinen Wachen beobachtet, den verbotenen Spaziergang. Als er zurückkam, fühlte er sich wohler. Er setzte sich an den Schreibtisch und verfaßte einen seiner seltenen »Tagesbefehle«, ein paar Zeilen voll Kampfgeist und Zuversicht:

> »Durch den Ausbruch aus seinen Verteidigungsstellungen gibt uns der Feind vielleicht die Möglichkeit, sein gewagtestes Spiel in seine größte Niederlage zu verwandeln. Ich fordere von jedem einzelnen Mann sämtlicher alliierten Truppen das Äußerste an Mut und Entschlossenheit. Nur ein Gedanke darf uns alle erfüllen: den Feind zu Lande, in der Luft, überall niederzuringen, zu vernichten! Vereint in diesem Entschluß und in unerschütterlichem Glauben an die Sache, für die wir kämpfen, werden wir mit Gottes Hilfe unseren größten Sieg erringen.«

Im vorgeschobenen 9. Air Force-Hauptquartier in der Stadt Luxemburg fand die tägliche Lagebesprechung statt. Major Stuart Fuller verlas den Wetterbericht. Im Rheintal, östlich der Ardennen, hatte sich eine Schlechtwetterfront festgesetzt und machte keine Anstalten, abzuziehen.

»In den nächsten Tagen«, schloß er, »ist mit einer Aufheiterung nicht zu rechnen. Vor dem 26. Dezember dürfte eine Änderung kaum zu erwarten sein.«

Auch im Lageraum war von einer Aufheiterung nichts zu merken. Lieutenant General Hoyt Vandenberg, der Kommandeur der 9. Air Force, und Fuller konnten nicht die mindeste Aussicht auf eine Änderung feststellen. Im Osten und Westen standen stabile Hochs, doch schien es äußerst unwahrscheinlich, daß sie sich verlagern würden.

»Das heißt: kein Einsatz«, sagte Vandenberg verärgert. Das Rasseln von Pattons Panzerkolonne, die draußen über das Kopfsteinpflaster rollte, verstärkte noch seine Enttäuschung. Wie sollte er diesen Männern in den bevorstehenden Kämpfen helfen?

Ein paar Häuser weiter sah George Patton einen Stapel von Meldungen durch. Um sechs Uhr morgens hatten Panzer und Infanteristen seines III. Korps den ersten amerikanischen Gegenangriff auf den Keil unternommen.

Drei Divisionen waren durch dichten Nebel und heftiges Schneetreiben gegen die Ardennen vorgegangen: an der Westflanke die 4. Panzer auf Bastogne, in der Mitte die 26. auf Wiltz und an der östlichen rechten Flanke die kampferprobte 80. Division, geführt von dem draufgängerischen »Glatzkopf Horace« McBride. Von ihr erwartete man, daß sie in einem Tag Ettelbrück zurückerobern und bis St. Vith vorstoßen würde.

Patton war zufrieden. Seine Kritiker hatten nicht recht behalten. In weniger als 48 Stunden waren die drei Divisionen auf unbekannten Straßen, die zudem vereist waren, über 150 Kilometer vorangekommen. Der Angriff entwickelte sich, wie vorausgesagt, völlig planmäßig.

Nun machte er eine noch erstaunlichere Voraussage. »Am 26. Dezember«, sagte er, »sind wir in St. Vith.«

Eine Woche vorher hatte Patton seinem Kaplan befohlen, um gutes Wetter für den Angriff auf die Saar zu beten. »Sehn Sie mal zu, daß wir Gott auf unsere Seite bekommen.«

»Ja, Sir«, sagte O'Neill zögernd. »Aber bei Leuten meines Berufes ist es eigentlich nicht üblich, um gutes Wetter zu beten, damit Mitmenschen getötet werden können.«

»Sind Sie hier, um mir Religionsunterricht zu erteilen, oder sind Sie der Kaplan der Dritten Armee? Ich brauche ein Gebet!«

Das Gebet wurde verfaßt:

»Allmächtiger und gnädiger Vater im Himmel, wir bitten demütig um Deine Güte: beende diesen unmäßigen Regen, der uns heimsucht. Gib uns gutes Wetter für unseren Kampf.«

Patton war von O'Neills Gebet begeistert und ließ es in tausend Exemplaren drucken. Doch bevor sie verteilt werden konnten, wurde der Angriff auf die Saar abgeblasen, und die ganze Dritte Armee schwenkte um 90 Grad herum, den Ardennen zu.

Als sich nun Pattons III. Korps nach Norden wandte, um sich der großen deutschen Offensive entgegenzuwerfen, wurde das Gebet verteilt, obwohl Pattons Stabschef, General Gay, ihn darauf aufmerksam machte, daß es für einen früheren Angriff verfaßt worden war.

»Ach, dem lieben Gott wird das egal sein«, war Pattons Antwort. »Er weiß bestimmt, daß wir jetzt zu sehr damit beschäftigt sind, Deutsche umzubringen, und keine Zeit haben, ein neues Gebet zu drucken.«

An diesem Morgen lasen es in tobendem Schneesturm die Soldaten dreier Divisionen.

2

Am Morgen dieses Tages wagten sich in dem von Deutschen besetzten Wiltz nur wenige Zivilisten auf die Straße, darunter eine ältere Frau, die über Schutt und Trümmer mühsam zum Krankenhaus hinaufstieg. Madame Balthasar-Wagener zitterte, aber nicht vor Altersschwäche oder Kälte. Sie und ihr Gatte Jean-Pierre hielten auf ihrem Dachboden einen verwundeten GI versteckt. Paradoxerweise betrachteten viele ihrer Nachbarn sie als Kollaborateure, denn ihre Tochter Mariette hatte einen deutschen Offizier, Fritz Schultheiß, geheiratet. Man hatte ihr Haus in der Rue Plank schon einem Dutzend deutscher Offiziere als Quartier zugewiesen. Und was sollten sie machen, wenn Fritz womöglich überraschend auf Urlaub kam?

Sie betrat das große moderne Krankenhaus, das hoch über dem Tal lag, und ging eine Weile unschlüssig in dem peinlich sauberen Korridor auf und ab.

»Ich bin Mademoiselle Anna und arbeite hier freiwillig als Krankenschwester«, sprach eine junge, zarte Frau sie an. »Kann ich Ihnen behilflich sein?«

Ihre nette Art machte Madame Balthasar-Wagener Mut. »Bei mir liegt ein amerikanischer Soldat namens Georges«, sprudelte sie hervor. »Er ist verwundet.«

Mademoiselle Anna nahm die Frau am Arm und führte sie in ein leeres Zimmer. »Ich hole ein paar Medikamente für Ihren Amerikaner«, sagte sie. »Dann komme ich mit Ihnen.«

Einen Kilometer entfernt fuhren mehrere Lastwagen mit großen roten Kreuzen in den Hof der alten Burg. Vor ein paar Tagen noch hatte die Burg ein amerikanisches Feldlazarett beherbergt. Jetzt war es in deutscher Hand. Sanitäter beider Seiten trugen verwundete amerikanische Gefangene hinein.

Auf einem deutschen Lastwagen stand ein unverwundeter GI und beaufsichtigte das Ausladen: Sergeant Lester Koritz vom Order of Battle Team der 28. Division.

Koritz, der sich selbst zum Dolmetscher der verwundeten Amerikaner ernannt hatte, sah sich um. Es schien unglaublich – er war wieder dort, von wo er vor vier Tagen aufgebrochen war. Er schaute durch den alten Torbogen auf die Grand' Rue hinaus. Hundert Meter weiter an dieser Straße befand sich der Tabakladen der Schwestern Goebel, seiner guten Freundinnen. Ob sie wohl lebten?

Die Schwestern waren vor drei Tagen nach Süden, nach Boulaide, geflohen. Doch als die Deutschen diesen Ort nahmen, wurden alle Flüchtlinge angewiesen, wieder nach Hause zurückzukehren. In diesem Augenblick wanderten die Schwestern Goebel und viele hundert andere Bürger von Wiltz in einem heftigen Schneesturm am Cafè Schumann vorbei. Ihre anstrengende Flucht war fast zu Ende.

3

Eine dicke Schneedecke verhüllte die düsteren Häuser von Bastogne und ließ die Stadt ruhig und friedlich erscheinen. In McAuliffes Gefechtsstand am Nordwestrand des Ortes herrschte eine zuversichtliche Stimmung.

Soeben waren zwei erfreuliche Meldungen eingegangen. Die eine lautete: »Hugh kommt.« Das bedeutete, daß General Hugh Gaffeys 4. Panzerdivision an der linken Flanke von Pattons III. Korps auf die belagerte Stadt vorstieß. Die andere Meldung stammte vom VIII. Korps: »Um 22 Uhr trifft Nachschub aus der Luft ein.«

Auch die Soldaten in den Schützenlöchern und in den einsamen Kompaniegefechtsständen am Rand des Verteidigungsringes faßten neuen Mut – jedoch aus einem anderen Grund. Als sich die Nachricht verbreitete, daß sie eingeschlossen waren, verschwand plötzlich jede Rivalität zwischen den verschiedenen Einheiten. Die Fallschirmjäger gaben jetzt widerstrebend zu, daß die 10. Panzerdivision sich verdammt gut geschlagen und während der ersten beiden Tage die Kastanien aus dem Feuer geholt hatte.

Auch die heftige Rivalität zwischen den Regimentern der 101. hörte mit einem Schlag auf. Natürlich wollte auch jetzt noch kein Mann, der etwas auf sich hielt, seine eigene gegen eine andere Truppe vertauschen. Doch es war ein gutes Gefühl, andere tüchtige Einheiten an seiner Seite zu wissen.

Die Negerkanoniere der 155-mm-Geschütze, die in den Ort gekommen waren, stopften ihre Hosenbeine in die Stiefel. »Was um alles in der Welt ist denn das für eine Uniform?« fragte ein Offizier der 101. verwundert. »Mensch«, war die Antwort, »wir sind Luftlandetruppen!« So sehr hatten sie ihre Meinung geändert.

Sogar die Versprengten – der verlorene Haufen – faßten schließlich Mut. Erschöpft und seelisch und körperlich gebrochen hatten sich diese Männer in die Stadt geschleppt. Doch ein paar Tage Schlaf und ordentliches Essen hatten sie wieder auf die Beine gebracht.

Fünf Kilometer südlich von Bastogne stand Sergeant Oswald Butler vom 327. Luftlandeinfanterieregiment im Erdgeschoß eines einsam gelegenen Bauernhauses und blickte auf die Straße nach Arlon hinaus.

Um Punkt 11 Uhr 30 sah er von Süden vier Gestalten daherkommen. Sie trugen etwas, das wie eine Stange mit einem Bettlaken aussah. Es waren Deutsche. Er stürzte ans Telefon und rief Captain Adams, seinen Vorgesetzten, an. »Bei mir kommen vier Deutsche die Straße herunter. Sie tragen eine weiße Fahne. Sieht aus, als wollten sie sich ergeben.«

Dann ging Butler mit zweien seiner Männer den Deutschen entgegen. Ein dicker kleiner Hauptmann mit den Abzeichen eines Truppenarztes trat auf ihn zu. »Wir sind Unterhändler«, sagte er in gewähltem Englisch. »Wir möchten Ihre Offiziere sprechen.«

Ein Artilleriemajor, der die Abzeichen der Panzer-Lehr trug, sagte etwas auf deutsch zu dem Hauptmann. »Wir wünschen Ihren Kommandierenden General zu sprechen«, sagte der Hauptmann.

Butler riß ein paar Streifen von der weißen Fahne ab und verband den beiden Offizieren die Augen. Er befahl Private Gommell, bei den zwei deutschen Soldaten zu bleiben, und führte die Offiziere den Hügel hinauf hinter die Front.

Eine halbe Stunde später telefonierte Colonel Joseph Harper, der Kommandeur des 327., mit Lieutenant Colonel Ned Moore, McAuliffes stellvertretendem Stabschef.

»Bei mir sind Deutsche«, sagte Harper. »Sie möchten sich ergeben. Ich werde sie zum Gefechtsstand bringen.«

»Gut«, sagte Moore. Dann öffnete er die Tür zu dem kleinen Zimmer, in dem McAuliffe schlief. Er rüttelte den General wach und sagte ihm, daß Harper mit einigen Deutschen unterwegs sei, die ein Kapitulationsangebot brächten.

Kurz darauf stieg Colonel Harper die steile Treppe zum Divisionsgefechtsstand hinunter und übergab Moore zwei mit Schreibmaschine beschriebene Blatt Papier.

»An den USA-Kommandanten der eingeschlossenen Stadt Bastogne.

Das Kriegsglück hat sich gewendet. Die USA-Streitkräfte in und um Bastogne wurden von starken deutschen Panzereinheiten eingeschlossen.

Es gibt nur eine Möglichkeit, die umzingelten USA-Truppen vor totaler Vernichtung zu bewahren: die ehrenvolle Übergabe der belagerten Stadt.

Sollte dieser Vorschlag nicht angenommen werden, so stehen sechs schwere Flakabteilungen bereit, die USA-Truppen in und um Bastogne zu vernichten.

Dieser Artilleriebeschuß würde schwere Verluste unter der Zivilbevölkerung hervorrufen, was mit der wohlbekannten amerikanischen Humanität sicherlich nicht zu vereinbaren wäre.

Der deutsche Kommandeur.«

McAuliffe trat gähnend aus seinem Zimmer. »Was steht auf dem Zettel, Ned?« fragte er.

»Daß wir uns ergeben sollen.«

McAuliffe warf einen flüchtigen Blick auf das Papier, lachte und sagte: *»Nuts.«** Er ließ die beiden Bogen zu Boden flattern und fuhr zur Front hinaus, um persönlich ein paar Soldaten zu belobigen, die soeben eine deutsche Straßensperre niedergekämpft hatten.

* Wörtlich: »Nüsse«; im übertragenen Sinne: »Quatsch«, »Unsinn«. (Anm. des Übersetzers.)

Als McAuliffe zu seinem Gefechtsstand zurückkehrte, traf er dort Colonel Harper. »Tony«, sagte Harper, »diese beiden Deutschen sind immer noch in meinem Gefechtsstand. Sie sagen, sie hätten eine dem Kriegsrecht entsprechende Nachricht überbracht und müßten darauf Antwort bekommen.«

»Was, zum Teufel, soll ich ihnen denn sagen?« McAuliffe setzte sich und drehte nachdenklich einen Bleistift zwischen den Fingern.

»Ihre erste Bemerkung ist eigentlich kaum zu überbieten«, meinte Colonel Kinnard, der junge Planungsoffizier.

»Was hab' ich denn gesagt?«

»›*Nuts*‹!«

Alle Anwesenden waren von dieser Antwort begeistert.

McAuliffe schrieb etwas auf einen Zettel und gab ihn Harper. »Hier ist die Antwort.«

Harper las:

»An den deutschen Kommandeur:
Nuts!
Der amerikanische Kommandeur.«

»Würden Sie dafür sorgen, daß das überbracht wird?« sagte McAuliffe.

Harper grinste: »Das übergebe ich eigenhändig. Das wird ein Riesenspaß.«

Um 13 Uhr 30 betrat Sergeant Butler, der eben seine Stellungen inspiziert hatte, das Bauernhaus an der Straße nach Arlon. Zu seinem Erstaunen sah er die beiden Landser der deutschen Parlamentärgruppe im Erdgeschoß auf dem Boden sitzen. Ihre Maschinenpistolen waren an die Wand gelehnt. Private Gommell, der sie bewachte, spielte stolz mit der P-38-Pistole.

»Was ist denn hier los, verdammt noch mal?« fragte Butler.

»Sie haben sich mir gerade ergeben«, sagte Gommell arglos.

»Gib ihnen ihre Pistolen zurück.«

Zögernd befolgte Gommell den Befehl.

Butler hörte einen Jeep vorfahren. Er lief hinaus, die andern ihm nach. In dem Jeep saß Colonel Harper mit den beiden deutschen Offizieren.

»Aber was soll das heißen?« fragte der Militärarzt verwirrt.

»Ich will es Ihnen erklären«, sagte Harper, der die Geduld verlor. »›*Nuts*‹ heißt auf Englisch schlicht und einfach soviel wie ›Geht zum Teufel‹. Und ich will Ihnen noch was sagen: wenn ihr weiter angreift, werden wir jeden gottverdammten Deutschen töten, der in diese Stadt einzudringen versucht.«

Die Deutschen salutierten knapp.

»Und wir werden viele Amerikaner töten«, sagte der Arzt im Hauptmannsrang bedauernd.

Ungefähr 15 Kilometer südwestlich von Bastogne waren die Kameraden der deutschen Parlamentärgruppe an diesem Tag kaum weiter nach Westen vorangekommen. In einem vorgeschobenen Gefechtsstand der Panzer-Lehrdivision putzte Baron von Manteuffel, der am Vortag persönlich mit einem Panzer bis St. Hubert gefahren war, General Bayerlein herunter.

»Es geht überhaupt nicht weiter!« schrie er. »Setzen Sie Ihre Leute endlich in Trab!« Auch auf Lüttwitz, seinen Korpskommandeur, war Manteuffel böse. Denn der Baron hatte von der Übergabeaufforderung an Bastogne zu spät erfahren, um die Parlamentäre noch zurückhalten zu können. Die Note war nicht nur vom militärischen Standpunkt aus geschmacklos; sie enthielt außerdem leere Drohungen. Die Flakabteilungen, mit denen man die Stadt in Trümmer zu legen drohte, existierten nur in Lüttwitz' Phantasie.

Doch jetzt mußten die leeren Drohungen erfüllt werden. Manteuffel griff zum Telefon.

In Bastogne war es Mitternacht. In McAuliffes Gefechtsstand war die Stimmung plötzlich umgeschlagen. Der Abwurf von Nachschub, den man für 22 Uhr versprochen hatte, war wegen des schlechten Wetters abgesagt worden.

Wieder überprüften McAuliffe und sein Stab die Lage. Daß die Deutschen bis jetzt nicht imstande gewesen waren, Bastogne zu überrennen, hatte drei Gründe: Mangel an Artillerie, schlechte Abstimmung der verschiedenen Angriffe aufeinander und die Zähigkeit der Verteidiger. Bisher hatten die Deutschen immer nur einen Abschnitt angegriffen und dadurch den Verteidigern Zeit gegeben, Reserven an die jeweils bedrohte Stelle zu werfen.

McAuliffe studierte den letzten Lagebericht. Bei Marvie gab es schwere Kämpfe. Panzerlärm an anderen Punkten ließ darauf schließen, daß weitere Angriffe bevorstanden. Wenn diese einsetzten, konnte er ihnen nur wenig entgegenwerfen. Sämtliche Infanteriekommandeure des Verteidigungsringes forderten Artillerieunterstützung, bekamen jedoch fast keine. Man hatte die Munition rationiert. Jedes Geschütz durfte pro Tag nur zehn Schuß abgeben.

Einem Kommandeur, der unablässig um Artillerieunterstützung bat, antwortete McAuliffe trocken: »Wenn Sie auf 100 Quadratmetern 400 Deutsche sehen, die den Kopf ordentlich hochhalten, dann dürfen Sie Artillerie einsetzen. Aber nicht mehr als zwei Schuß.«

Colonel Roberts' große 105er, die schweren Brocken der Stadtverteidigung, hatten so wenig Munition, daß man sich gezwungen sah, drei Panzer und zwei Schützenpanzer einen Ausbruchversuch nach Süden unternehmen zu lassen.

Captain McCloskey, der dieses tollkühne Unternehmen leitete, hoffte, sich mit einem Munitionszug wieder nach Bastogne zurückkämpfen zu können. Doch er kam kaum einen Kilometer weit, dann waren alle fünf Fahrzeuge zusammengeschossen.

Als die Meldung darüber in Bastogne eintraf, hörte man in der Luft das ungewohnte Brummen deutscher Bomber. Das Dröhnen wurde lauter. Schrilles Pfeifen ertönte, Explosionen folgten. Manteuffel verwirklichte Lüttwitz' Drohung, die Stadt zu vernichten.

Die Soldaten in den Schützenlöchern rund um Bastogne waren verbittert. Wenn die Deutschen fliegen konnten, wieso konnten es dann die Alliierten nicht? Die Zuversicht, die sie am Morgen beseelt hatte, schwand. Dieses Bombardement deutete darauf hin, daß das Ende nahe war.

Das russische Hoch

23. Dezember 1944

1

In den ersten Minuten des 23. Dezember verließ ein Ambulanzauto Vielsalm und fuhr nach Nordwesten, in Richtung Lüttich. In dem Wagen lag Major General Alan Jones.

Bald nach seiner letzten Besprechung mit Ridgway, bei der man ihn vom Befehl über die 106. Division entbunden und zu Ridgways Helfer ernannt hatte, war er bewußtlos zu Boden gestürzt. Sein Herz hatte, durch Sorgen, Überarbeitung und Aufregung überanstrengt, schlappgemacht.

Hasbrouck saß immer noch im Schulhaus und arbeitete. Sein detaillierter Plan, nach dem sich 20 000 Mann und Hunderte von Panzern und Lastwagen aus dem Befestigten Gänseei über die Salm zurückziehen und Jones nach Nordwesten nachstoßen sollten, wurde eben über Funk an die Front durchgegeben.

Hoge und Reid sollten um drei Uhr morgens über Beho zurückgehen, der Hauptstraße bis Salmchâteau folgen und dann durch den Fluchtkorridor ausbrechen, den die 82. Luftlandedivision offenhielt. Drei Stunden später, um sechs Uhr, sollte Clarke seine Leute durch Commanster schleusen und über eine schlechte Nebenstraße nach Vielsalm führen. Das Sonderkommando Boylan sollte Clarke decken, das Sonderkommando Jones Hoge und Reid. Nelsons 112. Regiment hatte die Aufgabe, gleich östlich der Salm eine Verteidigungslinie zu errichten und dort auszuharren, bis alle Truppen des südlichen Sektors sich abgesetzt hatten. Nördlich davon sollten die beiden anderen Kampfkommandos der 7. Panzerdivision, das Kampfkommando A und die Kampfkommando-Reserve, ihre Stellungen halten, bis Clarke in Sicherheit war, und sich dann schleunigst zurückziehen.

Es war ein genau durchdachter, todsicherer Plan – auf dem Papier.

Als General Clarke seinen Gefechtsstand in Commanster betrat, überreichte man ihm eine Abschrift des Planes. Er hatte wie alle andern Soldaten innerhalb des Befestigten Gänseeis um einen

Rückzugsbefehl gebetet, doch er wußte, daß der Zustand der Straßen allgemeinen Rückzug nicht gestattete. Er kam eben von einer Frontbesichtigung. Auf der Hauptstraße von Hinderhausen war sein Jeep bis über die Radkappen im Schlamm versunken. Ein Dutzend Soldaten hatte ihn herausziehen müssen. Was würde geschehen, wenn Lastwagen, Panzer und Zugmaschinen in dieses Meer von Schlamm gerieten?

General Bill Hoge betrat das Gasthaus. Seine Sorgen waren noch größer. »Ich soll um drei Uhr aufbrechen«, sagte er zu Clarke. »Aber ich werde an mindestens zwei Punkten schwer angegriffen. Ich kann mich in dieser Situation auf keinen Fall zurückziehen.«

Und so funkten die beiden Generale an Hasbrouck, daß ein Rückzug zur festgesetzten Zeit unmöglich sei. Sie hatten natürlich keine Ahnung davon, daß das östliche Hochdruckgebiet, das russische Hoch, sich eben in Richtung auf die Ardennen zu verlagern begann. Wenn es rechtzeitig eintraf, würde der Wind Nebel und Wolken vom Schlachtfeld wegfegen, die Felder und aufgeweichten Straßen würden gefrieren, und Lastwagen, Zugmaschinen und Panzer konnten nach Westen entkommen.

Mehrere Kilometer entfernt versuchte Lieutenant Colonel Robert Erlenbusch verzweifelt, den nordöstlichen Bogen des Befestigten Gänseeis zu stützen. Als er durch Braunlauf fuhr, sah er in einem Haus flackerndes Kerzenlicht. Er hielt an und ging hinein. Ein Dutzend Soldaten hockten auf dem Fußboden und starrten versunken auf die brennende Kerze. Ihre Tornister hatten sie in einer Ecke aufgestapelt.

»Wieso sitzt ihr hier herum, verdammt noch mal?« fragte er.

Keiner wußte es. Sie gehörten zum 424. Regiment und hatten keine Ahnung, was sie in Braunlauf sollten.

»Kommt mit!« befahl er. Die Soldaten waren dankbar, daß jemand ihre Führung übernahm, und folgten ihm auf die Straße. Wenige Minuten später hatte Erlenbusch ein paar Hundert weitere verwirrte Infanteristen aus den Häusern zusammengeholt.

Über ein Dutzend leerer Zweieinhalb-Tonnen-Laster pflügte von Süden her durch den Schlamm. Erlenbusch hielt sie an.

»Die Deutschen sind durchgebrochen!« schrie ein Sergeant vom ersten Wagen herab. Er berichtete Erlenbusch, daß er zu Hoges Kampfkommando gehöre und versuche, zurück nach Beho zu kommen.

»Diese Laster kann ich brauchen«, sagte Erlenbusch. Der Sergeant war nur zu froh, die Verantwortung los zu sein, und nach ein paar Minuten waren die Lastwagen mit den Infanteristen der 106. Division besetzt. »Zurück nach Commanster!« befahl Erlenbusch.

Er eilte zu seinem Gefechtsstand, rief über Sprechfunk General Clarke an und berichtete ihm aufgeregt von dem Durchbruch.

»Ja, ja, ich weiß. Die Deutschen sind an mehreren Punkten durchgebrochen.« Seine Gelassenheit beruhigte Erlenbusch. »Sehen Sie zu, daß Sie *Ihre* Stellungen halten.«

Kurz darauf wurde Erlenbusch wieder ans Funkgerät gerufen. »Hier spricht General Hoge«, sagte eine andere, ebenso ruhige Stimme. »Ich bekomme keine Verbindung mit General Clarke. Ein Teil meiner Front ist durchbrochen. Falls irgendwelche Einheiten von mir bei Ihnen durchkommen, kümmern Sie sich bitte um sie.«

»Sir, ich habe eben fünfzehn Ihrer Lastwagen übernommen, die zurück nach Beho wollten. Ich werde nach weiteren Ausschau halten.«

Nun trafen schlechte Nachrichten von Erlenbuschs beiden Kommandeuren ein. Lieutenant Colonel Wimpel, der die rechte Flanke hielt, meldete schwere Angriffe, und Major Lohse, der die linke Flanke befehligte, heftigen Artillerie- und Panzerbeschuß.

Aufgeregt rief Erlenbusch Clarke an. »Sir, mein ganzer Abschnitt wird umzingelt. Die Deutschen trommeln auf Lohse herum und können ihn jede Minute fertigmachen. Wimpel wird bereits schwer angegriffen. Glauben Sie nicht, daß man sie zurücknehmen sollte?«

»Ich kann Ihnen noch keinen Rückzugsbefehl geben. General Hoge ist im Süden in schwere Kämpfe verwickelt. Wenn Sie abrücken, wird er eingekesselt.«

»Aber Sir, wenn meine Leute überhaupt noch herauskommen sollen, müssen sie unbedingt abziehen, sobald es hell wird.«

»Sie müssen weiter durchhalten«, sagte Clarke fest. »Der südliche Abschnitt muß zuerst geräumt werden. Außerdem sind die Straßen nach hinten in einem schauderhaften Zustand.«

Erlenbusch war nach der tagelangen Belastung und Überanstrengung dem körperlichen Zusammenbruch nahe. »Aber Sir«, protestierte er, »meine Leute werden abgeknallt wie Schießbudenfiguren!«

»Machen Sie sich keine Sorgen. Ich werde alles tun, um sie herauszubekommen – so schnell wie möglich.«

Nun war es an Erlenbusch, beruhigend zu wirken. Er rief Lohse an. »Wir ziehen uns noch nicht zurück. Bereiten Sie sich auf einen deutschen Angriff vor.«

Lohse war fassungslos. Seine Leute konnten nicht mehr lange standhalten. »Wissen Sie überhaupt, wie es hier draußen zugeht?« Im Hintergrund hörte man laute Explosionen.

Im gleichen ruhigen Ton wie Clarke sagte Erlenbusch: »Keine Sorge. Wir holen Sie schon raus.«

Um fünf Uhr morgens überbrachte man Clarke eine Funkmeldung. Sie kam von Hasbrouck.

> »Die Lage südlich der 82. Luftlandedivision, westlich des Flusses, ist derart, daß wir nicht mehr lange die Möglichkeit haben werden, zu ihr zu stoßen. Damit wir uns mit unserer Ausrüstung zurückziehen können, ist es also nötig, sich vom Feind zu lösen, ganz gleich, ob die Umstände günstig oder ungünstig sind. Informieren Sie mich umgehend über Ihre Situation.«

Clarke sorgte sich immer noch wegen der aufgeweichten Straßen, doch er wußte, daß Hasbrouck recht hatte. Man holte ihn ans Funkgerät.

»Südlich von mir ist ein Gefecht im Gange«, berichtete Erlenbusch aufgeregt. »Wir müssen unbedingt heraus!«

Clarke zögerte. Es paßte ihm gar nicht, daß seine Leute die aufgeweichten Straßen benützen sollten. Sie würden ein gar zu leichtes Ziel bieten. »Sie werden wahrscheinlich beim ersten Tageslicht aufbrechen können«, versprach er. »Halten Sie noch zehn Minuten durch, dann gebe ich Ihnen endgültig Bescheid.«

Clarke hängte auf und ging zur Tür seines Gefechtsstandes. Der Himmel im Osten zeigte das erste fahle Grau. Er ging hinaus. Von Osten kamen eiskalte Windstöße. Als er auf die Straße trat, fuhr er zusammen. Die Radfurchen waren fest gefroren.

Das russische Hoch war da.

Drinnen meldete sich Erlenbusch schon wieder über Sprechfunk. »Sir –«

»In Ordnung, Bob«, unterbrach ihn Clarke. »Haut ab!«

Im schwachen Morgenlicht husteten und spuckten die kalten Panzer- und Lastwagenmotoren und erwachten dröhnend zum Leben. Bald fuhren Fahrzeuge aller Art über die steinhart gefrorenen Straßen und Felder nach Westen. Zwei Panzer, die steckengeblieben waren, wurden angezündet. Die anderen rollten mühelos über den harten Boden.

In Braunlauf konnte Erlenbusch keinen Jeep finden. Sein Fahrer war in der Aufregung losgefahren. Deutsche Infanteristen in Schneehemden kamen scharenweise aus den Wäldern und liefen auf den Ort zu. Granaten begannen die Felder und Straßen umzupflügen. Die Artillerie bereitete offenbar einen Angriff vor. Auf einem Hof entdeckte Erlenbusch einen Jeep. Er stürzte über die Straße, lief geduckt eine Mauer entlang und warf sich auf den Fahrersitz. Hinten lagen zwei Gestalten in Schlafsäcken.

Der Jeep fuhr mit einem jähen Satz an. Seine Räder waren in den Furchen festgefroren gewesen. Als Erlenbusch ihn herumriß und nach Westen davonfuhr, hörte er ein fernes »Tack-tack-tack«. Sein linker Ärmel war von Löchern durchsiebt. Seine beiden Fahrgäste, ein Kaplan und sein Assistent, schliefen weiter und merkten nichts von dem Feuerhagel.

In Vielsalm sah General Robert Hasbrouck die ersten zurückflutenden Fahrzeuge an seinem Gefechtsstand vorbeirollen. Sie strömten zur Salmbrücke, wo sie die dünnen Linien der 82. Luftlandedivision passieren und weiter nach Nordwesten fahren würden.

Es war ein sonniger, kristallklarer Tag. Hasbrouck mußte daran denken, daß man ihm in Fort Leavenworth eine ähnliche Aufgabe gestellt hatte. Damals war er zur gleichen Lösung gekommen wie heute – sofortiger Rückzug, selbst bei hellichtem Tag. Man hatte ihm eine schlechte Note gegeben. Nach Ansicht der Lehrer mußte man bis Einbruch der Dunkelheit warten.

In Commanster, zehn Kilometer weiter östlich, stand General Bruce Clark auf einem Feld und lenkte den Verkehr über einen Knüppeldamm. Mit roten, entzündeten Augen, unrasiert und schmutzüberkrustet zogen seine Leute an ihm vorbei. Vor einer Woche hatte er an ihnen gezweifelt. Jetzt hätte er sie gegen keine andere Einheit eingetauscht.

Das letzte Fahrzeug fuhr vorüber. Nun fehlte nur noch Boylans Nachhut. Langsam kletterte Clarke in seinen Jeep. Sämtliche Muskeln taten ihm weh. Sein Kopf war wie ausgehöhlt. Seit sieben Tagen hatte er nicht einen Augenblick ruhig schlafen können. Er sank auf seinem Sitz zusammen. Eine angenehme Müdigkeit befiel ihn. Seine Leute waren in Sicherheit; er hatte seine Pflicht getan. Während der Jeep über die holprige Straße humpelte, fielen ihm die Augen zu. Endlich konnte er schlafen.

2

In den Ardennen brach kalt und klar der Tag an. Zum ersten Male seit Beginn der großen Offensive herrschte ausgezeichnetes Flugwetter. Gipfelhöhe und Sicht waren unbegrenzt.

An der südlichen Front überflogen ganze Schwärme von B-26 und P-47 die Stadt Luxemburg. Von dem ungewohnten Lärm aufgeschreckt, eilten die Einwohner auf die Straße. Sie verrenkten sich die Hälse und blickten den zum Einsatz fliegenden Amerikanern nach. Verschlungene Kondensstreifen bedeckten den Himmel.

Als Patton am Boulevard Paul Eyschen aus einem Fenster schaute und die Sonne sah, schlug sein Herz höher. »Fabelhaft!« rief er aus. »Ich glaube, ich werde noch 100 000 Stück von diesem Gebet drucken lassen. Der Herr steht auf unserer Seite; wir brauchen ihn bloß über unsere Wünsche auf dem laufenden zu halten.«

Er ließ Colonel Harkins, seinen stellvertretenden Stabschef, kommen. »Verdammt noch mal, Paul, sehen Sie sich das Wetter an! O'Neill hat mit seiner Beterei wirklich was geleistet. Bestellen Sie ihn her. Ich möchte ihm einen Orden anstecken.«

Doch bald verflog Pattons strahlende Morgenlaune. Gerüchte über einen großen Rückzug im Norden gingen um. Unklaren Berichten zufolge zog Montgomery sämtliche Truppen aus dem Keil bei St. Vith heraus.

Dann trafen schlechte Nachrichten von seinem eigenen III. Korps ein. Es stieß beim Angriff auf Schwierigkeiten. Die 26. Division in der Mitte machte gute Fortschritte, doch an der linken Flanke war die 4. Panzerdivision bei einer Bahnlinie weit vor Bastogne steckengeblieben. Und an der rechten Flanke war die 80. Division viele Kilometer unterhalb ihres Zieles, Wiltz, schwer angeschlagen worden.

Eines wurde Patton schließlich klar: die Deutschen waren immer noch zäh und gefährlich. Die Straßen nach Bastogne und Wiltz würden seinen Truppen noch allerhand zu schaffen machen.

3

In Wiltz, wo Brandenberger eben sein neues Hauptquartier eingerichtet hatte, schlugen die Granaten von Pattons weitreichenden Geschützen ein. Josephine Thein, die Frau eines Lehrers, der tags zuvor geflohen war, um sich der Verhaftung durch die Gestapo zu entziehen, war mit ihren beiden Kindern, der achtjährigen Nicole und dem vierjährigen Edy, allein im Keller. Sie hatten in Decken gewickelt auf einem Kohlenhaufen geschlafen.

Bei jeder Explosion wimmerten die Kinder und drängten sich dichter an die Mutter, die ihre eigene Angst zu unterdrücken versuchte. Das Bombardement wurde immer schlimmer. Josephine Thein verlor in ihrer Einsamkeit die Nerven und führte die Kinder die Treppe hinauf. Sie wollte sie in das feste Steinhaus einer Kusine ihrer Mutter bringen, das ein Stück weiter an der steilen Straße zur Burg lag.

Sie warf rasch ein paar Sachen in einen Kinderwagen. Die Kinder am Rockschoß, schob sie den Wagen hinaus und die holprige Straße hinauf. Hundert Meter rechts von ihr schlug eine Granate ein. Trümmer prasselten vor ihnen nieder. Dann tauchten plötzlich am blauen Himmel über ihnen amerikanische Flugzeuge auf.

Josephine war beim Haus ihrer Tante angelangt und hämmerte an die Tür. Nach einer Weile wurde ein Fenster geöffnet. Eine Frau lugte ängstlich heraus und fragte: »Was willst du, Josephine?«

Auf der anderen Straßenseite rannten Schwärme von Deutschen auf das große Postamt zu. Ein Flugzeug stieß herab. Es knatterte. MG-Geschosse prallten vom Kopfsteinpflaster ab und pfiffen über Josephines Kopf. Edy weinte laut und verbarg sein Gesicht im Rock der Mutter.

»Wir möchten in deinen Keller!« schrie Josephine. »Unser Viertel ist geräumt. Wir sind ganz allein!«

»Ich weiß nicht, ich muß erst meinen Mann fragen.« Die Tante schloß das Fenster.

Wieder explodierte eine Granate hinter dem Postamt. Ganz in der Nähe fielen Bomben. Ein Panzer fuhr vorbei. Im Turm stand ein Deutscher und lachte. »Was suchen Sie denn auf der Straße, schöne Frau?« rief er spöttisch.

Josephine brach in Tränen aus.

Endlich ging das Fenster wieder auf. »Albert sagt, wir haben keinen Platz für euch. Und außerdem könnte er nicht die Verantwortung übernehmen.« Krachend schlug der schwere Laden zu.

Ein zweiter Panzer rasselte den Hügel herauf. Josephine riß die Kinder im letzten Augenblick vor ihm zurück. Die drei drückten sich an die Tür des Postamtes.

»Was macht ihr denn da draußen?« rief eine Stimme durch das Guckloch in der Tür. »Habt ihr kein Zuhause?«

»Wir sind ganz allein!«

»Los, kommt rein! Wollt ihr denn erschossen werden?« Die Tür ging auf. Die drei Flüchtlinge stürzten hinein. Da sahen sie, daß der hilfsbereite Mann Monsieur Kremer war, der Hauswart des Gebäudes.

»Mein Gott, Sie, Madame Thein!« rief er. »Ich habe Sie gar nicht erkannt, so verstört haben Sie ausgesehen.« Er führte sie in die Kellerwohnung.

Madame Kremer beruhigte Josephine und die zitternden Kinder. »Zuerst müßt ihr etwas essen«, sagte sie. »Und dann legen Sie sich mit den Kindern in unsere Betten.«

4

In den Schützenlöchern rund um Bastogne brachte die strahlende Sonne den steifgefrorenen Verteidigern der Stadt willkommene Wärme. Noch nie hatten sie das Morgenlicht mit solcher Freude begrüßt. Ein schreckliche Nacht lag hinter ihnen. Ihre Schützenlöcher waren wie Eiskeller gewesen. Sie hatten die ganze Nacht kein Auge zugetan und sich ununterbrochen in Bewegung gehalten, um nicht zu erfrieren. Ein halbes dutzendmal hatten sie ihre engen Fallschirmjägerstiefel ausgezogen, um die gefühllosen Füße zu massieren. Nun versuchten sie, sich selbst und ihre Waffen aufzutauen. Der Karabiner eines Soldaten funktionierte nicht. Als er nachschaute, stellte er fest, daß der Auswerfer eingefroren war. Er bediente sich einer alten Soldatenmethode und taute das vereiste Metall mit seinem Urin auf.

Ein fernes Brummen im Westen steigerte sich zu schrillem Geheul. Pfeilschlanke amerikanische Jagdbomber schossen über ihre Köpfe hinweg, in Richtung Nordosten, zum Befestigten Gänseei. Die Männer von Bastogne sprangen auf und jubelten ihnen zu.

Um 9 Uhr 35 näherten sich mit tiefem Brummen mehrere Transportmaschinen und kreisten über der Stadt. Fallschirmjäger schwebten auf ein verschneites Feld herab. Es waren Kundschafter, die die in eineinhalb Stunden erwarteten Versorgungsflugzeuge einweisen sollten.

Während die Kundschafter ihre Radargeräte zusammensetzten, empfing Captain James Parker, ein Fliegeroffizier, der einen Tag vor der Einkesselung nach Bastogne gekommen war, über Funk weitere gute Nachrichten. Flugzeuge waren zur Unterstützung der eingeschlossenen Truppen unterwegs. Ein paar Minuten nach zehn Uhr bekam Parker, dessen Funkjeep vor McAuliffes Gefechtsstand parkte, mit den nahenden Flugzeugen Verbindung und teilte ihnen die Angriffsziele mit. Sie stürzten sich völlig überraschend auf die Bastogne zustrebenden deutschen Kolonnen und zerstörten viele Panzer und Panzerwagen.

Um 11 Uhr 50 näherten sich sechzehn große C-47 der eingeschlossenen Stadt. Deutsche Flak schoß Sperrfeuer. Mehrere Flugzeuge stürzten brennend ab, doch die übrigen ließen sich nicht vom Kurs abbringen. Hunderte farbiger Fallschirme öffneten sich über Bastogne und schwebten auf die Felder nieder.

Trotz der strengen Vorschriften strömten die Einwohner aus den Kellern und betrachteten staunend das bunte Schauspiel. Diese Amerikaner waren wie Menschen aus einer anderen Welt.

Die GIs fielen einander in die Arme. Sie schrien und tanzten auf den Straßen.

5

An diesem Tag brachten die Londoner Zeitungen alarmierende Berichte von der Ardennenfront. Die Schlagzeile des *Daily Express* lautete: »Krieg um Monate verlängert?«, und die Zeitung zitierte eine deutsche Meldung, in der es hieß, daß Lüttich erreicht sei und daß in den Vororten der Stadt schwere Kämpfe im Gang seien.

Dem Pariser Korrespondenten des *Daily Telegraph* zufolge waren englischsprechende deutsche Frauen mit Messern bewaffnet über den amerikanischen Linien abgesprungen. Angeblich waren bereits sieben gefangengenommen worden und hatten gestanden, daß sie den Auftrag hätten, GIs zu verführen und dann hinterrücks zu erdolchen.

Doch den überzeugendsten Beweis für die Härte der Schlacht lieferte die *Daily Mail*: »In einigen Teilen des Landes gibt es nicht genügend Bier für die Feiertage. Wahrscheinlich müssen viele Gasthäuser am Weihnachtsfeiertag und teilweise auch am 2. Feiertag schließen.«

Trotzdem herrschte in London Ruhe – im Vergleich zu Paris, wo die Angst vor feindlichen Agenten tolle Blüten trieb. Aus mehreren Orten kamen Meldungen über Lynchmorde. Eine Fünfte Kolonne hielt sich angeblich in den unterirdischen Kanälen versteckt und bereitete sich zum Angriff vor.

Versailles glich immer noch einem Feldlager. Niemand wurde zu Eisenhower vorgelassen, den seine Abgeschiedenheit immer gereizter machte. Ohne sein Wissen errichtete man für seine Mörder eine raffinierte Falle. Ein Colonel, Baldwin B. Smith, der Eisenhower erstaunlich ähnelte, zog eine seiner Uniformen an und wurde zwischen der »Rundstedt-Villa« und Versailles hin- und hergefahren. Der Köder für Skorzeny war ausgeworfen.

In Wirklichkeit gab es im Umkreis von mehreren Hundert Kilometern keinen einzigen Skorzeny-Mann. Hingegen gab es Tausende von Saboteuren – hauptsächlich amerikanische Soldaten, die unerlaubt ihre Truppe verlassen hatten. Die meisten hatten sich in Paris versammelt und lebten davon, daß sie amerikanische Vorräte stahlen, unter anderem durchschnittlich 4500 Liter Benzin pro Tag.

In einem einzigen Pariser Militärgefängnis saßen 1308 Amerikaner, von denen über die Hälfte der »widerrechtlichen Aneignung von Heeresgut« angeklagt war. In einem anderen Gefängnis standen 181 Offiziere und drei GIs unter der Anklage, eine ganze Zugladung Seife, Zigaretten und andere Vorräte gestohlen zu haben. Jeder Gefangene hatte bei der Festnahme mehr als 5000 Dollar bei sich gehabt.

»Diese Stadt ähnelt immer mehr Chicago zur Zeit Al Capones«, sagte Colonel E. G. Buhrmaster, Provost Marshal des Operationsgebietes Seine. »Sie schnappen sich Lastwagen einfach von der Straße weg. Ein Major hat in wenigen Wochen 36 000 Dollar heimgeschickt.«

Fast 19 000 Mann, mehr als eine Division, plünderten die Vorräte, die ihre Kameraden in den Ardennen so bitter nötig brauchten. Sie stahlen alles, von Nahrungsmitteln bis zu ganzen Lastwagen. Sie hätten Granaten und Panzer gestohlen – wenn sie dafür auf dem Schwarzen Markt Käufer gefunden hätten.

6

Am späten Vormittag war der große Rückzug aus dem Befestigten Gänseei in vollem Gang. Die Überlebenden der weit auseinandergezogenen Schlacht um St. Vith strömten jetzt in ununterbrochenem, geordnetem Zug durch Vielsalm, überquerten die Salm und zogen weiter nach Nordwesten.

Von Süden her wurden diese Soldaten durch die 2. SS-Panzerdivision bedroht, die ursprünglich Dietrich hatte folgen sollen, dann aber beauftragt worden war, bei Manteuffels Durchbruch südlich des Keils von St. Vith nachzustoßen. Tags zuvor war sie zuerst der Spur von Krügers Panzerkorps gefolgt, hatte sich dann aber plötzlich nach Norden gewandt und stand jetzt hinter Vielsalm.

Diese mächtige Panzereinheit hätte die Linien der 82. Luftlandedivision, die den amerikanischen Rückzug deckte, leicht durchbrechen können, aber das deutsche Oberkommando hatte ein viel größeres Ziel als die Vernichtung der 20 000 Mann, die aus dem Befestigten Gänseei flohen. Sein Plan war es, auf Baraque de Fraiture vorzugehen, einen winzigen, einsam gelegenen Ort, 15 Kilometer westlich Vielsalm. Hier kreuzte die von Vielsalm kommende Landstraße die wichtigste Straße Belgiens, die Nord-

Süd-Achse Bastogne-Lüttich. Die 2. SS-Panzer sollte diese Straßenkreuzung nehmen und dann auf der breiten, gepflasterten, für Panzer geradezu idealen Straße weiter nach Norden vorstoßen.

Der erste Schritt war natürlich, Baraque de Fraiture zu nehmen. Dies schien eine einfache Angelegenheit; doch die Verteidiger des Ortes hatten den sporadischen Angriffen bereits über zwei Tage standgehalten, indem sie Krügers Verbänden zuvorkamen. Dies war um so erstaunlicher, als den Spähtruppmeldungen zufolge der Ort nur von ein paar Geschützen und wenigen gemischten Einheiten besetzt war. Die Abwehroffiziere kamen zu dem Schluß, daß die Spähtrupps schlechte Arbeit geleistet hatten.

Doch das stimmte nicht. Vor vier Tagen war Major Arthur Parker III beim allgemeinen Rückzug von St. Vith auf Baraque de Fraiture zugerollt. Der Artillerieoffizier der 106. Division hatte ihm befohlen, mit seinen drei restlichen 105-mm-Haubitzen eine Straßensperre zu errichten. Diese Geschütze waren mit knapper Not aus der Schnee-Eifel entkommen, was hauptsächlich der Hartnäckigkeit ihres tapferen Batteriechefs, Leutnant Eric Wood jr., zu verdanken war, der immer noch, ganz auf sich allein gestellt, die Wälder östlich St. Vith unsicher machte.

Als Parker eintraf, fand er eine verlassene, nur von ein paar primitiven Steinhäusern gesäumte Straßenkreuzung vor, die, umgeben von Nadelwäldern, in einem sumpfigen Hochland lag. Ursprünglich hatte er die Aufgabe gehabt, die wichtige Nachschubstraße nach St. Vith zu sichern. Doch Parker studierte die Karte und stellte fest, daß diese Straßenkreuzung von wesentlich größerer Bedeutung war: sie bildete den strategischen Schlüssel nach Nordwesten. Er überredete deshalb mehrere andere durchziehende Einheiten, sich ihm anzuschließen: eine Flakabteilung mit drei 50er-Mehrfach-Maschinengewehren und einem 37-mm-Sturmgeschütz, eine Aufklärungskompanie der 7. Panzerdivision und ein paar Dutzend Versprengte verschiedener Einheiten.

Zwei Tage lang geschah nichts. Dann stieß Krügers XXVIII. Panzerkorps unterhalb Baraque de Fraiture vor, und seine äußerste rechte Flanke versuchte die Kreuzung durch ein Dutzend heftiger seitlicher Ausfälle zu nehmen.

Obwohl Parker schwer verwundet wurde, hielten seine Leute den Angriffen stand, und Krügers Truppen, die nicht erkannten, wie wichtig »Parkers Kreuzung« war, zogen in der Annahme, irgendeine nachfolgende Einheit werde mit den Amerikanern leicht fertig werden, nach Westen weiter.

Am Morgen des 23. Dezember setzten die Deutschen von drei Seiten entschlossen zum Angriff an. Major Elliot Goldstein, Parkers Exekutivoffizier, der jetzt den Befehl hatte, wußte, daß das Ende nahe war. Seine Truppen waren gefährlich zusammengeschrumpft, die Munition ging allmählich aus, und zwei Deutsche, die man an diesem Morgen gefangengenommen hatte, waren Offiziere der mächtigen 2. SS-Panzerdivision. Er beschloß, von Norden Hilfe zu holen und die beiden Gefangenen als Beweis für die bedrohliche Lage mitzunehmen.

Zur gleichen Zeit erfuhr Major General »Slim Jim« Gavin, der Kommandeur der 82. Luftlandedivision und jüngster Major General der Armee, durch eine seiner Patrouillen von diesen Angriffen. Obwohl es an diesem Tage seine Hauptaufgabe war, standzuhalten und den vom Befestigten Gänseei kommenden Truppen den Rückzug durch seine Linien zu ermöglichen, erkannte er, daß die 2. SS-Panzer, wenn sie die Kreuzung nahm, seine Leute, die die wenige Kilometer nordöstlich gelegenen Hügel hielten, abschneiden würde. Außerdem vermutete er, daß die Deutschen auf der Straße weiter nach Lüttich vorgehen und damit nicht nur seine eigene Division, sondern fast Ridgways ganzes Korps isolieren würden.

Obgleich die Straßenkreuzung zum Bereich der 3. Panzerdivision gehörte und seine eigene Front sich in einem großen, 40 Kilometer langen Halbkreis bis Stoumont erstreckte, befahl er Captain Woodruff von der Kompanie K der 325. Segelfliegerinfanterie, schnellstens nach Baraque de Fraiture zu marschieren.

An diesem Morgen hing es vom Einsatz einiger weniger Soldaten und Geschütze an einer verlassenen Straßenkreuzung ab, ob es den Deutschen gelingen würde, einen großen Sieg zu erringen.

Um das Durcheinander, das sich bei Baraque de Fraiture entwikkelte, zu verringern, hatte Hodges an diesem Morgen beschlossen, die 3. Panzerdivision Ridgways Korps zu entziehen und dem VII. Korps von »Blitz-Joe« Collins zu unterstellen.

General Maurice Roses 3. Panzerdivision hielt noch immer das bewaldete Bergland zwischen Baraque de Fraiture und dem 25 Kilometer weiter westlich gelegenen Hotton. Diese für eine Panzereinheit geradezu abenteuerliche Aufgabe war aus purer Verzweiflung geboren. Die drei Sonderkommandos, die Rose beauftragt hatte, Krügers Vormarsch zu verzögern, damit Collins' Korps die Deutschen umgehen konnte, hatten ihren Befehl mittels eines kühnen Täuschungsmanövers ausgeführt. Jetzt aber waren zwei von ihnen nach Norden abgedrängt worden, und das dritte, das Sonderkommando Hogan, war immer noch in dem Hügeldorf Marcouray, fünf Kilometer nördlich La Roche, eingeschlossen.

Um zehn Uhr vormittags empfing Sam Hogan, der Colonel aus Texas, eine Funkmeldung der Division. Es war eine erfreuliche Nachricht: die Pioniere, Schreiber und übrigen Nachhutsoldaten hielten in Hotton immer noch stand, und Colonel Howzes Verstärkungstruppen hatten den belagerten Ort fast erreicht. Das Kampfkommando A, das man von der Aufgabe, von der Heydtes Fallschirmjäger aufzuspüren, entbunden hatte, war bis Manhay vorgestoßen; dieses Dorf lag an einer Straßenkreuzung ungefähr zehn Kilometer nördlich von Baraque de Fraiture. Diese letzte Nachricht freute Hogan besonders, denn sie bedeutete, daß der Muskel der 3. Panzerdivision jetzt im Kampf stand. Seine Antwort an die Division jedoch war alles andere als erfreulich: Blutplasma, Verbandszeug, Verpflegung und Munition gingen zu Ende.

Roses Antwort kam bald: »Heute nacht werden aus der Luft Vorräte abgeworfen – auch Plasma und Verbandszeug.«

Hogan ging zur Tür seines Gefechtsstandes. Es herrschte ausgezeichnetes Flugwetter. Vielleicht war die Lage doch nicht so hoffnungslos, wie es ausgesehen hatte. Plötzlich rollte ein Panzerwagen vorbei. Er war mit Deutschen besetzt. Hogan verschwand schleunigst im Haus. Ein zweiter Panzerwagen, dessen Besatzung sich so sorglos verhielt, als handle es sich um eine Parade in Berlin, raste vorbei. Hogan rief den Vorposten am südlichen Ortsrand an.

»Zwei deutsche Panzerwagen fahren durch den Ort!« schrie er; dann rief er den nördlichen Vorposten an und fragte: »Was zum Teufel ist denn los?«

»Ich habe heute früh das Geschütz an meinem Panzer nicht überprüft, Sir«, entschuldigte sich der Kommandant des Vorpostens. »Plötzlich waren die Deutschen da, und als ich es drehen und den ersten unter Beschuß nehmen wollte, hat das verdammte Ding geklemmt. Wahrscheinlich ist es eingefroren.«

Hogan, für gewöhnlich ein umgänglicher Vorgesetzter, schnauzte den Kommandant an und eilte dann zum südlichen Ortsrand. Der eine deutsche Panzerwagen brannte lichterloh, seine Besatzung rannte auf Heuschober und Hecken zu. Hogan sah, wie seine Leute die Deutschen der Reihe nach niederschossen. Fünf schwarze Gestalten erreichten mit wilden Sätzen den Straßengraben und stürzten kopfüber hinein.

Ein amerikanischer Lieutenant lief zum Graben, zog seine 45er und schoß einen Deutschen in den Hinterkopf.

»Halt!« rief Hogan.

Aber der Lieutenant zielte sorgfältig und erschoß einen zweiten Deutschen, der hilflos, der Länge nach ausgestreckt, dalag. Er ging auf den dritten zu. Der Deutsche sprang auf und starrte ihn ängstlich an. Als der Lieutenant die Pistole anlegte, schlug ein anderer Amerikaner sie ihm aus der Hand.

Hogan kanzelte den Lieutenant wütend ab und ging zu seinem Gefechtsstand zurück. Die zwei Deutschen mit ihren Genickschüssen würden seine bevorstehende Gefangennahme zu einer sehr unangenehmen Sache machen.

In seinem Gefechtsstand bei Marche hatte General Collins eben erfahren, daß man ihm zu all seinen anderen Sorgen auch noch die Verantwortung für die 3. Panzerdivision aufgehalst hatte. Mit anderen Worten: er befehligte jetzt eine schlangenartige gewundene Korpslinie, die von Baraque de Fraiture fast bis zur Maas reichte.

Vor zwei Tagen hatte Montgomery Collins befohlen, mit drei Divisionen – der 75., der 84. und der 2. Panzer – einen Bogen um das ganze Schlachtfeld zu schlagen und dabei jede Feindberührung zu vermeiden. Die 75., eine Infanteriedivision, die sich rechts an Maurice Roses 3. Panzerdivision anschließen sollte, stand immer noch kilometerweit hinten. Die angrenzende 84. Infanteriedivision hatte vor Marche Stellung bezogen und, entgegen Montgomerys Befehlen, den Kampf bereits aufgenommen.

Ihr Gegner war Krügers 116. Panzerdivision. Dieser deutschen Einheit hatten Roses Schreiber und Pioniere bei Hotton solch erbitterten Widerstand geleistet, daß Krüger seinen Panzern befohlen hatte, sich abzusetzen und ein paar Kilometer weiter westlich durchzubrechen, wo sich Agentenberichten zufolge keine amerikanischen Truppen befanden.

Die 116. hatte den Befehl befolgt. Und so waren sie und die sich eben formierende 84. amerikanische Infanteriedivision zur beiderseitigen Bestürzung mit ziemlicher Wucht zusammengeprallt.

Kurz nachdem Collins davon erfahren hatte, betrat Field Marshal Montgomery, statt eines Stahlhelms die rote Mütze der Fallschirmjäger auf dem Kopf, seinen Gefechtsstand. »Ich habe soeben eine Meldung von Bolling von der 84. erhalten«, sagte Collins. »Er ist nördlich Marche auf Deutsche gestoßen.«

Montgomery runzelte die Stirn. »Ich habe Ihnen doch gesagt, ich wünschte nicht, daß Sie in Verteidigungskämpfe verwickelt werden. Sie sind meine strategische Reserve.« Er ermahnte Collins, jede weitere Feindberührung zu vermeiden und sich, wenn nötig, zurückzuziehen. Unter keinen Umständen dürfe ein Gegenangriff unternommen werden.

Ein paar Minuten, nachdem Montgomery gegangen war, trat Major General »Gravel Voice« Ernie Harmon, der Kommandeur der 2. Panzerdivision, ein.

»Ich habe eben mit Monty gesprochen«, sagte Collins, der trotz ihrer gegenteiligen militärischen Ansichten großen Respekt vor dem Field Marshal hatte. »Er hat mir wieder eingeschärft, mich in keine Kämpfe einzulassen. Ernie, Sie müssen sich etwa eine Woche lang ruhig verhalten und Vorbereitungen für einen überraschenden Gegenangriff treffen.«

»Das hör' ich gern«, sagte Harmon mit seiner tiefen, rauhen Stimme. Seine 14000 Mann waren von den pausenlosen Kämpfen erschöpft. Sie hatten in der letzten Nacht über 110 Kilometer zurückgelegt und brauchten dringend eine längere Ruhepause.

Eine halbe Stunde später befand sich Harmon wieder in seinem Gefechtsstand, einem nordwestlich von March gelegenen Schloß. Er teilte seinen Offizieren die gute Nachricht mit und setzte sich gemütlich zum Mittagessen. Als er beim Kaffee war, stürzte ein Lieutenant herein. Sein Kopf war mit einem blutigen Verband umwickelt. Es war Lieutenant Everett Jones, den Harmon am Morgen beauftragt hatte, das Gebiet im Süden zu erkunden.

»Meine Patrouille ist beschossen worden, Sir«, berichtete er aufgeregt. »Es waren mindestens zwei Mark-IV-Panzer. Die Deutschen stehen nur 15 Kilometer von hier und nähern sich in einem Höllentempo.«

Wenn die Deutschen 15 Kilometer südlich standen, so bedeutete dies, daß sie sich schon 15 Kilometer *westlich* Marche befanden. Sie mußten unterhalb des Ortes einen Bogen geschlagen haben und direkt auf die Maas vorgegangen sein. Harmon faßte einen raschen Entschluß. Ohne Kopfbedeckung lief er über ein verschneites Feld zu einer Baumgruppe, an der ein Panzerbataillon biwakierte. »Wie schnell könnt ihr euch zum Abmarsch fertigmachen?« rief er einem Kompaniekommandeur zu.

»Wenn die Funksperre aufgehoben wird, in fünf Minuten, General.«

»Die Funksperre ist ab sofort aufgehoben. Ihr fahrt auf dieser Straße bis zu einem Ort namens Ciney. Versperrt den Ein- und Ausgang des Ortes. Die ganze übrige Division kommt nach.«

Nach fünf Minuten rasselten 17 Sherman-Panzer mit Vollgas nach Süden. 37 weitere folgten ihnen kurz darauf.

Harmon ging zum Telefon. »Joe«, sagte er befriedigt, »ich bin also abgezogen.«

Collins, sein Korpskommandeur, nickte am anderen Ende des Drahtes. Er war nicht so recht zufrieden. Ernie hatte richtig gehandelt, aber ob Monty damit einverstanden sein würde?

7

Es war 14 Uhr. In Manhay, zehn Kilometer nördlich Baraque de Fraiture, sagte Major Elliot Goldstein zu Leutnant Colonel Walter Richardson von der 3. Panzerdivision: »Colonel, wenn Sie mir keine Hilfe schicken, werden meine Leute überrannt!«

Richardson betrachtete die beiden Gefangenen der 2. SS-Panzer, die Goldstein als Druckmittel mitgebracht hatte. Er nickte und hob den Hörer ab. »Brew«, sagte er, »in Baraque de Fraiture brauchen sie Hilfe. Ziehen Sie mal mit einem Zug Panzer rüber.« Er wandte sich an Goldstein. »Major Brewster steht ein paar Kilometer weiter auf der Straße. Er wird versuchen, Ihnen zu helfen.«

Eine Stunde später stand General »Slim Jim« Gavin auf einem eineinhalb Kilometer nordöstlich Baraque de Fraiture gelegenen Hügel. Die Schützen seiner 82. Luftlandedivision hatten sich 200 Meter davon eingegraben. Er hatte nur wenig Pak. Es war unmöglich, diesen wichtigen Hügelzug gegen einen größeren Angriff zu verteidigen. Trotzdem konnte er es sich nicht leisten, auch nur einen einzigen Mann von einem anderen Abschnitt seiner ausgebuchteten, 40 Kilometer langen Divisionslinie abzuziehen.

Granatwerfer begannen den Hügel umzuwühlen. Dann kam von Südwesten noch lauterer Lärm. Baraque de Fraiture wurde schwer beschossen. Gavin schlüpfte in einen Kompaniegefechtsstand und rief Captain Woodruff an, den Kommandeur der Luftlandekompanie, die er am Morgen beauftragt hatte, die Verteidiger der Straßenkreuzung zu unterstützen.

»Die Deutschen setzen uns schrecklich zu, Sir!« überschrie Woodruff den Kampflärm. »Ich weiß nicht, wie lange ich mich noch halten kann.«

Gavin rannte querfeldein zu einem Nadelwald. Er wollte nachsehen, ob die Lage wirklich so verzweifelt war. Als er durch das Unterholz zum Waldrand kroch, wurde das Brüllen der deutschen 8,8er ohrenbetäubend. In 100 Metern Entfernung sah er rauchende Ruinen – Baraque de Fraiture. Deutsche Panzer und Infanteristen griffen von drei Seiten an.

Ein einzelner Mann konnte da gar nichts tun. Er kroch wieder zurück.

Major Goldstein und Major Brewster rasten mit einem Jeep auf die gleiche Straßenkreuzung zu. Eineinhalb Kilometer vor ihrem Ziel wurden sie von einigen verdreckten Infanteristen angehalten.

»Der Feind ist durchgebrochen!« schrie der eine aufgeregt. »Die Straßensperre ist vernichtet!«

Goldstein und Brewster sprangen aus dem Jeep und liefen südwärts durch den Wald. Vielleicht hatten die Soldaten übertrieben, und es war doch noch nicht zu spät. Sie stapften durch den Schnee zum Waldrand. Plötzlich schob sich ein riesiger Panzer mit einem schwarzen Kreuz über eine Bodenwelle, richtete seine 8,8er auf sie und feuerte.

Die beiden rannten los und konnten sich mit knapper Not in Sicherheit bringen. Es gab keinen Zweifel mehr – sie kamen zu spät.

Der einzige Lichtblick an der Front von Ridgways XVIII. Luftlandekorps war an diesem Tag Stoumont. Der General stieg, in der Rechten das immer bereite Springfield-Gewehr, aus seinem Jeep und trat in das schöne, renovierte Schloß auf der Höhe zwischen Stoumont und La Gleize. General Harrison informierte ihn rasch über die Lage: die 82. Luftlande war im Anmarsch; von Westen stieß die 30. Division vor, unterstützt vom 740. Panzerbataillon.

»Unsere Angriffe von Westen und Osten haben sich heute totgelaufen«, sagte Harrison. »Aber morgen werde ich einen Angriff von Norden her versuchen.« Über die bewaldeten Hügel, die dort lagen, konnten sich seine Leute unbemerkt La Gleize nähern.

Ihr Gespräch war kurz und laut, denn zwei Haubitzen und ein großes 155-mm-Geschütz, die in der Nähe des Schlosses Stellung bezogen hatten, deckten La Gleize, Peipers letzten Stützpunkt, tonnenweise mit Granaten ein.

Dieses eine Geschütz bereitete Peiper mehr Sorgen als sämtliche anderen, die ihm begegnet waren. Sein ununterbrochenes Donnern ließ seine Leute nicht zur Ruhe kommen. Allmählich verloren sie die Nerven. Außerdem wurde die Munition knapp, und er hatte keinen Treibstoff mehr.

Am Vortag hatte er gefunkt: »Unser Hermann ist bald zu Ende. Wir haben keinen Otto. Unsere völlige Vernichtung ist nur mehr eine Frage der Zeit. Können wir ausbrechen?«

Jetzt, einen Tag später, kam endlich Antwort: »Wenn die Kampfgruppe Peiper ihre Vorratslage nicht pünktlich meldet, kann sie eine laufende Versorgung mit Treibstoff und Munition nicht erwarten. Östlich Stavelot stehen sechs ›Königstiger‹ bereit. Wohin sollen wir sie schicken?«

Peiper war über diese wirklichkeitsfremde Botschaft empört. »Schicken Sie sie per Luftfracht nach La Gleize«, antwortete er ironisch. »Wir brauchen Erlaubnis, sofort auszubrechen«, fügte er hinzu.

Es gab eine Pause. »Können Sie mit allen Fahrzeugen und Verwundeten ausbrechen?«

In Peiper stieg neue Hoffnung auf. Dies war das erste Anzeichen dafür, daß das Oberkommando nicht die Absicht hatte, ihn in La Gleize sinnlos umkommen zu lassen. »Heute abend letzte Möglichkeit zum Ausbruch«, funkte er. »Ohne Verwundete und Fahrzeuge. Bitte, geben Sie Erlaubnis.«

Überzeugt, daß die Erlaubnis bald kommen würde, bereitete Peiper alles zum Ausbruch vor. Dann ließ er Major Hal McCown aus dem Keller holen, in dem die amerikanischen Gefangenen untergebracht waren.

»Man ruft uns zurück«, suchte Peiper die verzweifelte Lage zu verschleiern.

»Schön, Oberst«, sagte McCown. »Ich habe mir schon immer gewünscht, in einem ›Königstiger‹ zu fahren.«

Peiper lächelte, sagte aber nicht, daß sie alle würden zu Fuß gehen müssen. »Meine größte Sorge ist, was mit den amerikanischen Gefangenen und Verwundeten geschehen soll.« Er versprach, alle Gefangenen, bis auf McCown, freizulassen. Als Gegenleistung sollten die Amerikaner die deutschen Verwundeten in Stoumont und La Gleize entlassen.

McCown war im Zweifel. »Ich bin nicht berechtigt, mit Ihnen zu verhandeln. Ich bezweifle sehr, daß mein Kommandeur damit einverstanden sein würde. Schließlich sind Sie in keiner sehr guten Verhandlungsposition, Oberst.«

»Ich weiß«, sagte Peiper. »Ich möchte es aber trotzdem versuchen. Es kann ja sein, daß Ihr Kommandeur zustimmt.«

Ein Abkommen wurde aufgesetzt. McCown betonte nochmals, daß seine Unterschrift bedeutungslos sei, und setzte seinen Namen darunter. Peiper unterzeichnete und eilte dann hinaus zum Funkwagen, um sich zu erkundigen, ob die Erlaubnis schon durchgekommen war.

»Wo ist die Hauptkampflinie?« fragte der Funkunteroffizier mit gereizter Beharrlichkeit. »Welche Einheiten decken uns? Dürfen wir ausbrechen? Ich wiederhole, dürfen wir ausbrechen?«

Endlich knatterte es im Empfänger. Dann sagte eine Stimme: »Melden Sie, wann und wo Sie unsere Linien überschreiten werden.« Peiper und der Funker wollten einander schon gratulieren, da fuhr die Stimme fort: »Sie dürfen ausbrechen, aber nur unter Mitnahme sämtlicher Verwundeten und Fahrzeuge.«

Peiper deutete zornig auf den Funkwagen. »Sprengen Sie das verdammte Ding in die Luft!« rief er. »Ob mit oder ohne Erlaubnis – wir brechen zu Fuß aus!«

8

Um 15 Uhr 26 näherten sich sechs B-26 der 322. Bombergruppe einem Städtchen, das sich in hügeliges Waldgelände schmiegte. Der

Staffelführer blickte hinunter. Trotz des klaren Wetters hatte er sein Hauptziel, den deutschen Ort Zülpich, wo der Ausladebahnhof von Brandenbergers 7. Armee lag, nicht ausmachen können, doch er kam zu dem Schluß, daß er sich über Lommersum, nur zehn Kilometer nordöstlich seines Zieles, befand. Seine Maschine fegte über die Stadtmitte hinweg, und aus dem Bombenschacht fielen dreizehn 250-Pfund-Allzweckbomben. Auch die anderen fünf Maschinen luden ihre Last ab.

Explosionen zerwühlten die Straßen der Stadt. Die Piloten stellten befriedigt fest, daß sie ausgezeichnet getroffen hatten.

4000 Meter unter ihnen krochen benommene amerikanische Soldaten der 30. Division und hysterische Zivilisten aus den Trümmern von Malmedy in Belgien hervor. – 65 Kilometer südwestlich Lommersum.

Viele waren nicht mehr imstande zu kriechen.

Kurz darauf telefonierte General Hobbs, Kommandeur der 30. Division, mit einem Air-Force-General. Hobbs nahm kein Blatt vor den Mund. Es war nicht das erstemal, daß die 9. Air Force ihn bombardierte. Seine Leute hatten sie schon die »amerikanische Luftwaffe« getauft.

Der Air Force-General war tief bestürzt. »Es wird nicht wieder vorkommen«, versprach er.

Bei dieser unglücklichen Stadt begann der Bereich von General Matthew Ridgways XVIII. Luftlandekorps. Etwa 30 Kilometer südwestlich, nahe dem mittleren Abschnitt seiner Front, senkte sich die Abenddämmerung auf Vielsalm. Die Straßen waren seit dem Morgen mit Fahrzeugen verstopft, die sich aus dem Befestigten Gänseei zurückzogen. Clarkes Leute waren bereits durchgekommen. Jetzt rollten Lastwagen, Panzer und Jeeps der beiden anderen Kampfkommandos der 7. Panzer, des Kampfkommandos A und der Kampfkommando-Reserve, an Hasbroucks Gefechtsstand im Schulhaus vorbei.

Ein par Kilometer weiter südlich hatte Colonel Gustin Nelson den ganzen Nachmittag über versucht, Verbindung mit Hasbrouck zu bekommen. Sein 112. Regiment, das in weit auseinandergezogener Linie mehrere Kilometer östlich der Salm lag, wurde seit Mittag angegriffen. Seine Männer mußten unerschütterlich ausharren, bis sich alle Verbände, außer dem Sonderkommando

Jones, das als Nachhut den Rückzug von Hoge und Reid deckte, in Sicherheit gebracht hatten. Nelson hatte den strikten Befehl, seine Stellungen zu halten, bis ihm General Hasbrouck persönlich den Rückzugsbefehl erteilte. Dann sollte er schnellstens abziehen, damit die Straße für das Sonderkommando Jones frei wurde.

Seit mehreren Stunden waren keine alliierten Truppen mehr durchgezogen. Nelson hatte Hasbrouck alle halben Stunden gefunkt, er sei überzeugt, daß Hoges und Reids Truppen vollzählig durch seine Linien entkommen seien. Er hatte keine Antwort erhalten.

»Immer dasselbe«, murrte ein GI im Funkraum. »Nach dem 112. kräht kein Hahn; kein Mensch schert sich darum, was mit uns passiert.«

Deutsche Panzer beschossen jetzt aus kaum 200 Metern Entfernung Nelsons Gefechtsstand. Und immer noch kam kein Rückzugsbefehl. Er schwor sich, nie wieder ohne heftigen Protest einen derartigen Befehl entgegenzunehmen.

Vom 1. und 2. Bataillon kamen verzweifelte Meldungen. Die Deutschen waren an mehreren Stellen durchgebrochen. Nelson faßte einen Entschluß. Er befahl den sofortigen Rückzug. Doch als sich die Fahrzeuge des 112. Regiments der großen Hauptstraße näherten, die nördlich nach Salmchâteau führte, stellte es sich heraus, daß sie bereits von den Fahrzeugen des Sonderkommandos Jones verstopft war, der letzten Einheit, die sich aus dem Südabschnitt zurückzog. Als sich Nelsons Fahrzeuge auf die Straße drängten, tauchten auf den Hügeln im Osten »Panther« und »Tiger« auf und nahmen die dicht ineinander verkeilte Kolonne unter Feuer.

Hasbrouck in Vielsalm war der Meinung, Nelson habe vor zwei Stunden seinen Rückzugsbefehl erhalten. In den Straßen schlugen Granaten ein, und man hörte das Dröhnen deutscher Panzer. Hasbrouck packte seine Papiere und lief mit den letzten Angehörigen seines Stabes die Treppen des Schulhauses hinunter.

Ein paar Kilometer östlich der Stadt hatte Lieutenant Colonel Moe Boylan, der mit seiner Einheit den Rückzug der 7. Panzerdivision deckte, soeben erfahren, daß zwischen Vielsalm und den vorstürmenden Deutschen nur zwei MG-Züge und seine kleine Nachhut standen. Und im Süden sah es noch schlimmer aus. Deutsche Panzer waren in Salmchâteau eingedrungen. Das bedeutete, daß die langsam vorrückenden Kolonnen des Sonderkommandos Jones und des 112. Regiments, die schon von Osten und Süden bedroht waren, jetzt auch von Norden abgeschnitten wurden. Wieder zeichnete sich eine schwere amerikanische Niederlage ab.

Boylan schickte einen Zug leichter Panzer nach Salmchâteau. Vielleicht konnten sie den beiden eingeschlossenen Einheiten den Weg freischießen. Seine übrigen Leute formierte er östlich von Vielsalm zu einer dünnen Verteidigungslinie. Er hoffte so lange aushalten zu können, bis sich alles in Sicherheit gebracht hatte.

Als Hasbrouck aus dem Schulhaus trat, bog ein deutscher Panzer um die Ecke und feuerte auf einen Schützenpanzer und zwei Jeeps, die mit laufenden Motoren vor dem Schulhaus standen. Hasbrouck und seine Stabsoffiziere sprangen in die Jeeps und rasten zur Salmbrücke. Der Panzer verfolgte sie feuernd. Dicht vor Hasbroucks Jeep schlug eine Granate ein. Ein Motorradfahrer wurde von seiner Maschine geschleudert. Die beiden Jeeps jagten die holprige Straße hinunter und überquerten die Brücke.

Beim verlassenen Vorratslager schaufelten Zivilisten geduldig Kohlen in Eimer und schleppten sie nach Hause. Das Leben unter deutscher Besatzung würde schwer werden, und jedes Stückchen Kohle war kostbar.

Die Straße unterhalb Salmchâteau war ein Inferno. Als Colonel Nelson entdeckte, daß der Fluchtweg durch die Stadt soeben abgeschnitten worden war, drängte er sich zur Spitze der Kolonne vor. Mit einer Kompanie leichter Panzer als Vorausabteilung schlug er sich nach Westen durch.

Inzwischen war es dunkel geworden, doch der Vollmond und der Flammenschein brennender Fahrzeuge beleuchteten den Weg. Das 112. Regiment stieß auf eine Brücke, überquerte die Salm und rollte über verschneite Felder und gefrorene Sümpfe weiter.

Auch das Sonderkommando Jones versuchte nach Westen zu entkommen. Die Kolonne bog aufs Geratewohl auf einen Feldweg ein, der bald in einen zur Salm führenden Kuhpfad überging. Ein halbes Dutzend Panzer und Lastwagen versuchte über den Fluß zu setzen und blieb im Schlamm stecken. Die übrige Kolonne wandte sich nach Norden und fand ein paar Kilometer weiter eine Furt. Sie durchquerte die Salm und fuhr nach Westen weiter. Eine halbe Stunde später rollte sie in das verdunkelte Dorf Provedroux ein.

Der Kommandant des führenden Sherman-Panzers bemerkte auf der Hauptstraße einige abgestellte Fahrzeuge und befahl, anzuhalten. Dann sah er, daß es deutsche waren. Er schrie: »Feuer!«

Ein chaotisches Durcheinander entstand. Deutsche und amerikanische Fahrzeuge jagten kopflos um sich schießend durch die Straßen. Ein amerikanischer Schützenpanzer ging in Flammen auf. Die Soldaten sprangen heraus und suchten Deckung. Unter ihnen befand sich Sergeant John Banister von der 14. Kavalleriegruppe, der seit zwei Tagen zum Sonderkommando Jones gehörte. In den letzten acht Tagen war er ein dutzendmal dem Tod entronnen.

Ein amerikanischer Panzerzerstörer rollte vorbei, das Verdeck dicht mit feuernden Infanteristen besetzt. »Kriech rauf, Kamerad!« rief der Kommandeur aus der Luke. »Wir hauen ab!«

Banister lief dem Fahrzeug nach. Jemand packte seine Hand und zog ihn hinauf.

In Vielsalm war es jetzt für Colonel Moe Boylan höchste Zeit, sich mit seiner Nachhut über die Salm zurückzuziehen. Er stand an der Brücke und zählte seine letzten Fahrzeuge.

»Ist das alles?« rief ein der 82. Luftlandedivision unterstellter Pionier.

»Soviel ich weiß, ja«, sagte Boylan. »Ihr könnt jetzt sprengen.«

Boylans Fahrzeuge, die alle wenig Benzin hatten, hielten bei einem Treibstofflager. Da kam über Sprechfunk der Befehl: »Volltreffer Sechs, hören Sie auf zu tanken und bereiten Sie sich zum Abzug vor.« Es war sein Planungsoffizier.

»Hier Volltreffer Sechs«, erwiderte Boylan. »Ich ziehe nicht ab, bevor ich getankt habe. Wer, zum Teufel, befiehlt mir, abzurükken?«

»Werkstatt Sechs«, war die Antwort. Werkstatt Sechs war General Hasbrouck.

»Okay«, sagte Boylan leise. Wenige Minuten später fuhr seine Kolonne den Hügel hinauf.

Ein MP hielt ihn an. »Sind Sie Colonel Boylan?« fragte er. »General Hasbrouck möchte Sie sprechen.«

Boylan machte sich auf ein Donnerwetter gefaßt und ging langsam zum provisorischen Gefechtsstand, einem Bauernhaus. Hasbrouck trat auf ihn zu und legte ihm den Arm um die Schulter. »Gott sei Dank, daß Sie hier sind, Boylan«, sagte er. »Sie haben alle herausgebracht.«

Sie hörten ein dumpfes Dröhnen. Die Brücke bei Vielsalm war in die Luft geflogen.

Die Schlacht um das Befestigte Gänseei war zu Ende.

In Versailles hatte Eisenhower eben ein Telegramm an Hodges aufgesetzt:

»Bitte übermitteln Sie folgende persönliche Botschaft von mir an Hasbrouck von der 7. Panzer: ›Durch Ihre großartige Leistung hat sich unsere gesamte Lage wesentlich gebessert. Ich möchte Ihnen meinen persönlichen Dank aussprechen und Sie ersuchen, alle Ihre Leute wissen zu lassen, daß sie, wenn sie ihre Aufgabe weiterhin mit der bisher gezeigten hervorragenden Haltung erfüllen, dem Vaterland einen großen Dienst erweisen.‹«

Tag der Entscheidung

24. Dezember 1944

1

Die 2. Panzerdivision stieß immer noch, ohne auf Widerstand zu treffen, nach Westen vor. Ihr einziger Feind schien ihr eigenes Nachschubsystem zu sein. Seit mehreren Tagen wurden Benzin und Öl nur kanisterweise ausgegeben. Die Panzersoldaten waren tief enttäuscht. Mit vollen Tanks hätten sie schon längst die Maas überschreiten können.

Am 24. Dezember, einige Stunden vor Sonnenaufgang, näherte sich die Vorausabteilung der Division in dichtem Nebel Celles. Im Schein einer Taschenlampe schaute der Kommandeur auf die Karte. Von Celles waren es nur noch acht Kilometer bis zur Maas.

An dieser wichtigen Straßenkreuzung stand ein schöner Gasthof, der »Pavillon Ardennais«. Seine Besitzerin war Madame

Marthe Monrique. Tags zuvor hatte sie gesehen, wie verängstigte amerikanische Pioniere vor dem Gasthaus hastig eine einfache Minensperre über die Straße legten und sich dann mit Jeeps zur Maas zurückzogen.

Nachbarn rieten ihr, sich wie die andern Bewohner im Wald zu verstecken. Diesseits der Maas gäbe es keinen einzigen Amerikaner mehr. Doch Marthe sprach Deutsch, und sie war fest entschlossen, die Zerstörung des Gasthofes durch die Deutschen zu verhindern.

Um sechs Uhr morgens wurde sie durch eine Explosion geweckt. Sie machte Licht und schaute hinaus. Auf der Straße stand rauchend ein deutscher Panzer. Zwei deutsche Offiziere sahen das Licht und traten ins Gasthaus. »Wie viele Kilometer nach Dinant?« fragte der eine.

Es hatte keinen Sinn zu lügen. Gleich auf der anderen Seite der Straße stand ein Wegweiser. »Zehn Kilometer«, sagte sie auf deutsch.

»Gut! Wir müssen vor Mittag dort sein. Wie ist die Straße?«

»Die Amerikaner haben die ganze Straße vermint.« Wie so viele Frauen der Ardennen, war Marthe eine gute Schauspielerin. »Sie haben Tag und Nacht Minen vergraben – kilometerweit!«

Der Offizier erkundigte sich nach der Landstraße, die einige Kilometer weiter nördlich verlief.

»Ach, die ist auch vermint. Und gleich hinter dem Hügel liegen Tausende von Amerikanern versteckt.«

Die deutschen Panzersoldaten, die Clervaux und Noville erobert hatten, ließen sich durch Marthe Monriques Märchen Angst einjagen. Die Kolonne schwenkte in den Wald und verschanzte sich.

2

Etwa 65 Kilometer Luftlinie östlich dieser steckengebliebenen Vorhut der 2. Panzerdivision setzte eine andere Einheit nach dem Sieg von Baraque de Fraiture ihren Angriff nach Norden fort.

Die 2. SS-Panzerdivision stand jetzt nur sechs Kilometer unterhalb Manhay, dem nächsten Knotenpunkt an der Straße Bastogne-Lüttich. Sie war schwer angeschlagen. Die Panzer von Major

Olin Brewster, der bei Belle Haie eine Straßensperre befehligte, und mehrere P-47 hatten neun große deutsche Panzer vernichtet. Doch es war nur ein geringer Erfolg. Die Hauptgruppe der SS-Panzer hatte sich zurückgezogen, nach Westen gewandt und Brewsters Sperre umfahren. Jetzt schoben sie sich, gefolgt von Grenadieren, langsam auf das Dorf Odeigne zu. Wenn sie nicht auf der Straße weiter vorpreschen konnten, dann würden sie Manhay eben von Südwesten nehmen.

3

Zwanzig Kilometer weiter an der Straße Bastogne-Lüttich entschied Matthew Ridgway in einem Bauernhaus bei Werbomont über das Schicksal von Manhay.

Es bestand kein Zweifel, daß Manhay das nächste Ziel des sich plötzlich nach Norden richtenden deutschen Vorstoßes bildete.

Es gab nur eine einzige Möglichkeit, zu der sich Ridgway sehr ungern entschloß. Er mußte die schwer mitgenommenen Truppen einsetzen, die aus dem Befestigten Gänseei entkommen waren. Er studierte die Karte und stieß einige Kilometer südlich Manhay auf das Dorf Malempré. Dorthin würde er Bill Hoges Leute legen.

Um 13 Uhr 30 fanden sich Ridgways Kommandeure – Gavin, Hasbrouck, Hoge und noch ein paar andere – in dem Bauernhaus bei Werbomont ein.

»Nach Einbruch der Dunkelheit«, sagte Ridgway düster, »zieht sich Kampfkommando A der 7. Panzer nach Manhay und die 82. Luftlande nach Trois Ponts zurück.«

Nach der Besprechung setzte sich Ridgway und begann zu schreiben. Seine Truppen mußten wissen, daß sie, sobald sie sich auf die von Montgomery festgesetzte Linie zurückgezogen hatten, keinen einzigen Schritt mehr weichen würden. Sie würden sich festkrallen, kämpfen und die Deutschen schlagen.

Sein Aufruf schloß mit folgenden Worten:

»Meiner Ansicht nach sind dies die Todeszuckungen der deutschen Wehrmacht. Der Gegner wirft alles, was er hat, in diese Schlacht. Wir werden diesen letzten Vorstoß heute und hier, im Bereich unseres Korps, zerschlagen. Es ist unsere Aufgabe, den deutschen Angriffsgeist in diesem Krieg endgültig zu zerschmettern. Erfüllen Sie jeden einzelnen Mann Ihrer Division mit diesem Gedanken. Hier und heute werden wir die Deutschen zu Boden zwingen.«

4

Walter Richardson, der Lieutenant Colonel aus Texas, stand einige hundert Meter südlich der Kreuzung bei Manhay an einer Straßenbrücke und beaufsichtigte die Anbringung von Sprengladungen.

Sein Fahrer kam angerannt. »Colonel! Ich glaube, die Leute von der 7. Panzer ziehen ab.«

»Unmöglich! Sie haben mir kein Wort davon gesagt!«

»Aber sie ziehen wirklich ab, Sir!«

Richardson hörte jetzt selbst von weitem das Motorengeräusch der sich im Schutz der Dunkelheit zurückziehenden Lastwagen und Panzer. Er eilte zur Straßenkreuzung zurück. Vor dem Gefechtsstand der 7. Panzerdivision stieß er auf einen Captain.

»Was ist los?« fragte Richardson.

»Wir ziehen uns zu der Höhe nördlich Manhay zurück.«

Zornig stürzte Richardson in den Gefechtsstand. Der Colonel von der 7. war dabei, seine Papiere einzupacken.

»Wenn Sie jetzt abziehen, ist alles verloren«, sagte Richardson.

Der Colonel erklärte kurz, daß er soeben von Ridgway den Rückzugsbefehl erhalten habe. Er werde eine neue, ostwestlich durch Manhay verlaufende Verteidigungslinie bilden.

Richardson verlor die Beherrschung. »Aber das bedeutet für Brewster und seine Leute die Vernichtung!«

Der Colonel machte sich, ohne Richardson weiter zu beachten, wieder ans Packen.

Richardson lief zu seinem Jeep, wo ihn Captain Maxwell, der mit einem Zug leichter Panzer an der Straßenkreuzung stand, erwartete. »Teilen Sie Brewster über Funk mit, daß verschiedene Veränderungen im Gange sind. Er soll aber weiter standhalten.« Dann rief Richardson über seinen eigenen Jeepfunk Major Zech an. Während er Zech über die neue Lage informierte, rollten von den Hügeln südlich Manhay die zurückgehenden Panzer der 7. Division heran. »Ich fürchte, wir müssen mit einem Angriff rechnen.« Die Deutschen griffen gewöhnlich an, wenn sie nachts Panzerlärm hörten. Panzer zogen Panzer an. »Setzen Sie sich mit General Hickey in Verbindung und unterrichten Sie ihn über die Lage.«

Dann suchte Richardson seinen Artillerie-Verbindungsoffizier und bat ihn, die 54. Feldartillerie zu verständigen, sie solle eine Abteilung M-7 zu seiner Unterstützung zur Straße westlich Grandmenil schicken.

Der zurückflutende Verkehr wurde immer dichter. Eine verzweifelte Wut hatte viele Fahrer gepackt; die hinteren wollten schneller vorwärts als die vorderen.

Richardson ging zum Gefechtsstand der 7. Panzer, um noch einmal zu protestieren. Das Haus war leer. Er lief zu seinem Jeep und ließ sich über Sprechfunk mit General Hickey verbinden.

Nachdem Hickey sich seinen Bericht angehört hatte, schwieg er einen Moment. Dann sagte er gleichgültig: »Sie müssen sich solange wie möglich halten, Rich. So lautet der Befehl von General Collins.«

»Ja Sir.« Richardson hängte auf und rief Brewster an. »Kämpfen Sie mit allen Mitteln, die Ihnen zur Verfügung stehen, Brew«, sagte er.

»Hinter mir überqueren feindliche Panzer die Hauptstraße«, berichtete Brewster. Die Deutschen waren durch Odeigne vorgestoßen, hatten ihn umgangen und würden bald in Manhay sein. Zu all seinen anderen Sorgen kam noch, daß seine zwei Funkanlagen ausgefallen waren. Bei der einen war der Empfänger defekt, bei der anderen der Sender.

»Gehen Sie ohne meine Zustimmung keinen Schritt zurück«, sagte Richardson.

Es gab eine Pause. Brewster lief zum Sender. »Aber, Rich, die Lage ist hoffnungslos!«

»Na, wenn schon! Ihr müßt trotzdem kämpfen!«

Richardson hatte sich bei der Ausbildung viele Feinde gemacht, doch inzwischen hatten seine Leute erkannt, daß er ein guter Kommandeur war. Und sie wußten, daß er nie gedankenlos einen Befehl erteilte.

»Okay«, sagte Brewster.

Binnen einer Stunde herrschten an der finsteren Straßenkreuzung bei Manhay Lärm und Chaos. Außer der 7. Panzer strömten von Osten auch Einheiten von General Bill Hoges Kampfkommando herbei.

Richardson wußte jetzt, daß die Straßensperre bei Belle Haie nutzlos war. Er funkte Brewster, daß er schnellstens abziehen solle.

»Es ist wirklich höchste Zeit«, antwortete Brewster trocken. »Ich habe nur noch zwei schwere und einen leichten Panzer.«

»Versuchen Sie, sich zum Abschnitt der 82. Luftlande bei Malempré durchzuschlagen.« Richardson hatte keine Ahnung, daß dieser Ort bereits von der 2. SS-Panzer genommen war. »Alles Gute, Brew. Halten Sie mich auf dem laufenden, solange Ihre Funkanlage funktioniert.«

Die Schüsse in den etwa einen Kilometer südlich gelegenen Wäldern wurden von Minute zu Minute lauter. Deutsche Panzer nahmen die Straßenkreuzung unter Feuer. Der Schnee fiel wie ein roter Schleier, während die Panzer der 7., ohne auf einen schreienden, wild herumfuchtelnden Lieutenant Colonel zu achten, die stockfinstere Straße entlangrasten.

»Was zum Teufel ist denn mit Ihren Truppen los?« fragte Richardson. Dem Plan zufolge sollte die 7. Panzer auf eine ost-westlich durch Manhay verlaufende Linie in Verteidigungsstellung gehen. Doch die Panzer und Schützenpanzer rollten derart schnell dahin, daß es nicht aussah, als würden sie so bald anhalten.

»Wir lassen Manhay nicht im Stich«, sagte der ratlose Offizier der 7. Panzer. »Wir werden uns neu formieren.« Er machte einen Schritt auf die Straße und winkte. Ein Panzer donnerte vorbei. Der Rückzug wurde noch wilder, denn die deutschen Panzer beschossen bereits die Häuser an der Straße.

Ein Captain der 7. Panzer kam angerannt. »Auf der Straße kommen Scharen von deutschen Panzern und Infanteristen!« schrie er und lief nach Norden weiter.

Richardson und seine paar Mann waren die einzigen, die nicht davonrannten. »Schicken Sie Ihren Zug nach Grandmenil«, befahl Richardson Captain Maxwell, dem Kommandeur seiner leichten Panzer. »Sagen Sie Kane, er soll schleunigst verschwinden.«

Maxwell schickte fünf Panzer nach Grandmenil. Dann stellte er sich mit seinen übrigen Panzern an die Straßenkreuzung und wartete auf weitere Befehle.

Richardson rief das Sprengkommando bei der Brücke am südlichen Ortsrand an. »Sprengen Sie, Goddard«, befahl er.

»Ich bin verwundet«, meldete der Lieutenant, der das Sprengkommando führte. »Alle meine Leute sind tot.«

Richardson sah jetzt im Feuerschein die Brücke. Infanteristen, offenbar deutsche, rannten geduckt darüber. Und dann bemerkte er zu seinem Entsetzen, wie sich ein riesiger, tiefliegender »Tiger« plötzlich auf die Straße schob und in die lange Kolonne zurückflutender amerikanischer Fahrzeuge schmuggelte. Ein zweiter großer Panzer, der ebenfalls das schwarze Kreuz trug, folgte der Kolonne.

Richardson winkte den vorbeifahrenden Amerikanern und deutete auf die deutschen Panzer. Niemand beachtete ihn. Auf dem nach Norden führenden Hügel schwenkten die beiden »Tiger« plötzlich zur Seite und begannen die dicht besetzten amerikanischen Panzer und Fahrzeuge mit ihren MGs und 8,8ern zu bestreichen. Die amerikanischen Fahrzeuge jagten in die Felder und suchten Deckung.

Innerhalb fünfzehn Minuten hatten sämtliche Amerikaner Manhay verlassen – bis auf Richardson und Maxwell. Sie stießen auf vier von der 7. Panzer im Stich gelassene Shermans und kletterten in den einen hinein.

»Tiger!« schrie Richardson. Auf der Straße kroch ein Zug deutscher Panzer auf sie zu. Seiner Ansicht nach wog ein »Tiger« mindestens vier Shermans auf.

Maxwell richtete die 7,6er des Shermans auf den führenden deutschen Panzer. Richardson feuerte, obwohl er wußte, daß ein »Tiger« nur zwischen den Rädern, am Munitionsbehälter und am Motor verwundbar war. Die Granate prallte am Bug des näher kommenden Panzers wirkungslos ab.

Er blieb stehen, drehte den Turm und suchte im Finstern den Angreifer. Richardson lud die 7,6er. Aber das Geschütz klemmte. Jetzt erhellten deutsche Leuchtkugeln die Straßenkreuzung. Das große Geschütz des »Tigers« richtete sich langsam auf Richardsons Panzer.

»Los, raus!« schrie Richardson. Im Augenblick, als er und Maxwell die Straße erreichten, flog ihr Panzer in die Luft. Verfolgt von Gewehr- und MG-Feuer, warfen sich die beiden Amerikaner auf den Rücksitz von Richardsons Jeep.

Walker, der Fahrer, warf sein Gewehr weg und trat aufs Gaspedal. Richardson und Maxwell knieten auf dem Rücksitz und feuerten ihre Karabiner auf die zwei sie verfolgenden Panzer ab. Im Schutz des sanft fallenden Schnees raste der Jeep nach Westen davon.

Zwei Minuten später hielt er bei einer Abzweigung am Ortsrand von Grandmenil. Richardson schaute durch das Schneegestöber nach Manhay zurück. Ein dunkelroter Feuerschein lag über den brennenden Häusern. Von Erezée kommende amerikanische Granaten explodierten mit grellen, durch den Schnee seltsam verzerrten Stichflammen.

»Na, Sir«, sagte der Fahrer, »da sind wir grade noch rausgekommen. Aber wir haben unsere Hemden eingebüßt und Sie Ihre Hängematte.«

»Meine Safari-Hängematte!« Richardson stöhnte. Dieser Verlust schien ihm näherzugehen als der Umstand, daß er mit knapper Not dem Tod entronnen war. Er wandte sich an seinen Panzerzugführer. »Maxwell, Sie bleiben mit einem leichten Panzer hier. Ich geh' zu Matt Kane.«

Er lief über eine schmutzige Nebenstraße zu dem Haus, in dem sich der Gefechtsstand des Sonderkommandos Kane befand. Ein langer, schlanker Lieutenant Colonel saß in der Küche an einem Tisch und studierte beim Schein einer Petroleumlampe einen Kartenfetzen.

Ein Radio spielte BBC-Musik.

»Hallo, Rich, das ist ja ein schönes Durcheinander. Ich habe die Verbindung mit meinen Leuten im Süden völlig verloren.«

Richardson beugte sich über die Karte. »Es hat keinen Sinn, daß wir alle beide in diesem Schlamassel bleiben«, sagte er. Kane hatte nur eine Sanitätsabteilung und ein paar Leute vom Hauptquartier.

»Ich lasse Sie doch nicht allein«, sagte Kane.

»Sie hauen ab, verdammt noch mal!«

»Kommt nicht in Frage.«

»Wir haben heute nachmittag beschlossen«, beharrte Richardson, »daß das hier mein Revier ist. Also verschwinden Sie!«

Kane stand zögernd auf. »Schön, Rich, Sie haben den Befehl.« Er packte seine paar Sachen zusammen. »Viel Glück also! Auf Wiedersehn!« An der Tür blieb er stehen. »Verdammt fröhlich, diese Weihnachten.« Dann ging er.

Richardson horchte einen Augenblick auf die Musik, die aus

dem Radio kam. Bing Crosby sang »*White Christmas*«. Wenn er jemals hier herauskam – dieses Lied würde er nie wieder hören können.

Er lief zur Straße zurück. Maxwell deutete auf einen kleinen Hügel. »Ich glaube, dort drüben sind Deutsche.«

Von Osten kam tiefes Motorengebrumm. »Das sind Diesel. Hört sich an, als ob's zwei Deutsche wären.« Richardson duckte sich und rannte zum nächsten Haus. Da hörte er Lärm. Im Schneegestöber tauchten von Norden her die Umrisse zweier Fahrzeuge auf. Es waren amerikanische Panzerzerstörer.

»Halt! Ich brauch' euch!« rief Richardson. Der erste Panzerzerstörer richtete sein Geschütz auf ihn. »He, nicht schießen!«

Das Fahrzeug hielt an. Ein junger Lieutenant im Turm hielt die hohle Hand vor den Mund und rief: »Sehr erfreut, Sie kennenzulernen!«

»Ich übernehme euch. Geht mit dem einen dort drüben in Stellung!« rief Richardson. »Verwendet den andern als Deckung!«

Der Lärm der Dieselmotoren wurde lauter, doch der wirbelnde Schnee und der Wind erweckten den Eindruck, als kämen die Panzer aus mehreren Richtungen zugleich. Richardson sah, wie sich über ein Feld im Nordosten eine niedrige, verschwommene Silhouette näherte. Sie bewegte sich so schnell, daß es sich nur um einen »Panther« handeln konnte. Der zweite Panzerzerstörer, der sich in eine Stellung manövrierte, aus der er den ersten decken konnte, fuhr, ohne etwas zu merken, darauf zu.

»Schießen Sie auf alles, was sich bewegt!« rief Richardson dem Lieutenant im ersten Zerstörer zu. Dann rannte er durch den Schnee zu dem zweiten Zerstörer, der sich ahnungslos dem »Panther« näherte.

Richardsons Panzerzerstörer feuerte; die Geschosse pfiffen über seinen Kopf hinweg.

»Hör auf, du verdammter Idiot!« schrie Richardson.

Der Zerstörer fuhr langsam zurück; sein Kommandant, ein junger, verängstigter Lieutenant, sprang heraus. Richardson deutete auf das Feld. »Ein ›Panther‹ kommt auf uns zu. Er wird gleich da sein. Versuchen Sie nicht, ihn von vorn zu stellen. Sein Zielgerät ist viel besser als das Ihre.«

Der Lieutenant nickte aufgeregt, lief zu seinem Fahrzeug zurück und kletterte hinein. Er tat Richardson leid. Gegen die tödliche

7,5er des »Panthers« hatte er kaum eine Chance.

Weit draußen auf dem Feld sah Richardson einen schwachen Feuerschein. Irgend etwas brannte – wahrscheinlich Panzer der 7. Die beiden »Tiger«, die sich in ihre Kolonne eingeschlichen hatten, mußten ganze Arbeit geleistet haben.

Walker kam angerannt. »Ich habe eben von Südwesten Panzer gehört. Und ich glaube, General Hickey versucht, Sie über Funk zu bekommen.«

»Fünf ruft Sechs.« Es war Brewster. Er teilte verschlüsselt mit, daß er Belle Haie verlassen habe und nach Nordwesten, in Richtung Malempré, unterwegs sei, das Richardson noch immer in der Hand von Ridgways Korps glaubte. Er war, mit der Infanterie an der Spitze, abgerückt. Kurz darauf war der Panzer, der die Nachhut bildete, abgeschossen worden. Am Ortsrand von Malempré hatte er einen zweiten Panzer verloren. Er hatte versucht, auf zwei verschiedenen Wegen in den Ort zu gelangen, und dabei zwei weitere Panzer eingebüßt.

»Mein Abschnitt wackelt wie ein Pudding, Rich. Sie haben meinen letzten schweren Panzer erwischt. Was soll ich machen?«

»Das müssen Sie selbst entscheiden, Brew. Ich verlasse mich auf Sie. Versuchen Sie, mit möglichst heiler Haut davonzukommen. Sie haben genug geleistet.«

»Dies ist die letzte Meldung, die Sie von dieser Station empfangen. Ende.«

Dann meldete sich eine andere Stimme und sagte in geschraubtem Englisch: »Ich weiß wo Sie stehen. Sie heißen Richardson.« Die Stimme lachte. »Wir kennen Sie schon lange. Wir werden den Offizier, mit dem Sie soeben gesprochen haben, und seine Soldaten fangen. Und dann kommen Sie dran, Richardson. Sie wissen ja, was Ihnen blüht, wenn wir Sie erwischen.« Der Deutsche lachte wieder.

»Geh zum Teufel, du deutscher Hund!« Richardson stellte das Funkgerät ab. Er wußte schon seit langem, daß auf seinen Kopf wegen »Greueltaten« ein Preis stand. Eine »Greueltat« war, wenn man eine Menge Deutsche getötet hatte.

Links von ihm krachte es. Er fuhr herum und sah gerade noch, wie der deckende amerikanische Panzer einem näher kommenden »Panther« in die Flanke feuerte. Aus dem deutschen Panzer quoll Rauch hervor, plötzlich ging er in Flammen auf.

Dann gab es einen dumpfen Krach. Richardson wußte, daß er von der 7,5er eines »Panthers« kam. Der Panzerzerstörer raste zurück. Die 7,5er feuerte ein zweites Mal. Das amerikanische Fahrzeug flog mit einer ungeheuren Detonation in die Luft. Ein zweiter »Panther« hatte sich unbemerkt von Norden herangepirscht und einen Schuß in seinen Munitionskasten gesetzt.

Der in Stellung gegangene erste amerikanische Panzerzerstörer feuerte. Die Granate traf die Frontplatte des »Panthers«. Funken stoben, doch der »Panther« rollte weiter vor. Seine lange 7,5er krachte. Der Panzerzerstörer kippte rauchend um.

Richardson schrie Maxwell an der Straßenabzweigung zu: »Fahren Sie mit Ihrem Panzer so schnell wie möglich nach Erezée zurück!«

Während Maxwells leichter Panzer die Bergstraße nach Westen hinauffuhr, schaltete Richardson sein Funkgerät ein und rief Zech in Erezée an.

»Legen Sie soviel Artilleriefeuer wie möglich direkt auf Grandmenil.«

Es gab eine Pause. Zech leitete die Meldung an Colonel Frederick Brown, den Kommandeur der Feldartillerie der 3. Panzerdivision, weiter. Dann gab Brown eine Meldung für Richardson durch.

»Brown meint, Sie könnten den ganzen Salat mitten auf den Kopf bekommen!« warnte ihn Zech.

»Sagen Sie Ted, es komme nicht mehr darauf an, ob ich meinen Kopf verliere. Ich bin eben dabei, mein Hinterteil zu verlieren.« Er wandte sich an Walker, der auf dem Fahrersitz saß. »Höchste Zeit, daß wir verduften. Aber fahren Sie langsam. Wir dürfen keinen Lärm machen.«

Vorsichtig lenkte Walker den Wagen auf die Hauptstraße. Sie hörten von allen Seiten das dumpfe Dröhnen deutscher Panzer.

»Es ist Hilfe unterwegs«, meldete Zech über den Sprechfunk. »Eine Kolonne Infanteristen von der 75. Division. Paßt gut auf!«

Der von links kommende Panzerlärm wurde jetzt ohrenbetäubend.

»Walker!« schrie Richardson. »Nichts wie raus hier!«

Mit kreischenden Reifen raste der Jeep los. Zwei »Tiger« schwenkten auf die Straße und jagten ihm nach. Da gab es hinter ihnen eine Reihe fürchterlicher Explosionen. Richardson drehte sich um. Eine Rakete hatte Grandmenil getroffen. Das Dorf lag in Trümmern.

Der Jeep raste den steilen Hügel westlich Grandmenil hinauf. Die MG-Geschosse des »Tigers« schlugen prasselnd in sein Heck. Nach 800 Metern bog er scharf ab.

»*Halt!*« rief eine angsterfüllte Stimme.

Der Jeep hielt an. Richardson sah ein Dutzend Infanteristen mit Bazookas; dahinter eine lange Reihe Schützen.

Ein Lieutenant Colonel lief auf ihn zu.

»Verschwinden Sie schleunigst von der Straße«, sagte Richardson. »Deutsche Panzer kommen! Legen Sie Ihre Bazookamannschaften in den Straßengraben und stellen Sie Ihre Schützen dort rechts auf den Hügel. Den Rest halten Sie in Reserve.«

Der Infanterieoffizier – ein Bataillonskommandeur der eben erst eingetroffenen 75. Division, – nickte. »Wird gemacht«, sagte er aufgeregt.

Richardson winkte ihm zu und trieb Walker an, weiterzufahren. Er hatte hier nichts mehr zu tun. Nun hing alles von den Infanteristen ab. Langsam kroch der Jeep den Hügel hinauf. Hinter sich hörte Richardson das Krachen der Bazookas.

Der Jeep hielt vor einem Haus an der Straße, dem Regimentsgefechtsstand der Infanteristen. Der Posten vor der Tür salutierte stramm. Richardson zuckte zusammen. Diese Einheit stand offenbar zum ersten Male im Kampf. Er meldete sich bei einem Colonel, der eine grüne Feldbluse mit roten Abzeichen trug. Seine Brust war mit glitzernden Orden aus dem ersten Weltkrieg übersät. Richardson wollte ihm die Lage erklären.

»Ach, das ist nicht so wichtig«, sagte der Colonel. »Trinken Sie erst einmal eine Tasse Kaffee mit mir.«

Richardson sah, daß er hier nicht am richtigen Platz war. Er ging zu seinem Jeep zurück und war bald in seinem eigenen Gefechtsstand in Erezée. Er borgte sich einen Schlafsack aus und legte ihn neben dem Kartentisch auf den Boden.

Er hatte drei Nächte lang nicht geschlafen, aber trotz seiner Erschöpfung fand er keine Ruhe. Immer wieder durchlebte er in Gedanken die Stunden in Manhay, Belle Haie und Grandmenil. Mit einem kompletten Bataillon – 65 mittleren und leichten Panzern – war er ins Gefecht gegangen. Übriggeblieben war davon wahrscheinlich nicht einmal ein Dutzend.

Er schloß die Augen. Wie sah es jetzt wohl auf der Straße westlich Grandmenil aus? Hielten die unerfahrenen Infanteristen von der 75. stand? Und was war mit Brewster? Er würde ihn für den Silver Star vorschlagen.

Endlich schlief Richardson ein.

»In deinen dunklen Straßen«

Heiliger Abend – 1. Weihnachtsfeiertag 1944

1

Äußerlich war in Bastogne am Heiligen Abend alles friedlich, doch die Soldaten der eingeschlossenen Stadt hatten sich inzwischen einen neuen Titel verliehen: »The Battered Bastards of the Bastion of Bastogne«.

General McAuliffe telefonierte von seinem Gefechtsstand aus mit General Middleton. Man konnte die schwere Belastung der letzten Woche von seinem Gesicht ablesen. Das schönste Weihnachtsgeschenk für die 101., sagte er düster, wäre, wenn man sie morgen herausschlagen würde.

»Ich weiß, ich weiß«, erwiderte Middleton ebenso düster.

Die 3500 in der Stadt eingeschlossenen Zivilisten richteten sich wieder für eine Nacht in ihren Kellern ein. Hunderte drängten sich auf dem feuchten Fußboden des großen Seminarkellers zusammen. Die Schwestern des Krankenhauses gingen im flackernden Kerzenlicht von einem zum andern und versuchten, die Alten und die Kinder zu beruhigen. Für die alten Leute war dieses Leben im Keller am schlimmsten. Sie lagen auf schmierigen Matratzen, waren eng zusammengedrängt, froren aber trotzdem und wurden von Läusen gepeinigt. Einige waren schon gestorben. Andere hatten den Verstand verloren. Manche waren dem Wahnsinn nahe oder derart von Angst gelähmt, daß sie die Verrichtung ihrer körperlichen Notdurft nicht mehr zu kontrollieren vermochten. Man hatte mit Wasser verdünnte Karbolsäure verspritzt, was aber gegen den ekelerregenden Gestank menschlicher Exkremente wenig nützte.

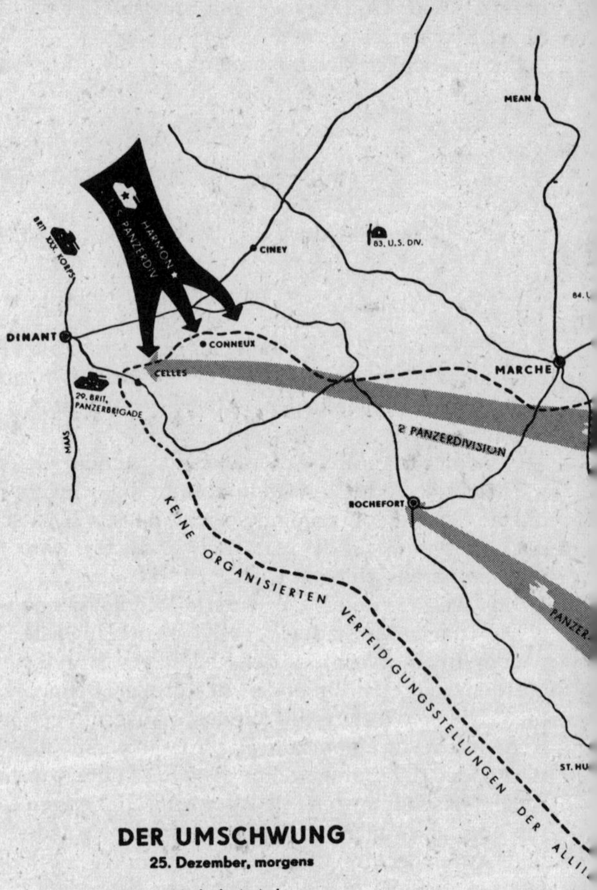

DER UMSCHWUNG

25. Dezember, morgens

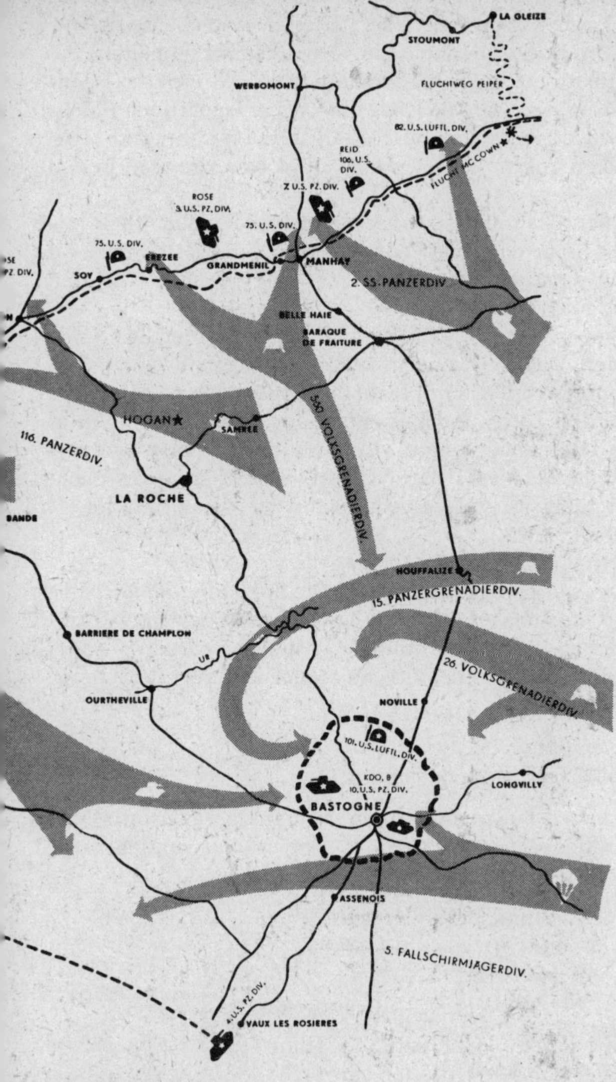
LA GLEIZE
STOUMONT
WERBOMONT
FLUCHTWEG PEIPER
82. U.S. LUFTL. DIV.
REID
106. U.S.
DIV.
FLUCHT MC COWN
7. U.S. PZ. DIV.
ROSE
3. U.S. PZ. DIV.
75. U.S. DIV.
75. U.S. DIV.
EREZEE
SOY
GRANDMENIL
MANHAY
2. SS-PANZERDIV.
BELLE HAIE
BARAQUE
DE FRAITURE
560. VOLKSGRENADIERDIV.
HOGAN
SAMREE
116. PANZERDIV.
LA ROCHE
BANDE
HOUFFALIZE
15. PANZERGRENADIERDIV.
BARRIERE DE CHAMPLON
OURTHEVILLE
26. VOLKSGRENADIERDIV.
NOVILLE
101. U.S. LUFTL. DIV.
KDO. B
10. U.S. PZ. DIV.
BASTOGNE
LONGVILLY
ASSENOIS
5. FALLSCHIRMJÄGERDIV.
4. U.S. PZ. DIV.
VAUX LES ROSIERES

Die Jungen hingegen spielten Karten, lachten und scherzten. Die älteren Leute sagten ihnen, sie hätten kein Recht, so gedankenlos zu sein, und ermahnten sie, sich ruhig zu verhalten.

Plötzlich übertönte Flugzeuglärm den Streit. Unweit des Seminars fielen Bomben. Die nächsten Einschläge lagen noch näher. Lampen und Kerzen gingen aus. Oben stürzten donnernd Mauern und Balken zusammen. Dicke Staubwolken drangen in den Keller.

Ein alter Mann hämmerte wild schreiend auf die Seitenteile seines Bettes. Dann rüttelte er am daneben stehenden Bett. Eine Frau sprang auf und packte eine Schwester an ihrem langen Haar und schrie: »Laßt mich raus!«

Dieses Bombardement war das ärgste. Bald brannten Dutzende von Gebäuden. Das provisorische Militärlazarett hatte einen Volltreffer bekommen und war nur mehr ein Schutthaufen. Freiwillige gruben nach den Toten und Verwundeten, die unter den Trümmern lagen. Der Gefechtsstand des Verbandes Cherry war zerstört. Vier junge Offiziere – darunter zwei Überlebende des Überfalls bei Longvilly, Captain Ryerson und Lieutenant Hyduke – wurden getötet.

Ein paar Straßen weiter, in der Kapelle von Abbé Mustys großem Seminar, sang ein Soldatenchor. Die Soldaten und Offiziere standen im Querschiff. Durch die Löcher des Sackleinens, mit dem man die zerbrochenen bunten Glasfenster verhängt hatte, schien der Mond. Durch die Risse im Mauerwerk rieselte Schnee. Die Männer sangen:

»O kleines Städtchen Bethlehem,
Wie still liegst du vor uns . . .«

Auf dem kalten Fußboden, nur in die bunten Fallschirme von den Versorgungsabwürfen gehüllt, lagen Verwundete und lauschten schweigend.

»In deinen dunklen Straßen
Strahlt ewig nun das Licht.
All unser Bangen, Hoffen,
Heut nacht auf dich sich richt.«

Es gab eine Pause. Dann sang der Chor *»Stille Nacht, Heilige Nacht«*. Die Verwundeten, die den ganzen Boden bis vorn zum Altar bedeckten, stimmten ein.

Aus einem anderen Stadtteil hörte man eine Explosion, doch die Männer sangen weiter. Die meisten dachten an das Weihnachtsfest in der Heimat.

Die »Battered Bastards« in den Schützenlöchern, die Bastogne in einem großen, unregelmäßigen Kreis umgaben, fühlten die Weihe dieser Nacht. Keiner riß derbe Späße. Keiner gab prahlerische Geschichten zum besten. Die Männer schüttelten einander schweigend die Hand. Viele ahnten, daß dies ihre letzte Nacht war.

2

An der Nordflanke der Front, in Malmedy, wurde der Heilige Abend auf seltsame Weise gefeiert.

Eben hielt ein mit Geschenken beladener amerikanischer Lastwagen vor dem Zivilkrankenhaus. Die GIs hatten auf die ihnen vom Roten Kreuz gespendeten Gaben verzichtet – zum Zeichen ihrer Trauer um Hunderte von Zivilisten, die an diesem Nachmittag bei dem irrtümlichen Bombenangriff der 9. US Air Force – dem zweiten innerhalb von wenigen Tagen – ums Leben gekommen waren.

Ein Offizier und vier Mann trugen die Geschenke ins Krankenhaus. Die Kinder klatschten entzückt in die Hände, die Schwestern strahlten über das ganze Gesicht und bedankten sich auf deutsch und französisch.

Die fünf Amerikaner wurden in einen Raum geführt, der nur durch Kerzen beleuchtet war. In der Mitte stand ein großer, mit einem weißen Tuch bedeckter Tisch. Die Schwestern knieten rund um den Tisch nieder. Dann sangen sie leise auf deutsch *»Stille Nacht.«*

Den Amerikanern standen Tränen in den Augen.

Durch die verschneite Einöde zwischen Ligneuville und Malmedy schlichen zwei Skorzeny-Leute. Es waren Freiwillige, die versuchten, ihre bei dem erfolglosen Angriff am 21. Dezember gefallenen Kameraden zu bergen.

Geräuschlos krochen die beiden über das Schlachtfeld. Es war von kleinen schneebedeckten Hügeln übersät. Sie versuchten einen toten Kameraden aufzuheben, doch sein Körper war am Boden festgefroren. Die Männer zogen Messer hervor und gruben den Leichnam aus. Sie hoben die schwere, steife Last hoch und trugen sie zu einem Kübelwagen, der hinter einem Hügel versteckt stand. Sie kamen zurück und holten einen zweiten und einen dritten und näherten sich dabei immer mehr den amerikanischen Stellungen.

Auf dem Schlachtfeld herrschte tiefe Stille, wie in Ehrfurcht vor der Heiligen Nacht. Trotzdem fürchteten die beiden Männer jeden Augenblick, durch Gewehrfeuer bei ihrer Arbeit gestört zu werden. Wieder hoben sie einen Toten hoch. Sie wollten ihn eben nach hinten tragen, da hörten sie ein knirschendes Geräusch. Jemand kam durch den Schnee auf sie zu. Wie gelähmt vor Schreck blieben sie regungslos stehen, den steifgefrorenen Leichnam fest umklammernd.

Das Geräusch kam näher. Dunkle Gestalten tauchten aus dem Nichts auf. Plötzlich starrten die beiden Männer in die erstaunten Gesichter einer amerikanischen Patrouille. Die Deutschen warteten schweigend. Sie waren überzeugt, daß die Amerikaner sie erschießen würden. Doch diese machten ein paar Schritte vor ihnen kehrt und gingen weiter, wie gute Familienväter, die nur hatten nachsehen wollen, ob die Haustür ordnungsgemäß verschlossen war.

In den beiden Männern stieg ein überwältigendes Gefühl der Brüderlichkeit für die Amerikaner auf. Sie trugen ihre Kameraden zum Kübelwagen und machten sich auf den Weg nach Ligneuville.

3

In Deutschland gab es viele Feiern.

Colonel Descheneaux, der Kommandeur des in Gefangenschaft geratenen 422. Regiments der 106. Division, wurde aus seiner winzigen Zelle in einer alten Burg herausgeholt. Er mußte zusammen mit anderen amerikanischen Offizieren antreten.

»Ihr seid dem gestrigen Terrorangriff eurer Air Force nur deshalb entgangen, weil ich euch aus Limburg wegbringen ließ«, sagte der Burgkommandant. »Das Gebäude, in dem ihr gelegen habt, wurde getroffen. Fünfzig amerikanische Offiziere sind durch die alliierten Bomben umgekommen.« Ein Hornist trat vor und blies einen Zapfenstreich. Dann bekamen alle Amerikaner Rotkreuzpäckchen, und Descheneaux als rangältester Offizier las ein paar Zeilen aus der Bibel vor. Anschließend brachte man die Amerikaner wieder in ihre zwei mal drei Meter großen Zellen.

Descheneaux untersuchte sein Paket. Er fand darin sechs Pakkungen Zigaretten – unbezahlbar zum Tauschen – Zucker, Trokkenmilch, Öl, Marmelade, Keks, Dosenschinken, Corned beef, Leberpastete, Lachs, Rosinen, vier Tafeln Schokolade und Käse. Er nahm jedes einzelne Stück liebevoll in die Hand.

Er betete, daß seine Frau Betty und seine Tochter Joey im fernen Maine glücklich und zufrieden sein mögen. Er betete darum, daß sie erst nach den Feiertagen von seiner Gefangennahme erfahren würden. Dann betrachtete er im Halbdunkel immer und immer wieder ihre Fotos.

Alan Jones jr., der jetzt einen zerfetzten französischen Staubmantel und eine Mütze trug, war in einem Viehwagen eingesperrt. Es war so kalt, daß das Gitter des einen winzigen Fensters mit Eis überkrustet war. Bis jetzt hatten die Deutschen nicht herausgefunden, daß er der Sohn des Divisionskommandeurs war. Doch er sorgte sich mehr um seinen Vater als um sich selbst. Im Zug ging das Gerücht um, daß man den General gefangengenommen und erschossen hätte.

Mit Jones jr. waren noch 50 andere Gefangene in dem Wagen zusammengepfercht. Seit zwei Tagen hatten sie nichts zu essen und zu trinken bekommen. Die meisten Soldaten stammten gleichfalls von der 106. Division, und abgesehen von dem Gejammer nach Essen und Wasser und über die Kälte, wurde nur über die Schlacht in der Schnee-Eifel gesprochen.

Die Männer waren verbittert und empört. Sie hatten das Gefühl, vergessen worden zu sein. Die versprochenen Versorgungsabwürfe waren nie erfolgt. Die Übergabe wurde erregt diskutiert. Viele fanden, daß sie grundlos erfolgt sei. Sie hatten sich kampflos ergeben. Was würden die Leute in der Heimat von ihnen denken? Viele häßliche Worte fielen über Cavender und Descheneaux.

Der unglücklichste von allen war wohl ein Mann in einer pelzbesetzten Fliegerjacke, der für sich allein in einer Ecke saß. Er war ein Air Force-Pilot, der am Tag vor der Schlacht zum 423. hinausgekommen war, um seinen Bruder, einen GI, zu besuchen.

»Gefangen wie ein verdammter Infanterist«, murmelte er immer wieder. Er hielt seine Kameraden im Viehwaggon für mitschuldig am größten Verbrechen dieses Krieges – seiner Gefangennahme.

Plötzlich hörten sie über sich lautes Dröhnen – amerikanische Bomber. Gleich darauf pfiffen Bomben herab. Ohrenbetäubende Explosionen folgten. Der Viehwaggon zitterte. Die 50 Mann in dem fest versperrten Wagen wurden von Entsetzen gepackt.

»Singen wir!« sagte jemand mit bebender Stimme. Die Soldaten kamen bis zur Hälfte von *»Jingle Bells«*, dann pfiffen weitere Bomben herab. Der Gesang brach jäh ab.

»Mein Gott, beten wir lieber«, sagte einer.

Mit dumpfem Krachen schlug eine Bombe unmittelbar neben dem Wagen ein. Sie explodierte nicht.

4

Am ersten Feiertag um ein Uhr morgens fand am Nordabschnitt der Ardennenfront eine merkwürdige militärische Doppelaktion statt. Beide Seiten zogen sich zurück.

Entsprechend Montgomerys Befehl, die Front zu begradigen, zog sich »Slim Jim« Gavins tapfere 82. Luftlandedivision nach Norden zur Straße Trois Ponts–Manhay zurück. Als Gavin von Einheit zu Einheit ging, stellte er fest, daß seine Leute, die im ganzen Krieg noch nie einen Schritt zurückgewichen waren, sich über den Rückzug ärgerten; ihr Kampfgeist und ihre Zuversicht waren ungebrochen.

Über dieselbe Straße bewegte sich auch eine andere Einheit nach Süden, die noch im Rückzug voll Angriffsgeist war: die Kampfgruppe Peiper. Peiper hatte am 24. Dezember vor Tagesanbruch seine 800 Mann und Major Hal McCown, den gefangenen Amerikaner, aus La Gleize herausgeführt. Die 130 gefangenen Amerikaner hatte er seinem Versprechen gemäß zurückgelassen. In dem völlig zerstörten Ort waren auch seine sämtlichen Fahrzeuge zurückgeblieben – rauchende Grabmale des Vorstoßes zur Maas.

Die Kampfgruppe Peiper schleppte sich langsam über einen bewaldeten Hügel. McCown glaubte, am Ende seiner Kräfte zu sein. Seit sie La Gleize verlassen hatten, mußten sie schon über 30 Kilometer marschiert sein, und er hatte nichts zu sich genommen als vier kleine Keks und zwei Schluck Kognak. Er taumelte. Der Regimentsarzt gab ihm ein Bonbon. Der Zucker erfrischte ihn.

Oberst Peiper hatte die Kolonne einige Stunden zuvor mit mehreren Angehörigen seines Stabes verlassen. Die Hauptgruppe wurde jetzt von einem jungen Hauptmann geführt, der pausenlos marschierte. Peiper hatte die Kolonne jede Stunde anhalten lassen und die Verfassung jedes einzelnen Mannes gewissenhaft überprüft. Der Hauptmann spornte die Männer zu immer größerer Leistung an und lachte über jedes Zeichen von Schwäche.

McCown, der nur eine leere Feldflasche trug, begriff nicht, wie die Soldaten es fertigbrachten, mit dem schweren Gepäck und den Waffen in diesem hügeligen Gelände das Tempo beizubehalten.

Im Dunkel der Nacht hatte es mehrmals Zusammenstöße mit Amerikanern gegeben. Die Soldaten halfen ihren bei diesen Gefechten verwundeten Kameraden den steilen verschneiten Weg hinauf.

Plötzlich schlugen einige Meter vor ihnen Granaten ein. Die Soldaten hielten verwirrt an. Sie ahnten nicht, daß das Feuer von der 82. Luftlande stammte, die ihnen bei ihrem Rückzug entgegenkam.

Plötzlich brach Gewehr- und MG-Feuer los. Leuchtspurgeschosse pfiffen über ihre Köpfe hinweg. McCown ließ sich in den Schnee fallen. MG-Geschosse zerfetzten die Bäume um ihn. Deutsche und englische Kommandorufe schienen von allen Seiten zu kommen. McCown blieb einen Augenblick regungslos liegen, dann kroch er vorsichtig dem amerikanischen Feuer entgegen.

Nach hundert Metern stand er auf. So laut wie möglich einen amerikanischen Schlager pfeifend, ging er langsam weiter.

»Halt, God damm it!« schrie eine Stimme. Da wußte McCown, daß er in Sicherheit war.

5

65 Kilometer Luftlinie weiter westlich bereitete sich General Ernie Harmons 2. Panzerdivision zum Angriff nach Süden, auf Celles, vor, das Dorf, in dem Marthe Monrique tags zuvor mit ihrem Märchen die deutsche Vorhut nur acht Kilometer vor der Maas zum Stehen gebracht hatte.

Als Harmons Männer auf den großen Kessel voll deutscher Panzer zurollten, wußten sie, daß möglicherweise der Ausgang der ganzen Schlacht von ihnen abhing. Einige Kilometer oberhalb Celles schwenkte eine Kolonne nach Osten, um einen eventuellen Rückzug der Deutschen vor den von Nordwesten und Norden vorstoßenden anderen Kolonnen abzuschneiden.

Im ersten Tageslicht erzitterte die äußerste Spitze des großen Keils von einer weit ausgedehnten Panzerschlacht, die für die Zukunft der »Wacht am Rhein« entscheidend sein konnte.

Einige Stunden später flogen Omar Bradley und sein Adjutant, Major Chester Hansen, mit dem Flugzeug des Generals, der *Mary Q*, zu Montgomerys holländischem Hauptquartier. Bradley sollte den Field Marshal dazu überreden, einen Großangriff von Norden her zu unternehmen und damit den schweren Druck, dem die Südflanke des Keils ausgesetzt war, zu mildern.

Die *Mary Q* landete bei dem belgischen Ort St. Trond. Es war fast Mittag, als Bradley und Hansen sich mit einem ausgeborgten Jeep einem holländischen Dorf näherten.

»Was ist denn heute los?« fragte der General, als er die festlich gekleideten Holländer sah.

»Es ist Weihnachten, General.«

Bald saß er in dem einfachen holländischen Haus, in dem sich Montgomerys Gefechtsstand befand. Der Field Marshal war äußerst liebenswürdig.

»Ich hoffe, bis Bastogne zu kommen«, sagte Bradley, nachdem sie die allgemeine Lage besprochen hatten. »Aber weiter komme ich ohne Unterstützung bestimmt nicht.« Er hoffe, daß Montgomery den Angriff der Dritten Armee bald durch eine Offensive von Norden verstärken werden.

»Im Augenblick kann ich einfach nicht in die Offensive gehen«, sagte Montgomery. »Ich erwarte noch mindestens einen feindlichen Vorstoß auf meine Flanke. Ich greife erst an, wenn die Deutschen sich totgelaufen haben.«

Bradley konnte nicht mehr tun. Er erhob sich. Die beiden verabschiedeten sich ebenso herzlich, wie sie sich begrüßt hatten.

Tief enttäuscht machten sich Bradley und Hansen auf den langen, gefährlichen Flug nach Luxemburg.

6

Für die amerikanischen Gefangenen war es eine düstere Weihnacht. Kurz nach Mittag trottete tief in Deutschland eine lange Kolonne von in den Ardennen in Gefangenschaft geratenen Amerikanern einen verschneiten Hügel hinauf. Nahe der Spitze der Kolonne ging Colonel Hurley Fuller.

Es war kein systematisches Marschieren mit regelmäßigen Pausen – nur ein dauerndes, ermüdendes Dahinschleppen. Die Amerikaner waren vor Hunger und Überanstrengung so schwach, daß sie sich kaum noch in Reih und Glied halten konnten.

»Ich lasse anhalten«, sagte Fuller zu den anderen Offizieren. Er drehte sich um, hob beide Arme und rief: »Halt! Nach rechts wegtreten!«

Der Befehl wurde durch die ganze lange Reihe weitergegeben. Die verwirrten deutschen Wachen wußten nicht, was sie tun sollten.

»Wir machen zehn Minuten Pause«, sagte Fuller, als ob er immer noch sein Regiment kommandierte.

Die Wachen gerieten völlig aus der Fassung und schrien aufgeregt durcheinander, als die ganze Kolonne nach rechts wegtrat. Drei deutsche Offiziere, die einige hundert Meter vorausmarschiert waren, kamen zurückgerannt.

Fuller machte es sich bequem und lehnte sich an einen Schneehaufen.

Der Major, der den Transport befehligte, rief ein deutsches Kommando. Ein amerikanischer Soldat trat zu Fuller. »Sir, er sagt, er wird Sie erschießen lassen!«

»Sagen Sie ihm, daß wir erschöpft sind.« Fuller ließ sich noch tiefer in den Schneehaufen sinken und blickte zu dem wütenden Major auf. »Sagen Sie ihm, wenn er mir die Kolonne unterstellt, werden wir rascher vorankommen und bessere Disziplin halten.«

Der Major riß erstaunt die Augen auf, als man ihm dies übersetzte. Er trat zornig auf Fuller zu. Dieser blickte ihn furchtlos an.

»Verrückte Amerikaner!« rief der Major und fuchtelte mit den Armen. Er sprach hastig auf den amerikanischen Private ein und ging dann unwillig weg.

Der GI starrte Fuller sprachlos an. »Colonel, er hat gesagt, *Sie* sollen den Befehl übernehmen!«

Fuller stand auf. Jetzt würde endlich Ordnung in die Kolonne kommen. »*All right,* Leute, tretet an.«

Als die Gefangenen sich formierten, kam der deutsche Major mit einem kleinen, aber schweren Koffer zurück und reichte ihn dem erstbesten Amerikaner. Während sie weitermarschierten, bemerkte Fuller, daß der Koffer von einem Amerikaner zum andern wanderte. Er mußte bald am Ende der Kolonne angelangt sein.

Eine Stunde später ließ Fuller halten, um wieder eine Pause einzulegen. Gleich darauf brachte ein aufgeregter Posten einen GI zur Spitze der Kolonne. Der GI hatte den Koffer in der Hand. Der Deckel hing herab, der Koffer war leer.

Der deutsche Major eilte herbei. Unter wütendem Geschrei schlug er den Amerikaner mit seiner Reitgerte ins Gesicht.

Fuller packte ihn am Arm.

»Er behauptet, daß die amerikanischen Soldaten alles gestohlen haben«, sagte der Dolmetscher.

»Was war denn in dem Koffer?« fragte Fuller.

»Käse und Butter.«

Fuller lachte.

Der Major lief rot an. Er hob die Reitgerte, als wollte er Fuller schlagen. Dann stimmte er plötzlich in das Lachen ein und warf den leeren Koffer in eine Schneewehe.

In einem nicht weit davon entfernten deutschen Dorf wurde Major Don Boyer verhört. Boyer leierte immer wieder seinen Namen, seinen Rang und seine Kennummer herunter.

Der Mann, der ihn vernahm, war gereizt, aber nicht wütend. »Ich weiß doch, daß Sie zum 38. Panzerinfanterieregiment der 7. Panzerdivision gehören. Warum geben Sie es mir nicht zu?« Als Boyer keine Antwort gab, bot ihm der Deutsche Kaffee und Kuchen an.

Boyer lehnte ab. Er fürchtete, in dem Kaffee könnte sich eine Droge befinden.

Der Deutsche wurde unwillig. »Ach, Sie und Ihre verdammte 7. Panzerdivision! Wenn ihr nicht wärt, könnten wir heute abend in Lüttich sein. Führt ihn ab.«

Ein langer SS-Offizier deutete auf Boyers Überschuhe. »Ziehen Sie sie aus!« befahl er.

»Nein.«

»Solange Ihre Rotkreuzkarte nicht ausgestellt ist, brauchen wir Sie nicht als Gefangenen zu behandeln. Also los, runter damit.«

Boyer schüttelte störrisch den Kopf. Da schlug der Offizier ihm ins Gesicht. Boyer stürzte zu Boden. Man hob ihn auf, stieß ihn wieder nieder.

»Geben Sie mir jetzt die Überschuhe?«

Boyer wollte »nein« sagen, doch er brachte kein Wort heraus.

Die Soldaten zogen ihm die Überschuhe von den Füßen. Zwei GIs hoben ihn auf und schleppten ihn in eine nahe Kirche. Dort legten sie ihn auf eine Betbank. Er war Gefangener, doch der Krieg war für ihn noch nicht zu Ende.

7

In einem Ardennenschloß bei La Roche saß Baron Hasso von Manteuffel beim Weihnachtsmahl. Er bestand aus amerikanischen Tagesrationen. Vor einem Jahr hatte er die Feiertage in Luxus und Überfluß als Gast des Führers verbracht.

Er unterhielt sich mit Major Johann-Mayer, Hitlers Adjutanten. Manteuffel legte ihm schonungslos die Lage der 5. Panzerarmee dar. Die 2. Panzerdivision war durch Harmons 2. Panzerdivision abgeschnitten. Zwei Verbände eilten ihr zu Hilfe – von Westen die 9. Panzer und von Südwesten die Panzer-Lehr – doch die Aussichten waren alles andere als rosig.

»Der Vorstoß nach Antwerpen muß sofort abgeblasen werden«, fuhr er fort. Wenn der Führer sofort zustimme, könne die 5. Panzerarmee nach Norden schwenken und den Feind östlich der Maas einkesseln. Es würde ein großer Sieg werden – aber es sei allerhöchste Zeit.

Johann-Mayer ließ sich von Manteuffel überzeugen. Er rief Jodl im Führerhauptquartier an und informierte ihn über seinen persönlichen Eindruck von der Lage. Dann übergab er Manteuffel den Hörer.

»Der Führer hat noch keinen Entschluß gefaßt«, teilte Jodl dem Baron mit.

»Aber Sie wissen doch, daß die Entscheidung *jetzt* erfolgen muß, sonst ist es zu spät.« Manteuffel bemühte sich nicht, seinen Ärger zu verbergen. »Und außerdem brauche ich sofort Unterstützung.«

»Ich kann Ihnen nur noch eine Panzerdivision geben«, sagte Jodl. »Und denken Sie daran: der Führer will nicht, daß Sie auch nur einen einzigen Schritt zurückweichen. Gehen Sie vor! Nicht zurück!«

Manteuffel knallte den Hörer hin.

8

Knapp acht Kilometer nördlich von Manteuffels Schloß saßen »Hogans 400«, die in Marcouray eingeschlossen waren, ebenfalls bei einem aus Tagesrationen bestehenden Weihnachtsmahl.

Es herrschte keinerlei Panik, obwohl die Lage hoffnungslos war. Die amerikanische Artillerie hatte zwar vor zwei Tagen das dringend benötigte Blutplasma und Verbandsmaterial richtig eingeschossen, doch die Entfernung war so groß gewesen, daß der Inhalt der Behälter zerstört worden war. Und der gestrige Luftabwurf hatte nicht geklappt. Die im nahen La Roche stehende deutsche Flak hatte die C-47er vom Kurs abgebracht, und die Versorgungsfallschirme waren weit von Marcouray entfernt niedergegangen. Einige Stunden später war vor Hogans Stellungen ein deutscher Kübelwagen mit einer weißen Fahne erschienen und hatte eine Aufforderung zur Übergabe gebracht. Man teilte dem Colonel aus Texas mit, daß er von drei Divisionen eingeschlossen sei. Sollte er daran zweifeln, so sei man gern bereit, ihn oder einen seiner Offiziere die deutschen Stellungen besichtigen zu lassen.

»Wir haben Befehl, bis zum Tod zu kämpfen«, sagte Hogan. »Und da ich Soldat bin, werde ich diesen Befehl befolgen. Sagen Sie ihrem Kommandeur, er soll sich zum Teufel scheren.«

Bald nach dem kärglichen Weihnachtsessen erhielt Hogan eine Funknachricht von General Maurice Rose, seinem Divisionskommandeur: »Vernichten Sie Ihre Ausrüstung und versuchen Sie, sich irgendwie herauszuschlagen. Viel Glück.«

Hogan war sich darüber im klaren, daß sie jede Menge Glück brauchen würden. Aber er ließ seine Bedenken nicht laut werden. Er befahl seinen Leuten, aus den Motoren ihrer Fahrzeuge das Öl abzulassen und in die Benzintanks Zucker zu schütten. Dann startete man die Motoren – immer nur wenige gleichzeitig, damit die Deutschen nicht errieten, was vor sich ging – und ließ sie laufen, bis sie stehenblieben. Auch die Waffen wurden vernichtet, die Verschlüsse in Brunnen geworfen.

Nun gab es noch drei Probleme: die Verwundeten, die Gefangenen und die zwei Deutschen mit den Genickschüssen.

Captain Louis Spiegelmann, der Bataillonsarzt, erbot sich freiwillig, bei den Verwundeten zu bleiben. Die beiden toten Deutschen wurden in der gefrorenen Erde unter einem Rosenstrauch begraben. Dann beriet man über das Schicksal der Gefangenen. Hogan wollte sie nur ungern freilassen. Die Deutschen würden sie sofort wieder in den Kampf werfen. »Andererseits«, fügte er hinzu, »wäre es nicht sehr klug, sie abzuknallen. Vielleicht geraten wir bald selbst in Gefangenschaft.« Er entschied, daß die gehfähigen Verwundeten sie bewachen sollten, bis die Kolonne aus dem Ort entkommen war. Dann sollte man sie freilassen.

Es war schon fast dunkel, als er seinem Kampfkommandeur eine kurze Zusammenfassung dieses Plans funkte. Einen Augenblick später kam die Antwort: »Warten Sie!«

Hogan versuchte es nochmals und erhielt die gleiche Antwort. Er wollte schon die Funkanlage vernichten lassen, da kam eine Meldung: »Fallschirmjägerpatrouillen werden versuchen, zu Ihnen zu stoßen und Sie durch die Linien zu führen. Parole für heute nacht: *Letzte.* Gegenparole: *Auflage*.«

Um 18 Uhr 30 war es dunkel genug, um aufzubrechen. Hogan befahl seinen Leuten, ihre Stahlhelme und andere lärmerzeugende Ausrüstungsgegenstände wegzuwerfen und sich die Gesichter mit angebrannten Korken zu schwärzen. Dann schlich die Kolonne leise zum Nordende des Ortes hinaus. Phil De Orio, Hogans Ordonnanz, bekam plötzlich Gewissensbisse. Er hatte Hogans wertvollsten Besitz, eine Gummimatratze, absichtlich im

Keller des Gefechtsstandes zurückgelassen, weil er es satt hatte, sie dauernd aufzublasen. Er lief zum Keller zurück, faltete die Matratze zusammen und stopfte sie unter seinen Gürtel. Er nahm sich vor, sie einzupacken und dem Colonel als Weihnachtsüberraschung zu überreichen.

Hogan verabschiedete sich von Captain Spiegelmann und den Verwundeten. Als er sich der langen Kolonne anschloß, hörte er plötzlich das tiefe Brummen eines Dieselmotors. Ein deutscher Panzer rollte an. Mitten im Dorf schlug eine Granate ein. »Hogans 400« flüchteten in den Wald, Hogan selbst als letzter.

Fünfundzwanzig Kilometer weiter nördlich betrat eben ein Major von Hogans Division mit zerrissener Uniform und eingefallenem Gesicht General Roses Gefechtsstand in Barvaux. Es war Olin Brewster. Die letzten 24 Stunden, die er zum größten Teil an der Straßensperre von Belle Haie verbracht hatte, waren die schwersten seiner ganzen militärischen Laufbahn gewesen. Er hatte schließlich seine letzten paar Panzer und Fahrzeuge in Brand stekken und sich zu Fuß durch die feindlichen Linien schleichen müssen. Doch er hatte alle seine Leute heil herausgebracht.

Er ging ins Büro des Planungsoffiziers. Colonel Sweat starrte die schmutzige, ausgemergelte Gestalt an. »Mein Gott, Brew, wir dachten, Sie seien tot!«

Ein paar Minuten später trat Brewster in General Roses Büro. Rose, der mit makellos sauberen Breecheshosen und blankpolierten Stiefeln an seinem Schreibtisch saß, schaute ihn an. Er legte sein hübsches Gesicht in strenge Falten und fragte: »Was gibt's?«

Brewster reizte sein kühles Benehmen. Er berichtete von seinem Kampf bei Belle Haie, der Flucht nach Malempré und dem Entschluß, seine letzten Fahrzeuge zu verbrennen.

Rose war ein draufgängerischer Kommandeur von großem, persönlichem Mut, und er setzte bei seinen Untergebenen die gleichen Eigenschaften voraus. »Wie kommen Sie dazu, Staatseigentum zu vernichten?«

»Sir, ich war bestrebt, eine starke Gruppe gut ausgebildeter Soldaten wieder in den Kampf zu führen.«

Rose starrte ihn vorwurfsvoll an. »Major, in meinen Augen war das eine Disziplinlosigkeit.«

Benommen verließ Brewster das Zimmer. Er ging zur Offiziersmesse, zu dem warmen Weihnachtsmahl mit gebratenem Truthahn, von dem er schon den ganzen Tag geträumt hatte. Man setzte ihm Dosenschinken vor.

Im gleichen Augenblick kroch Walter Richardson, Brewsters Bataillonskommandeur, in seinen Schlafsack.

»He, Rich!« rief ihm jemand zu. »Sie sollen schleunigst zum General nach Barvaux kommen!«

Als Richardson auf der dunklen Straße zum Divisionsgefechtsstand fuhr, vermutete er, daß ihn Rose entweder zu einem neuen Angriff einsetzen oder für die Aktion bei Manhay und Grandmenil persönlich belobigen wollte. Als er durch den Korridor von Roses Gefechtsstand ging, blickten einige Stabsoffiziere, denen er begegnete, zur Seite.

»Rich, der General möchte Sie sprechen«, sagte ein Stabsoffizier in offiziellem Ton. Jetzt wußte er, daß es etwas setzen würde.

Er betrat Roses Büro. Der General, der hinter seinem Schreibtisch saß und Schriftstücke studierte, deutete wortlos auf einen Stuhl. Als Richardson sich setzte, schien ihm das blendend weiße Licht der Deckenlampe mitten ins Gesicht. Es war wie der dritte Grad. Zorn stieg in ihm hoch.

Ein Stabsoffizier, der dasaß und sich Notizen machte, murmelte, ohne aufzublicken, wie ein Bauchredner: »Hallo, Rich.«

Rose hob den Kopf und sagte kühl: »Ich habe gehört, daß Brewster davongelaufen ist und einen großen Teil Ihrer Ausrüstung zurückgelassen hat. Und man hat mir mitgeteilt, daß Sie noch viel mehr eingebüßt haben. Ich bitte um Ihre Stellungnahme.«

Richardson beherrschte sich. »Ich habe Brewster gesagt, er soll seinen Kram stehenlassen und mit seinen Leuten abhauen. Er hat also auf *meinen* Befehl gehandelt. Das Leben der Soldaten war mir wichtiger als alles andere. Er hat sich sehr tapfer geschlagen, und ich habe ihm gesagt, er solle sich so gut wie möglich aus der Affäre ziehen.« Er starrte Rose an.

»Und was ist mit den preisgegebenen Panzern auf der Höhe nördlich Manhay?«

»Die haben der 7. Panzerdivision gehört, Sir.« In knappen Worten berichtete er über den Colonel der 7. Panzer an der Straßenkreuzung.

Roses Gesicht glättete sich. »Ja, stimmt. Hickey hat mir schon von ihm erzählt. Ich habe Bob Hasbrouck informiert, und er hat mir versichert, daß er sich diesen Colonel vorknöpfen wird.« Er sah Richardson an und lächelte beinahe. »Ich glaube, ich kann mir jetzt ein besseres Bild machen.«

Richardson salutierte und ging. Die Stabsoffiziere im Vorzimmer hätten jetzt gern mit ihm gesprochen, doch er eilte zornig an ihnen vorbei.

In seinem Büro diktierte General Rose einem Stabsoffizier. »Bereiten Sie alle Papiere vor«, sagte er. »Ich möchte Brewster wegen Feigheit vor das Kriegsgericht bringen.«

9

Vierzig Kilometer weiter östlich, in Malmedy, ging das Weihnachtsfest zu Ende. Soldaten der 30. Division und Zivilisten gruben nach Überlebenden eines weiteren alliierten Bombenangriffs – des dritten innerhalb von drei Tagen.

»Wir können den Vorstoß zur Maas nicht erzwingen«

26. Dezember 1944

1

Um Mitternacht des 25. Dezembers war es bitter kalt. Einige Kilometer nordwestlich Marche tauchte der Wintermond das Schloß Verdenne in helles Licht. Auf einem zerschossenen »Panther«, der in der Nähe des schmiedeeisernen Tores stand, glitzerte Rauhreif. Der 2. Weihnachtsfeiertag begann in ungewöhnlicher Stille.

Im großen Keller des Schlosses saß beim Licht einer einzigen Kerze sein Besitzer, Baron Charles de Radzitsky d'Ostrowick, ein Belgier polnischer Abstammung, mit seiner Tochter, 15 Flüchtlingen aus dem Ort und 13 Panzersoldaten der berühmten »Greyhound«-Division, der 116. Panzer. Ein Panzersoldat, der eine schmerzhafte Wunde am rechten Bein hatte, bat immer wieder um Wasser.

»Na, wollt ihr ihm keins holen?« fragte der Baron schließlich.

Die anderen Panzersoldaten, die von den schweren Kämpfen seit dem Heiligen Abend wie betäubt waren, antworteten nicht. Sie hatten keine Ahnung, ob die oberen Stockwerke von Deutschen oder Amerikanern besetzt waren. Der Baron nahm einen Eimer und stieg die Treppe hinauf. Niemand hielt ihn zurück. Vor zwei Tagen, als er eben eine Weihnachtsfeier für die im Dorf untergebrachten GIs der 84. Division vorbereitete, waren plötzlich Kämpfe ausgebrochen, und man hatte ihm geraten, sich im Keller zu verstecken. Seit damals hatte das Schloß fünfmal den Besitzer gewechselt.

Der Baron betrat die große Halle. Durch ein klaffendes Loch in der Decke schien der Mond. In dem prachtvollen Saal herrschte ein wüstes Durcheinander. Wertvolle Bilder lagen zerstört auf dem Boden. Die Wände waren von Geschossen durchsiebt. Möbel, die seit Generationen im Besitz der Familie waren, lagen zertrümmert auf einem Haufen. In der Mitte des Saales stand der Billardtisch. Seine Beine waren abgesägt, das grüne Tuch blutgetränkt. Ein paar Operationsinstrumente lagen darauf, dunkelrot mit Blut befleckt.

Vom Fußboden starrten den Baron tote Augen an. Es war ein Deutscher. Daneben lag mit geballten Fäusten und ausdruckslosem Gesicht ein Amerikaner. Die oberen Stockwerke waren von Toten besetzt.

Als der Baron über die Trümmer zur Tür stieg, wurde ihm übel. Hier waren – wie zu einer späteren Katalogisierung – dreißig Leichen aufeinandergestapelt. Vorsichtig zwängte er sich zwischen den Toten hindurch und trat auf den Hof. Draußen war der Boden so dicht mit Leichen übersät, daß er auf eine Mauer klettern mußte. Er blieb stehen und übergab sich. Dann ging er weiter, holte Wasser und kehrte in den sicheren Keller zurück.

Drei Kilometer nordwestlich des Schlosses verließ die Kompanie A des 233. Infanterieregiments der 84. Division in raschem Marsch eine große Gemeindescheune. Die Soldaten murrten. Das lang erwartete Weihnachtsessen war immer noch nicht eingetroffen. Letzten Gerüchten zufolge hatten die Deutschen am Morgen einen kühnen Überfall auf Marche unternommen und sämtliche Truthähne gestohlen.

Die Kolonne hielt an. *»All right«*, sagte ein Zugführer, der den Spitznamen Kaninchen trug. »Wir greifen jetzt an. Zieht eure Mäntel und Überschuhe aus.«

Private John Shaw, Sohn eines Musikprofessors, versteckte Mantel und Überschuhe sorgfältig unter einem Gebüsch. Er stand, wie viele andere Soldaten dieser Division, erst seit einem Monat im Kampf, doch er wußte aus bitterer Erfahrung, was warme Sachen nach einem Gefecht wert waren. Er prägte sich das Gebüsch genau ein.

Shaw rückte seine Brille zurecht. Dann überquerte er mit den anderen ein Bahngeleise und marschierte einen kleinen Hügel hinauf. Die Nacht war bitter kalt, und er bereute bald, daß er den Mantel ausgezogen hatte. Dieser Marsch im hellen Mondlicht über die glitzernden weißen Felder war wie ein Traum. Seit dem Nachmittag hatte man sie mit einem Dutzend sich widersprechender Befehle von einer Stelle zur anderen gehetzt.

Sie folgten einem Feldweg, der zu einem dichten Wald führte. Schweigend und mit Gesichtern, die ihre Erleichterung verrieten, starrten die Männer einer anderen Kompanie sie an, an denen sie vorbeimarschierten. Kein Wort fiel, aber die Kompanie A wußte, daß sie dachten: »Besser die als wir.«

Vor ihnen lagen sanft gewellte, schneebedeckte Felder. Shaw bemerkte eine Gruppe von Häusern. Sie waren verdunkelt, schimmerten aber im Mondlicht. Es war unheimlich. Angst packte ihn. Er kam an einem ausgebrannten Panzer vorbei, der noch als Wrack gefährlich aussah. Die Kolonne schwenkte nach links. Plötzlich tauchte eine Mauer vor ihnen auf und dahinter schwarz und unheilvoll der Schatten eines Schlosses.

Jemand flüsterte einen Befehl. Die Soldaten hockten sich in einer langen Reihe auf den Boden. Die Offiziere steckten die Köpfe zusammen und berieten sich. Shaw zog eine Rationsschachtel hervor und öffnete sie mit einem Messer.

Da begannen einige ohne Befehl auf die kahle Mauer zu schießen. Shaw warf sich in den Schnee. Er schoß nur einmal. Es kam ihm albern vor, und so verschwendete er keine weitere Munition. Andere dachten sich wohl das gleiche, denn das Schießen hörte bald auf. Ein Gerücht ging um. Das Schloß gehöre einem polnischen Baron, der es mit den Deutschen halte.

Shaws Zug wurde nach rechts geführt, um das Schloß herum.

Sie marschierten, bis sie die Nordseite des großen Gebäudes erreichten. Dort stießen sie vor einem Tennisplatz auf Kameraden, die von der andern Seite kamen.

»Kein Mensch weiß, was los ist«, sagte Shaw zu Kaninchen, seinem Zugführer. »Sie werden uns alle abknallen.«

»Schon gut, schon gut«, sagte Kaninchen nervös und lief weiter. Die 75 Mann waren zu einer 100 Meter langen Reihe auseinandergezogen. Hinter ihnen kamen die Offiziere und Unteroffiziere.

»Schießt aus der Hüfte«, flüsterte Kaninchen heiser. »Geht langsam vor und schreit. Dann kriegen die Deutschen Angst.«

»Blödsinn«, sagte Shaw. Kaninchen wollte ihn anfahren, dann zuckte er die Schultern. Shaw setzte die Feldflasche zu einem letzten Schluck an. Das Wasser war gefroren. Seine Kehle brannte.

»Los, vorwärts!« schrie Kaninchen.

Die Männer stürmten in den dichten Wald. Shaw schoß aus der Hüfte. Er merkte, daß er dabei, wie alle anderen, laut brüllte. Nach zehn Metern stieß er auf dichtes Unterholz. Er ließ sich auf die Knie fallen und kroch weiter und schrie: »Kommt raus! Wir haben euch! Kommt raus!«

Er kroch zwanzig Meter weit durch das verschneite, verfilzte Gebüsch. Plötzlich gab es einen Knall. Eine Leuchtkugel explodierte und tauchte den Wald in grelles Licht. Weitere Leuchtkugeln stiegen hoch. Shaw sah sich nach beiden Seiten um. Überall hockten verschreckte Soldaten, ohne jede Deckung. Einige Meter vor ihnen standen regungslos deutsche Panzer. MG-Geschosse prasselten durch das Unterholz. Shaw warf sich aufs Gesicht. Die schweren Geschütze der Panzer spien Feuer.

Shaw spürte einen stechenden Schmerz im linken Bein. Der Mann links von ihm wälzte sich im Schnee und umklammerte seine Knie. Der Mann zu seiner Rechten, ein Mexikaner, stöhnte auf. Dann sank er tot zusammen.

Shaw wagte nicht, sich zu rühren. Rote Leuchtspurgeschosse zischten über seinen Kopf hinweg. Die Männer der Kompanie A schrien entsetzt auf. Mit einem Schlag verstummten die deutschen MG. Ein Mann kroch mit einer Bazooka vor. Er wandte Shaw sein angstverzerrtes Gesicht zu.

Plötzlich gab es einen entsetzlichen Lärm. Die Motoren der deutschen Panzer sprangen an. »Gib mir die Bazooka!« schrie Shaw. Der andere erklärte ihm mit zitternder Stimme, wie er sie entsichern mußte, und stürzte ins Gebüsch.

Der Lärm der Panzer betäubte Shaw. Wer noch die Beine regen konnte, rannte in wilder Flucht durch den Wald, eine leichte Beute der MG. Shaw kroch auf eine Landstraße zu. Er hatte noch nie eine Bazooka bedient, doch plötzlich verspürte er das Verlangen, einen Panzer abzuschießen. Der Straßengraben war mit Reisig angefüllt worden, wahrscheinlich von den Deutschen. Er wußte nicht, was er tun sollte. Er beschloß, die Panzerfaust direkt auf die Straße abzuschießen. Doch er konnte sich nicht dazu aufraffen. Ohne Ziel schien es sinnlos, und er hatte Angst. Ein Zweig streite ihm die Brille ab. Er verbrachte ein paar qualvolle Minuten mit Suchen. Dann fand er sie glücklicherweise. Er wandte sich um und rannte die Straße hinunter, weg vom Feind. In seinem verwundeten Bein pochte es.

Aus dem Wald tauchten zwei GIs auf. Der eine war schwer verwundet, der andere stützte ihn. «Los, weg von hier!« schrie der Verwundete.

Die drei eilten auf den Waldrand zu. Rechts erhob sich drohend das Schloß. Neben dem Tor stand ein deutscher Panzer, bedeckt mit glitzerndem Rauhreif.

»Mein Gott, seht doch!« rief der Unverwundete. Shaw meinte, der Panzer sei zerstört. Sie beschlossen, es zu wagen, und liefen über das verschneite Feld zu einem anderen kleinen Wald. Shaws Kehle war ausgedörrt. Er hob einen kleinen Ast auf und stocherte in dem Eis seiner Feldflasche herum, doch es kam kein Tropfen heraus. Wütend warf er die Flasche weg.

Plötzlich tauchte aus der Dunkelheit ein junger Lieutenant auf und hielt Shaw fest. »Ihr müßt zurück und die Verwundeten holen!«

»Ich bin selbst verwundet«, sagte Shaw.

»Und ich helf' den beiden«, sagte der unverwundete GI.

Die drei eilten an dem verwirrten Lieutenant vorbei. Sie wären um nichts in der Welt in den Wald zurückgekehrt. Sie rannten den Hügel hinunter. Aus dem Wald hörten sie immer noch das Stöhnen und Jammern der Verwundeten. Sie überquerten Bahngeleise. Shaw entdeckte einen Bataillons-Verbandsplatz und lief hin.

»Wir können nur Schwerverwundete aufnehmen«, sagte ihm ein erschöpfter Arzt. Shaw ging zur Landstraße nach Hotton.

Plötzlich drehte sich alles um ihn, dann wurde er ohnmächtig.

Als er die Augen aufschlug, lag er auf einem Verbandsplatz. Ein Lieutenant packte ihn am Arm. Es war Kaninchen. Er rang weinend die Hände und rief in einem fort: »Mein Gott! Mein Gott!«

Shaw wollte ihm sagen, daß er nicht schuld sei. Doch da mußte er an den Mexikaner denken und an all die andern, die vor Schmerzen und Grauen brüllten. Er brachte kein Wort heraus.

2

Auf einem zerklüfteten steilen Hügel, etwa acht Kilometer östlich Verdenne, wurde Sam Hogan, der Lieutenant Colonel aus Texas, von Phil De Orio, seiner Ordonnanz, und Gast, seinem Jeepfahrer, einen schlüpfrigen Abhang hinaufgezerrt. Diese Klettertour mit den pelzgefütterten englischen Fliegerstiefeln hatte Hogan völlig erschöpft. Die drei hatten sich als letzte der flüchtenden Kolonne angeschlossen. Jetzt befanden sie sich fast einen Kilometer hinter den andern.

Hogan stürzte zu Boden. »Meine Beine machen nicht mehr mit. Geht allein weiter.«

Die beiden GIs weigerten sich. Hogan hätte sie nie im Stich gelassen. Die drei drängten sich eng aneinander und versuchten, nur mit Hogans Staubmantel zugedeckt, zu schlafen.

Bald brach der Tag an. Rundherum lagen leere Granathülsen und alle möglichen militärischen Ausrüstungsgegenstände verstreut. Hier hatte vor kurzem eine Schlacht stattgefunden.

Hogan humpelte einen Hügel hinauf und erblickte ein Dorf. Dann hörten sie eine Stimme. Sie rief ein Kommando; es waren englische Worte. Die drei krochen weiter. »Fünf Strich niedriger. Wirkungsfeuer!«

Sie hatten die amerikanischen Linien erreicht und liefen kühn mitten über ein Feld. Da rief eine ängstliche Stimme: »Halt, werft eure Gewehre weg!« Die drei ließen ihre Gewehre in den Schnee fallen. »Hebt die Arme hoch und kommt her!«

Hogan ging, gefolgt von den andern, auf einen Hühnerstall zu. Davor standen zwei Infanteristen. Sie trugen Abzeichen, die er nicht kannte.

»Er wollte gleich schießen«, sagte der eine. »Ich hab' euch erst mal angerufen.«

»Bin ich froh, daß Sie sich durchgesetzt haben!« sagte Hogan.

Bald darauf saßen Hogan und seine zwei Männer in einem Jeep und fuhren nach Barvaux, zum Gefechtsstand der 3. Panzerdivision. Dort wurden sie von anderen Angehörigen des Sonderkommandos lärmend willkommen geheißen. Der Ausbruch von »Hogans 400« hatte bestens geklappt.

»Wir haben nur einen einzigen Mann verloren«, berichtete ein Offizier Hogan.

»Ja«, sagte ein Sergeant, dessen Gesicht noch voll Ruß war. »Und den hat ein Posten der 75. Division erschossen. Ein trauriger Haufen, diese 75.!«

Hogan wurde in General Roses Büro geführt. Rose schüttelte ihm die Hand. »Aber wieso sind Sie als letzter herausgekommen?« fragte er.

Hogan zögerte. Einige heldenhafte Antworten gingen ihm durch den Kopf. Er sagte: »Weil mir die Füße wehgetan haben.«

Draußen betrachtete Phil De Orio unschlüssig die Gummimatratze, die er aus Marcouray herausgebracht hatte. Wenn er sie Hogan zurückgab, würde er bis Berlin das Vergnügen haben, sie täglich aufzublasen. Er warf Colonel Hogans bestes Stück in ein Lagerfeuer.

Ein paar Kilometer weiter stürzte Richardson, Hogans bester Freund, in den Gefechtsstand General Hickeys, seines Kampfkommandeurs. Er hatte soeben erfahren, daß man Major Brewster verhaftet hatte. Man beschuldigte ihn der »Feigheit vor dem Feind.«

»Brew verdient den Silver Star«, sagte Richardson wütend. »Was gedenken Sie zu unternehmen?«

Hickey paffte bedächtig seine Pfeife. »Damit gegen Brewster Anklage erhoben werden kann, muß einer seiner Kommandeure eine eidesstattliche Erklärung unterschreiben, daß er ihn im Sinne der Anklage für schuldig hält. Einer von uns beiden muß sie unterzeichnen.«

»Sie wissen verdammt gut, daß *ich* nicht daran denke!« sagte Richardson.

Eine Stunde später wurde Hickey in Roses Gefechtsstand befohlen. Rose, tipptopp wie immer, schob ihm mit steinernem Gesicht einige Papiere hin. »Ich möchte, daß Sie das unterschreiben.«

Hickey las langsam und sorgfältig die Schriftstücke durch. Es war die Anklage gegen Brewster. Er gab sie seinem Divisionskommandeur zurück. »Das kann ich nicht unterschreiben.«

Rose starrte ihn ungläubig an. »Ich hätte nicht gedacht, daß gerade Sie mich im Stich lassen werden.«

»Hier geht es darum, entweder Sie und Ihre Ansichten zu unterstützen oder meinem Gewissen und Gerechtigkeitsgefühl zu folgen, General.« Er blickte Rose fest an. »Ich halte diese Beschuldigungen für äußerst ungerecht. Ich werde sie niemals unterschreiben.«*

3

Es war jetzt elf Uhr vormittags. In der Stadt Luxemburg hatte Patton soeben seine engsten Mitarbeiter zusammengerufen. Einer nach dem andern trat ins Beratungszimmer. Patton paffte eine lange Zigarre und nickte jedem einzelnen wortlos zu. Erregung und Spannung lagen in der Luft. Patton war ein guter Regisseur.

»Ich habe Sie zu mir gebeten, damit wir über einen Vorschlag beraten, den Field Marshal Montgomery mir soeben gemacht hat«, sagte er in einem ruhigen Ton, der die Spannung aber nur noch erhöhte. »Und ich möchte Ihre offene Meinung dazu hören. General Eisenhower hat mich gebeten, ihn über Ihre Ansicht zu unterrichten.« Er räusperte sich und brachte seine Zigarre wie einen Revolver in Anschlag. »Montgomery meint, daß die Erste Armee keine Offensivkraft mehr hat und drei Monate brauchen wird, um sie wiederzuerlangen. Er meint, daß lediglich wir – die Dritte Armee – einer Offensive fähig wären. Er glaubt aber, daß wir nicht genug Truppen haben.« Montgomery, fuhr er fort, habe vorgeschlagen, an der ganzen Ardennenfront den Kampf einzustellen.

Die anderen waren fassungslos. Der Planungsoffizier fand als erster die Sprache wieder. »Das ist ja ungeheuerlich! Die psychologische Wirkung auf unsere Truppen wäre verheerend!«

»Sie haben völlig recht.« Patton war begeistert von der Reaktion. Seine Fistelstimme klang schrill. »Verdammt noch mal, un-

* Major Brewster kam nicht vors Kriegsgericht, weil sich Richardson und Hickey weigerten, die Anklage zu unterzeichnen (Anm. d. Übers.).

sere Leute sind nicht auf Rückzüge trainiert. Aber Eisenhower möchte Ihre Ansicht hören. Die meine kennt er!« Er wandte sich ab und stopfte die Zigarre in einen Aschenbecher. »Herrgott, wenn dieser Plan durchgeht, ist der Krieg aus, und die Deutschen haben ihn gewonnen!«

Alle schwiegen.

»Die Truppen im Norden haben noch genügend Offensivkraft«, platzte ein Offizier heraus. »Sie brauchen bloß die Ärmel hochzukrempeln und zu kämpfen.«

»Natürlich haben sie genügend Offensivkraft«, sagte Patton. »Das ist ja alles Unsinn. Sie werden kämpfen – man muß es ihnen bloß befehlen. Aber wenn Monty ihnen keinen Befehl gibt, werden sie natürlich nicht kämpfen. Gewisse Herren da oben im Norden, ich meine beim SHAEF, arbeiten schon so lange mit Monty zusammen, daß sie nichts anderes mehr können, als faul auf dem Hintern zu sitzen, umzugruppieren und andere den Karren aus dem Dreck ziehen zu lassen.«

Er nahm die Zigarre wieder aus dem Aschenbecher. »Ich verschwinde jetzt lieber. Ich mache zu viel Worte. Besprecht das untereinander und gebt mir möglichst bald einen kurzen Bericht.« Er steckte die verstümmelte Zigarre in den Mund und marschierte hinaus. Es war ein guter Abgang.

Die Beratung dauerte nicht lange. Montgomerys Plan wurde abgelehnt. Die Resolution, die man faßte, war ebenso kurz: alle Stellungen werden gehalten, und es wird sofort zum Gegenangriff übergegangen.

4

Patton hatte versprochen, zu Weihnachten in Bastogne und Wiltz zu sein. Beide Städte waren immer noch in deutscher Hand.

Am Ostrand von Wiltz stolperte früh an diesem Morgen ein junger Mann in einer zerrissenen, verdreckten amerikanischen Uniform über ein verschneites Feld. Er hatte keine Ahnung, wo er sich befand, denn er konnte vor Hunger, Durst, Kälte und Erschöpfung nicht mehr klar denken. Seine Hände und Füße waren gefühllos. Er wußte nicht einmal, ob er überhaupt noch ging. Nur ein letzter Funke verbissener Zähigkeit trieb ihn noch an.

Er hieß Ralph Ellis und stammte aus Kalifornien. Er war ein einfacher Soldat aus Hurley Fullers zusammengeschlagenem Regiment und aus Munshausen, einem der Stützpunkte um Clervaux, entkommen.

Seit dem Nachmittag des 17. Dezember hielt er sich tagsüber versteckt und floh nachts weiter nach Westen. Bis jetzt war er ein halbes dutzendmal mit knapper Not der Gefangennahme entgangen. Er schaufelte eine Handvoll Schnee zusammen und aß ihn. Ihm wurde übel. Er würgte ein paarmal, doch er hatte nichts im Magen, das er hätte erbrechen können.

Er setzte sich und ruhte sich aus. Vor ihm lag ein Ort. In der letzten Dunkelheit vor Morgengrauen sah er undeutlich Häuser auf einem Hügel. Es war ihm egal, wie der Ort hieß und in wessen Hand er war. Er brauchte etwas zu essen und ein Dach über dem Kopf. Langsam ging er auf ein kleines grünes Haus zu. Wahrscheinlich war es leer, denn aus dem Schornstein kam kein Rauch. Drinnen fand er eine halbvolle Schachtel Haferflocken. Er traute sich nicht, in dem emaillierten Küchenherd Feuer zu machen, und so aß er die Haferflocken roh mit Zucker und spülte sie mit einer halben Flasche Rotwein hinunter. Noch nie hatte ihm etwas so herrlich geschmeckt.

Er ging in den ersten Stock hinauf und fand dort ein Bett mit einer weichen Matratze und einer riesigen, flaumigen Steppdecke. Mit letzter Kraft kroch er in das Bett und zog die Decke über sich. Er fühlte sich in diesem Meer von Daunen wie im Himmel.

Ein paar Straßen weiter, auf dem Dachboden des Ehepaares Balthasar-Wagener, flößte eine zarte, blonde, luxemburgische Krankenschwester einem anderen Soldaten der 28. Division Medizin ein. In den Zimmern darunter hatten indessen deutsche Soldaten Quartier bezogen. Aber Sergeant George Caroll, der von seiner Schulterwunde noch geschwächt war, fühlte sich bei Mademoiselle Anna sicher und geborgen. So ein Mädchen war ihm noch nie begegnet.

Einen Kilometer weiter den Hügel hinauf, in Oberwiltz, schmiedete ein dritter Soldat der 28., Sergeant Lester Koritz, Pläne für eine Flucht aus dem deutschen Lazarett in der Burg. Tags zuvor waren die jungen Nichten der Schwestern Goebel unter dem Vorwand, Schulbücher zu suchen, auf die Burg gekommen. Sie hatten ihren Freund Koritz entdeckt und ihm den Schlüssel zu dem Tabakladen gegeben. Das Lazarett sollte in den nächsten Tagen nach Deutschland verlegt werden. Er beschloß, in dem allgemeinen Durcheinander zu fliehen.

Am Fuße des Hügels, im Postamt, schliefen Josephine Thein und ihre beiden Kinder im Bett des Ehepaares Kremer. Draußen gab es eine schwere Explosion. Granaten schlugen wieder ein. Sie hörte das Brummen von Flugzeugen, dann das Pfeifen von Bomben.

Josephine weckte ihre Kinder. Ihr Instinkt befahl ihr zu fliehen. Eine Bombe schlug auf der Straße ein; das Gebäude zitterte. Durch das Fenster krachten Steine. Sie packte die Kinder und zog sie in den Vorraum. Es gab einen berstenden Krach, dann donnerndes Getöse. Im Zimmer prasselte Mauerwerk herab, Staub wirbelte auf. Sie starrte voll Entsetzen auf das Bett, in dem sie eben noch gelegen hatten. Es war mit Schutt übersät.

»O hilf mir, Mutter Maria!« schrie der vierjährige Edy.

Josephine zog die Kinder durch den Gang. Unter dem Postamt lag ein tiefes Gewölbe. Die drei gingen an einem Tor vorbei und traten in diesen Hauptkeller. Offiziere liefen hin und her und erteilten Befehle. Soldaten saßen vor einem Telefonschrank.

»Ist dort Windsbraut?« sagte ein Unteroffizier mit Kopfhörern. »Ja, hier ist Monika. Hallo. Dida. Habe neue Spielsachen gefunden, sind aber unbrauchbar.« Der Unteroffizier starrte sie an. Sie drückte sich an die Wand und versuchte sich möglichst unauffällig zu machen. Über sich hörte sie das Krachen von Bomben und Granaten.

Sie wühlte in ihrem Bündel nach einem Päckchen Tabak und hielt es dem Unteroffizier bittend hin. »Die Kinder haben Angst«, sagte sie. »Und oben ist es so kalt!«

Der Unteroffizier knurrte, steckte aber den Tabak ein. Ein Offizier ging vorbei. »Was machen denn diese Zivilisten hier?« fragte er ärgerlich. »Schafft sie hinaus.«

Josephine führte die Kinder aus dem Keller. Auf dem Gang stopfte sie ihre paar Habseligkeiten in den Kinderwagen. Sie beschloß, zum Haus der Carmes zu laufen, das nur eine Straße weit weg war. Es hatte einen festen Keller.

Fluchend taumelte ein verwundeter Deutscher von der Straße ins Haus.

»Helfen Sie mir bitte, den Wagen auf die Straße zu tragen«, sagte sie.

»Hab' keine Zeit.« Er versuchte, sich an ihr vorbeizudrücken.

»Sie müssen mir helfen!« bat sie.

Er musterte erst sie, dann die Kinder. »Kein bißchen Vernunft! Genau wie meine Frau!« Er hob den Wagen auf und trug ihn auf die Straße. »Passen Sie gut auf, Sie verrückte Hausfrau!« rief er ihr besorgt nach.

Josephine schob den Wagen über das Kopfsteinpflaster, die Kinder hingen an ihrem Rock. Ein Nachbar, Louis Steinmetz vom Roten Kreuz, lief auf sie zu und schrie: »Weg von der Straße! Wir sind mitten in einem Bombenangriff!«

Ein Flugzeug jagte über sie hinweg. Sekunden später gab es eine schwere Explosion. Ein zweites Flugzeug schoß herab, sein MG tackerte. Überall stürzten deutsche Soldaten in den Schnee.

»Kommen Sie!« schrie Steinmetz und packte den Wagen.

Plötzlich gab es ein teuflisches Geheul. Ein Jabo schoß direkt auf sie zu. Josephine schrie laut auf. Das war das Ende! Sie versteckte den Kopf unter Steinmetz' Mantel. Die Kinder krochen unter ihren Rock.

Die amerikanische Maschine stürzte sich wie ein Habicht auf sie herab. Plötzlich, als hätte der Pilot den Kinderwagen und die Frau bemerkt, zog der Jagdbomber ohne zu feuern wieder hoch. Er wendete, kam zurück, erspähte hundert Meter weiter auf der Straße eine Gruppe laufender deutscher Soldaten. Seine Maschinengewehre knatterten. Die Deutschen brüllten auf, warfen die Arme hoch und stürzten nieder. Der schmutzige Schnee färbte sich rot.

Josephine Thein, die beiden Kinder und Steinmetz liefen in das Haus der Carmes und stürzten in den sicheren Keller.

Das war Wiltz am zweiten Weihnachtsfeiertag.

5

In Bastogne schlenderte um 13 Uhr Fred MacKenzie, der Korrespondent der *Buffalo Evening News*, ziellos auf dem Hof der belgischen Kaserne herum. Er sah auf allen Seiten den Rauch der Schlacht aufsteigen. Er kam sich vor wie inmitten einer stinkenden

Hölle. Ein tiefer Ekel vor dem Krieg überkam ihn. Er hatte die Aufgabe des Kriegsberichterstatters in Europa übernommen, weil er sein Vaterland heiß liebte und die Faschisten und Nazis haßte.

General McAuliffe kam über den Hof, das Gesicht von schweren Sorgen gezeichnet. »Sie wären wohl auch lieber woanders«, sagte er, als MacKenzie sich ihm anschloß.

»General, wenn es andere hier aushalten, kann ich es auch«, sagte MacKenzie ein wenig scharf.

»Kommen Sie«, sagte McAuliffe. »Gehen wir zum Friedhof hinüber.«

Die beiden gingen quer über die Straße zu dem von einer Mauer umgebenen Friedhof. McAuliffe blieb beim schneebedeckten Grab von Lieutenant Colonel James La Prade stehen, der bei Noville gefallen war.

»Er war ein großartiger Mensch und ein ausgezeichneter Soldat«, sagte McAuliffe leise. »Wir haben Glück gehabt, daß ohne ihn alles so gut gegangen ist.« Er blickte auf das Grab nieder wie auf einen alten Freund. Dann ging er weiter bis zu einer Stelle, wo deutsche Gefangene Gruben in dem gefrorenen Boden aushoben. »Bekommen sie zu essen?« fragte er den Posten.

»Ja, Sir, dasselbe wie wir.«

»Sorgen Sie dafür, daß es ihnen an nichts fehlt«, sagte McAuliffe.

Dann gingen der General und der Journalist über die Straße zurück.

Im gleichen Augenblick, um 13 Uhr 30, stand acht Kilometer weiter südlich Colonel Creighton W. Abrams auf einem Hügel vor Bastogne. Sein 37. Panzerbataillon war die Vorhut der 4. Panzerdivision, die von Süden vorstieß, um Bastogne zu entsetzen. Er hatte den Auftrag, ein mehrere Kilometer nordwestlich gelegenes Dorf anzugreifen. Doch er verfügte nur noch über 20 mittlere Panzer, gerade genug für einen einzigen ordentlichen Überfall. Sollte er es wagen und um die Erlaubnis bitten, direkt nach Norden auf Bastogne vorzustoßen?

Ein lautes Dröhnen erfüllte die Luft. Gleich darauf zogen Schwärme von C-47 über ihn hinweg wie eine Schar fetter Gänse. Hunderte grellbunter Fallschirme öffneten sich über Bastogne. Segelflugzeuge schwebten herab. Von allen Seiten bellte die Flak.

Einige Maschinen flammten auf und stürzten ab, doch es kamen immer neue Wellen.

Abrams' Entschluß war gefaßt. Er ging zu seinem Panzer, dem »Thunderbolt IV«, zurück und rief über Sprechfunk Hugh Gaffey, den Kommandeur der 4. Panzer. Er bat um Erlaubnis, direkt nach Norden vorzustoßen.

Um 14 Uhr rief Gaffey Patton an. »Wollen Sie das Wagnis eingehen, Kampfkommando R nach Bastogne durchbrechen zu lassen?«

»Und ob ich will!«

Ein paar Minuten nach 15 Uhr überreichte man Abrams eine Meldung. Sein Gesicht blieb unbewegt, doch seine Augen funkelten. Er steckte eine dicke Zigarre in den Mund. Sie ragte angriffslustig hervor wie eine Kanone. »Wir brechen jetzt zu den Leuten da drinnen durch«, sagte er und richtete sich im Turm seines Panzers auf. »Ab durch die Mitte!«

Die Reihe von Panzern, Panzerwagen und Schützenpanzern setzte sich in Bewegung. Die Panzer an der Spitze, gefolgt von mit Infanteristen besetzten Schützenpanzern, fuhr die Kolonne durch einen kleinen Wald und rollte dann einen steilen Hang hinunter.

Lieutenant Charles Boggess, mit seinen 33 Jahren ein alter Soldat, fuhr mit seinen neun »Königskobras« – 40-Tonnen-Shermans – voraus. Bald erreichte er die ersten Häuser des Dorfes Assenois. Er bat um Artillerieunterstützung und gab den Befehl zum Angriff. Aus allen Rohren schießend, fuhren die neun Panzer auf das Dorf zu. Die amerikanische Artillerie pflügte die Straßen auf, während Boggess mit zwei anderen Panzern durchbrach. Doch hinter ihnen fing ein Schützenpanzer Feuer und versperrte den Weg.

Von den anderen Schützenpanzern sprangen die Infanteristen herab. Private James Hendrix, ein neunzehnjähriger Junge aus Arkansas mit rotem Haar und zahllosen Sommersprossen, stürmte vor. Irgendwo in dem Rauch dort vorn deckten zwei 8,8er die Panzer mit einem Granathagel ein. Sie mußten außer Gefecht gesetzt werden. Hendrix schrie: »Komm raus!«

Ein Deutscher steckte den Kopf aus einem Schützenloch. Hendrix schoß ihn ins Genick. Er rannte zum nächsten Loch und schlug einem entsetzten Deutschen mit dem Kolben seines Karabiners den Schädel ein.

Hendrix durchsuchte ihn schnell und fand eine Schachtel amerikanischer Streichhölzer. Dann lief er schreiend weiter. Als der Amerikaner aus dem Rauch auftauchte, kamen ihm die Mannschaften der beiden 8,8er mit hochgereckten Armen entgegen.

Um 16 Uhr 30 fuhr Boggess, gefolgt von zwei anderen »Königskobras«, auf den Wald nördlich Assenois zu. Das Rohr seiner 7,5er war glühendheiß. Kanonier Dickerson hatte es in eine Art MG verwandelt und in den wenigen Minuten, die sie gebraucht hatten, um das Dorf zu überrennen, 21 Schuß abgefeuert. Kafner, der Mann am Bug-MG, bestrich die Tannen am Waldrand. Durch die rasch hereinbrechende Dunkelheit rannten schattenhafte Gestalten. Eine nach der andern fiel.

Boggess erblickte ein grün gestrichenes Haus. Er befahl Dickerson, drei Schuß darauf abzugeben. Das Haus flog in die Luft. Hundert Meter weiter bemerkte Boggess auf den Feldern und in den Bäumen bunte Fallschirme. Dann tauchten Unterstände auf. Er hatte keine Ahnung, ob es deutsche oder amerikanische waren. Er richtete sich in seinem Turm auf und rief: »Kommt her! Wir sind die 4. Panzer!«

Es kam keine Antwort. Boggess rief immer wieder. Da tauchten langsam und mißtrauisch einige Köpfe mit Stahlhelmen auf. Dann kam eine Gestalt auf sie zu.

»Ich bin Lieutenant Webster von den 326. Pionieren, 101. Luftlande. Schön, daß ihr da seid!« Der Fallschirmjäger grinste übers ganze Gesicht und streckte die Hand aus.

Boggess beugte sich herab und schüttelte sie.

Die Männer von Bastogne gehörten jetzt zu Pattons Dritter Armee.

6

Um 14 Uhr 30 machte sich der Gefreite Hans Ulrich Leske vom Nebelwerferbataillon der Hitlerjugend-Division zu Fuß auf den Weg nach St. Vith. Seine Kolonne hatte die Stadt umgangen; man hatte den Männern gesagt, St. Vith sei »Lazarettstadt«.

Es war fast dunkel, als er, immer noch einen Kilometer von seinem Ziel entfernt, mühsam durch die Schneewehen stapfte. Da hörte er ein lautes Dröhnen. Von Westen näherte sich ein Schwarm Bomber. Im roten Schein der sinkenden Sonne gingen sie auf St. Vith nieder, als ob sie zum Angriff ansetzten.

»Achtung! Bombenangriff!« schrie er, als die ersten Flugzeuge die Ziele markierten.

300 englische Lancaster und Halifaxes luden ihre Last ab. Der Boden erzitterte wie bei einem Erdbeben. Tannen stürzten zu Boden. St. Vith schien sich in die Luft zu erheben, den Flugzeugen entgegen.

Als die Lancasters und Halifaxes ihren Auftrag erfüllt hatten, wendeten sie und flogen zurück nach England, wo die Kinder eben den »Boxing Day«, den 2. Weihnachtstag, feierten. Zurück blieb eine brennende Ruinenstadt. Langsam, wie Schlafwandlerinnen, kletterten zwei Frauen aus einem Keller. Ihre Gesichter waren blaß, vom Grauen gezeichnet. Dann krochen weitere Einwohner an die Oberfläche – taub, benommen, starr vor Entsetzen. Tausend Menschen waren in den Kellern gewesen. Zweihundert davon lebten nicht mehr.

Leske stand taumelnd auf. Eine riesige rote Wolke trieb von Saint Vith nach Westen, eine Wolke von Staub, beleuchtet von den Strahlen der untergehenden Sonne. Er stand wie versteinert und blickte starr auf das apokalyptische Bild.

7

Es war ein siegreicher Tag für die Alliierten. Der Schnee in den Ardennen färbte sich rot vom Blut der »Wacht am Rhein«. Doch das größte Gemetzel gab es im Kessel von Celles, ein paar Kilometer vor der Maas. Hier zerschlug Harmons 2. Panzerdivision die 2. deutsche Panzerdivision in hundert kleinen Gefechten. Am Nachmittag war die Lage für Harmon eine Weile kritisch gewesen; eine starke Einheit der Panzer-Lehr rollte von Südosten an, um die in Celles eingeschlossenen Truppen zu entsetzen. Doch Raketen feuernde britische Typhoon-Jagdbomber, die ein winziges amerikanisches Beobachtungsflugzeug zu der vorrückenden Kolonne leitete, vernichteten die »Panther« und »Tiger«.

Obwohl sich die deutsche Niederlage jetzt schon deutlich abzeichnete, bestand für die 2. Panzer immer noch Hoffnung. Kameraden von der 9. Panzerdivision rückten an, um ihnen zu Hilfe zu kommen. Sie waren nur noch 25 Kilometer entfernt. Bei Einbruch der Dämmerung war die Panzerschlacht immer noch unentschieden.

8

Im Führerhauptquartier in Berlin gab es seit dem Morgen Auseinandersetzungen um die »Wacht am Rhein«. Jodl sagte: »Mein Führer, wir müssen den Tatsachen ins Auge sehen. Wir können den Vorstoß zur Maas nicht erzwingen.«

Die 2. Panzer bei Celles befand sich am Rande des Zusammenbruchs. Die Kampfgruppe Peiper war im Amblève-Tal eingeschlossen gewesen und nur durch einen glücklichen Zufall entkommen. Den Weg über die Elsenborner Hügel hielten die Amerikaner mit der 1., 2. und 99. Division versperrt. Die 116. Panzer war bei Verdenne steckengeblieben. Soeben hatte Patton einen schmalen Korridor zum belagerten Bastogne freigekämpft.

Es war überall in den Ardennen das gleiche: die Deutschen zogen sich zurück oder steckten fest. Im Augenblick war es eine statische Schlacht. Die Gezeiten hatten noch nicht gewechselt, doch die große Flut war zum Stillstand gekommen.

Sämtliche Teilnehmer dieser wichtigen Besprechung hatten irgendeinen Plan. Hitler hörte sie alle an. Dann sprach er. »Wir haben unerwartete Rückschläge erlitten – weil mein Plan nicht bis ins kleinste befolgt wurde.« Seine Stimme klang verbittert und sarkastisch. Dann änderte sich sein Gesichtsausdruck. »Aber noch ist nicht alles verloren. Model kann immer noch die Maas überqueren. *Falls* Brandenbergers 7. Armee im Süden ihr Gleichgewicht wiederfindet. *Falls* Bastogne genommen wird. *Falls* Manteuffel und Dietrich die starken alliierten Verbände vernichten, die wir im Maasknie eingekreist haben.«

Er erließ neue Befehle: Manteuffel sollte sich nach Nordosten wenden und so den größten Teil von Hodges' Erster Armee umgehen, Dietrich seinen energischen Vorstoß in Richtung Manhay-Hotton fortsetzen.

»Ich möchte, daß schnellstens drei neue Divisionen in die Ardennen verlegt und die bereits im Kampf stehenden Truppen um mindestens 25 000 Mann verstärkt werden.« Hitler musterte die ihn im Halbkreis umgebenden Gesichter. Selbst wenn die Alliierten jetzt nicht, wie geplant, mit einem einzigen wuchtigen Schlag vernichtet werden könnten, ließe sich die »Wacht am Rhein« immer noch zu einer gigantischen Abnützungsschlacht ausweiten. Und diese würde den Nazis ohne Zweifel einen überwältigenden politischen Sieg einbringen. Der große Traum war immer noch nicht ausgeträumt.

In der Stadt Luxemburg versuchte Omar Bradley telefonische Verbindung mit Eisenhower zu bekommen. Aber der Oberste Kommandeur war nach Holland unterwegs, wo er sich mit Montgomery treffen wollte. An seiner Stelle wurde Bedell Smith, Eisenhowers Stabschef, an den Apparat gerufen.

»Verdammt noch mal, Bedell!« rief der sonst so ruhige Bradley. »Könnt ihr Monty nicht dazu bringen, daß er sich im Norden in Bewegung setzt? Allem Anschein nach haben die Burschen auf der andern Seite sich heute festgerannt. Sie werden bald anfangen, sich zurückzuziehen – wenn nicht heute nacht, dann ganz bestimmt morgen.«

»O nein, Brad, da irren Sie sich.« Smith hatte soeben einen ganzen Stapel besorgter Lageberichte von Montgomerys 21. Armeegruppe studiert. »Im Gegenteil, sie werden innerhalb der nächsten 48 Stunden die Maas überschreiten!«

»Quatsch!« Bradley hängte auf. Er fand es widerlich, wie das SHAEF nach Montys Pfeife tanzte. Verärgert setzte er sich und schrieb einen Brief an seinen alten Freund Courtney Hodges, der jetzt Montgomery unterstand. Bradley stellte fest, daß er ihm zwar nichts zu befehlen habe, doch warne er die Erste Armee eindringlich davor, Terrain aufzugeben, das für künftige Operationen wertvoll sein könnte.

Bradley begab sich mit der Hoffnung zu Bett, daß der Angriffsgeist, der im südlichen Teil des Keils herrschte, auf die Truppe im Norden übergreifen werde.

Vierter Teil

GÖTTERDÄMMERUNG

Die Königin der Schlacht

27. – 28. Dezember 1944

1

Am Morgen des 27. Dezember hatte sich das Durcheinander in den Ardennen entwirrt. Die Kämpfe verlagerten sich nicht mehr ständig. Genau abgegrenzte Fronten hatten sich gebildet.

An der Nordflanke hatte Montgomery mit Hodges' Erster Armee eine feste Linie von Monschau bis Celles aufgebaut. Am linken – östlichen – Flügel hielt Gerows V. Korps immer noch die Elsenborner Hügel. Am mittleren Abschnitt griff Ridgways XVIII. Luftlandekorps an und eroberte die wichtige Straßenkreuzung bei Manhay zurück. An der rechten Flanke hatte »Blitz-Joe« Collins' VII. Korps nicht nur Manteuffels Vorstoß auf Celles, Verdenne und Hotton zum Stehen gebracht, sondern gewann selbst wieder Boden.

Bradleys Lage am südlichen Abschnitt hatte sich ebenfalls gebessert; er rückte langsam, aber stetig vor. Seine Truppen – Pattons Dritte Armee – erweiterten den schmalen Korridor nach Bastogne stündlich um ein paar Meter und standen bei ihrem Vorstoß auf Wiltz nur mehr 1½ Kilometer unterhalb der Kreuzung beim Café Schumann.

2

Eisenhower wurde an diesem Morgen mit seinen Sicherheitsoffizieren, bewaffneten Posten und Militärpolizisten auf einem Pariser Bahnhof aufgehalten. Der Zug, mit dem er hätte nach Belgien fahren sollen, war in der vergangenen Nacht bombardiert worden.

Endlich fuhr der neue Zug ab, nicht ohne daß Eisenhower wieder gegen die umfangreichen Sicherheitsmaßnahmen protestiert hatte. Sein Ärger wurde noch größer, als er beim ersten Aufenthalt sah, wie ein Zug GIs, die Gewehre im Anschlag, in die Schneehaufen sprang. »Es wäre das reinste Wunder«, sagte er zu dem diensthabenden Offizier, »wenn irgendein fanatischer deutscher Mörder im voraus berechnen könnte, daß er das von ihm ausersehene Opfer in einem bestimmten Augenblick, in einem bestimmten Eisenbahnzug, an einem bestimmten Ort in Europa finden wird. Holt diese Leute aus der Kälte herein.«

Eisenhower war zu einem Treffen mit Montgomery unterwegs, um den geplanten Gegenangriff im Norden zu besprechen. Seit einer Woche setzten Bradley und Patton dem Obersten Kommandeur zu, er solle Montgomery irgendwie in Bewegung bringen. Der Field Marshal, so behaupteten sie, sei auf dem besten Weg, durch seine nervenaufreibend langsamen Vorbereitungen die Schlacht um den Keil zu verlieren.

Doch Montgomery hatte Schwierigkeiten, von denen die Leute der Dritten Armee nichts wußten. Seine Truppen – das heißt Hodges' Erste Armee – hatten die volle Wucht der »Rundstedt-Offensive« auffangen müssen. In einem Kampf auf Leben und Tod war Hodges gezwungen gewesen, eine Ersatzdivision nach der andern einzusetzen und ohne Rücksicht auf künftige Aktionen auf Vorräte und Reserven zurückzugreifen. Wenn er plötzlich zum Angriff übergehen sollte, mußte er seine Truppen vorher unbedingt umgruppieren und ergänzen.

Doch Eisenhower wußte, daß Hodges trotzdem am Weihnachtsabend Montgomery gedrängt hatte, innerhalb einer Woche oder zehn Tagen einen Gegenangriff zu unternehmen.

Montgomery hatte erwidert: »Aber es ist mir völlig unklar, Hodges, wie Sie sich in so kurzer Zeit darauf vorbereiten wollen!«

»Ich habe mit Joe Collins gesprochen«, sagte Hodges. »Und er hat mir versichert, daß er bereit sein wird.«

»Bleibt Ihnen denn genügend Zeit, sich entsprechend umzugruppieren?«

»Marshal, wir machen das anders als ihr Engländer. Bei einer derartigen Operation gruppieren wir uns gleich an Ort und Stelle in die Angriffspositionen um.«

Montgomery hatte sich nicht recht überzeugen lassen. Die Pläne für die große Gegenoffensive hatten immer noch nicht Gestalt angenommen.

3

An der Spitze des Keils, bei Celles, saß kurz nach Mitternacht General Ernest Harmon in einem halbzerstörten Bauernhaus und verfaßte einen Bericht für Courtney Hodges, seinen Kommandeur.

Die dreitägige Schlacht zwischen Harmons 2. Panzerdivision und der 2. deutschen Panzerdivision war zu Ende.

Harmon schrieb:

»Beiliegend eine Liste unserer Beute – einschließlich 1200 Gefangener. Gefallene und Verwundete etwa 2500. Ein großes Gemetzel.«

Es war eine lange Liste: 405 Fahrzeuge, darunter 88 Panzer und Sturmgeschütze. Und 75 schwere Geschütze – die gesamte Divisionsartillerie. Das Wichtigste: die Vorhut der Offensive war damit zerschlagen. Die Deutschen würden die Maas nicht überschreiten.

Müde unterschrieb Harmon den Bericht. Dann lehnte er sich zurück und entspannte sich zum ersten Male, seit er in die Ardennen gekommen war. Doch er empfand wenig Befriedigung. Es war ein großer Sieg. Aber man hatte einen hohen Preis dafür bezahlt.

4

Einige Kilometer südwestlich von Wiltz lag ein kleines, armseliges Dorf aus schmutziggelben Häusern: Nothum, eine friedlich wirkende, tiefverschneite Gruppe von Häusern etwa einen Kilometer südlich der wichtigen Straßenkreuzung beim Café Schumann. Das Donnern der Artillerie schüttelte den Schnee von den Bäumen. Vor ein paar Minuten war der frisch gefallene Schnee um Nothum weiß gewesen. Jetzt war er voll schwarzer Flecken, wie der Schurz eines Buchdruckers.

In dem gleich südlich des Ortes gelegenen Wald bereiteten sich

Infanteristen der 26. Division zum Sturmangriff auf Nothum vor. Anschließend wollten sie das Café Schumann nehmen und nach Wiltz vorstoßen.

Lieutenant James Creighton, Exekutivoffizier der Kompanie F des 101. Regiments, sah dem Angriff mit gemischten Gefühlen entgegen. Er wußte, daß es mit dem schönen Wetter, das am 23. Dezember eingesetzt hatte, vorbei war. Aus diesem Grund war auch keine Versorgung aus der Luft mehr möglich. Die nächsten Tage würden für seine Leute sehr schwer werden. In den Schneewehen dieser Hügel waren Fahrzeuge kaum zu verwenden. Die Infanterie war es, die dieses Gefecht gewinnen oder verlieren würde – die Königin der Schlacht.

Dabei waren die Leute seiner Kompanie nur dem Namen nach Infanteristen. Von der ursprünglichen Kompanie Fox, die zum Blitzmarsch durch Frankreich aufgebrochen war, blieb kaum ein Dutzend Mann übrig. Die meisten waren in Lothringen in Gefangenschaft geraten. Außer Lieutenant Larkin, dem Kompanieführer, Creighton und elf Unteroffizieren hatte niemand die geringste Kriegserfahrung. 80 Soldaten waren ganz neue Ersatzleute und kamen hauptsächlich aus Etappenstellen: aus der Feldzeugmeisterei, von Pionier-, Feldartillerie- und Flakeinheiten. Kaum einer hatte seit der Grundausbildung einen Karabiner abgeschossen. Sie waren in schlechter körperlicher Verfassung, und noch schlimmer stand es mit ihrer Kampfmoral. Sie hatten alle das Gefühl, auf Strafkommando zu sein.

Und das stimmte auch. Als Patton dringend die Infanterie verstärken mußte, hatte er befohlen, von jeder Etappeneinheit 10 Prozent der Besten an die Front zu schicken, aber man hatte natürlich überall die schwarzen Schafe ausgesucht. In dieser Hinsicht unterschied sich die amerikanische Armee nicht von der deutschen.

Creighton musterte die Schützen, die sich mürrisch zum Angriff rüsteten. Man sah, daß sie froren, sich unbehaglich fühlten, Angst hatten und ihr Gewehr nur mit Widerwillen anfaßten. Sie wußten nichts von Schwarmlinien, und die Bedeutung von Arm- und Handzeichen kannten sie nur insoweit, als sich diese aufs Austretenmüssen bezogen.

Bei ihrer ersten Aktion am gestrigen Abend – dem Versuch, Nothum zu nehmen – war alles schiefgegangen. Der Bataillonsplan war unzulänglich gewesen, die Koordination miserabel. Die Leute waren mit ihren dunklen Uniformen im hellen Mondlicht deutlich zu erkennen gewesen. Ein Späher war über den Stolperdraht einer vergrabenen Tellermine gestürzt und in Fetzen gerissen worden. Dann hatte deutsche Artillerie ihre Stellungen eingedeckt. Die Panzer, die sie hätten unterstützen sollen, waren im Schlamm steckengeblieben. Schließlich hatte sich das ganze Bataillon einen Kilometer weit in den Wald zurückgezogen.

Und nun sollte es wieder losgehen. Die Kompanie Fox sollte Nothum links umgehen und den Friedhofshügel nehmen, der zwischen dem Dorf und dem Café Schumann lag. Die Kompanie Easy sollte Nothum selbst angreifen, die Kompanie George das Dorf rechts umgehen und das Café Schumann nehmen.

Die Kompanien E und G waren in derselben Verfassung wie die Kompanie F. Die ganze 26. Division war nicht in Form. Vor knapp vierzehn Tagen war sie für vier Wochen Ruhe und Ausbildung nach Metz gekommen. Doch schon zwei Tage danach hatte man die Division, deren 4000 neue Leute noch nicht ausgebildet waren, auf Lastwagen und offene Anhänger verladen und eilends nach Norden in die Ardennen gebracht.

Das Sperrfeuer brach ab. Lieutenant Larkin stand auf. Er war so groß, daß seine Hose nicht einmal bis zum Rand der Kampfstiefel reichte. Larkin drehte sich um und rannte mit großen Sprüngen über das Feld. Die Soldaten folgten ihm ohne Begeisterung. Als Larkin den Kamm des vor Nothum gelegenen Hügels erreichte, hörte man aus dem Ort und von dem dahinterliegenden Friedhofshügel MG- und Gewehrfeuer. Die Männer warfen sich in einer langen Reihe in den Schnee. Jetzt kam vom Hang gegenüber heftiges Maschinenpistolenfeuer.

Creighton sah nur dann und wann ein weißes Aufblitzen. Die Deutschen mit ihren Schneehemden und weißen Helmüberzügen waren fast unsichtbar. Er kroch zu Larkin vor, der aufmerksam zwei etwa hundert Meter entfernte Häuser beobachtete.

»Wenn wir es fertigbringen, uns in diesen Häusern festzusetzen«, sagte Larkin, »dann können wir die Deutschen direkt unter Beschuß nehmen.« Er suchte sich einen Zug aus und sagte ruhig: »Los, kommt!«

Als Larkin und sein Zug das erste Haus betraten, schien das Dach in die Luft zu fliegen. Rauch quoll aus den Fenstern. Larkin stolperte rücklings wieder zur Tür hinaus und zog einen Verwundeten mit. Fünf andere holte man heraus und brachte sie zur Schützenlinie zurück.

Larkin befahl den angsterfüllten Soldaten, sich schnell einzugraben. Er nahm ein Feldtelefon und bat um Granatwerferfeuer. Dann rief er Creighton an: »Versuchen Sie, mit dem 1. Bataillon an unserer Linken Verbindung aufzunehmen.« Mit einem leichten Seufzer fügte er hinzu: »Mir ist gar nicht wohl in meiner Haut.«

Creighton robbte durch den Schnee nach links, um sich zu vergewissern, ob die Deutschen nicht durch die Lücke zwischen den Bataillonen gesickert waren. Amerikanische Granaten flogen über ihn hinweg und schlugen mit dumpfen Krach ein. Im Norden sah er weiße Gestalten, die sich vorsichtig ein paar Meter zurückzogen: Deutsche. Creighton mußte fast 300 Meter weiterkriechen, bis er das 1. Bataillon fand. Dann kroch er zurück, um Larkin Meldung zu erstatten. Während er den Hang hinaufrobbte, setzte schweres Feuer ein. Er hörte laute Schreie. Als Creighton die Schützenreihe erreichte, erblickte er 16 GIs, die mit grotesk verrenkten Gliedern dalagen. Die meisten waren tot. Einige waren schwer verwundet und starrten ihn aus gelben Gesichtern mit entsetzt aufgerissenen Augen an. Einer, dessen Bauchdecke aufgerissen war, versuchte mit verlegenem Lächeln seine Eingeweide, die sich an einem Ast verhängt hatten, wieder zurückzustopfen. Gewehre, Bazookas, Handgranaten, Tornister, Gasmasken lagen umher wie von unordentlichen Ausflüglern zurückgelassene Abfälle.

Larkin lag unter einem zerschossenen Baum. Ein Sanitäter verband ihm mit zitternder Hand eine stark blutende Wunde. Fast direkt über ihnen gab es eine Explosion. Eine Granate hatte einen Ast gestreift und war krepiert. Splitter prasselten herab. Creighton entdeckte am Fuß des Hügels einen weißen Panzer. Seine 8,8er rauchte. Er feuerte wieder. Creighton packte Larkin unter den Armen und schleppte ihn vorsichtig den Südhang des Hügels hinunter. Dann nahm er Larkins Feldtelefon und rief das Bataillon an. »Hier Fox. Lieutenant Larkin ist verwundet. Er ist nicht der einzige. Schickt Träger.«

»Wir werden Träger schicken«, versprach eine Stimme. »Creighton, Sie übernehmen Fox.«

Creighton sah noch einmal nach Larkins Wunde und lief dann

geduckt den Hügel hinauf.

Von links kam schwerer deutscher Beschuß. »Beim 1. Bataillon ist die Hölle los«, sagte er zu dem einzigen anderen überlebenden Offizier der Kompanie, einem ehemaligen Musiklehrer. »Zwischen ihm und uns klafft eine breite Lücke. Ich mache einen Erkundungsgang und sehe nach, was dort drüben los ist. Haltet inzwischen hier aus.«

Der Musiklehrer nickte zögernd. Creighton ging.

Als er 20 Minuten später zurückkam, war die Stellung fast verlassen. Nur drei Mann waren noch da. Er sprang in das erste flache Schützenloch.

»D–die andern s–sind abgehauen«, stotterte ein verschreckter Neuling. Creighton kannte ihn erst seit einer Woche. Es war ein kleiner, schmalbrüstiger New Yorker, der während des langen Marsches zur Front fast ununterbrochen gejammert hatte. Ständig hatte er um eine Ruhepause gebeten. Die letzten drei Tage hatte Creighton seinen Karabiner tragen müssen.

»Sie bleiben hier, bis ich zurückkomme«, sagte Creighton. »Verstanden?« Der Soldat nickte. Creighton lief zum Fuß des Hügels hinunter. Hinter einem Gebüsch hockten verängstigte Soldaten.

Schwitzend und fluchend trieb ein Sergeant ein halbes Dutzend zu Creighton. »Herrgott, Sir«, keuchte er, »die haben ihr Leben lang noch keinen Toten gesehen. Und als sie die Schießerei und das Geschrei vom 1. Bataillon hörten, sind sie gerannt wie die Hasen.« Es war Love, der Nachrichtensergeant. Er senkte die Stimme. »Man kann's den armen Teufeln nicht übelnehmen.«

»Ich nehm' ihnen auch gar nichts übel. Bringen Sie sie bloß wieder auf den Hügel rauf. Aber wo zum Teufel ist denn mein Exekutiv?« Love zuckte die Schultern. Creighton durchstöberte das Gebüsch und fand noch ein Dutzend Soldaten. Er trieb sie den Hügel hinauf. Als sie fast oben waren, knatterten plötzlich Schüsse. Man hörte ein paar wilde Schreie, dann war es still.

Creighton kroch weiter. Er war überzeugt, daß die Deutschen die drei Leute auf dem Hügel überrannt hatten und jetzt in ihren Schützenlöchern saßen. Aber er mußte weiter. Wenn er sich zurückzog, war die ganze Kompanie Fox beim Teufel. Er erreichte den Gipfel und spähte hinüber. Der wehleidige New Yorker kniete in seinem Schützenloch und umklammerte verzweifelt den Griff einer Maschinenpistole. Sein Gesicht war kalkweiß.

»Was ist los?« fragte Creighton.

»I–Ich w–weiß nicht! Ein paar D–Deutsche sind den Hügel rauf. Ich hab' auf sie geschossen.« Creighton lugte über den Rand des Schützenlochs. Drei Meter davor lag ein Deutscher, von einem Feuerstoß der Maschinenpistole fast entzweigeschnitten. Zwei Meter dahinter lag ein zweiter Deutscher, Arme und Beine von sich gestreckt wie ein Krebs. Ein Stück weiter den Hügel hinunter kniete ein dritter im Schnee. Seine weiße Mütze war blutdurchtränkt. Er wiegte den Kopf hin und her und stöhnte laut.

»Gut gemacht«, sagte Creighton und drehte sich um. Der wehleidige New Yorker übergab sich.

Sergeant Love rutschte in das Schützenloch. »Was machen wir jetzt?«

Creighton musterte die Feindseite des Hügels. »Rufen Sie einen Sherman herauf, daß er den deutschen Panzer dort unten knackt.«

»Und dann?«

»Dann greifen wir an – wie besprochen.«

Loves Unterkiefer klappte herab. »Mit diesen Schlappschwänzen?«

Creighton rückte seine Brille zurecht. »Mit diesen Schlappschwänzen.«

Während Creighton auf die Panzerunterstützung wartete, arbeitete er für seine schlappen Krieger einen Angriffsplan aus. Der 3. Zug, der ursprünglich auf dem Hügelkamm gelegen hatte, war so gut wie aufgerieben. Er würde zur Reserve hier bleiben, während der 1. und 2. Zug den Hügel hinab angriffen und dann den nächsten Hügel zu dem kleinen, von einer Mauer umgebenen Friedhof hinaufstürmten.

Halb geführt, halb gestoßen, erreichten der 1. und 2. Zug die Schützenlöcher. Um 16 Uhr 15 eröffneten Artillerie und Granatwerfer das Sperrfeuer. Die amerikanischen Granaten schlugen in den deutschen Stellungen ein.

Die Leute des 1. und 2. Zuges hörten hinter sich lautes Dröhnen. Langsam und schwerfällig kletterte ein amerikanischer Panzer den Hügel herauf. Als er den Kamm erreichte, setzte von der deutschen Seiter her schwerer Panzerfaustbeschuß ein. Der Sherman nahm die zwei Häuser unter Feuer und machte dann eine scharfe Wendung nach links. Zu Creightons Entsetzen feuerte er jetzt mit seinen 7,5ern und MG direkt in die amerikanische Schützenreihe.

Die Soldaten des 1. und 2. Zuges, die zusammengekauert zum Angriff bereitstanden, lagen direkt in seiner Schußlinie. Creighton stürzte durch den tiefen Schnee auf den Sherman zu. Er hämmerte mit seinem Karabiner an die Seitenwand. Doch der Panzer stellte das Feuer nicht ein. Creighton sprang auf das Verdeck und trommelte auf den Lauf des einen MGs. Langsam öffnete sich die Luke.

»Ihr verdammten Idioten!« schrie er. »Das sind meine Leute!«

In diesem Augenblick brach das vorbereitende Sperrfeuer ab. Es war Zeit zum Angriff, doch die Soldaten weigerten sich, vorzugehen. Durch das Tal vor Creighton zuckten jetzt kreuz und quer die Feuerschlangen der Leuchtspurgeschosse. Granaten schlugen ein. Es war wie ein Blick ins Innere der Hölle. Da seine Leute sich nicht ohne sein Beispiel in diese Todesfalle wagen würden, stand Creighton auf und schrie den Kampfruf von Fort Benning, der Infanterieschule: »Mir nach!«

Er rannte den Hügel hinunter, überzeugt, daß er nicht lebend davonkommen würde. Erdbrocken und Schnee flogen ihm um die Ohren, während er auf die Talsohle zujagte. Er erblickte eine Mauer und warf sich dahinter zu Boden.

»So, das hätten wir geschafft«, sagte jemand neben ihm. Es war Sergeant Love. Creighton fiel ein Stein vom Herzen. Jetzt konnten sie zum Angriff auf das nächste Ziel, den Friedhofshügel, vorgehen. Er drehte sich nach seinen Leuten um. Doch hinter ihm war niemand.

»Um Himmels willen, wir sind allein!« Eine unbändige Wut stieg in ihm hoch. Die Angst war wie weggeblasen. Die beiden machten kehrt und kletterten, ohne sich um die Geschosse zu kümmern, die überall durch die Luft pfiffen, wieder den Hügel hinauf. Die Männer kauerten in ihren Schützenlöchern und starrten Creighton und Love schweigend an.

»Jetzt hört mal, ihr Waschlappen!« schrie Love. »Diesmal folgt ihr dem Lieutenant und bleibt ihm auf den Fersen. Sonst schieße *ich* euch über den Haufen!«

Creighton und Love eilten die Schützenlinie entlang und zerrten die verängstigten Soldaten aus ihren Löchern. Noch einmal ging Creighton zum Angriff vor. Diesmal folgten ihm die Männer, denn Love rannte mit seinem Karabiner hinter ihnen her. Sie liefen durch das Tal und dann den nächsten Hügel zum Friedhof hinauf. Aus dem Nichts tauchten weiße Gestalten auf und zogen sich nach Norden zurück. Die Kompanie Fox folgte, viel zu verschreckt, um zu schießen oder zu schreien. Nach fünf Minuten hatten sie ihr Ziel genommen. Der Friedhofshügel gehörte der Kompanie Fox.

5

Infolge des Schnees und der schweren Bombenangriffe erreichte Eisenhowers Zug den belgischen Ort Hasselt erst gegen Mittag des 28. Dezember. Montgomery begrüßte ihn fröhlich und zuversichtlich.

Nachdem Montgomery die Lage dargelegt und Eisenhower über die Stellungen seiner Hauptreserven informiert hatte, trat er zu einer großen Wandkarte. »Ich bin eben dabei, Collins' Korps neu aufzustellen. Wenn er bereit ist, lasse ich ihn in Richtung Houffalize angreifen.« Er deutete auf den 25 Kilometer nördlich Bastogne gelegenen Ort.

Eisenhowers Gesicht hellte sich auf.

»Aber ich kann noch nicht sofort zum Angriff vorgehen.«

»Warum nicht?«

»Ich habe vor kurzem einen Bericht erhalten, daß die Deutschen noch mindestens einen energischen Angriff auf meine Linien planen. Ich bin überzeugt, daß ich ihn abschlagen kann«, fügte er schnell hinzu, »aber ich brauche mehr Zeit, meine Reserven in Bereitschaft zu bringen, damit sie den Deutschen auf den Fersen bleiben, sobald wir sie in die Flucht geschlagen haben.«

Es paßte Eisenhower gar nicht, daß man sich bei der zeitlichen Festsetzung einer großen Gegenoffensive nach den Operationen des Gegners richten wollte. »Halten Sie es nicht für durchaus möglich, daß die Deutschen im Norden *nicht* noch einmal angreifen werden?«

Montgomery schüttelte den Kopf. »Ich glaube, es ist so gut wie sicher.« Auf jeden Fall, meinte er, könne er die Zeit dazu verwenden, seine Truppen zu reorganisieren, ihre Ausrüstung zu ergänzen und sie ganz allgemein zu überholen. Er fragte Eisenhower, ob er nicht der Meinung sei, daß seine wichtigste Aufgabe darin bestünde, die Nordfront zu festigen.

»Nun«, sagte Eisenhower, »ich glaube auch, es ist am besten,

Sie stärken die Front, reorganisieren Ihre Truppen und bereiten sich gründlich auf einen starken Gegenschlag vor. Dadurch wären Sie ja zugleich auch gegen einen eventuellen deutschen Angriff gerüstet.« Er hielt inne. »Wann können Sie vorgehen?«

»Am Neujahrstag«, erwiderte Montgomery ohne Zögern. Dann fügte er hinzu: »Oder kurz danach – am 2. oder 3.«

Die Besprechung war zu Ende. Die Männer schüttelten einander herzlich die Hand. Eisenhower hatte noch anderes zu tun. Da nun der lang erhoffte Angriff im Norden mehr oder weniger fest beschlossen war, mußte er mit einem starken Angriff von Süden koordiniert werden. Er diktierte eine Funknachricht an seinen Stabschef:

> »Unterstellen Sie Bradley sofort die 11. Panzer und die 87. Division und organisieren Sie einen kräftigen Angriff auf Bastogne–Houffalize.«

Die dritte und letzte Phase der Schlacht um den Keil stand bevor.

6

In Deutschland fand bei der täglichen Führerkonferenz eine ebenso wichtige Besprechung statt. Rundstedt versuchte den Führer zu überreden, die »Wacht am Rhein« abzublasen und sich vor Beginn von Montgomerys Offensive zurückzuziehen.

»Ich schlage vor«, sagte er, »daß sich die 5. und 6. Panzerarmee auf eine Verteidigungslinie östlich Bastogne zurückziehen.«

Hitler war über diesen Vorschlag außer sich. »Nur die Offensive gibt uns noch die Möglichkeit, dem Krieg im Westen eine günstige Wendung zu geben. Wir werden den Vorstoß auf die Maas fortsetzen, sobald die nächste Phase des Gesamtplanes – die Operation ›Nordwind‹ – durchgeführt ist.« Er räumte ein, daß die Ardennenoffensive nicht den von ihm erwarteten entscheidenden Erfolg gebracht hatte, doch sein sarkastischer Ton deutete an, daß die Schuld bei Rundstedt liege – der in Wirklichkeit kaum mehr als ein Aushängeschild gewesen war. »Andererseits«, sagte er dann zu seinen Generalen, »hat sich die Lage doch stark entspannt. Der

Feind mußte alle Pläne für eine Winteroffensive aufgeben. Er wird in der Heimat heftig kritisiert.« Er hielt inne und lächelte verstohlen. »Auch hat er bereits zugeben müssen, daß keine Aussicht besteht, den Krieg vor August zu beenden, vielleicht nicht einmal vor Ende des nächsten Jahres. Dies ändert die allgemeine Lage derart, wie es niemand noch vor vierzehn Tagen für möglich gehalten hätte.« Er deutete auf eine riesige Wandkarte. »Die Amerikaner wurden gezwungen, 50 Prozent ihrer Truppen von anderen Fronten abzuziehen und in die Ardennen zu werfen. Und diese Linie hier ist deshalb jetzt außerordentlich schwach.« Er tippte mit dem Finger auf einen 150 Kilometer weiter südlich gelegenen Punkt – das Elsaß. »Hier werden wir in ein paar Tagen mit ›Nordwind‹ zuschlagen. Der sichere Erfolg dieses Unternehmens wird automatisch die Bedrohung unserer linken Flanke in den Ardennen zusammenbrechen lassen, und« – er sah seine Kommandeure der Reihe nach an – *»dann werden wir die Großoffensive mit neuen Erfolgsaussichten wieder aufnehmen.«*

Der Führer schwieg einen Augenblick. »Inzwischen wird Model seine Truppen verstärken und sich zu einem neuen Vorstoß auf die Maas vorbereiten. Außerdem wird er einen letzten, energischen Angriff auf Bastogne unternehmen. Die Eroberung von Bastogne ist das wichtigste.«

Um Mitternacht begannen neun Panzer- und Volksgrenadierdivisionen auf die Stadt vorzurücken, die Hitler unbedingt nehmen wollte.

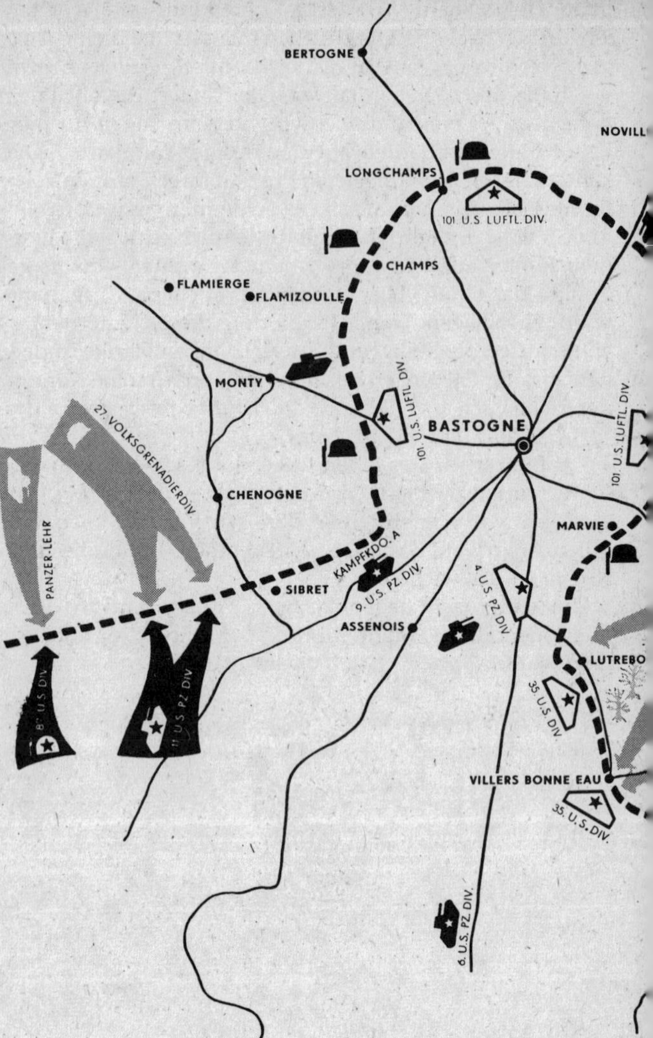

BERTOGNE
NOVILL
LONGCHAMPS
101. U.S. LUFTL. DIV.
CHAMPS
FLAMIERGE
FLAMIZOULLE
MONTY
101. U.S. LUFTL. DIV.
BASTOGNE
101. U.S. LUFTL. DIV.
27. VOLKSGRENADIERDIV.
PANZER-LEHR
CHENOGNE
MARVIE
KAMPFKDO. A
9. U.S. PZ. DIV.
SIBRET
4. U.S. PZ. DIV.
ASSENOIS
LUTREBO
35. U.S. DIV.
8. U.S. DIV.
11. U.S. PZ. DIV.
VILLERS BONNE EAU
35. U.S. DIV.
6. U.S. PZ. DIV.

ANGRIFFE AM 30. DEZEMBER

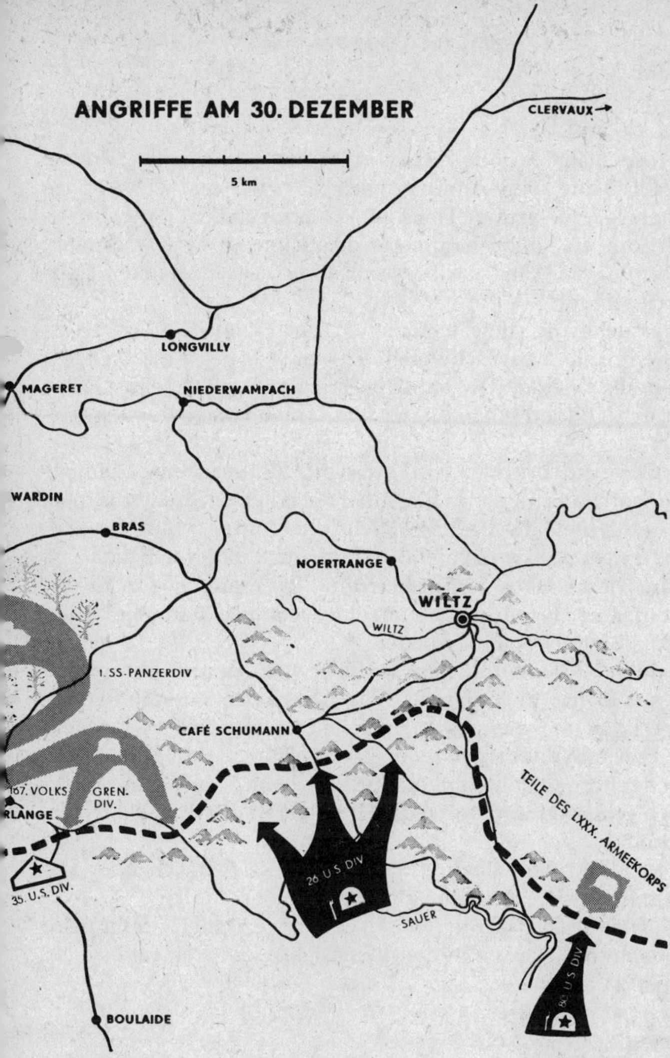

Todeskandidaten

29. – 30. Dezember 1944

1

Es war eine halbe Stunde vor Anbruch des 30. Dezember. Private Ralph Ellis hatte keine Ahnung, wie spät es war und wieviel Tage er in dem kleinen grünen Haus bei Wiltz zugebracht hatte. In seinen erfrorenen Füßen hämmerte der Schmerz. Er war durstig, halbverhungert. Alles war besser, als in dieser Einsamkeit langsam zu sterben.

Er versuchte die Stiefel anzuziehen, doch seine Beine waren inzwischen zu stark angeschwollen. Er mußte an beiden Stiefeln die Spitzen abschneiden. Er taumelte auf die Straße. Beim Gehen mußte er zu Boden schauen, denn in seinen Füßen war kein Gefühl.

Am Gemeindebrunnen von Unterwiltz füllte er seinen Helm mit Wasser und trank gierig. Er ging über die holprige Straße zu einem Haus und öffnete die Tür. Eine Welle von Wärme schlug ihm entgegen, und er zog sich schnell wieder zurück. Er öffnete die nächste Tür. Dieses Haus war unbewohnt. Mühsam stieg er in den obersten Stock. Er sah ein Bett mit einer Matratze, taumelte darauf zu und stürzte bewußtlos nieder.

Eineinhalb Kilometer weiter, in Oberwiltz, kauerte ein anderer GI, Lester Koritz, im Keller des Tabakladens der Schwestern Goebel und las beim Schein einer Kerze ein amerikanisches Taschenbuch. Er war in der vergangenen Nacht aus dem deutschen Lazarett in der Burg geflohen, über eine Reihe von Zäunen und Stützmauern geklettert und durch die Hintertür in den Tabakladen geschlichen.

Er war über dem Buch eingenickt, als er plötzlich über sich Schritte hörte. Die Kellertür ging auf.

»Wer hat denn da unten eine Kerze angezündet?« fragte eine Frauenstimme in luxemburgischen Dialekt. Es war Tante Elise. »Wer ist da?« rief sie.

»C'est moi«, sagte er.

»Lester!«

Als er aufstand, um sie zu begrüßen, dachte er zum ersten Male an die Gefahr, die diese Menschen seinetwegen auf sich nahmen. Er mußte weg von hier.

Elise stieg die steile Treppe herunter. Hinter ihr kamen Mariechen, die jüngste Schwester, die beiden Nichten Maria und Thesy und schließlich deren Mutter, die dritte der Goebel-Schwestern.

»Suchen mich die Deutschen?« fragte er.

»Aber nein«, sagte Thesy. »Auf der Burg ist niemand mehr.«

»Dies ist nicht der richtige Ort für eine Feier«, meinte Elise. Sie gingen hinauf in die »gute Stube«, ein gemütliches kleines Wohnzimmer, das man nur bei besonderen Gelegenheiten benützte. An den Wänden hingen eine Menge Familienporträts und Fotos der Großherzogin und ihres Gatten.

Während Elise eine Mahlzeit richtete, erzählten die andern von gemeinsamen Freunden aus Wiltz, von ihrer panischen Flucht nach Boulaide und der traurigen Rückkehr auf der von Toten gesäumten Straße beim Café Schumann.

Es gab eine Riesenportion Rindfleisch mit allen möglichen Beilagen und dazu sogar Bier aus dem Hotel gegenüber. Drei- oder viermal versteckte sich Koritz, wenn die Ladenglocke bimmelte und ein deutscher Kunde eintrat.

Koritz erkundigte sich nach der militärischen Lage.

»Wir wissen nichts Genaues«, sagte Thesy. »Man glaubt, daß die Amerikaner sechs oder sieben Kilometer von hier, in der Nähe des Café Schumann, stehen.«

Mariechen machte ein besorgtes Gesicht. »Sie haben doch nicht die Absicht, sich zur Front durchzuschlagen?« fragte sie.

»Ich kann doch nicht hierbleiben und euch alle in Gefahr bringen.«

»*Soyez sage*«, schimpfte sie. »Damit würden Sie Ihr Leben aufs Spiel setzen. Nein, Sie bleiben hier.«

2

Die Lage in Bastogne hatte sich ein wenig gebessert. Der Korridor war jetzt eineinhalb Kilometer breit, und tags zuvor hatten Segelflugzeuge zehn Tonnen Sanitätsmaterial gebracht. Dies war die letzte vom IX. Truppentransportkommando durchgeführte Versorgung aus der Luft; die Straße nach Bastogne war jetzt verhältnismäßig sicher. In der letzten Nacht hatte ein aus 62 Fahrzeugen bestehender Konvoi Munition, Verpflegung, Post und PX-Artikel hereingebracht. Am 29. Dezember rollten den ganzen Tag über Nachschub und Verstärkungen in die Stadt.

Endlich fühlte sich Patton genügend gerüstet, den Angriff zu unternehmen, der, wie er hoffte, dem Keil ein rasches Ende bereiten würde. Soeben hatte man ihm zwei neue Divisionen unterstellt – die 11. Panzer und die 87. Am nächsten Tag wollte er diese frischen Truppen nordwärts nach Houffalize schicken.

Auch Manteuffel plante für den 30. Dezember einen Angriff. Die Panzer-Lehr und das 77. Regiment der 26. Volksgrenadierdivision sollten den Bastogner Korridor von Nordwesten her angreifen. Gleichzeitig würden die 1. SS-Panzer und die 167. Volksgrenadierdivision von Osten zuschlagen. Die große Zange sollte sich einige Kilometer unterhalb Bastogne schließen. Dann war die Stadt wieder eingeschlossen – und der Vernichtung preisgegeben.

3

Am 30. Dezember um drei Uhr morgens hatten die beiden frischen amerikanischen Divisionen, die den Angriff nach Norden unternehmen sollten, ihre Stellungen bezogen: die 11. Panzer eineinhalb Kilometer westlich Bastogne, links davon die 87.

Die GIs der beiden Divisionen ahnten kaum, was ihnen an diesem Tag bevorstand. Sie wußten, daß sie in die Schlacht sollten, doch sie konnten sich nichts Rechtes darunter vorstellen. Die Infanteristen der 87. hatten ihre Feuertaufe am 13. Dezember an der Saar empfangen. Die Soldaten der 11. Panzer hatten überhaupt noch keinen Feind zu Gesicht bekommen. Man hatte sie im Eiltempo von England herübergebracht und nach Reims gelegt, wo sie mitgeholfen hatten, eine letzte Verteidigungslinie hinter der Maas aufzubauen. Dann hatte man sie, nur unvollständig ausgerüstet, zur Front befördert. Jetzt kauerten sie in der dunklen Stunde vor Tagesanbruch in ihren Schützenlöchern und warteten, ohne zu wissen, worauf.

Pfc. John Fague, Kompanie B des 21. Panzerinfanteriebataillons der 11. Panzerdivision, warf sich ruhelos in seinem Schlafsack hin und her. Er war der Melder von Lieutenant Roy Stringfellow, seinem Zugführer, der in diesem Augenblick im Kompaniegefechtsstand verschiedene den Angriff betreffende Befehle empfing.

Um vier Uhr morgens hörte Fague, wie Stringfellow in seinem schleppenden Südstaaten-Dialekt zu seinen Zugs- und Gruppensergeanten sagte: »Wir müssen uns auf starken feindlichen Artilleriebeschuß gefaßt machen. Die Deutschen legen ihr Feuer immer vor. Halten Sie die Leute also in Bewegung.«

Fague stand auf, rollte seinen Schlafsack zusammen und ging zum Küchenwagen. Es war kalt. Er stampfte mit den Füßen auf, um sie warm zu halten. Das Essen schmeckte nach nichts, doch er schlang es hinunter. Bald tauchten auch andere auf. Es hieß, daß sie um sechs Uhr aufbrechen und der Kompanie Baker des 22. Panzerbataillons folgen sollten.

Um 5 Uhr 30 donnerten plötzlich Sherman-Panzer vorbei. Man hörte überall erschrockene Rufe. Das 82. war zu früh vorgegangen. Die Soldaten warfen hastig ihre Sachen auf Lastwagen und sprangen auf. Doch als die Kompanie die Straße erreichte, war von den Panzern nichts mehr zu sehen.

Sie kamen zu einer Kreuzung, an der ein dicker, kleiner Lieutenant Colonel stand, ihr Bataillonskommandeur. Er wirkte irgendwie fehl am Platze.

»Sir«, rief Lieutenant Stringfellow von seinem Schützenpanzer herab. »Welche Straße haben die Panzer genommen?«

Der Colonel zögerte, dann zeigte er geradeaus. Fagues Fahrzeug rumpelte, gefolgt von dem übrigen Zug, auf dieser Straße weiter. Hinter einigen Gebäuden sah er amerikanische Panzer hervorlugen. Plötzlich waren sie allein. Mit einemmal wühlten Artillerieeinschläge den Boden ringsum auf. Irgend etwas stimmte nicht.

Stringfellow ließ die Kompanie halten und versuchte, über Sprechfunk die Hauptkolonne zu erreichen. Grau breitete sich die Dämmerung über das öde, verschneite Land. In der Nähe rauchten die Ruinen eines zerstörten Bauernhauses. Daneben lagen die Trümmer eines abgestürzten Flugzeuges, dazwischen zwei Tote.

Fague hatte noch nie einen Gefallenen gesehen. Es war für ihn ein neuer, schrecklicher und doch faszinierender Anblick. Ängstlich und neugierig ging er darauf zu. Er blickte auf den ersten dunklen Haufen hinunter und bereute es im gleichen Moment. Es war ein deutscher Flieger. Sein Gesicht war zu einem gespenstischen, jenseitigen Ausdruck erstarrt. Er war steifgefroren. Seine weißen Finger waren abgespreizt, die Beine gebrochen und unter dem Körper zusammengekrümmt. Plünderer hatten ihm die Pelzstiefel ausgezogen, er trug nur Socken. Die Taschen der Uniform waren umgestülpt. Am entsetzlichsten sah seine rechte Hand aus. Der Mittelfinger war abgesäbelt. Irgendeinem GI hatte sein Ring in die Augen gestochen.

Mit einem üblen Gefühl im Magen ging Fague zu seinem Schützenpanzer zurück. Die Einschläge kamen immer näher. Granatsplitter pfiffen über sie hinweg. Er bemühte sich, ein paar Witze zu reißen. Niemand war in der Stimmung dafür. Die Männer drängten sich zusammen und duckten die Köpfe hinter die 6,5 mm dicke Panzerplatte.

Stringfellow, ein langer schlaksiger Kerl, spähte über die Seitenverkleidung. »Okay, wir drehen um.«

Die Kolonne wendete und raste zurück. Fague vergaß seine Angst und stand auf. Er sah, daß sie durch eine andere Division fuhren. Es waren Infanteristen; sie trugen das Abzeichen der 28. Die meisten schienen vor Erschöpfung halb bewußtlos. Ihre Gesichter waren voll Stoppeln, die Gewehre hatten sie nachlässig über der Schulter hängen. Als sie die Fahrzeuge der 11. Panzer nach hinten rasen sahen, schienen sie zum Leben zu erwachen. Fague sah, wie einige zu ihren Fahrzeugen liefen und sie starteten, um sich ebenfalls zurückzuziehen.

Als die Kolonne endlich die Kreuzung erreichte, stieß sie auf ein wildes Durcheinander. Es dauerte einige Zeit, bis Ordnung geschaffen war. Dann krochen die Panzer die nach links abzweigende Straße hinunter. Einige Minuten später folgten die Schützenpanzer.

Bald darauf hörte Fague die 7,5er ihrer eigenen Panzer krachen. Die Schützenpanzer hielten an. Die Soldaten sprangen ängstlich und doch neugierig herab. Als sie über einen Hügel ausschwärmten, entdeckte Fague am Waldrand brennende amerikanische Panzer.

»Bajonette aufstecken!« befahl Stringfellow. Mit zitternden Händen befestigten die Soldaten die Bajonette an ihren Gewehren. Angst stieg in Fague hoch. Wenn sie die Bajonette aufsteckten, mußte der Feind nahe sein. Jeden Augenblick konnten graue

Soldaten schießend aus dem Wald stürmen. Granaten schlugen auf dem Hügel ein. Die amerikanischen Panzer feuerten, erhielten Gegenfeuer und zogen sich zurück. Die GIs lagen im Schnee und hatten keine Ahnung, was sie tun sollten.

»All right«, rief Stringfellow in seinem ruhigen, schleppenden Ton. »Steigt auf.«

Noch nie hatten die Soldaten einem Befehl so schnell gehorcht. In Sekundenschnelle waren sie bei ihren Schützenpanzern, schwangen sich hinauf, stürzten sich über die Seitenwände.

Sherman-Panzer wendeten schleudernd und rasten, große Schlamm- und Schneewolken hinter sich lassend, über die sanften Hügel zurück.

»Warum haut ihr denn ab, verdammt noch mal?« rief Stringfellow einem vorbeifahrenden Panzer zu.

Der Major, der mit verwirrtem Gesicht im Turm stand, zuckte die Achseln.

Die Straße nach hinten war hoffnungslos verstopft. »Springt ab!« rief Stringfellow »Lauft zurück!«

In noch größerer Panik sprangen die Soldaten von den Schützenpanzern. Sie jagten in wilder Hast nach hinten und suchten in einer kleinen Schlucht Deckung.

Die ganze 11. Panzerdivision war steckengeblieben. Als Patton davon erfuhr, sprang er wütend in einen Jeep und fuhr nach Bastogne, um nachzusehen, was schiefgegangen war.

Die westliche Backe von Manteuffels auf den Korridor zielender Zange hatte in die 11. Panzer gebissen. Das gleiche tat die östliche Backe. Sie stieß auf eine alte, kampferprobte amerikanische Infanterieeinheit: die 35. Division. Harry Trumans alte Division hatte mithelfen sollen, den Korridor nach rechts zu erweitern. Sie stand ein paar Kilometer südlich Bastogne und drängte nach Osten, auf einen dichten Wald zu, von dem man wußte, daß er voll Deutscher steckte. Im Morgengrauen griffen diese Deutschen, die Infanterie der östlichen Zangenbacke, an. Dicht hinter ihnen kam eine Einheit, die auf Hitlers Befehl schnellstens aus dem Raum Stavelot–Ligneuville hierherverlegt worden war – die 1. SS-Panzerdivision. (Natürlich ohne die Kampfgruppe Peiper, die sich noch von ihrer Flucht erholte.)

Um sieben Uhr morgens drang die SS-Division »Adolf Hitler« in Villers-la-Bonne-Eau ein, ein neun Kilometer südlich von Bastogne gelegenes Dorf. Zwei Kompanien der 35. Division waren rasch eingeschlossen. In immer neuen Wellen griffen deutsche Panzer und Infanteristen an, doch die GIs hielten stand. Hauptsächlich dieser beiden Kompanien wegen blieb Manteuffels östlicher Angriff jetzt allmählich stecken.

Um acht Uhr erschien der Kommandeur der 1. SS-Panzer, Oberführer Mohnke, den Kopf gegen die Morgenkälte mit einem Schal umwickelt, und fragte wütend, wieso seine Panzer nicht über Villers hinausgestoßen seien. Sie hätten schon auf die westliche Zangenbacke treffen und den Korridor abschneiden sollen. Bald mußte sich der Morgennebel heben; dann boten die Panzer ein leichtes Ziel für Jabos und Raketen feuernde Jäger. Die Antwort lautete: eine Ami-Division war zuerst in Villers.

Leutnant Eberhard Kosch vom Panzerartillerieregiment der 1. SS-Panzerdivision saß in seinem Fahrzeug und wartete auf eine Lagemeldung aus Villers. Unter ihm drückten sich seine Funker aneinander. Sie standen mit fünf Artilleriebeobachtern in Verbindung. Kosch war bereit, das Feuer von 40 Batterien zu lenken.

»Herr Leutnant«, sagte der eine Funker, »die Verbindung mit den Panzern in Villers ist unterbrochen.«

Kosch fluchte. Er befahl seinem Panzerfahrer, loszufahren. Der Panzer raste nach Villers. Er tanzte wie verrückt auf der schlechten Straße. Die sechs Antennen wackelten gefährlich und drohten abzubrechen.

»Wenn Sie fertig sind, Kosch, können Sie sofort der Artillerie Feuerbefehl geben«, kam über den Sprechfunk die ungeduldige Stimme seines Kommandeurs.

»Ja-w-wohl«, sagte Kosch. Es war fast unmöglich, in dem hin- und herschwankenden Panzer zu sprechen.

Eine andere Stimme meldete sich. »Wie ist die Lage?«

»Ich bemühe mich eben, das festzustellen«, sagte Kosch gereizt. »Wer ist dort?«

»Model.« Es war der Befehlshaber der Armeegruppe B. »Ich möchte wissen, was zwischen Villers und Bastogne los ist.«

»Ich bin unterwegs, um nachzusehen, Herr Generalfeldmarschall. Man kann Freund und Feind nicht mehr unterscheiden.«

Einer seiner Funker stieß ihn an und sagte: »Sieben Panzer haben den Rand von Bastogne erreicht, Herr Leutnant. Aber sie werden schwer von Artillerie und Infanterie beschossen. Der Kommandeur sagt, seine Grenadiere seien von den Panzern gesprungen und zurückgelaufen.« Er hielt einen Kopfhörer hoch. Kosch hörte jemanden brüllen: »Verdammt noch mal, schickt mir Infanterie! Meine Grenadiere, diese verfluchten Schlappschwänze, sind davongelaufen!«

Kosch nahm das Telefon. »Wir werden unser möglichstes tun. Ich gebe Ihren Bericht weiter.«

»Geben Sie ihn an des Teufels Großmutter weiter!«

Kosch hängte auf. Eine Minute später läutete das Telefon.

»Ich kann nicht länger hier bleiben!« Es war wieder der Panzerkommandeur. »Ich habe nur noch fünf Fahrzeuge. Die werden in ein paar Minuten erledigt sein. Ich muß hier raus!« Seine Stimme überschlug sich. »Bitte, bitte geben Sie mir Artilleriefeuer. Besser unsere eigene Artillerie am Kopf als die verdammten Amis am Hintern. Hier ist die Hölle los!«

Kosch ließ rasch Artilleriefeuer auf die Position des Panzerkommandeurs legen.

Wieder läutete das Telefon. »Wir hauen ab! Heizt ihnen weiter ordentlich ein!«

Kosch traute sich nicht, noch mehr Feuer anzufordern. Durch die dicken Rauchschwaden, die vom Schlachtfeld aufstiegen, wurde die Lage noch unübersichtlicher. Gestalten rannten durch den Schnee auf ihn zu. Deutsche oder Amis?

Plötzlich schlug der Wind nach Osten um. Der Rauch verzog sich. Kosch sah Dutzende von Panzern mit dem weißen Stern und Soldaten in Feldgrün.

»Amis!« schrie er. Er ließ die Meldung schnell nach hinten weitergeben und die genauen Planquadrate übermitteln. Drei Minuten später eröffneten 40 Batterien ein gigantisches Sperrfeuer. Beschädigte Panzer krochen im Schutz dieser Wolke zurück, weißgekleidete Infanteristen gruben sich ein.

Kosch ließ seinen Panzer wenden und fuhr zu seinem Gefechtsstand in Bras, sechs Kilometer östlich Bastogne. Auf halbem Weg läutete ein Telefon. Ein Panzerkommandeur meldete sich.

»Kosch, bei mir sind eben zwölf Shermans mit Infanterie durchgebrochen. Sie gehen auf Bras vor!«

»Sind Sie ganz sicher?«

»Mein Wort darauf. Ich glaube, sie sind von dieser verdammten 4. Panzerdivision!«

»Aber was, in Teufels Namen, machen *die* so weit südlich?«

Kosch wendete und fuhr in Richtung des gemeldeten Durchbruchs. Eineinhalb Kilometer östlich Bras sah er von Bastogne her zehn Shermans kommen. Das konnte nicht sein. Eine deutsche Division hatte diese Straße doch fest in der Hand. Aufgeregt gab er die Meldung nach hinten durch und bat um Artillerie. Zwei Nebelwerferbatterien eröffneten das Feuer. Er sah, wie ein Panzer getroffen wurde, doch die andern rückten weiter vor.

»Was machen Sie denn, verdammt noch mal?« schrie der Generalstabsoffizier der Division über das eine Telefon. »Sie lassen unsere eigenen Panzer beschießen!«

»Es sind Shermans!«

»Was sollen denn Shermans so weit östlich? Stellen Sie das Feuer ein und melden Sie sich sofort im Gefechtsstand.«

Ein paar Minuten später stand Kosch im Gefechtsstand.

»Was glauben Sie eigentlich, wer Sie sind, Kosch?« tobte der Kommandeur. »Der Generalfeldmarschall hat uns erlaubt, Bastogne zu beschießen. Das heißt aber nicht, daß Sie zu Ihrem eigenen Vergnügen Munition verschwenden können! Und noch dazu auf unsere eigenen Panzer feuern! Sperren Sie in Zukunft gefälligst Ihre müden Augen besser auf!«

Das Dach flog in die Luft. Mauerwerk stürzte herab. Ein Balken brach ein. Der Divisionskommandeur und sein Stab krochen unter den schweren Tisch.

»Panzerbeschuß!« schrie ein Unteroffizier zur Tür herein.

Kosch schaute aus dem Fenster. Shermans standen vor dem Haus.

»Herr General«, sagte Kosch spöttisch, »haben Sie keine Angst. Das sind *unsere eigenen* Panzer!«

Kosch mußte lachen, als er sah, wie die Stabsoffiziere sich aneinanderdrängten. Er schaute wieder hinaus. Er fühlte sich den Soldaten in den Shermans enger verbunden als diesen Männern unterm Tisch, die die gleiche Uniform trugen wie er.

4

Sechzehn Kilometer südlich von Bastogne, im Bereich der 26. Division, wurde an diesem Tag genauso erbittert gekämpft. Jim Creightons Kompanie Fox griff von Süden, vom Friedhofshügel her, das Café Schumann an. Creighton stürmte vor, in der Hand ein MG. Er bog um die Ecke des ersten Hauses.

Aus drei Metern Entfernung starrte ihn ein Deutscher, in der Hand ein Gewehr, fassungslos an. Creighton zog am Abzug. Nichts geschah. Auch das Gewehr des Deutschen funktionierte nicht. Beide Soldaten machten gleichzeitig kehrt und rannten davon.

Auf der anderen Seite des Hauses kletterten Deutsche mit erhobenen Händen aus dem Keller. Die Soldaten der Kompanie Fox schrien laut durcheinander und machten Witze, als hätten sie ein Fußballspiel gewonnen. Aus allen Kellern strömten Deutsche und ergaben sich.

Fox hatte eine ganze Kompanie überrumpelt. Die GIs nahmen den 105 Deutschen ihre Uhren, Brieftaschen, Pistolen und Orden ab.

»Los weiter!« rief Creighton. Er lief auf ihr Hauptziel zu, die nahe, nördlich gelegene Höhe 490.

Dieser dichtbewaldete Hügel war zwar nur ein paar Dutzend Meter höher als das umliegende Gelände, beherrschte aber das ganze Gebiet vom Café Schumann bis Wiltz. Abgesehen von der offensichtlichen strategischen Bedeutung war die Höhe 490 auch ein wertvoller Beobachtungspunkt. Sie mußte genommen werden.

Doch niemand folgte Creighton. »Verdammt noch mal!« schrie er, vor Zorn und Ohnmacht fast weinend. »Vorwärts!«

Keiner hörte auf ihn. Die Schützen der Kompanie Fox waren viel zu sehr damit beschäftigt, sich um die Souvenirs zu raufen.

Im nahen Wiltz wurde es langsam dunkel. Die Leute, die in der Grand' Rue wohnten, verließen ihre Häuser und zogen sich in festere Keller zurück. Die deutschen Soldaten hatten genug mit sich selbst zu tun. Sie bemerkten nicht, daß sich in einer kleinen Gruppe von Frauen, die den Gehsteig entlangeilten, ein in Bettlaken gehüllter amerikanischer Soldat befand. Laut plaudernd und heftig gestikulierend brachten sie den Amerikaner ins Möbelgeschäft May. Endlich hatte Sergeant Lester Koritz von der 28. Division trotz seiner Proteste, daß er seine Luxemburger Freunde in Gefahr bringe, ein endgültiges Versteck gefunden.

Eineinhalb Kilometer weiter, in Unterwiltz, dämmerte ein anderer GI der 28. Division, Ralph Ellis, halb bewußtlos vor sich hin. Der Schmerz in seinen erfrorenen Füßen war fast unerträglich. Ihm war schlecht vor Hunger. Er humpelte zum Fenster des Hauses in der Rue du Pont. Er hatte drei Handgranaten. Er wollte warten, bis ein Stabswagen vorbeikam, und sie dann hinunterwerfen. Dann war es natürlich mit ihm zu Ende, aber er nahm immerhin noch ein paar Deutsche mit sich. Er legte zwei Handgranaten auf den Fußboden und nahm die dritte in die Hand, bereit, sie jeden Moment abzuziehen. Zwei deutsche Soldaten und zwei Zivilisten – ein Mann und eine Frau – kamen aus einem Kellerladen und blieben unter seinem Fenster stehen. Die Soldaten, die einen kleinen, mit Schnapsflaschen beladenen Handwagen zogen, stritten mit dem Mann und der Frau. Dieser Streit in einer fremden Sprache, die er nicht verstand, fesselte Ellis. Es war wie ein ausländischer Film. Gedankenlos beugte er sich aus dem Fenster. Dabei begegnete er dem Blick der Frau. Ellis zog den Kopf zurück und stürzte halb ohnmächtig zu Boden.

Er hörte, wie der Wagen ratternd davonrollte, dann kamen Schritte über die Treppe. Die Tür ging auf, und der Mann und die Frau starrten auf ihn herab. Sie sagten etwas, doch er verstand sie nicht. Der Mann, untersetzt und muskulös wie ein Ringkämpfer, versuchte durch Zeichen klarzumachen, daß er als Freund komme.

Die Frau war rundlich und hübsch und hatte ein fröhliches Gesicht. Sie lächelte. Ellis versuchte zurückzulächeln. Sie bückte sich und streifte ihm vorsichtig die zerrissenen Socken ab. Aus seinen geschwollenen Füßen quoll eine grünliche Flüssigkeit. Das Lächeln der Frau erstarb.

Irgendwie überzeugten die beiden Luxemburger Ellis davon, daß sie Freunde waren und bald zurückkommen würden. Als es dunkel war, kamen sie tatsächlich wieder. Sie zogen ihm eine Zivilhose über die Militärhose und einen Mantel über die Feldjacke. Dann stützten sie ihn rechts und links, halfen ihm die Treppe hinunter und traten auf die Straße. Im nächsten Haus führten sie ihn die paar Stufen zu dem Kellerladen hinunter und dann weiter in ein gemütliches, herrlich warmes Wohnzimmer.

Die Frau lächelte und deutete mit dem Finger auf sich: »Meisy«, sagte sie.

Ellis deutete auf seine Brust: »Ralph.«

Der untersetzte, muskulöse Mann schloß sich der Pantomime an: »Louis«.

5

In Versailles kam Eisenhower in dieser Nacht zu dem Schluß, daß die Schlacht um den Keil noch lange nicht zu Ende war. Er las noch einmal ein Kabel durch, das er vor ein paar Stunden von seinem guten Freund George C. Marshall, dem Stabschef der US-Armee, erhalten hatte:

> »Ich weiß nicht, ob man Sie auf Artikel in gewissen Londoner Zeitungen aufmerksam gemacht hat, in denen ein stellvertretender britischer Kommandeur für Ihre sämtlichen Bodenstreitkräfte vorgeschlagen wird. Die Zeitungen sind der Meinung, daß Sie eine zu umfangreiche Aufgabe auf sich genommen haben.
>
> Meine Ansicht ist folgende: machen Sie unter keinen Umständen irgendwelche Zugeständnisse. Sie besitzen unser restloses Vertrauen, und ein solcher Schritt würde in unserem Land auf stärkste Ablehnung stoßen. Ich kann nicht annehmen, daß Sie eine derartige Konzession auch nur in Betracht ziehen, möchte Sie aber doch über unseren Standpunkt in dieser Angelegenheit in Kenntnis setzen. Sie leisten Großartiges, machen Sie so weiter und schlagen Sie sie zusammen.«

Am Tag zuvor hatte Montgomery ihm brieflich vorgeschlagen, die alliierten Streitkräfte in den Ardennen einem einzigen Kommandeur zu unterstellen. Nach Montgomerys Ansicht war der Schlüssel zu einem künftigen Erfolg die Zusammenballung aller verfügbaren Offensivkraft im Norden, zum Zweck eines vereinigten kraftvollen Vorstoßes ins Ruhrgebiet.

Eisenhower verlor allmählich die Geduld. Fast stieg ein Gefühl in ihm auf, das er als Luxus betrachtete: Zorn.

Nahe dem Sturmzentrum der Schlacht war Troy Middleton, dessen VIII. Korps jetzt aus der 87., der 11. Panzer- und der 111. Luftlandedivision bestand, eben zu einem vorgeschobenen Gefechtsstand der 11. Panzer unterwegs. Er wollte feststellen, weshalb ihr Angriff auf Houffalize am ersten Tag so arg fehlgeschlagen war. Während Middleton im Gefechtsstand mit dem Kommandeur sprach, warf sich der Fahrer draußen in einen Sessel, um ein paar Minuten zu schlafen. Er war kaum eingenickt, als ihm jemand fest auf die Zehen trat.

Wütend wachte er auf. »He, du Idiot!« schrie er. »Siehst du nicht, daß ich schlafen will?« Da sah er, daß der Mann vor ihm George Patton war.

Patton warf den Kopf zurück und lachte: »Mein Sohn«, sagte er, »von sämtlichen Burschen, die mir heute untergekommen sind, bist du der erste, der weiß, was er will.«

»Tapfere Gewehre . . .«

31. Dezember 1944 – 2. Januar 1945

1

An der südlichen (amerikanischen) Seite der Höhe 490 versuchten Soldaten der 26. Division, in ihren kalten, einsamen Schützenlöchern zu schlafen. Sie waren von den fast ununterbrochenen Kämpfen der vergangenen Woche erschöpft, doch jedesmal, wenn sie eingenickt waren, weckte sie das Stöhnen und Jammern, das aus dem Niemandsland kam, wieder auf. Kroch jemand aus den deutschen oder amerikanischen Gräben hinaus, um den Verwundeten zu helfen, begannen sofort die MG zu knattern. Die Kämpfe auf diesen verschneiten Hügeln südlich von Wiltz waren erbittert, und Gnade wurde weder erwartet noch gewährt.

Die Kompanie Fox, Creightons Einheit, hielt immer noch die Linie nahe der Straßenkreuzung beim Café Schumann.

Um sechs Uhr morgens nahm schwere deutsche Artillerie seinen Abschnitt unter Feuer. Wenig später, als das erste Licht des Tages über die Hügel aufstieg, sah Creighton geisterhafte Gestalten durch den Wald huschen. Die Deutschen in ihren weißen Schneehemden gingen sehr geschickt vor; sie schrien nur gerade so viel, daß sie den Amerikanern Angst einjagten, aber nicht ihre Position verrieten.

Plötzlich tauchte eine große weiße Welle auf und stürmte wild schreiend geradewegs auf die Kompanie Fox zu.

Creighton war überzeugt, daß die Männer seiner Kompanie den Kopf verlieren, aus den Schützenlöchern stürzen und nach hinten durchgehen würden. Aber die Karabiner und Maschinengewehre spien Feuer. Nicht ein einziger Mann der Kompanie Fox lief davon. Eine zweite Welle von Angreifern rannte den Hügel herab. Wieder hielt die Kompanie Fox stand. Und auch eine dritte Attacke wurde abgeschlagen.

Jetzt schlugen die Granaten des 101. amerikanischen Feldartilleriebataillons zwischen der Kompanie Fox und den Deutschen ein. 81-mm Granaten explodierten so schnell hintereinander, daß man die einzelnen Einschläge nicht mehr unterscheiden konnte.

Creighton kroch zum ersten Schützenloch. Zwei bärtige, drekkige Soldaten spähten, die steifen Körper hochgereckt, über den Rand auf die Haufen toter Deutscher, die nur ein paar Meter vor ihnen lagen. »Das nächste Mal«, sagte der eine nachdenklich, »nehmen wir Panzerabwehrmunition. Dann können wir durch die Bäume schießen.«

Der andere nickte bedächtig und schob Patronen mit schwarzen Spitzen in sein Magazin.

Creighton ging zum nächsten Schützenloch. Dort beriet man, auf welche Weise man die Stellungen festigen konnte. Im nächsten Loch sagte ein Mann mit einer schmerzhaften Armwunde eben zu seinem Kameraden: »Ich bleibe.«

Creighton versuchte, den Mann davon zu überzeugen, daß die große Kälte für die Wunde gefährlich war.

»Die Deutschen können jeden Moment den Hügel herunterkommen, Lieutenant«, sagte der Verwundete. »Außerdem ist das ja bloß ein Kratzer. Was soll ich machen? Um eine Purple Heart* ansuchen?«

* Amerikanische Kriegsauszeichnung für Verwundete.

Creighton schwieg und ging weiter. Die Kompanie Fox war mit einem Schlag mündig geworden.

2

In Versailles schrieb Eisenhower an diesem Nachmittag einen Brief an Montgomery. Er sei bereit, auf Grund der militärischen Notwendigkeit und als Vertrauensbeweis für den britischen Kommandeur eine US-Armee der 21. Armeegruppe zu unterstellen, mehr aber nicht. Er fügte hinzu, daß er Montgomerys ständige Voraussagen eines Fehlschlages, falls seine Pläne nicht in vollem Umfang durchgeführt würden, als störend empfinde.

Eisenhower schloß den Brief mit der Erklärung, er würde es bedauern, »wenn zwischen unseren Ansichten eine derart unüberbrückbare Kluft entstünde, daß wir unsere Meinungsverschiedenheiten den Combined Chiefs of Staff unterbreiten müßten. Die daraus resultierende Verwirrung und Diskussion würde den guten Willen und die Bereitschaft zur Hingabe an die gemeinsame Sache, die diese alliierte Streitmacht in der Geschichte einzigartig machten, zweifellos ernstlich beeinträchtigen.«

Als Montgomery diesen Brief erhielt, setzte er sich sofort hin und beantwortete ihn. Er bedaure es außerordentlich, daß sein letzter Brief solche Aufregung hervorgerufen habe. Wahrscheinlich werfe die Frage der Befehlsaufteilung viele Probleme auf, die er nicht kenne. Er verbürge sich hundertprozentig dafür, jede Entscheidung, die der Oberste Befehlshaber treffen werde, zu unterstützen.

In dem deutschen Ort Ziegenberg wurde Otto Skorzeny, dessen Einheit am 28. Dezember bei Ligneuville durch eine Infanteriedivision herausgeschlagen worden war, zum zweiten Male an diesem Tag in Hitlers Hauptquartier empfangen. Am Morgen hatte man ihn aufgefordert, dem Führer einen persönlichen Bericht zu geben. Doch als Hitler Skorzenys verbundenes Auge sah, bestand er darauf, daß sein Lieblingsoffizier sofort Dr. Stumpfegger, seinen Leibarzt, aufsuche.

Als sich Skorzeny am Nachmittag wieder bei Hitler meldete, trug sein Auge einen frischen Verband. Zu seinem Erstaunen stellte er fest, daß der Führer voll Begeisterung war.

»Wir werden jetzt im Süden eine große Offensive unternehmen«, sagte Hitler und informierte ihn kurz über das Unternehmen »Nordwind«. Im Anschluß an diese neue Offensive im nördlichen Elsaß werde man wieder den Angriff in den Ardennen aufnehmen.

Skorzeny verließ das Beratungszimmer viel froher, als er es betreten hatte. Nur Hitlers übertrieben gute Stimmung überraschte und beunruhigte ihn. Redete Hitler sich da etwas ein, oder stand er unter der Wirkung von Professor Morells Injektionen?

Eben erst hatte Dr. Karl Brandt Skorzeny anvertraut, daß er Morells Injektionen und Magentabletten für äußerst gefährlich halte. »Ich habe neulich solch eine Magentablette untersucht«, sagte er. »Sie enthielt Arsen. Ich habe den Führer gewarnt, aber er wollte nicht auf mich hören.«

In einer anderen deutschen Stadt musterte General Student die Überlebenden der Kampfgruppe von der Heydte. Die 240 Mann, die aus den Ardennen entkommen waren, standen in Dreierreihen vor Student, der ihnen für die »erfolgreiche Durchführung ihrer wichtigen Aufgabe« dankte. Die Männer wußten, welch schlimmer Fehlschlag es gewesen war, doch sie nahmen ihre Eisernen Kreuze und die 14 Tage Urlaub dankbar entgegen.

Einige Soldaten, darunter Hans Jürgen Isenheim, wurden in ein besonderes Beratungszimmer befohlen. Dort teilte ihnen ein begeisterter junger Offizier mit, daß man sie nach der Rückkehr vom Urlaub mit ihrer wichtigsten Aufgabe in diesem Krieg betrauen werde. »Anfang Februar«, sagte der Offizier, »werden sich die Führer der Alliierten in Jalta treffen. Sie glauben, wir wissen nichts davon, aber ihr werdet einen Fallschirmabsprung durchführen und Roosevelt, Churchill und Stalin töten.«

3

Bei Einbruch der Nacht war die Lage unterhalb der Höhe 490 immer noch kritisch. Nach den heftigen Angriffen am Morgen hatte man eine Verteidigungslinie aufgebaut, doch die Männer, die dahinterlagen, waren auf das Schlimmste gefaßt. Sämtliche verfügbaren Truppen gruben jetzt mehrere Kilometer weiter südlich Verteidigungsstellungen, um einen deutschen Durchbruch zu verhindern.

In der vordersten Linie bereitete sich James Creightons Kompanie Fox auf einen neuen Angriff vor. Creighton selbst war nicht da. Er hatte in einem Gebäude beim Café Schumann einen Schlitten gefunden und damit Schwerverwundete nach hinten gebracht. In diesem Augenblick befand er sich auf dem Rückweg zur Front. Der Schlitten war mit Munition, zwei Maschinenpistolen und einem Postsack beladen.

Während er den Schlitten durch die langsam zunehmende Dunkelheit zog, begannen große weiche Schneeflocken zu fallen. Nebelwerfer- und Artilleriefeuer setzte ein. Er eilte weiter. Es stand wieder ein deutscher Angriff bevor.

Als er seinen provisorischen Gefechtsstand, ein Erdloch, erreichte, meldete man ihm, daß die Nachrichtenabteilung soeben eine Leitung in den Kompaniebereich gelegt habe. Er wurde ans Telefon gerufen. Man gab ihm einen Lagebericht. Im ganzen Regimentsabschnitt stand es schlecht. Im Fall eines allgemeinen Rückzuges sei mit großen Stockungen zu rechnen, und die Schützenkompanien hätten bis zum letzten Mann durchzuhalten. Der Division stünden, falls man sich über die Sauer zurückziehen müsse, nur zwei feste Brücken zur Verfügung. Die Parole für die Nacht lautete *Readers,* die Gegenparole *Digest.*

Das waren düstere Aussichten für Silvester.

Vom Gipfel des Hügels hörte man Schreie. Plötzlich tauchten Deutsche in weißen Schneehemden auf. Creighton forderte schnell Artillerie an. In der Dämmerung war es fast unmöglich, den vorrückenden Feind auszumachen. Die Männer der Kompanie Fox warteten bis zum letzten Augenblick und eröffneten dann ein heftiges Feuer.

Die Angreifer wichen zurück.

Creighton kroch bis zu den Stellungen des 2. Zuges vor. Ein Sergeant umklammerte fluchend seinen Arm. Creighton hatte diesen Mann nie leiden mögen. Er hatte ein schwarzes Schnurrbärtchen, trug grellbunte Schals und geschneiderte Uniformen und war stets bemüht, sich beim Bataillonsstab lieb Kind zu machen.

»Na also«, sagte Creighton. »Endlich haben Sie Ihre Million-

Dollar-Wunde. Hauen Sie ab.« Er nahm das Gewehr des Sergeanten.

»Hauen Sie lieber ab, Lieutenant.« Der Sergeant riß ihm die Waffe aus der Hand.

Creighton zuckte die Achseln und ging zum nächsten Loch.

Der zweite Angriff begann. Creightons Leute hatten fast keine Munition mehr, und die Deutschen ließen nicht locker. Nur durch ein haarscharf gezieltes Sperrfeuer der 101. Feldartillerie wurden sie zum Stehen gebracht. Doch ein paar Minuten später kam ein dritter, viel stärkerer Angriff.

Unnachgiebig stürmten die Deutschen vor. Creighton schoß seinen Karabiner leer und sah sich nach neuer Munition um. Er sah, wie zwei seiner Unteroffiziere aus ihren Schützenlöchern sprangen, toten oder sterbenden Deutschen die Waffen entrissen und wieder in ihre Löcher rutschten.

Der Verteidigungsbogen der Kompanie wurde an zwei Stellen durchbrochen. Ein Schütze sprang auf und zielte mit seinem Gewehr auf zwei schießende Deutsche. Es klemmte. Ein verwundeter Kamerad im nächsten Schützenloch warf ihm seinen Karabiner zu. Der Schütze fing ihn auf und schoß auf die mit aufgepflanztem Bajonett vorstürmenden Deutschen. Sie stürzten am Rand des Schützenloches tot zu Boden.

Creightons Telefon läutete. Es war General Harlan Hartness, der stellvertretende Divisionskommandeur. »Wie steht's bei euch?« fragte er.

»Wir haben alle Hände voll zu tun, Sir.«

»Werden sie durchbrechen?«

»Schwer zu sagen, General.«

»Schön. Bleiben Sie am Telefon. Wenn die Deutschen durchbrechen, geben Sie uns sofort Bescheid. Verstanden?«

»Ja, Sir.« Creighton blieb am Telefon, obwohl er viel lieber weiter nach vorn gegangen wäre und sich über die Lage informiert hätte. Wieder stürmte eine deutsche Welle den Hügel herab. Creighton löste die Verbindung mit der Division und rief den Artillerie-Verbindungsoffizier des Bataillons an. »Geben Sie mir Artillerie, aber schnell!« Als Zielgebiet gab er eine Linie an, die unmittelbar vor dem Verteidigungsbogen lag.

»Um Himmels willen«, sagte der Artillerieoffizier. »Das geht nicht! Das liegt innerhalb des Sicherheitsbereiches der Artillerie!«

»Zum Teufel, schießen Sie genau dorthin, wo ich gesagt habe!« schrie Creighton wütend. »Es ist unsere einzige Chance. Wir liegen in Schützenlöchern, und die Deutschen nicht.«

Eine Minute später explodierten nur wenige Meter vor der Kompanie Fox amerikanische Granaten. Ein Hagel von Schnee und Schlamm prasselte auf die GIs nieder. Die Deutschen, die keine Deckung hatten, wurden der Reihe nach hingemäht. Die Überlebenden kehrten um und rannten wieder den Hügel hinauf.

Nun herrschte Totenstille. Creighton kroch nach vorn. Seine Leute waren von dem furchtbaren Sperrfeuer noch wie betäubt. Aber es gab nur einen einzigen Verwundeten – er hatte eine kleine Splitterwunde im Gesäß.

Wieder läutete Creightons Telefon.

»Wie haben wir getroffen?« fragte eine besorgte Stimme. Es war die Batterie B.

»Ihr habt nur einen einzigen meiner Leute erwischt«, sagte Creighton. »Und der hat den Hintern zu weit rausgestreckt.«

Der Mann am andern Ende der Leitung schien erleichtert aufzuseufzen.

»Die Kompanie Fox dankt euch«, sagte Creighton und hängte auf.

Dann kroch er zum vordersten Schützenloch. Es war jetzt finster, doch der Schnee leuchtete. Ein grauenhaftes Bild bot sich ihm. Überall lagen Tote in grotesken Stellungen, wie zu Statuen aus Eis erstarrt. Fünf Soldaten in Weiß lagen in einer schnurgeraden Linie: bei der Flucht gefallen. Das Sperrfeuer hatte einen deutschen MG-Trupp erwischt. Die Männer hielten noch Waffen und Ausrüstungsgegenstände in den Händen.

Aus den Stellungen der Kompanie Fox krochen jetzt dunkle Gestalten hervor und sammelten leichte Waffen und Munition ein. Zwei GIs hängten einen toten Deutschen mit dem Kopf nach unten in eine Astgabel – als Warnung für die nächsten Angreifer. In der letzten Nacht waren Männer ihres Zuges nach vorn gekrochen, um einen verwundeten Kameraden zu holen. Als sie ihn berührten, gab es eine heftige Explosion – man hatte eine Mine an ihm befestigt.

Creighton beendete seine Aufstellung. Er hatte jetzt 40 Mann. Er kroch hinüber zum 2. Zug, um nach dem Sergeanten mit dem Schnurrbart zu sehen.

Der Sergeant lag tot in seinem Schützenloch, sein Mund stand offen, das Schnurrbärtchen war gefroren. Creighton kroch langsam wieder zu seinem Unterstand zurück.

Ein Artillerist erwartete ihn. Er reichte Creighton einen großen Papiersack.

»Was ist denn das, zum Teufel?« Creighton öffnete den Sack. Er war voll Pfannkuchen.

Der Artillerist grinste. »Die Batterie B wünscht der Kompanie Fox ein glückliches neues Jahr!«

4

Kurz vor Mitternacht stürmten acht deutsche Divisionen mit großem Elan aus ihren Stellungen in der Siegfriedlinie vor und griffen im nördlichen Elsaß die Siebente US-Armee an. Das Unternehmen »Nordwind«, das die Aufmerksamkeit der Alliierten vom Keil ablenken sollte, war angelaufen.

Im Norden, in den Ardennen, setzte Schlag Mitternacht ein gigantisches Artilleriefeuer ein. George Patton hatte befohlen, daß jedes verfügbare Geschütz einen Neujahrs-Salut zu schießen habe.

Gleich südlich von Bastogne, in Hörweite von Pattons donnerndem Salut, feierte die Rotkreuz-Helferin Fran Alden, die im achten Monat schwanger war, Silvester in einem Kloster, in dem jetzt das zur 6. Panzerdivision gehörige 16. Feldlazarett untergebracht war. Ständig wurden Verwundete der zweiten Schlacht um Bastogne eingeliefert. Außer ihrer normalen Rotkreuzarbeit zog sie die Verwundeten aus, badete und rasierte sie und assistierte bei Operationen. Selbst der Anblick furchtbarster Verstümmelungen brachte sie nicht aus der Ruhe. Diese Tage waren ein Höhepunkt ihres Lebens. Noch nie hatte man sie so sehr gebraucht.

Sie hatte bisher noch keinem Menschen erzählt, daß sie in England geheiratet hatte, denn sie wußte, daß sie, wenn man davon erfuhr, nicht auf dem europäischen Kriegsschauplatz bleiben durfte. Und bis jetzt hatten ihre Größe, ihre aufrechte Haltung und eine umgearbeitete Eisenhower-Jacke ihren Zustand verborgen.

Spät nachts, wenn er mit seiner eigenen Arbeit beim Train der 6. Panzerdivision fertig war, kam ihr Mann, Major Ken Alden, meistens ins Lazarett und versuchte sie zu überreden, nach Paris zu gehen, wo sie die nötige Ruhe und Behandlung haben würde. Sie hatte ihn immer auf später vertröstet. Zuerst hatte sie unmöglich vor der Weihnachtsfeier für die Verwundeten wegfahren können. Nun war es die Silvesterparty.

In dieser Nacht spielte Fran in der Kapelle im zweiten Stock des Klosters Klavier, und die nicht bettlägerigen Verwundeten sangen dazu. Die Musik drang durch die Gänge bis in die Zimmer der Schwerverwundeten.

Den Kontrapunkt bildete das ferne, tiefe Donnern der Artillerie in der Schlacht um Bastogne.

Nach der Feier fragte sie der Kommandeur des Lazaretts scherzhaft: »Na, wann werden Sie und Ken denn endlich heiraten?«

Sie zeigte ihm den Ehering, den sie an einem Kettchen um den Hals trug. »Wir haben in England geheiratet. Ich erwarte in einem Monat ein Kind.«

Er war fassungslos, dann wurde er böse. »Was denken Sie sich eigentlich dabei, hierherzukommen – sich von kalter Verpflegung zu ernähren, täglich zwanzig Stunden zu arbeiten, die schlimmsten Fälle zu pflegen?«

»Ich tu's eben gern!«

»Aber warum gehen Sie ein solches Risiko ein?«

»Würden Sie nicht auch ein Risiko eingehen, wenn Sie dadurch die Möglichkeit hätten, mit einem geliebten Menschen beisammenzusein? Es schadet ja niemandem, daß ich hier bin. Habe ich nicht meine Pflicht getan?«

»Ja, aber . . .«

»Sie können mich doch nicht gerade jetzt fortschicken. Lassen Sie mich noch eine Woche hier!«

Ein Sanitäter rollte einen zur Operation vorbereiteten Verwundeten vorbei. Granatsplitter hatten sein Herz gestreift. Am Nachmittag hatte Fran eine Stunde damit verbracht, ihn zu beruhigen. Er war noch nicht neunzehn; sein Gesicht war weiß und angstverzerrt. »Fran«, sagte er, »Sie haben versprochen, während der Operation meine Hand zu halten.«

»Keine Angst, ich komme gleich.« Sie sah den Kommandeur

fragend an.

»Also gut«, sagte er zögernd. »Aber nächste Woche müssen Sie hier weg.«

Am 1. Januar, um Punkt 1 Uhr 05, schrie Hitler in Berlin mit schriller, aber zuversichtlicher Stimme ins Mikrophon:

»Dieses Volk und dieser Staat und seine führenden Männer sind unerschütterlich in ihrem Willen und unbeirrbar in ihrer fanatischen Entschlossenheit, den Krieg unter allen Umständen erfolgreich durchzukämpfen . . . Die Welt muß wissen, daß dieser Staat niemals kapitulieren wird . . . So wie der Phönix aus der Asche, so hat sich zunächst aus den Trümmern unserer Städte der deutsche Wille erst recht aufs neue erhoben . . . bis das Beginnen unserer Feinde eines Tages ein Ende findet. Der deutsche Geist und der deutsche Wille werden dies erzwingen! Das, meine Volksgenossen, wird einmal eingehen in die Geschichte als das Wunder des zwanzigsten Jahrhunderts!
In dieser Stunde will ich daher als Sprecher Großdeutschlands gegenüber dem Allmächtigen das feierliche Gelöbnis ablegen, daß wir treu und unerschütterlich unsere Pflicht auch im neuen Jahr erfüllen werden, des felsenfesten Glaubens, daß die Stunde kommt, in der sich der Sieg endgültig dem zuneigen wird, der seiner am würdigsten ist: dem Großdeutschen Reich!«

5

»Nordwind«, die neue, 160 Kilometer südlich des Keils angelaufene Offensive, war nicht Hitlers einzige Neujahrsüberraschung.

Die Jägerpiloten der Luftwaffe, die sonst den Jahreswechsel bis in den nächsten Tag hinein zu feiern pflegten, wurden diesmal zeitig zu Bett geschickt.

Am 1. Januar, um fünf Uhr morgens, wurden sie geweckt und instruiert. Sämtliche einsatzfähigen Jagdflugzeuge mußten aufsteigen. Es war ein verzweifelter Versuch, die alliierten Luftstreitkräfte im Westen zu zerschlagen. Der Angriffsplan – das Unternehmen »Hermann« oder der »Große Schlag« – war von Hitler und Göring persönlich ausgearbeitet worden. Jedem Piloten wurde ein bestimmtes Ziel auf einem genau bezeichneten Flugplatz zugewiesen. Es durfte keine Abweichungen geben. Wenn der sorgfältig ausgearbeitete Plan genau durchgeführt wurde, mußte die alliierten Luftstreitkräfte ein vernichtender Schlag treffen. Die Piloten, von denen manche erst ein paar Stunden Alleinflug hinter sich hatten, waren begeistert. Endlich wurden sie eingesetzt.

Um 7 Uhr 45 starteten mehr als 1100 Focke-Wulf 190 und Messerschmitt 109 in vier großen Verbänden von den verschneiten Feldern. Unter der Führung von Ju 88 flogen sie bei absoluter Funksperre den Ardennen zu. Am Rhein kehrten die den Weg weisenden Junkersmaschinen um, und die unerfahrenen Piloten wurden durch farbigen Rauch, Scheinwerfer und »Christbäume« weiter nach Westen geleitet.

Die vier großen Wellen stießen gefährlich tief herab und glitten bald in Baumhöhe über die verschneiten Ardennen. Jetzt war das feindliche Radarsystem ausgeschaltet, und einem verheerenden Überraschungsangriff stand nichts mehr im Wege.

Um 10 Uhr 30 war alles vorüber. Der Überraschungsangriff hatte so gut geklappt, daß siebenundzwanzig alliierte Luftstützpunkte von Brüssel bis Eindhoven zerstört und fast 300 alliierte Flugzeuge vernichtet waren.

Der »Große Schlag« war überraschend erfolgreich gewesen – doch es war ein selbstmörderischer Schlag. 300 deutsche Jägerpiloten, darunter 59 Geschwaderführer, waren gefallen. Die Luftwaffe war verloren.

6

An diesem Morgen erließ Patton an seine Soldaten einen pathetischen Tagesbefehl. Zum Schluß sagte er:

> »Ich kann keinen besseren Ausdruck für meine Gefühle finden, als euch die unsterblichen Worte zuzurufen, die General Scott bei Chapultepec sprach: ›Tapfere Gewehre, tapfere kampferprobte Schützen! Ihr seid mit Feuer und Blut getauft und zu Stahl geworden.‹«

Die unerfahrenen Truppen der 11. Panzerdivision – die nicht nur mit Feuer und Blut, sondern auch mit Schnee und Eis getauft worden waren – standen kurz vor Chenogne, das schon gestern ihr Ziel gewesen war, um ihre Schützenpanzer und stampften mit den Füßen auf den Boden, um sich beim Essen warm zu halten.

Jemand sagte: »Verdammt ungemütliche Art, das neue Jahr zu beginnen.«

Pfc. John Fague warf seine halb geleerte Rationsdose weg. Er und sein Freund Jim Cust hatten in der letzten Nacht drei verschiedene Schützenlöcher graben müssen. Sie waren zum Umfallen müde.

Auch Cust hörte zu essen auf. »Einer von uns beiden wird heute fallen«, sagte er.

Fague lief es kalt über den Rücken. Der nüchterne Ton, in dem sein Freund das sagte, war ihm unheimlich. Er lachte mühsam, als sei es ein Witz gewesen. Doch Cust sagte noch einmal: »Einer von uns beiden wird heute fallen.«

Die Sergeanten teilten ihre Leute ein. Der Angriff auf Chenogne konnte bald beginnen. Hinter den Infanteristen waren Schützenpanzer, Panzerzerstörer, Panzer und Sanitätsjeeps aufgefahren.

Fague war noch elender zumute als tags zuvor. Die Sanitätsjeeps erfüllten ihn mit einem unbehaglichen Gefühl. Er mußte dauernd an die Worte seines Freundes denken.

Von hinten kam ein dumpfes Dröhnen. Granaten schlugen in Chenogne ein. Die Artillerie bereitete den Angriff vor. Die Panzer gingen hinter dem Hügel in Stellung. Fague und die übrigen Infanteristen stellten sich in Schützenlinie hinter den Panzern auf. Heute standen Zug 2 und 3 der Kompanie B vorn. Fagues Zug, der gestern schwer angeschlagen worden war, bildete die Reserve.

Cust stieß Fague in die Rippen. Sein junges, intelligentes Gesicht war vor Angst verzerrt. »Bleiben wir doch zusammen und passen aufeinander auf!«

Fague nickte nervös.

Lieutenant Stringfellow, dessen schlaksige Gestalt vor Müdigkeit vornübergebeugt war, trat auf die beiden zu. »Haltet euch in meiner Nähe, Jungs.« Er gab Fague sein tragbares Funkgerät.

In das Rasseln der Panzer mischten sich die Rufe der Sergeanten. Der Angriff rollte. Panzer und Soldaten erreichten den Hügelkamm und jagten auf der anderen Seite hinunter.

Aus dem Dorf kam starkes Abwehrfeuer. Überall am Hügel hörte man Schreie: »Sanitäter! Sanitäter! Eine Bahre!«

Granatwerfer nahmen die Angreifer unter Beschuß. Cust und Fague schleppten Verwundete über den Hügel zurück. Bald vermischte sich der Reservezug mit der übrigen Kompanie. Die beiden Soldaten waren auf einmal mitten unter den Angreifern und stürmten in die Straßen von Chenogne.

Irgendwo von rechts kam MG-Feuer. Ein Geschoß streifte Fagues Daumen und zerschmetterte den Schaft seines Gewehres. Er taumelte und stürzte.

»Vorwärts!« schrie der Zugsergeant ihm zu und deutete auf ein dreißig Meter vor ihnen liegendes Haus. »Von dort kommt das Feuer. Lauf mit Cust hin. Schmeißt ein paar Handgranaten rein.«

Die beiden stürmten weiter und liefen geduckt an der Hausmauer entlang. Cust warf eine Handgranate in ein Fenster im ersten Stock. Sie traf das Sims und prallte ab. Nur drei Meter von ihnen entfernt explodierte sie, aber die Splitter flogen senkrecht hoch.

Cust stand schwankend auf. Er war nicht verletzt. Er versuchte Fague zuzulächeln.

Jetzt warf Fague seine Handgranate. Auch sie prallte ab. Er sprang in einen Hausflur, um der Explosion zu entgehen.

»Kommt zurück!« rief Sergeant Ferguson. Die beiden waren kaum losgerannt, als ein Sherman das Haus unter Beschuß nahm.

Als Fague den Graben erreicht hatte, schaute er sich nach seinem Freund um. Cust war nirgends zu sehen. »Wo ist Jim?«

Der Sergeant deutete auf eine Hecke. Darunter lag eine Gestalt. Ohne auf die MG-Geschosse, die rechts und links von ihm einschlugen, zu achten, stürzte Fague auf die Hecke zu.

Cust lag auf dem Rücken. Seine Augen waren glasig, als starrten sie in weite Ferne. Die Zähne waren gefletscht, die Haut straff über das Gesicht gespannt. Der da lag, sah dem Jim Cust, den er kannte, überhaupt nicht ähnlich.

7

Am nächsten Morgen erhielt die 26. Division den Befehl, die Höhe 490 zu nehmen.

Um 5 Uhr früh nickte Lieutenant James Creighton von der Kompanie Fox ein. Die Stimme des Bataillonskommandeurs verschwamm zu einem monotonen Brummen. Er schüttelte den Kopf hin und her und zwickte sich, um wach zu bleiben.

»Der Angriff beginnt um 6 Uhr«, sagte der Kommandeur. »Ziel des Bataillons ist die Bodenschwelle bei der Höhe 490.«

Sowohl Creighton als auch die Kompanie Easy hatten gegen diesen Angriff heftig protestiert. Beide Kompanien waren auf Zugstärke zusammengeschmolzen; die Soldaten hatten wunde Füße, sie waren erschöpft und halb erfroren. Von der Kompanie George kam kein Protest. Diese Einheit hatte sich vor ein paar Tagen aufgelöst, als ihr Kompaniechef, ein guter Soldat, der sich weigerte, seine Leute in den Tod zu jagen, einen Nervenzusammenbruch erlitt.

Der Bataillonskommandeur wußte, daß seine Leute nicht in der Verfassung waren, einen Angriff zu unternehmen, doch er hatte von oben den Befehl erhalten, die Höhe 490 unverzüglich zu nehmen. »E, F und die Überreste von G greifen in 200 Meter breiter Linie rechts von der Hauptstraße nach Bastogne an«, sagte er. »Die Kompanie C des 1. Bataillons greift von den Gebäuden am Café Schumann her an und hält sich links von der Straße. Creighton, Sie gehen auf der Straße vor und stürmen Höhe 490, mit E und G zu Ihrer Rechten.«

Die beiden Kompanieführer packten zusammen und traten in die bittere Kälte hinaus.

Sie wünschten einander viel Glück und gingen zu ihren Kompanien. Creighton rief seine wenigen verbliebenen Unteroffiziere zusammen. Sie waren von der langen Schlaflosigkeit und dem pausenlosen Artilleriefeuer so betäubt, daß er seine Befehle dreimal wiederholen mußte. Um ganz sicherzugehen, ließ er sie von jedem einzelnen wiederholen.

Um 5 Uhr 30 stellte Creighton die Kompanie Fox rechts von der Hauptstraße an der Kreuzung beim Café Schumann auf. Jenseits der Straße sah er die schattenhaften Umrisse der Männer des 1. Bataillons. Es war ein beruhigendes Gefühl, daß er eine starke linke Flanke hatte. Halb schlafend, mit hängendem Kopf, so erschöpft, daß sie nicht einmal mehr die Kälte spürten, standen seine Leute da.

Um 5 Uhr 45 ging ein Höllenlärm los. Die gesamte 101. Feldartillerie hatte gleichzeitig das Feuer eröffnet.

Um sechs Uhr brach das Sperrfeuer ab. Aus den zerschossenen Wäldern vor ihnen hörten sie das Schreien und Jammern verwundeter Deutscher. Creighton ging zum Angriff vor und stellte zu seinem Erstaunen fest, daß fast sämtliche Bäume in Hüfthöhe gekappt waren. Auf den ersten 150 Metern geschah nichts. Dann setzte schweres MG- und Gewehrfeuer ein. Neben Creighton stürzten zwei Mann in den Schnee.

Links von der Straße ging es schlimmer zu. Die Kompanie C des 1. Bataillons geriet auf freiem Feld unter Beschuß.

Plötzlich steckte ein deutsches Sturmgeschütz sein Vorderteil aus dem Wald am Fuß der Höhe 490 und belegte sie mit tiefgezieltem, heftigem Feuer. Dann fuhr neben dem Sturmgeschütz ein fahrbares Flakgeschütz auf und bestrich die Kompanie Fox mit Geschossen aus seinen 20-mm-Läufen.

Creighton stürmte vor. Eine seltsame Schwäche überkam ihn, doch er merkte nicht, daß er getroffen war. Ihn erfüllte nur ein einziger Gedanke: dieses Sturmgeschütz muß außer Gefecht gesetzt werden. Da brüllte das Flakgeschütz auf. Plötzlich lag Creighton inmitten einer Rauchwolke auf den Knien. Mühsam rappelte er sich hoch, stürzte wieder nieder. Jemand drehte ihn auf den Rükken. Sergeant Love starrte mit ernstem Gesicht auf ihn herab.

Creighton setzte sich auf. Seine Feldjacke war halb weggerissen. Ein Hosenbein fehlte, die Haare an seinem rechten Bein waren wie von einem tüchtigen Barbier abrasiert.

»Ist Ihnen nichts passiert?« fragte Love.

»Gar nichts.« Creighton zwinkerte und schüttelte den Kopf, um ihn klarzubekommen. »Ich gehe zur Kompanie. Sie laufen zurück und holen Panzer. Wir müssen dieses verdammte Sturmgeschütz unschädlich machen.«

Love ging nur ungern, doch er wußte, daß es keinen Sinn hatte, einem Mann wie Creighton zu widersprechen. Beim Café Schumann fand er zwei Panzer. Er gab ihnen die Position des Sturm- und des Flakgeschützes. Dann lief er wieder zur Höhe 490. Die Kompanie Fox war dabei, sich einzugraben; nur ein Mann ging von Schützenloch zu Schützenloch. Es war Creighton. Er blutete aus beiden Ohren.

»Hinlegen!« schrie Love.

Doch Creighton wanderte weiter herum und spornte seine Leute an, bis er in einen Granattrichter trat und verschwand. Love fand ihn zusammengekauert am Rand des Kraters. Der Sergeant legte sich den Lieutenant über die Schulter und stolperte mit ihm zum Café Schumann zurück.

Für Creighton war die Schlacht zu Ende. Und die Höhe 490 war noch immer in deutscher Hand.

8

In Paris zerbrachen sich die Franzosen immer noch den Kopf über die Antwort, die McAuliffe in Bastogne den Deutschen auf ihre Übergabeaufforderung erteilt hatte. Doch an diesem Abend verkündete Agence France Presse, daß sie das Rätsel gelöst habe. »Nuts!« bedeute ganz einfach: *»Vous n'êtes que de vieilles noix.«* Das heißt: *»Ihr seid ja bloß alte Nüsse.«*

McAuliffe ruhte sich im Pariser Hotel Scribe, dem Hauptquartier der alliierten Berichterstatter, von den anstrengenden Pressekonferenzen des Tages aus. Mit seiner offenen, entgegenkommenden Art hatte er die Korrespondenten gewonnen. Er war ungezwungen und liebenswürdig. Seine jugendliche Vitalität wirkte nach der düsteren Stimmung der vergangenen Woche erlösend.

Die Folge war, daß die Korrespondenten ihre Berichte in einem zuversichtlichen, fast prahlerischen Ton verfaßten und andeuteten, daß die Schlacht um den Keil so gut wie gewonnen sei.

In Berlin hatte Hitler, erzürnt über den Stillstand bei Bastogne und McAuliffes knappe Antwort, soeben Rundstedt aufgefordert, die Stadt sofort ohne Rücksicht auf Verluste zu nehmen.

Rundstedt telefonierte mit Model. »Sie müssen den Angriff auf Bastogne fortsetzen, und wenn Ihre Verluste noch so schwer sind. Der Führer verlangt, daß Sie die Stadt einschließen und dem Boden gleichmachen. Er wünscht, daß Sie entweder von Westen nach Südosten oder von Südosten nach Nordwesten angreifen.«

»Das ist unmöglich«, protestierte Model. »Südlich Bastogne ist der Feind zu stark, und das Gelände ist für Panzer ungeeignet. Warum kann ich nicht mit der 9. Panzerdivision von Norden, mit der 12. SS-Panzer von Nordosten und mit der Führerbegleitbrigade von Osten angreifen?«

Man unterbreitete dem Führer diesen Vorschlag. Er überdachte ihn und stimmte zu.

Kampf im Zwielicht

3. – 8. Januar 1945

1

Bei Anbruch des 3. Januar lag fast über den ganzen Ardennen dichter Bodennebel. Eisregen wechselte mit wildem Schneegestöber. Trotz des schlechten Wetters, das den Einsatz der alliierten Flugzeuge verhinderte, herrschte überall eine erregte, hoffnungsfrohe Stimmung. Endlich war der langerwartete Tag des massiven Gegenangriffs da. Zwei amerikanische Armeen und ein britisches Korps standen bereit.

Um Punkt 8 Uhr 30 schlug die Erste Armee auf 40 Kilometer breiter Front gegen die Mitte der Nordschulter des Keils los.

»Blitz-Joe« Collins' VII. Korps, das nach den schweren Kämpfen bei Manhay, Hotton, Marche und Celles umgruppiert und neu ausgerüstet worden war, führte den Hauptstoß. Westlich der Straße Bastogne–Lüttich rollte Harmons 2. Panzerdivision vor. Sie führte auf ihren Fahrzeugen das 335. Infanterieregiment der 84. Division mit sich. Die übrigen zwei Regimenter der 84. und das 290. Infanterieregiment stapften dicht dahinter durch den knietiefen Schnee; ihre Aufgabe war es, das eroberte Gebiet zu sichern. Östlich dieser Straße war ein ähnlicher Angriff in Gang. Roses 3. Panzerdivision stieß mit dem 330. Infanterieregiment der 83. Division nach Houffalize vor. Der Rest der 83. Division folgte.

Östlich von Collins Korps arbeitete sich eine Division des XVIII. Luftlandekorps, die 82. Luftlande, durch tiefe Schneewehen, um die linke Flanke der 3. Panzerdivision zu decken.

Gleichzeitig griff das britische XXX. Korps unter Lieutenant General Sir Bryan Horrocks gemeinsam mit der 6. Luftlandedivision, die schon beim Absprung in der Normandie dabeigewesen war, die Westspitze des Keils an, und von Süden her setzte Patton seinen Vorstoß nach Houffalize fort.

Der große dreifache Angriff – von Norden, Westen und Süden – traf die Deutschen mit voller Wucht. Sie kämpften überall verbissen, verteidigten jeden Meter unter schweren beiderseitigen Opfern und gruben sich mit dem ihnen eigenen Geschick, das Gelände auszunützen, ein.

Die Alliierten kamen nur langsam voran, denn der dichte Nebel machte die Versorgung aus der Luft unmöglich und schränkte die Möglichkeit des Einsatzes von Artillerie ein. Die Panzer und Sturmgeschütze rutschten und schleuderten auf den vereisten Straßen und Wegen, stießen häufig zusammen und hielten dadurch oft ganze Kolonnen stundenlang auf.

Am späten Vormittag zweifelte niemand mehr daran, daß der Weg nach Houffalize kein Spaziergang war.

2

Am frühen Nachmittag verschlechterte sich Pattons Lage. Bei Longchamps, acht Kilometer nördlich von Bastogne, griffen die Deutschen überraschend an.

Um 13 Uhr 10 läutete im Gefechtsstand der Kompanie D des 502. Regiments der 101. Luftlandedivision das Telefon.

»Ich höre etwas«, meldete Sergeant Lawrence Silva von seinem Vorposten. Und ein paar Minuten später: »Ich sehe vierzehn Panzer. Auf der Straße von Compogne. Es sind achtzehn Panzer! Nein, zwanzig!«

Hitlers Großangriff auf Bastogne lief auf vollen Touren.

»Ich kann nicht weiter berichten«, sagte Silva mit erstickter Stimme.

»Warum nicht?«

»Ein Panzer steht direkt über meinem Schützenloch. Ich liege flach auf dem Bauch.«

Der deutsche Panzer drehte sich über Silvas Schützenloch hin und her. Doch das Loch war zu tief und der Boden steinhart gefroren. Als er einsah, daß er den Fallschirmjäger nicht zermalmen konnte, stellte er sich mit donnerndem Motor auf das Loch. Kohlenmonoxyd strömte in den Unterstand. Nach einigen Minuten war Silva tot.

Bei Einbruch der Dunkelheit hatten sich Pattons Linien um Bastogne trotz schwerer Verluste kaum verändert. Er war wütend, enttäuscht und schwer bedrückt.

Manteuffels Linien ihm gegenüber waren trotz großer deutscher Blutopfer ebenfalls unverändert. Auch Manteuffel war enttäuscht.

Keiner der beiden erkannte, daß ein seltenes militärisches Ereignis stattgefunden hatte: zwei Gegner hatten gleichzeitig angegriffen und waren frontal zusammengeprallt.

Sechzehn Kilometer weiter südöstlich war auch Pattons Vorstoß auf Wiltz zum Stehen gekommen. Die Höhe 490 war immer noch in deutscher Hand.

Die Kompanie Fox wurde von der Front abgezogen. Sie sollte sich einige Tage ausruhen. Durch die Dunkelheit marschierte der Rest von Lieutenant Creightons Kompanie nach Nothum. Vor einigen Tagen waren es 176 Mann gewesen, jetzt waren es nur noch 27.

Lieutenant De Roller vom Bataillon führte sie an; Creighton, ihr letzter Offizier, lag in einem Feldlazarett. Die verdreckte, kampfesmüde Kolonne zog am Bataillonsgefechtsstand vorbei. Niemand kam heraus, um sie vorüberhumpeln zu sehen.

In De Roller stieg ein Gefühl der Empörung auf, als er zur Seite trat und die Kompanie Fox weiter nach hinten ziehen sah. Jeder einzelne dieser Männer war ein Held, und kein Mensch erschien, um ihnen ein anerkennendes Wort zu sagen.

Er zuckte die Achseln und trat in den warmen Gefechtsstand.

3

Auch der 4. Januar war ein schlimmer Tag für die Alliierten. Montgomerys Vorstöße von Norden und Westen waren infolge von Schnee, Eis und verbissenem Widerstand fast zum Stehen gekommen.

Patton rückte noch langsamer vor. Während seine Truppen am

Morgen neuerlich zum Angriff auf Houffalize vorgingen, nahm Manteuffel wieder seine Großoffensive im Raum Bastogne auf.

Der heftigste deutsche Angriff fand acht Kilometer südlich des Ortes statt. Hier steckte ein Stück dicht bewaldetes, von den Deutschen besetztes Gebiet wie ein kurzer dicker Finger zwischen Bastogne und Wiltz. An der Spitze dieses Fingers wurde die 6. Panzerdivision mit solcher Vehemenz angegriffen, daß sie sich zurückziehen mußte – zum ersten Male seit der Landung in der Normandie. Doch um 13 Uhr war der deutsche Angriff abgeflaut, und Major General Robert Grow, der Divisionskommandeur, hielt es für sicherer, einen geordneten Rückzug auf eine neue, besser zu verteidigende Linie zu vollziehen. Er befahl, um 15 Uhr damit zu beginnen.

Durch bloßen Zufall kam es ein paar Minuten nach 15 Uhr zu einer der gefürchtetsten Kriegskonstellationen: während die Amerikaner sich langsam zurückzogen, griffen die Deutschen unerwartet wieder an.

Die frühe Dunkelheit machte den Rückzug noch schrecklicher. Der dichte Wald, die verlassenen Fahrwege, ja sogar freie Felder schienen voll unheimlicher Gefahren. Manche Soldaten, besonders neu eingestellte Ersatzleute, rannten in panischer Angst zurück. Andere setzten sich nur langsam ab und ließen die Deutschen jede Handbreit Boden schwer bezahlen.

Siegessicher stürmten die weißgetarnten deutschen Panzer und Soldaten vor. Sie hatten nur wenig Munition und Verpflegung, sie waren hungrig und halb erfroren, doch ihre Kampfmoral war noch ungebrochen.

Colonel John Hines vom Kampfkommando A arbeitete unermüdlich an der Festigung der rechten Flanke der Division, die am stärksten bedroht war. Er ließ die ganze Straße verminen. Überall an den Durchbruchstellen wurden Leuchtkugeln mit Stolperdrähten verteilt. Wurden diese berührt, so entzündeten sich die Leuchtkugeln und tauchten den Feind in grelles Licht, ohne jedoch die zurückgehenden GIs zu gefährden.

Die Erzählungen der von der Front kommenden Soldaten klangen alarmierend. Viele Flüchtlinge, in deren Augen die helle Angst stand, berichteten, daß ganze Einheiten abgeschnitten seien und vernichtet würden. General Grow bei der Division hatte keine Ahnung, wie groß seine Verluste waren. Er wußte nur, daß dies der schrecklichste Tag in der Geschichte seiner 6. Panzerdivision war.

Der Rückzug der 6. Panzer war nicht der einzige Fehlschlag an George Pattons Front. Die verbissenen Kämpfe, die dem Zusammenprall folgten, hatten ihren Höhepunkt erreicht. An der ganzen Front um Bastogne griffen die Deutschen wütend an. Besonders die 17. Luftlandedivision, die einige Kilometer westlich der Stadt zum ersten Male richtig im Einsatz stand, hatte verheerende Verluste erlitten; manche Bataillone waren um 40 Prozent reduziert.

Patton, sonst der optimistischste aller amerikanischen Generale, war verzweifelt. Er setzte sich an den Schreibtisch und schrieb in sein Tagebuch: »Wir können diesen Krieg immer noch verlieren.«

An jenem Teil der Front aber, wo die Lage am katastrophalsten war, geschah im Laufe der Nacht etwas Seltsames: die Soldaten rannten nicht weiter zurück, sondern gruben sich ein. Ihre panische Angst war in Zorn umgeschlagen.

Nicht weit hinter der Stelle, an der die Deutschen den Abschnitt der 6. Panzerdivision durchbrochen hatten, saß Colonel John Hines in einem Haus, in dem die von der Front kommenden Soldaten sich wärmten und ihre Gewehre auftauten.

Ein Mann, dessen Gesicht mit Blut und Schmutz verschmiert war, sah ihn aus tiefliegenden, trüben Augen an und sagte: »Ich habe mich oft gefragt, weshalb ich überhaupt Soldat bin. Ich hatte persönlich nichts gegen die Deutschen, obwohl sie schuld dran waren, daß ich in irgendwelchen verdammten dreckigen Schützenlöchern hocken mußte. Aber heute hab' ich was dazugelernt. Jetzt könnt' ich jeden einzelnen von diesen verfluchten Deutschen umbringen. Und wissen Sie warum? Um meinen eigenen Hintern zu retten.«

4

In den Ardennen war ein neuer GI geboren worden.

Den gutmütigen, sorglosen, übertrieben optimistischen amerikanischen Soldaten, der seit der Landung in der Normandie von

Sieg zu Sieg geeilt war, der es selbstverständlich fand, daß man ihn gut kleidete, gut ernährte und gut führte, daß er mit seinen Waffen und seiner technischen Ausrüstung dem Feind überlegen war – diesen GI gab es nicht mehr. Seine Kleidung schützte ihn nicht vor der Kälte, seine Stiefel waren Brutstätten des Grabenfußes, der Feind hatte viel mehr Panzer, und häufig wurden seine eigenen Maschinen durch Kälte, Schnee und Bodenbeschaffenheit außer Gefecht gesetzt.

Er hungerte und fror. Er hatte in der letzten Zeit einen demütigenden Rückzug nach dem andern erlebt, und die Angst hatte sich tief in seine Linien eingeschlichen. Er hatte die Niederlage gekostet.

Aber er war durch eine harte Schule gegangen, die sich jetzt bezahlt machte. In dieser großen Winterschlacht, der ersten, an der amerikanische Soldaten je teilnahmen, hatte er gelernt, daß Verwundete bei bitterer Kälte schnell sterben. Innerhalb weniger Wochen war ihm klargeworden, daß die Kälte ein mächtiger Feind ist, gegen den man sich zur Wehr setzen mußte.

Sanitäter hatten gelernt, gefrorene Morphiumampullen in der Achselhöhle aufzutauen, Blutplasma unter den Motorhauben der Lastwagen und Jeeps zu erwärmen. Infanteristen bewahrten ihre Hände vor Erfrierungen, indem sie Wolldecken zerschnitten und zu riesigen Fäustlingen zusammennähten. Dem Grabenfuß, der mehr Ausfälle verursachte als das feindliche Feuer, rückte man mit Überzügen zu Leibe, die aus Wolldecken geschneidert wurden. Die Männer gewöhnten sich an, nachts ihre durchweichten Stiefel und Socken auszuziehen, die Füße zu massieren, diese »Zehenwärmer« darüberzuziehen und in Überschuhe zu schlüpfen.

Sie lernten, Socken und Schuhe zu trocknen: Kieselsteine wurden in einer Konservendose erhitzt, die heißen Steine in die nassen Socken gefüllt und die Socken in die Schuhe gestopft.

Sie mußten feststellen, daß normale Feldjacken gegen den schneidend kalten Wind der Ardennen wenig Schutz boten. Also fütterten sie sie mit zerschnittenen Wolldecken.

Sie erkannten, daß zwei Wollhemden ebenso warm waren – und im Kampf nicht so sehr behinderten – wie ein Hemd und ein Mantel. Aber die Hemden mußten jeden Abend gewechselt werden. Jenes, das sie am Körper getragen hatten und das auch am kältesten Tag naßgeschwitzt war, mußte ausgezogen und zum

Trocknen aufgehängt werden.

Sie erfuhren, was Landstreicher und Bettler längst wußten: daß Papier ein guter Isolator ist. Ein paar Blatt Zeitungspapier, die man zwischen den Hemden um die Brust wickelte, hielten auch den eisigsten Wind ab.

Sie gewöhnten sich an, Schuhe und Überschuhe zu tragen, die etwas zu groß waren. Denn enge Schuhe, die die Blutzirkulation behinderten, riefen meistens sofort Grabenfuß hervor. Sie stopften Papier zwischen Schuhe und Pelzüberzieher – ein alter Jägerkniff. Das Papier gab nicht nur den zu großen Schuhen festen Sitz, es hielt auch die Körperwärme.

Sie lernten, ihr Essen über einem »Flambeau« zu wärmen – einer Weinflasche voll Benzin mit einem aus Lumpen gedrehten Docht.

Die Soldaten aus Minnesota und Maine, die Kälte gewohnt waren, gaben ihre Erfahrungen an die Männer aus Alabama und Texas weiter. Erfrorene Zehen, Ohren, Nasen wurden sanft massiert, um die Blutzirkulation anzuregen. Die Altweibermethode, erfrorene Stellen mit Schnee einzureiben, rief oft Gangräne hervor. Kältestarre Hände, die den Abzugbügel des Gewehres nicht betätigen konnten, wurden in den Achselhöhlen erwärmt. Viele Soldaten überlebten die Nacht im eisigen Schützenloch, indem sie eine Wolldecke über den Kopf zogen und ihren eigenen warmen Atem einfingen.

Die GIs lernten, daß sie Schnee nur in ganz kleinen Mengen essen durften, wenn sie sich nicht den Magen erkälten wollten. Die Panzersoldaten mußten erfahren, daß ihr bester Freund, der Calvados, in der Kälte ihr ärgster Feind war. Denn Alkohol bringt die Körperwärme an die Oberfläche, verursacht Ausstrahlung und tödliche Unterkühlung.

Sie stellten fest, daß kaltes Metall, wenn man es in einen warmen Raum mitnahm, zu schwitzen begann und, wieder ins Freie gebracht, schnell fror. Waffen und Munition wurden deshalb draußengelassen und nur gegen den Schnee zugedeckt.

Und sie lernten das Allerwichtigste: die Panzer weiß anzustreichen, damit sie nicht vom Schnee abstachen, und sich selbst wie Burggespenster in weiße Tücher zu hüllen.

Mit der Erfindungsgabe des echten Yankees fanden die Mechaniker bald heraus, wie man Motoren bei Temperaturen unter Null zum Anspringen bringt. Waren für die Panzer keine Gummiketten aufzutreiben, so schweißten sie große Nägel auf die Stahlketten, um ihnen in Schnee und Eis Halt zu geben.

Das Schwerste aber lernten sie vom Feind: zu hassen. Berichte über das Massaker von Malmedy, über die Ermordung von Zivilisten in Stavelot, Trois Ponts und Bande gingen von Mann zu Mann, von Einheit zu Einheit. Was sie bis zur Ardennenschlacht nicht gekannt hatten – jetzt lernten sie es: ohne Mitleid und Reue zu töten.

5

Am 6. Januar setzte unweit von Montgomerys Abschnitt bei Houffalize ein stämmiger Mann, der seine Zigarre wie eine Waffe in der Hand hielt, ein Kabel an einen alten Freund, den »Admiral Q«, auf. Er unterzeichnete es mit »Colonel Warden«.

Es war Churchill, sein Freund war Roosevelt. Der Premier, der die große, am 3. Januar angelaufene Gegenoffensive beaufsichtigte, kam soeben von einem Treffen mit Eisenhower. Die Gerüchte über Unstimmigkeiten zwischen Eisenhower und Montgomery machten ihm Sorgen. In dem Kabel hieß es: »Er und Monty sind bestens aufeinander eingespielt, ebenso Bradley und Patton, und es wäre eine Katastrophe, wenn dieses Bündnis, das 1944 Erfolge gezeitigt hat, die unsere kühnsten militärischen Erwartungen übertrafen, in die Brüche ginge.«

Dann verfaßte er eine zweite Botschaft. Sie war an einen stämmigen Mann in Moskau gerichtet, den »Colonel Warden« und »Admiral Q« »UJ« – Uncle Joe – nannten. Eisenhower hatte erwähnt, wie dringend er darauf warte, daß die Russen zu Hilfe kämen und die Deutschen von der Ardennenfront ablenkten. Aber seine Verbindungsoffiziere in Moskau hatten nicht herausbekommen können, wann die Russen ihre nächste Offensive zu unternehmen gedachten. »Wenn Sie es auf höchster Ebene versuchen, wird es sehr lange dauern, bis Sie etwas erfahren«, hatte Churchill ihm gesagt. »Aber ich glaube, Stalin wird es mir sagen, wenn ich ihn persönlich danach frage. Soll ich es versuchen?«

»Die Schlacht im Westen ist sehr schwer«, schrieb er jetzt. »Ich wäre Ihnen äußerst dankbar, wenn Sie mich wissen ließen, ob wir im Laufe des Januar an der Weichselfront oder an einer anderen

Stelle mit einer russischen Großoffensive rechnen können.«

»Colonel Warden« erhielt bereits am nächsten Tag Antwort auf die Botschaft, die er an »U J« gerichtet hatte.

Die russische Offensive, schrieb Stalin, sei des schlechten Wetters wegen verschoben worden. »Trotzdem«, fuhr er fort, »hat der Oberste Rat unter Bedachtnahme auf die Situation unserer Alliierten an der Westfront beschlossen, den Abschluß unserer Vorbereitungen zu beschleunigen und ohne Rücksicht auf die Wetterlage spätestens in der zweiten Januarhälfte an der gesamten mittleren Front eine Großoffensive gegen die Deutschen zu beginnen.«

Churchill gab diese günstige Nachricht an Eisenhower weiter. Dann antwortete er Stalin:

»Ich bin Ihnen für Ihre höchst erfreuliche Nachricht äußerst dankbar. Ich habe sie General Eisenhower streng vertraulich übermittelt. Möge bei Ihrem wagemutigen Vorhaben alles Glück mit Ihnen sein.«

6

Am Morgen des 7. Januar nahm Patton seinen nördlichen Vorstoß nach Houffalize – den Schnee, Eis und die erbittert kämpfenden Deutschen zum Stehen gebracht hatten – wieder auf. Die 17. Luftlandedivision sollte mit drei Seite an Seite kämpfenden Regimentern die Vorhut bilden.

In der Mitte befand sich das 513. Fallschirmjäger-Infanterieregiment; sein Ziel war Flamierge, acht Kilometer nordwestlich von Bastogne. Vor drei Tagen hatte es den Ort in einem heftigen Gefecht erobert und wieder verloren. Flamierge, das hundert Meter nördlich der wichtigen Straße Bastogne–Marche lag, hielt den Vormarsch nach Houffalize auf. Es mußte unbedingt genommen werden.

Bald nach Tagesanbruch bereiteten sich das 1. und das 3. Bataillon in dem eineinhalb Kilometer südlich der Straße gelegenen Wald zum Angriff auf das strategisch bedeutende Dorf vor.

Pfc. Kurt Gabel, der in Deutschland geboren war, aber in Hollywood die High School absolviert hatte, beendete eben sein kaltes Frühstück. Im Gegensatz zu einigen anderen Einheiten hatte die

Hauptquartier-Kompanie des 1. Bataillons bis jetzt nur wenig Verluste gehabt. Die Moral war ausgezeichnet. Die Leute brannten darauf, zu kämpfen.

»Los, vorwärts!« rief ein Sergeant.

Als Gabel aus seinem Schützenloch kletterte und auf das nördlich gelegene weite Feld zulief, krachten ringsum die Einschläge. Äste fielen in den Schnee. Granaten trafen die Bäume. Die herabprasselnden Splitter trieben die Soldaten auseinander. Gabel hörte ein Geräusch, als kämen stählerne Bienen geflogen, und sprang in das nächste Schützenloch. Ein Toter lag darin.

Als das Krachen der Artillerie aufhörte, rief jemand: »Sanitäter!« Links von ihm saß ein Soldat neben einem Baum; sein rechtes Bein war oberhalb des Knies abgetrennt. Blut spritzte in den Schnee. Es war ein Freund von ihm – er hatte eben erst mit ihm gefrühstückt.

Gabel nahm seinen Gürtel und band ihm das Bein ab.

»Mach lieber, daß du wegkommst, Kurt«, sagte der Verwundete.

Gabel hörte nicht auf ihn und schrie: »Sanitäter!« Dann zog er das Bajonett des Freundes aus der Scheide, verknotete den Riemen und drehte ihn mit dem Bajonett fest zusammen.

»Ach hol's der Teufel, ich verblute ja trotzdem«, sagte der andere.

Zwei Sanitäter mit einer Bahre schlenderten gemütlich rauchend durch den Wald.

»Hierher, aber mit Volldampf!« rief Gabel wütend.

Die Männer rannten herbei und legten den Verwundeten vorsichtig auf die Bahre.

»Auf Wiedersehen in Paris!« sagte Gabel.

»Okay.« Sein Freund lächelte und hob kraftlos die Hand. Er wußte, daß er nur noch fünf Minuten zu leben hatte.

Gabel winkte zurück und schlug sich nach links in den Wald. Er mußte seine Kompanie suchen. Bald kam er zu einer Lichtung, auf der sich zwei Wege kreuzten. Er blieb unentschlossen stehen. Da kam ein Trupp Soldaten links den Abhang herab.

»Von welcher Einheit sind Sie, Sir?« fragte Gabel den Zugführer, einen Lieutenant.

»Kompanie F, zweiter Zug.«

»Darf ich mich Ihnen anschließen?«

»Wir sind der Sturmtrupp der Kompanie F.«

Gabel hatte keine Lust, allein weiterzugehen. »Kann ich mitkommen?«

»Zum Kuckuck, ja. Gehen Sie mit dem Bazookatrupp.«

Der Zug marschierte auf der kleinen Straße weiter. Bald erreichte er freies Feld. Im Norden erhob sich ein niedriger verschneiter Hügel. Nach hundert Metern rief der Lieutenant: »Aufteilen in Gruppen zu acht Mann!«

Die Gruppen verließen die Straße, verteilten sich über das Feld und stiegen den Hügel hinauf. Der Bazookatrupp watete bis zu den Knien im Schnee. Vom Gipfel des Hügels sah Gabel etwa 800 Meter entfernt eine Art von Osten nach Westen führenden Viadukt. Es war die überhöhte Straße Bastogne–Marche.

Plötzlich erfüllte ein entsetzliches Heulen die Luft.

»Deckung!« schrie der Lieutenant. Die Soldaten warfen sich flach zu Boden.

Neben Gabel schlug eine Nebelwerfergranate ein, der Luftdruck schleuderte ihn hoch. Er wandte den Kopf. Der Mann neben ihm war tot. Zum ersten Male im Leben hatte Gabel Angst.

Ein Captain stolperte durch den Schnee. »Aufstehn, verdammt noch mal!« schrie er. »Das ist kein Platz zum Schlafen. Seid ihr lebensmüde?« Er stieß einen Soldaten mit dem Fuß an. »Schnell weg hier!« Er zog einen andern am Kragen hoch.

Widerstrebend lief Gabel mit dem Bazookatrupp über das freie Feld und plumpste schließlich in einen Entwässerungsgraben, der 200 Meter von der überhöhten Straße verlief.

Der Lieutenant sprang zu Gabel in den Graben. Er war leichenblaß. »Geht vor, so rasch ihr könnt, und deckt die Straße, während wir nachkommen.«

Gabel hielt nach seinem nächsten Ziel Ausschau, einem Granattrichter, 50 Meter vor der Straße.

»Bajonette aufstecken!« rief der Lieutenant.

Durch den ganzen Graben lief ein unheimliches Knacken. Die Fallschirmjäger befestigten die Bajonette an ihren Gewehren.

Gabel kroch aus dem Graben und lief auf den Trichter zu. Zwei Männer folgten ihm. Der eine trug das Rohr, der andere sechs Ladungen. Ein knatterndes Geräusch ertönte, wie ein Motorrad in niedrigem Gang – ein deutsches MG. Eine tiefere, langsamere Stimme antwortete – ein amerikanisches.

Rund um die drei spritzte der Schnee hoch, doch sie erreichten unverletzt den Trichter. Gabel spähte über den Rand. In einer Senke entlang der Straße bemerkte er eine Reihe gut getarnter Schützenlöcher. Da kam von hinten ein Schrei: »Vorwärts!«

Dreißig Fallschirmjäger sprangen in langer Reihe aus dem Entwässerungsgraben. Mit blitzenden Bajonetten rannten sie durch den Schnee und schrien: »Geronimo!«*

Während die Angreifer auf die Straße zustürmten, tauchten aus den Schützenlöchern 25 Deutsche auf, hoben die Hände und riefen: »Kamerad!«

Gabel lief mit dem Bazookatrupp auf eine kleine Gruppe von Bauernhäusern zu. Als sie näher kamen, stürzten 15 Deutsche mit erhobenen Händen heraus.

Der Rest des Zuges versuchte, die überhöhte Straße zu überqueren und weiter nach Norden vorzugehen, doch ein deutsches MG, das auf einer Erhebung jenseits der Straße eingegraben war, eröffnete das Feuer. Vier GIs fielen verwundet auf der Straße nieder; die übrigen sprangen den südlichen Hang der Böschung hinunter und gingen in Deckung. Einen Augenblick später krochen zwei Sanitäter auf die Straße, um die Verwundeten zu holen. Sie wurden erschossen.

Gabel lief zum Lieutenant, der verzweifelt die Hände rang. »Sir, dürfen wir die Gefangenen als Schild benützen?«

»Das ist gegen die Genfer Konvention.«

»Das Erschießen von Sanitätern auch.«

»Also meinetwegen.«

In gutem Deutsch befahl Gabel den Gefangenen, sich in einer Reihe aufzustellen. »Hebt die Arme hoch! Geht langsam zur Straße hinauf!« Er richtete eine Maschinenpistole auf sie und zwang sie vom Graben aus, auf der Straße weiterzugehen. »Wenn ihr die Straße verlaßt, schieße ich euch nieder.«

Die Gefangenen winkten ihren eigenen MG-Trupps zu und schrien: »Nicht schießen!«

Sobald die Kolonne einen Schild zwischen den Verwundeten und den deutschen MG bildete, ließ Gabel sie anhalten. Sanitäter liefen auf die Straße und brachten schnell die Verwundeten in Sicherheit. Dann trieb Gabel die Gefangenen zum Bauernhaus zu-

* Kampfruf der amerikanischen Fallschirmjäger (Anm. des Übersetzers).

rück. Auf der Vortreppe saß ein Colonel und rauchte ruhig seine Pfeife. Er hatte leicht angegrautes Haar und klare, blaue Augen. Gabel erschien er alt, obwohl er nur etwa 35 Jahre zählen mochte.

»Sir«, sagte Gabel und salutierte, »ich bitte um Erlaubnis, zum 1. Bataillon zurückzugehen.«

Lieutenant Colonel A. C. Miller war nur 1,60 Meter groß. Der Helm rutschte ihm über die Augenbrauen, seine Sprungstiefel reichten fast bis an die Knie. Die GIs nannten ihn »Stiefel und Helm«.

»Zwischen uns und dem 1. Bataillon sind Deutsche«, sagte er. »Sie bleiben hier.«

Nach Einbruch der Dunkelheit machte Colonel Miller mit Gabel einen Erkundungsgang rund um die kleine Gehöftgruppe. Es war bitter kalt und klar. Im hellen Sternenlicht sahen sie das zusammengeschossene Flamierge. Es schien leer und verlassen.

Die beiden kehrten zum Bauernhaus zurück. Die Soldaten lagen auf dem Fußboden und versuchten, sich zu erwärmen. Für den Colonel hatte man einen Strohsack bereitgelegt.

Miller deutete auf den Strohsack. »Legen Sie sich hin und versuchen Sie zu schlafen.«

»Der ist für Sie, Sir.«

»Ich brauch' ihn nicht.«

Erschöpft ließ Gabel sich niedersinken.

Der Colonel zog seinen Mantel aus und deckte den GI damit zu. »Schlafen Sie sich ordentlich aus, mein Junge. Morgen früh weck' ich Sie.«

Im Halbschlaf sah Gabel, wie Miller sich an den Küchentisch setzte und beim Licht einer Kerze eine Karte studierte. Er fühlte sich sicher und geborgen. Solange »Stiefel und Helm« da war, konnte ihm nichts passieren. Er schlief ein.

Am nächsten Tag, dem 8. Januar, wurde Gabel kurz vor Morgengrauen von Geschützfeuer geweckt. Dann hörte er ein Feldtelefon läuten.

Colonel Miller hob ab. »Sind Sie sicher, daß es Panzer sind? Wie sehen sie aus? Infanterie auch dabei? Hallo, LP, LP!« Er legte auf und wandte sich an einen Offizier. »Jemand soll die Leitung entlang zu LP_2 laufen.«

Gabel, der jetzt hellwach war, ging hinaus. Die Kälte schnitt wie mit Messern. Sogar das Atmen tat weh. Irgendwo in der Dunkelheit rumpelten Panzer.

Der Fahrer des Colonels rannte an ihm vorbei. »Ich lauf' rauf und hol' dem Alten einen Vorhang!« rief er. »Er will sich tarnen wie die Deutschen.«

Die beiden sprangen die Treppe hinauf in den ersten Stock und rissen weiße Vorhänge von den Fenstern. Als Gabel hinauslief und dem Colonel einen Vorhang gab, begann es eben hell zu werden. Miller schnitt in die Mitte ein Loch und steckte den Kopf durch. Gabel machte es ihm nach.

Jetzt rasselten beiderseits der Straße deutsche Panzer heran. Langsam und unheimlich folgten ihnen Infanteristen in weißen Schneehemden.

Ein Major lief auf Miller zu. Es war Irwin Edwards, sein Exekutivoffizier. »Ich schlage vor, Sie verlegen Ihren Gefechtsstand zurück in den Wald, Colonel«, sagte er in knappem Ton.

Plötzlich flog die Scheune hinter ihnen in die Luft.

»Trommeln Sie das Bataillon zusammen, Sir«, sagte Edwards. »Ich sammle alle Versprengten und schicke sie Ihnen.«

»Gute Idee«, sagte Miller aufgeregt mit seiner Fistelstimme. »Ich werde ihnen befehlen, sich zur Verteidigung einzugraben.« Ein Schuß aus einer 8,8er traf das Haus. Mauerwerk prasselte auf sie herab. »Okay, Gabel«, sagte er. »Wir können jetzt gehen.«

Die beiden überquerten das freie Feld, das tags zuvor bei dem Bajonettangriff genommen worden war. Gefolgt von Gabel, stapfte der kleine Colonel durch den knietiefen Schnee. Der Vorhang bauschte und blähte sich hinter ihm wie ein großes Segel. Unter das Donnern der 8,8er mischte sich das harte Geknatter von MG und das helle Pfeifen von Gewehrkugeln. Soldaten stürzten in den Schnee. Gabels Kehle war wie ausgedörrt. Er hatte das Gefühl, nicht mehr atmen zu können. Ein GI fiel. Gabel lief um ihn herum und stolperte dabei über seinen Tarnvorhang. Er riß ihn herunter, stand auf und jagte Miller nach.

Der Colonel drehte sich um. »Was ist denn los, Gabel?«

»Ich bin hingefallen, Sir.«

»Wie wär's, wenn Sie ab und zu mal einen Schuß auf die Deutschen abgeben würden?«

»Ja, Sir.« Gabel hatte absolut keine Lust, zu schießen. Wenn er schoß, mußte er sein Gewehr reinigen. Er hatte einzig und allein den Wunsch, davonzukommen. Er warf Gasmaske, Messer und Feldflasche weg. Es nützte nichts. Ihm war, als würden seine Lungen platzen. Seine Beine waren schwer wie Blei. Aber er wußte, der Colonel würde nicht zulassen, daß er zurückblieb. Nur eine Kugel oder ein Granatsplitter konnte ihn aufhalten. Er wünschte sich, getroffen zu werden, damit er ausruhen konnte. Voll Verzweiflung warf er Erste-Hilfe-Tasche, Kompaß, Decke, Patronentasche und schließlich seinen Mantel weg.

Plötzlich tauchte der Wald vor ihm auf. Gabel warf sich zu Boden und blieb keuchend liegen. Colonel Miller blickte auf ihn herab. Sein Tarnvorhang war von Geschossen durchlöchert, doch er wirkte frisch und ruhig.

»Darf ich mich ein bißchen ausruhen, Sir?«

»Nur zu. Bis später also.«

Gabel blickte über das Feld. Es war mit regungslosen, dunklen Haufen übersät – Kameraden. Ein Stück weiter lag die überhöhte Straße, dahinter Flamierge. Um ihn herum ruhten, keuchend Luft holend, die Überlebenden der Sturmkompanie aus. Es waren ursprünglich 200 Mann gewesen; jetzt zählte er nur 20. Und die Straße nach Houffalize war noch ebenso weit wie gestern früh.

7

In Berlin saß Hitler zusammengesunken an seinem Schreibtisch. Er starrte mißmutig auf ein Schriftstück, das vor ihm lag. Es war ein schonungsloser Bericht Rundstedts über die Lage in den Ardennen. Hitler nahm das Telefon ab und sagte leise: »Ich genehmige einen Rückzug bis zur Linie Dochamps–Longchamps.«

Innerhalb einer Stunde wendeten die Panzereinheiten an der Spitze des Keils und zogen sich, so schnell sie konnten, nach Osten, hinter die Straße Bastogne–Lüttich, zurück. Der große Traum war zu Ende.

Nun erhob sich die Frage: würden die Hunderttausende von Deutschen, die vielen tausend Panzer und Geschütze in den Ardennen eingekesselt werden? Würde ein Rückzugsversuch zu einem zweiten Stalingrad werden?

In den Ardennen, nahe den aufgewühlten Hügeln westlich von

Wiltz, schob sich ein offener Jeep mit drei Sternen an einer scheinbar endlosen, nach Norden ziehenden Lastwagenkolonne vorbei. Auf den Lastwagen waren bis auf die Knochen frierende Infanteristen der 90. Division zusammengepfercht. Sie hatten den Auftrag, durch die Linien der erschöpften Yankee-Division anzugreifen und die Höhe 490 zu nehmen.

In dem Jeep saß Patton. Am nächsten Tag, dem 9. Januar, sollte er eine neue Großoffensive starten. Das VIII. Korps würde weiter in Richtung Houffalize vorstoßen, das III. Korps auf Wiltz und St. Vith.

Als die Soldaten Patton erkannten, beugten sie sich aus den Lastwagen und schrien laut Hurra. Der General lächelte mühsam. Er winkte. Doch er konnte kaum die Tränen zurückhalten. Viele dieser Männer, die jetzt jubelten, würden morgen fallen – auf seinen Befehl.

Vereinigung bei Houffalize

9. – 16. Januar 1945

1

Die GIs hatten diesem Stadium der Schlacht schon einen Spitznamen gegeben: »Die scharfe Schlacht um Schlafstätten.« Jeden Morgen mußte man sie aus ihren verhältnismäßig warmen Kellern heraus zum Angriff treiben. Sobald sie draußen in der Kälte waren, stürmten sie wild den nächsten Kellern entgegen. Sie kämpften nicht um Bodengewinn oder Ruhm, sondern um eine warme Schlafstelle.

Am Morgen des 9. Januar merkten die Soldaten von Hodges' Erster Armee bereits die Auswirkungen von Hitlers Rückzugsbefehl. Obwohl sie nur langsam nach Süden vorrückten, kamen sie doch ständig voran. In sechs Tagen legten sie die Hälfte des Weges nach Houffalize, ihrem Ziel, zurück.

An diesem Morgen startete Patton seinen Doppelangriff. Bei seinem Vorstoß nach Norden in Richtung Houffalize kam er zwei oder drei Kilometer weiter, und frische Truppen der 90. Division nahmen bei ihrem Angriff auf Wiltz und St. Vith endlich die Höhe 490.

2

Obgleich der Sieg der Alliierten offensichtlich immer näher rückte, herrschte in der Hauptstadt von Luxemburg eine seltsam bedrükkende Stimmung. Man hatte das Gefühl, der Krieg werde sich noch über ein weiteres Jahr hinziehen.

Schuld an dieser Depression waren die Kriegsmüdigkeit, die Leidensgeschichten der Flüchtlinge aus den vom Feind besetzten Städten und die mysteriösen Beschießungen, denen man seit dem 31. Dezember immer wieder ausgesetzt war. Die ungefähr 20 Geschosse, die Nacht für Nacht in den Straßen einschlugen, hatten zwar wenig Schaden angerichtet, doch ihre unerklärliche Herkunft verursachte eine Angst, die schon fast an Panik grenzte. Kein bekanntes Geschütz hatte eine solche Reichweite.

Es war die neueste deutsche »Wunderwaffe«, die V 3, von ihren Bedienungsmannschaften »Tausendfüßler« genannt. Man hatte ursprünglich geplant, mit ihr von der belgischen und holländischen Küste aus London zu beschießen. Ihr Rohr war 147 Meter lang. Den Spitznamen hatte sie von den 96 kleinen Nebenrohren, die vom Hauptrohr ausgingen. Diese Nebenrohre enthielten Sprengstoffladungen zum zusätzlichen Antrieb und verliehen den 165 Pfund schweren Geschossen eine Reichweite von 130 Kilometern.

Nun versuchte Hitler mit einer kleineren – nur 59 Meter langen – Ausführung dieser phantastischen Waffe Bradleys und Pattons Gefechtsstände zu zerstören.

3

An diesem Nachmittag stieg Louis Steinmetz, Rotkreuzhelfer und Widerstandskämpfer, den steilen Hügel von Unterwiltz zur Klinik St. Joseph hinauf. Ralph Ellis, der amerikanische Soldat, den er und seine Schwägerin Meisy in den Krämerladen gebracht hatten, litt starke Schmerzen in seinen erfrorenen Füßen. Louis, der bereits ein Zehenglied mit einem Rasiermesser amputiert hatte, war in der letzten Woche täglich zum Krankenhaus gegangen, um Salbe zu holen.

Er stieg den steilen, schmalen Weg zur Rückseite des großen Gebäudes hinauf. Die zarte blonde Krankenschwester, die man nur unter dem Namen Mademoiselle Anna kannte, brachte ihm wieder einen Tiegel Salbe.

»Hat Ihr Freund immer noch Schmerzen?« fragte sie.

»O ja.« Er erzählte ihr, sein Freund sei Luxemburger und arbeite in Unterwiltz in einer Gerberei.

»Ich glaube Ihnen nicht«, sagte sie. »Sie halten einen Amerikaner in Ihrem Haus versteckt. Sie können mir vertrauen.«

Louis gab keine Antwort. Er wußte nur, daß sie ein Flüchtling aus einem Dorf in der Umgebung war. Vielleicht hielt sie es mit den Deutschen.

»Ich habe auch einen.« Sie erzählte ihm von George Carroll, der immer noch auf dem Dachboden des Balthasar-Wagener-Hauses in der Rue Plank versteckt war. »Sie müssen mir helfen, ihn von dort wegzubringen. Das Haus ist schon voll deutscher Soldaten. Jetzt wollen sie auch den Dachboden haben. Erst gestern wäre es fast schiefgegangen. Aus der Wunde des Amerikaners ist Blut durch die Zimmerdecke gesickert. Zum Glück konnte es Madame Balthasar noch rechtzeitig wegwischen.«

Louis willigte ein. »Wenn die Deutschen morgen beim Abendbrot sitzen, holen Sie ihn herunter. Ich warte unten auf Sie.«

Fünfzehn Minuten später war er wieder in dem Krämerladen. Ellis saß im Hinterzimmer in einem Schaukelstuhl und reparierte eine große Standuhr, die beim letzten Bombenangriff beschädigt worden war. Er trug einen Anzug von Meisys Sohn.

Aufgeregt berichtete ihm Louis von dem zweiten Amerikaner in der Stadt.

Meisy kam aus dem Laden. »Bring ihn zu uns, Louis. Ralph wird sich freuen.« Sie sah Ellis an, als sei er ihr eigener Sohn. »Er ist so allein. Mit keinem Menschen kann er sich unterhalten.«

Die Ladentür wurde aufgerissen. Man hörte schwere Schritte. Meisy wollte ins Geschäft laufen, doch bevor sie noch den Vorhang erreichte, der die beiden Räume trennte, stand ein dicker deutscher Feldwebel vor ihr.

»Was wünschen Sie?« fragte sie.

»Sie müssen uns Unterkunft geben.«

»Unmöglich. Wir haben keinen Platz. Sie sehen doch, daß ich nur einen einzigen Raum für mich und den Sohn meiner Schwester habe.« Sie deutete auf Ellis, der mit geschlossenen Augen dasaß und tat, als ob er schlafe.

Der große Deutsche drängte sich, gefolgt von einem zweiten, in das kleine Zimmer. Beide trugen SS-Abzeichen. »Sie müssen uns aber unterbringen.« Der Feldwebel trat zu Ellis. »Wieso trägt so ein junger Kerl wie der Zivil? Warum bist du nicht Soldat?«

Ellis öffnete die Augen. Wenn er ein einziges Wort sagte, wußten sie sofort, daß er Amerikaner war. Meisy stellte sich vor ihn. »Sehen Sie denn nicht, daß der arme Junge krank ist?«

»Er soll selbst sprechen!«

»Er kann doch nicht!« rief Meisy. »Er wurde bei einem amerikanischen Bombenangriff verletzt. Seither bringt er kein Wort heraus.« Plötzlich spielte sie die Empörte. »Sie können einfach nicht hierbleiben. Ich habe keinen Bissen für Sie zu essen. Haben Sie denn keine Mutter in Deutschland?«

»Aber natürlich«, sagte der Feldwebel.

»Ich habe auch einen Sohn im Feld.« Sie zeigte auf ein Bild von Josi in deutscher Uniform. »Er ist Ihr Kamerad. Was würde wohl Ihre Mutter sagen?«

Wie ein gescholtener Junge wich der Feldwebel einen Schritt zurück. »Wir haben's ja nicht böse gemeint.«

Meisy drängte die beiden SS-Leute in den Laden hinaus. »So, hier habt ihr jeder einen Apfel. Mehr kann ich euch leider nicht geben.«

»Danke schön, Mutti«, sagte der Feldwebel. Die beiden drückten sich durch die Ladentür.

Meisy ging ins Hinterzimmer zurück. »Hab keine Angst, Ralph«, sagte sie auf Luxemburgisch. »Jetzt bin ich deine Mutter. Ich pass' auf dich auf.«

Ellis verstand nur ein einziges Wort: Ralph. Doch er wußte, was sie meinte.

Meisy wandte sich an Louis. »Ich hoffe, irgendwo tut eine andere Mutter das gleiche für meinen Josi.«

Am nächsten Abend öffnete sich die Tür von Meisys Krämerladen. Ralph Ellis richtete sich gespannt in seinem Schaukelstuhl auf. Ei-

ten, hätte die Lage sehr unangenehm werden können.

Meine besten Grüße Ihnen und George Patton
Ihr sehr ergebener
B. L. Montgomery.«

Bradley ließ den Brief sinken. Das war ganz offensichtlich ein Versuch, die Zwistigkeiten, zu denen es in der letzten Zeit zwischen Montgomery und ihm gekommen war, zu begraben. Vor seiner Seite aus hatte er das längst getan. Ein viel größeres Problem war zu lösen: die endgültige Vernichtung der deutschen Armeen.

6

Am nächsten Tag, dem 13. Januar, griff Hodges von Norden her neuerlich an. Ridgways ganzes XVIII. Korps wurde jetzt in die Schlacht geworfen, um dem Keil ein Ende zu bereiten. Die 30. Division schlug von Malmedy aus zu. Die 106. Division – das heißt, das 424. Regiment und das angeschlossene 517. Fallschirmjägerregiment – überquerte bei Stavelot die Amblève und stieß durch hohen Schnee weiter nach Süden vor. Rechts davon setzte Collins' VII. Korps seinen Angriff auf Houffalize fort und rückte bis auf vier Kilometer an sein Endziel heran.

An diesem Morgen begann Patton, in der Hoffnung, sich mit Hodges' Truppen schnell vereinigen zu können, einen neuen Angriff in Richtung Houffalize. Außerdem befahl er seinem III. Korps, den Druck auf Wiltz und St. Vith zu verstärken. Er hatte inzwischen erkannt, daß es unmöglich war, Wiltz von Süden her zu stürmen. Diesmal umging er den Höhenzug, der die 26. und 80. Division so viele Opfer gekostet hatte, und griff von Westen an.

Für die Zivilisten in den von den Deutschen besetzten Orten dieser Gegend nahte das Ende der Leidenszeit. Seit fast einem Monat lebten sie wie Tiere in eiskalten Kellern, über sich stets den Tod. Sie schliefen auf Zement, nackter Erde oder, wenn sie Glück hatten, auf Kartoffel- oder Kohlensäcken. Die einfachsten Lebensfunktionen – Atmen, Bewegung – bereiteten Schwierigkeiten. Es gab keine Körperpflege. Waschen, Rasieren, sogar Zähneputzen waren unmöglich. Helme und Pappkartons dienten als Toiletten. Nicht einmal zur Verrichtung der Notdurft konnte man sich zurückziehen. Doch falsche Scham war in diesen Tagen nicht angebracht. Wichtig war nur eins: am Leben zu bleiben.

Wieder einmal bewiesen Menschen, daß sie die anpassungsfähigsten Lebewesen auf Erden sind.

In der halbzerstörten Kirche von Unterwiltz befahl ein deutscher Polizeibeamter dem Pfarrer, Kanonikus Prosper Colling: »Sie haben bis morgen früh alle Ihre Leute nach Wilwerwiltz zu evakuieren.«

Colling, ein kleiner, drahtiger Mann von 63 Jahren, war es gewohnt, den Deutschen zu widersprechen. »Unmöglich«, sagte er. »So rasch kann ich 4000 Menschen nicht in Bewegung setzen.«

Diese Antwort und Collings Furchtlosigkeit versetzten den Deutschen in Wut. »Befehl ist Befehl«, sagte er und schlug die Tür hinter sich zu.

Colling ging in den Keller. Ängstlich schauten die Bewohner ihm entgegen. Er mußte sie ermutigen. Diese letzte Neuigkeit würde eine Panik hervorrufen. Er drehte ein leeres Krautfaß um und legte ein Stück Papier darauf. Dann begann er zu schreiben. Die Leute schauten ihm neugierig zu. War er verrückt geworden?

Ein paar Minuten später reichte er den Zettel seinem Gehilfen. »Gehen Sie ins Pfarramt hinauf und tippen Sie das ab«, sagte er. Bald hatte er die Abschrift in der Hand. Er stand auf. »Ich mache Unserer lieben Frau von Fatima ein Gelübde«, sagte er. »Ich verspreche ihr, eine Kapelle für das Herz Jesu und Unsere liebe Frau von Fatima auf dem Hang von Bassend zu bauen, wenn wir alle gerettet werden.«

Er setzte seine Unterschrift unter den Text. Dann unterzeichneten ihn eifrig alle Männer über einundzwanzig. Die düstere Stimmung im Keller war verflogen. Kanonikus Colling war ein Mann, dessen Worten man glauben konnte.

»Geht jetzt alle in die Stadt«, sagte er. »Sagt allen Leuten, daß ich ein besonderes Gebet – eine Novene – verfaßt habe. Sie sollen jeden Tag beten: zuerst das Gebet zum heiligen Sebastian, dem Schutzheiligen unserer Stadt; dann das Credo, ein Vaterunser, ein Reuegebet und schließlich das Lied ›*Ich bin ein Christ und bleibe es*‹.« Mit solch einem großen Programm, nahm er an, würden sie keine Zeit haben, sich zu fürchten. Die Nachricht verbreitete sich von Keller zu Keller. Als sie bis Oberwiltz gedrungen war, waren die

Einwohner überzeugt, daß die Deutschen die Stadt am Geburtstag ihres Schutzheiligen, des hl. Sebastian, verlassen würden, wenn sie ihr Versprechen, die Kapelle zu bauen, hielten. Neue Hoffnung herrschte in Wiltz. Fast alle Einwohner glaubten rückhaltlos, daß die Stadt am 20. Januar befreit werden würde.

Am nächsten Tag widerriefen die deutschen Polizeidienststellen den Befehl, die Stadt zu räumen. Diese plötzliche Änderung wurde nicht begründet, die Einwohner jedoch waren überzeugt, daß das Gelübde Kanonikus Collings und der Bürger von Wiltz bereits Früchte trug. Sogar die wenigen Ungläubigen der Stadt fragten sich, ob das Gelübde nicht vielleicht doch genützt hatte.

7

Am Morgen des 15. Januar waren Montgomery und Hodges über den Erfolg ihres von Norden her unternommenen Angriffes höchst befriedigt. Die 84. und die 2. Panzer hatten westlich Houffalize die Ourthe erreicht. Sie standen einen Gewehrschuß weit von ihrem Ziel.

Pattons von Süden vorstoßende Truppen hingegen hatten schon wieder Pech. Sie standen noch 15 Kilometer von Houffalize. Patton bedrückte der Gedanke, Montgomerys Truppen könnten das gemeinsame Ziel früher erreichen. Er fuhr am frühen Nachmittag an die Front, um den Angriff zu beschleunigen. Unterwegs sah er einen erfrorenen deutschen MG-Schützen, der in den ausgebreiteten Armen einen vollen Munitionsgurt hielt. Dann bemerkte er, daß an mehreren Stellen etwas Dunkles aus dem Schnee ragte. Er stieg aus dem Jeep und sah nach. Es waren die Zehen von toten Deutschen und Amerikanern. Der starke Frost hatte sie dunkelrot gefärbt. »Es war ein scheußlicher Anblick«, schrieb er in sein Tagebuch.

Um 17 Uhr 15 fuhr ein Schützenpanzer in das zerschossene Bertogne ein, ein 11 Kilometer nordwestlich von Bastogne gelegenes Dorf. Aus dem Fahrzeug stieg ein kleiner, adrett gekleideter Major mit intelligentem Gesicht. Major Michael Greene wirkte wie ein typischer Stabsoffizier, doch war er mit seinem Posten als Exekutivoffizier der 41. Kavallerie-Aufklärungsschwadron der 11. Panzerdivision äußerst unzufrieden. Er wäre lieber vorn an der Front gewesen.

Greene sah sich um. Man hatte ihm befohlen, das Hauptquartier in Monaville aufzulösen und nach Bertogne zu fahren, wo Colonel Foy einen vorgeschobenen Gefechtsstand errichtet hatte.

Ein Jeep raste in den Ort. Zwei Männer sprangen heraus: Brigadier General »Hunk« Holbrook vom Kampfkommando A und Colonel Williams, der Chef des Divisionsstabes.

Greene trat vor. »Colonel Foy ist mit Trupp C vorausgefahren«, sagte er in seiner knappen, präzisen Art.

Holbrook schüttelte dem jungen Major, der vor knapp vier Jahren West Point verlassen hatte, die Hand. Er war mit seinem Vater gut befreundet. »Mike, wir haben einen Auftrag von großer Wichtigkeit. General Patton wünscht, daß er unter allen Umständen ausgeführt wird. Jemand muß heute nacht nach Houffalize und die Verbindung mit der von Norden vorstoßenden Ersten Armee herstellen.«

»Es ist eine sehr heikle, schwierige Sache«, warf Williams ein. »Houffalize liegt mehr als 15 Kilometer hinter den feindlichen Linien. Aber es muß jemand durch, um Kontakt mit der aus Richtung Achouffe kommenden 2. Panzerdivision aufzunehmen. Vielleicht ist sie schon dort. General Patton besteht darauf, daß dieser Auftrag unverzüglich erledigt wird, und zwar von unserer Division.«

Der General musterte den jungen Greene. Körperlich wirkte er zu schlaksig, als daß man von ihm große Ausdauer erwarten konnte. Doch er war aus gutem Hause, und man konnte sich auf ihn verlassen. »Mike, ich möchte, daß Sie dieses Unternehmen leiten. Es ist eine Chance, sich einen hohen Orden zu verdienen.«

»Ja, Sir«, sagte Greene. Der Orden interessierte ihn nicht; aber es war eine einmalige Gelegenheit, vom Schreibtisch loszukommen.

Es war stockdunkel, als sich 17 leichte Panzer der Kompanie F im Dorf Rastadt, drei Kilometer östlich von Bertogne, sammelten. Ein Erkundungszug von Trupp A begleitete sie. Man hatte ihnen aufgetragen, in Rastadt auf Major Greene zu warten, dessen Schützenpanzer auf eine Mine gefahren war.

Lieutenant »Big Gene« Ellenson, der die Infanterie befehligte, war ein großer, kräftiger Mann mit einem vier Tage alten Bart. Um den Hals hatte er eine Kette Handgranaten hängen, in seinem Stiefel steckte ein 20 Zentimeter langes Messer. Er war noch erschöpft von zwei schweren Kampftagen in den Wäldern bei Les Assins, wo er und Sergeant Fred Till acht Deutsche gefangengenommen hatten. Augenblicklich war er in gereizter Stimmung. Es paßte ihm gar nicht, daß er im Dunkeln in die dichten, von Deutschen wimmelnden Wälder eindringen sollte.

Während Ellenson dem Chef der Panzerkompanie, Captain Harold Mullins, sein Herz ausschüttete, stürzten Soldaten aus dem vor ihnen liegenden Wald.

»Hier ist alles voll von Deutschen!« schrie ein GI mit weitaufgerissenen Augen.

Dann rannte ein Captain mit pulvergeschwärztem Gesicht auf sie zu. »Ihr kommt auf diesem Weg keine 50 Meter weit. Sie knallen euch ab wie Kaninchen.«

Wut stieg in Ellenson hoch. Zu beiden Seiten Wald. Auf dem Waldweg vor ihnen Deutsche. Es gab nur zwei Möglichkeiten: geradeaus weiter oder dorthin zurück, von wo sie kamen. »Ein gottverdammter Schlamassel«, sagte er zu Mullins, »Ich geh' zurück und sag' ihnen, daß ein paar leichte Panzer und Panzerwagen nicht genügen, um nach Houffalize zu kommen.« Er setzte seinen Helm auf. »Ich werde Major Greene sagen, er soll sich die Sache aus dem Kopf schlagen. Keine zehn Pferde bringen mich dazu, heute nacht auf diesem Weg weiter vorzugehen.«

»Wir *werden* heute nacht auf diesem Weg weiter vorgehen.«

Ellenson fuhr herum. Es war Greene. Er wirkte adrett und energisch. Seine Stimme klang fest. »Und *Sie* werden uns anführen.«

Der zerzauste Ellenson, der Greene weit überragte, starrte seinen Vorgesetzten an. Zwei verschiedenartigere Offiziere konnte man sich nicht denken. Ellenson hatte seinen Zug in der Hand, weil er stärker und ausdauernder als alle andern war. Niemand grüßte ihn oder nannte ihn »Sir«. Er war genauso schmutzig und abgerissen wie seine Leute, die ihn nur »Big Gene« nannten.

Greene blickte ihn kalt an. »Wir brechen sofort auf. Es gibt kein Hindernis. Wenn ein Fahrzeug ausfällt, schiebt es beiseite. Wenn jemand verwundet wird, muß er selbst sehen, wie er zurechtkommt.«

Ellenson schwieg.

Das Sonderkommando Greene stapfte durch tiefe Schneewehen den Waldweg hinunter und stieß ins Niemandsland vor. 15 Kilometer nordöstlich lag Houffalize. Was dazwischen war, wußte keiner. 17 leichte Panzer, 15 Panzerwagen, 6 Sturmgeschütze, 15 Jeeps, 6 Schützenpanzer und 450 Mann tauchten in der unheimlichen Finsternis unter.

Die Vorhut bildete Ellenson, dicht gefolgt von Major Greene.

Am nächsten Tag, dem 16. Januar, um 6 Uhr 30 morgens, blickten Greene und Ellenson ins Ourthe-Tal hinab. Ellensons Karte zufolge mußten sie etwa einen Kilometer von Houffalize stehen.

Eine schwere Nacht lag hinter ihnen. Ellenson, der vorausmarschiert war, hatte ständig auf das Geknatter von MG und das Pfeifen von Gewehrkugeln gewartet. Daß nichts geschah, erhöhte die Spannung noch.

Greene, der ihm ruhig und gelassen gefolgt war, hatte sich gefragt, ob man wohl seine Einheit später auch einmal ein »Verlorenes Bataillon« nennen würde. Ihm war, als marschiere er mitten in eine riesige Falle hinein. Am Himmel zeigte sich das erste Grau, als die lange Kolonne den Hügel hinab ins Tal rumpelte.

»Schauen Sie!« Ellenson zeigte nach Osten. Durch den wehenden Morgennebel sah Greene auf einem Hügelkamm Häuser.

Die beiden Männer liefen über ein Feld zu einer Landstraße. Am Straßenrand stand eine Ortstafel: *Houffalize.*

»Na also«, sagte Greene ungerührt. »Wir sind da.« Er streckte seine Hand aus. Ellenson schüttelte sie.

Als sie zur Kolonne zurückgingen, sah Ellenson, wie sich auf dem rechts von ihnen liegenden Hügel etwas bewegte. »He, Major, dort oben ist jemand. Sieht aus wie ein Beobachtungsposten.« Ein Mann in einem weißen Tarnanzug saß neben einer Maschinenpistole. Die Dritte Armee hatte andere Parolen und Gegenparolen als die Erste. Das konnte unangenehm werden. Er schrie ein paar GI-Ausdrücke hinüber, um sich als Amerikaner zu erkennen zu geben. Aber der Posten schlief anscheinend.

»Gehn wir hinauf«, sagte Ellenson. »Wahrscheinlich ist es eine Patrouille von der 2. Panzer.« Er rief Sergeant Till, der in einem Panzerwagen stand, zu: »Wir gehen den Berg hinauf.« Dann erkletterte er, nur eine Taschenlampe bei sich führend, den steilen Abhang.

Greene, der eine 45er-Pistole trug, folgte ihm.

Sechs Meter von dem Schützenloch rief Ellenson: »He, bist du von der 2. Panzer?« Der Mann in Weiß sprang auf. Er hob erschrocken seine Maschinenpistole und rief auf Deutsch: »Hände hoch!«

»Anscheinend will er, daß wir die Hände hochheben«, sagte Ellenson.

»Dann ist es wohl am besten, wenn wir das tun«, meinte Greene. Er wandte sich zu dem Deutschen. *»We don't understand German«*, sagte er langsam. Dann rief er zu Till hinunter: »Das hier oben ist ein Deutscher. Schießt auf ihn!«

Der Deutsche schrie einen Befehl. Greene streckte die Hände hoch. Im gleichen Moment feuerte Till mit dem Flak-MG seines Panzerwagens. Als der Deutsche erschrocken herumfuhr, schleuderte Ellenson die Taschenlampe auf ihn. Dann warf er sich hintenüber und rutschte den Hang hinunter. Greene sprang hinter einen Baumstamm, zog die Pistole und schoß.

Der Deutsche floh nach Norden, Ellenson und Greene liefen in die entgegengesetzte Richtung davon. Plötzlich kamen von Houffalize Schüsse. Man hatte das Sonderkommando Greene entdeckt.

Greenes Leute schossen zurück. Es entwickelte sich ein Feuergefecht. Nach einer Stunde kam Ellenson zu Greene. »Major, schaun Sie!« Er deutete auf die Bodenschwelle am Nordufer der Ourthe. Etwa einen Kilometer entfernt marschierten Soldaten nach Osten. Es konnten Leute von der Ersten Armee sein – oder zurückgehende Deutsche.

»Schicken Sie eine Patrouille hinüber«, sagte Greene. »Sagen Sie den Männern, sie sollen vorsichtig sein.«

Die Patrouille brach auf. Einige Soldaten, die darauf brannten, als erste mit der Ersten Armee zusammenzutreffen, mußten mit Gewalt zurückgehalten werden.

Von Norden liefen Männer durch den Schnee auf Greenes Gruppe zu – die Patrouille kehrte zurück. »Es ist die 41. Infanterie von der 4. Panzer«, sagte der Anführer aufgeregt. »Wir haben um 9 Uhr 05 die Verbindung hergestellt.«

Endlich waren die Erste und die Dritte Armee zusammengetroffen. Mit einem einzigen großen Biß hatte man die Hälfte des Keils abgetrennt. Etwa 20 000 Deutsche waren eingeschlossen.

Ellenson sah Greene an und grinste.

»All right«, sagte Greene. »Stehen wir nicht faul herum. Fahren wir nach Houffalize hinein.«

»Alles kaputt!«

17. – 23. Januar 1945

1

Am 17. Januar, dem Tag nach der Vereinigung der Ersten und der Dritten Armee bei Houffalize, war George Patton in besonders kampfeslustiger Stimmung. Er verbrachte den Vormittag damit, die Truppen, die er zum Angriff auf Houffalize eingesetzt hatte, nach Osten weiterzuschicken. Dann besichtigte er die Einheiten, die bereits Wiltz und St. Vith angriffen – die 6. Panzer, die 90. und die 26. Division. »Ich weiß, daß ihr müde seid«, sagte er. »Aber ihr müßt trotzdem weiterkämpfen.«

Schließlich begab er sich an seine rechte Flanke. Seit Wochen war hier im Raum Echternach–Diekirch eine statische, verbissene Abnützungsschlacht im Gange. Jetzt befahl er den Divisionen des XX. Korps – der 4., 5. und 8. – sich dem Angriff anzuschließen und direkt nach Norden vorzustoßen.

Die Kämpfe verliefen an diesem Tag erfolgreich, und am Abend herrschte bei allen Einheiten der Dritten Armee Siegesstimmung. Die Schlacht um den Keil näherte sich dem Ende. In wenigen Stunden, um Mitternacht, würde Bradley wieder den Befehl über Hodges' Erste Armee übernehmen. Dann würde man die ganze weitere Schlacht nach dem amerikanischen Konzept führen.

2

Um 17 Uhr 30 schlug in das Obergeschoß des Möbelgeschäftes May in der Grand' Rue von Wiltz eine Granate ein. Die drei Deutschen, die jetzt oben einquartiert waren, liefen in den sicheren Keller.

Als Mariechen Goebel die Deutschen auf der Treppe hörte, rannte sie ihnen schnell voraus. Sergeant Lester Koritz saß im zweiten Kellerraum in einem Schaukelstuhl und las einen Unterhaltungsroman.

»Schnell! Verstecken Sie sich!« rief Mariechen. »Die Preußen kommen herunter!«

Koritz verkroch sich im hinteren Teil des kleinen Raumes. Die Luxemburger warfen Bettzeug auf ihn. Die Deutschen waren schon vor der Tür.

Als das Feuer nachließ, trat einer der deutschen Soldaten zu Maria, Mariechens Nichte. »Sie halten die Amis für sehr nette Leute, was?«

Maria, die nur einen Meter vor dem versteckten Koritz saß, nickte.

»Ich kann Ihnen nur sagen, da irren Sie sich. Das ist bloß Propaganda.«

»Ach wo«, sagte Maria. »Wir kennen viele junge Amerikaner. Sehr gut sogar.«

»Aber nicht so gut wie ich. Ich habe die Nase voll von den verdammten Amis. In der Normandie war ich ihnen so nahe, daß ich nur die Hand hätte ausstrecken müssen, um sie anzufassen.«

Mariechen lachte. *»We hei«,* flüsterte sie Maria zu.

Das Feuer hatte ganz aufgehört. Der Deutsche neben Maria stand auf. »Na, wir müssen wieder hinauf. Kartoffeln fürs Abendbrot schälen.« Die drei Deutschen gingen.

Koritz steckte den Kopf aus den Decken hervor. »Was bedeutet *›We hei‹?«* fragte er.

Mariechen lachte. »Es heißt ›Wie hier‹.«

Am nächsten Mittag lief Mariechen aus ihrem Tabakladen zum Keller der Mays. »Lester!« rief sie. »Sie müssen weg. Die Deutschen haben befohlen, den oberen Teil der Stadt bis morgen zu räumen. Sie wollen unsere Keller als Unterstände benützen.«

Sie erzählte ihm, daß sie mit Pater Wolff, dem Pfarrer von Oberwiltz, gesprochen habe. »Er hat mir versprochen, jemanden zu suchen, der Sie nach Unterwiltz bringt.«

Ein paar Stunden später führte Mademoiselle Anna Koritz eine schmale Straße hinunter. Er trug einen Zivilmantel über seiner Uniform. Während sie an den zerstörten Wohnhäusern entlanggingen, sagte das Mädchen: »Es war eine so schöne Stadt!«

Er sah sie an. War das ein Vorwurf? Die Zerstörungen waren von amerikanischen Granaten und Bomben angerichtet worden. Doch auf ihrem blassen Gesicht stand das traurige, einsichtsvolle Lächeln, das man auf mittelalterlichen Heiligenbildern findet. Er kannte sie erst seit zehn Minuten, hatte aber das sichere Gefühl, ihr vertrauen zu können.

Als sie sich dem großen Krankenhaus näherten, sagte er: »Sie gehen trotz der Gefahr einfach so durch die Straßen? Sogar Soldaten suchen Deckung, wenn Granaten einschlagen. Haben Sie denn keine Angst?«

»Nein, Angst kenne ich nicht.«

Sie betraten das Krankenhaus. Als sie durch einen häßlichen Korridor gingen, in dem Bett an Bett stand, blickten alle Patienten auf und lächelten Anna zu, als sei sie ein unerwarteter Sonnenstrahl in einem düsteren Garten. »Warten Sie hier«, sagte sie. »Es kommt gleich jemand und führt Sie das letzt Stück weiter. *Bonne chance!*«

Zwei Straßen weiter war Josephine Thein auf der Suche nach Lebensmitteln. Im Keller der Carmes gab es nichts mehr. Sie grub eben im Schnee hinter der Villa Adler nach Kartoffeln, als sie aus dem Haus Musik hörte. Ein Grammophon spielte einen Tango.

Sie klopfte an die Tür. Die Musik brach ab. Sie stieß die Tür einen Spalt weit auf. »Ich bin eine Mutter«, sagte sie. »Ich habe Hunger. Ich suche für meine Kinder etwas zu essen.«

»Kommen Sie rein.«

Sie trat ins Haus und erblickte zwei junge SS-Offiziere, die es sich auf einer Couch bequem gemacht hatten. »Wie können Sie denn jetzt Grammophon spielen!« sagte sie.

Der jüngere der beiden winkte verzweifelt ab. »Alles kaputt! Ich habe bloß noch einen Wunsch: bevor ich sterbe, mit einem netten Mädchen einen Tango zu tanzen.« Er sprang auf und streckte ihr die Arme entgegen.

»Wie kann ich mit Ihnen tanzen? Ich bin eine arme Frau mit zwei Kindern, die in einem Keller auf mich warten, und einem Mann an der Front. Vielleicht ist er schon tot. Geben Sie mir lieber für meine Kinder etwas zu essen.«

»Wenn die Amerikaner kommen, sind Sie frei. Aber wir . . .« Niedergeschlagen deutete er auf sein SS-Abzeichen. »Wir können nicht nach Deutschland zurück. Wir müssen kämpfen. Alles, was wir tun können, ist, uns umzubringen.« Er streichelte seine Pistole. »Deshalb möchte ich mit Ihnen noch ein kleines Tänzchen machen, liebe Frau.«

»Haben Sie denn gar nichts für meine Kinder?«

»Für Ihre Kinder – alles!« Er gab ihr eine kleine Dose Butter. »Das ist meine letzte Ration.« Er wandte sich an seinen Kameraden, der eben eine Flasche Kognak leerte. »Gib ihr alles, was wir haben.«

Der andere stand lässig auf, ging hinaus und kam mit einer runden Schachtel Haferflocken und einer kleinen Tüte Zucker zurück.

»Das ist alles, was wir haben«, sagte der junge SS-Mann. »Glauben . . . glauben Sie, daß wir uns in Ihrem Keller verstecken könnten?«

Sie schüttelte bedauernd den Kopf. »Meine Kinder würden sich vor Ihnen zu Tode fürchten.«

Er nickte traurig. »Ach so, natürlich.« Er zuckte die Schultern. »Alles kaputt, liebe Frau, alles kaputt.«

Es war jetzt fast dunkel. Lester Koritz in dem kleinen Krankenhauszimmer fragte sich, ob man ihn wohl vergessen hatte. Da ging langsam die Tür auf. Deutsche? Zwei Männer traten rasch ein und schlossen die Tür hinter sich. Der eine war klein und stämmig. Es war Louis Steinmetz. Der andere war sehr groß und mager. Sein Name war Josy Bier. Koritz lächelte. Sie erinnerten ihn an Mutt und Jeff.

Louis sah den GI mißtrauisch an. »Zeigen Sie mir Ihre Erkennungsmarke.«

»Anna sagt, er ist in Ordnung«, sagte Josy.

Louis war noch immer nicht überzeugt. Doch er sagte: »Na schön, gehn wir.«

»Soll ich sprechen, falls wir jemand treffen?« fragte Koritz.

»Auf keinen Fall. Nicken Sie nur und sagen Sie ein paarmal: ›*Jo, jo.*‹ Und drehen Sie sich nicht um. Josy geht voraus. Dann Sie, dann ich.«

Die drei verließen das Krankenhaus durch die Hintertür und stiegen den steilen, schmalen Weg nach Unterwiltz hinab. Josy stolperte über einen deutschen Telefondraht.

Louis zerriß ihn mit einem kräftigen Fußtritt. Er lächelte Lester spitzbübisch zu. Er entdeckte einen zweiten Draht und zerriß ihn gleichfalls. Dann noch einen dritten.

»Um Gottes willen, Louis«, flüsterte Josy. »Nicht jetzt.«

Die drei stiegen weiter den Weg hinab, bis sie eine mit Kopfsteinen gepflasterte Straße erreichten. Plötzlich bog eine Gruppe deutscher Soldaten um die Ecke und kam auf sie zu.

»Was nun?« flüsterte Josy.

Die Deutschen kamen näher. Da ertönte ein unheimliches pfeifendes Geräusch. Hundert Meter entfernt schlug eine Granate ein. Die Deutschen spritzten auseinander. Die drei rannten über die halbzerstörte Wiltzbrücke und die Rue du Pont hinauf.

Louis erklärte Koritz, daß ein paar Häuser weiter, in dem Krämerladen seiner Schwägerin Meisy, zwei andere Amerikaner versteckt seien. Für einen dritten sei kein Platz; deshalb müßten sie ihn in Nr. 60 unterbringen, bei einem Bäcker namens Nic Schambourg.

»Aber wenn es dunkel wird«, versprach Louis, »bringe ich Sie zu Ralph und George.«

3

Am 19. Januar wütete in den Ardennen ein Schneesturm, der die Soldaten aus North Dakota an ihre Heimat erinnerte. An manchen Stellen wurde der Schnee mannshoch aufgeweht. Die Amerikaner setzten alle verfügbaren Fahrzeuge zur Straßenreinigung ein. Trotzdem konnten sie nur wenige Straßen freihalten.

Der Winter war es, der den amerikanischen Vorstoß auf St. Vith zu beiden Seiten des Keils zum Stillstand brachte – nicht die Deutschen. Eisiger Wind pfiff über die Ardennen und machte den Soldaten beider Lager, den Zivilisten und den Tieren das Leben zur Hölle. Der Winter war König, das ganze Schlachtfeld eine Landschaft aus weißen Dünen. Der Schnee erstickte den hin und wieder aufflackernden Kampflärm. Eine weiße Stille legte sich über das Land.

4

Es war am 20. Januar, dem Geburtstag des hl. Sebastian, um 10 Uhr vormittags, und das »Wunder von Wiltz« sollte sich ereignen.

In der schwer beschädigten Kirche von Unterwiltz zelebrierte Kanonikus Prosper Colling das Hochamt. Als er bemerkte, daß ein Raunen durch die hundert Andächtigen ging, wurde er böse. Wahrscheinlich wieder irgendeine entstellte Neuigkeit, ein aufgebauschtes Gerücht. Er wollte seine Gemeinde eben tadeln, als er draußen auf dem Pflaster das Stampfen von genagelten Stiefeln hörte. Fast jeder in Europa kannte dieses Geräusch: Deutsche auf dem Marsch.

Jemand stürzte in die Kirche und schrie: »Die Deutschen ziehen ab.!«

Die Leute lachten, weinten, fielen einander um den Hals. Kanonikus Colling schloß die Augen und dankte Gott.

Auch Lester Koritz im Haus von Nic Schambourg hörte den Marschtritt. Er blickte vorsichtig aus dem Fenster und sah eine lange Kolonne Infanterie, die nach Osten marschierte. Manche Soldaten zogen mit Beutegut beladene Kinderschlitten.

Er wartete, bis es finster wurde, denn noch machten umherstreifende Gruppen von Deutschen – im Rückzug ebenso gefährlich wie im Angriff – die Straßen unsicher. Dann lief er die paar Meter die Rue du Pont zu Meisys Krämerladen hinauf. Er hatte die andern beiden Amerikaner schon kennengelernt und wollte nun mit ihnen feiern.

Als er das Hinterzimmer betrat, hörte er, wie Meisy triumphierend rief: »Gestern ist mir meine beste Schüssel heruntergefallen und zerbrochen. Ich hab' euch gleich gesagt, das bedeutet Glück!«

Mademoiselle Anna trat ein, hochrot vor Aufregung. Sie verband mit geschickten Händen Carrols Schulter. Er sah sie dankbar an. »Les, sag Anna, daß sie die beste Krankenschwester von Europa ist«, sagte er.

Koritz übersetzte seine Worte ins Französische. Anna lachte. »Ach, er meint bloß, ich bin die beste Krankenschwester, die er in Wiltz gehabt hat.« Liebevoll strich sie über Carrolls verwundete Schulter.

Plötzlich hörte man im Hausflur Stiefelgetrampel.

»Preußen!« schrie Meisy. Sie öffnete die Falltür im Fußboden.

Die drei Amerikaner verschwanden rasch im Keller.

Meisy schloß die Falltür und schob den Eßtisch darüber. Ein großer deutscher Landser mit müdem, eingefallenem Gesicht trat ein. »Ich möcht' was zu essen.« Verzweifelt blickte er sich im Zimmer um.

Meisy hatte ein Tuch über den Kopf geworfen und den Rücken gekrümmt. »Ich bin nur eine alte Frau«, sagte sie mit zitternder Stimme. »Ich habe nicht mal ein Stückchen Brot im Haus.«

»Ihr Luxemburger habt alle Lebensmittel im Keller versteckt.«

»Sie Narr, sehn Sie denn nicht, daß ich viel zu arm bin, um einen Keller zu haben?« Sie schob ihn in den Laden und drückte ihm ein Stück Wurst in die Hand. »Jetzt gehen Sie und lassen Sie mich arme Witwe in Ruhe.«

Wie ein Landstreicher, der um Almosen bettelt, schlich der Deutsche zum nächsten Haus.

5

Es gab keinen Zweifel mehr: der große Rückzug war in vollem Gang. Dietrichs 6. Panzerarmee führte seit mehreren Tagen den Marsch nach Osten an. Manteuffels Armee, die noch vor kurzem so zuversichtlich und erfolgreich gewesen war, setzte sich jetzt gleichfalls ab.

Alles ging zurück – bis auf ein paar eigens ausgesuchte Infanteristen, die man in zerschossenen Häusern oder einsamen Schützenlöchern mit dem Befehl zurückließ, die nachdrängenden Amerikaner etwas aufzuhalten. Diese Nachhutsoldaten – die man zumeist ausgewählt hatte, weil sie sehr jung, sehr alt oder zu nichts anderem zu gebrauchen waren – kämpften in ihrer hoffnungslosen Verlassenheit überaus tapfer. Sie wußten, daß man sie geopfert hatte, damit sich die besseren Soldaten hinter den Westwall in Sicherheit bringen konnten. Es war ein simpler deutscher Grundsatz, die Besten zu retten. In Frankreich war seinerzeit dasselbe geschehen.

Man fand 14 und 15 Jahre alte Jungen, das Gewehr an der Hand festgefroren, die Füße schwarz zerfressen. In Kellern fand man fünfzigjährige Männer, die Gesichter dunkelrot wie Portwein, das Blut ihrer Wunden zu Eis erstarrt.

Auch unter den flüchtenden Soldaten gab es schwere Verluste. Flugzeuge und Artillerie verfolgten sie und schossen wild in ihre Kolonnen. Kein deutscher Soldat, der in den Ardennen gekämpft hat, wird je die grausame, alles vernichtende amerikanische Artillerie vergessen.

In dieser Schlacht hatte man zum ersten Male eine neue Erfindung der Alliierten eingesetzt: Granaten mit Frühzündung. Diese britische Erfindung, die man in den Vereinigten Staaten herstellte, war nicht nur eine tödliche Waffe – sie wirkte auch verheerend auf die Moral des Feindes. Gewöhnliche Granaten explodierten beim Aufschlag, die neuen hingegen einige Sekunden vorher. Ihre Splitter hatten deshalb eine viel vernichtendere Streuwirkung.

Ströme von Menschen und Fahrzeugen zogen langsam Deutschland entgegen. Lange Reihen von Lastwagen, Panzern und Geschützen rumpelten über vereiste Straßen und Wege nach Osten. Endlose Kolonnen mutloser Infanteristen schleppten sich durch den pulvrigen Schnee, zu Tode gehetzt von den Amerikanern und dem grausamen Wetter.

6

Die Deutschen in den Ardennen wurden von einer tödlichen Zange umklammert. Im Norden stand die Erste Armee, im Süden die Dritte. Beide befehligte jetzt ein Mann: Omar Bradley.

Am 21. Januar hatte sich der Schneesturm gelegt, und die Amerikaner machten überall große Fortschritte. Hasbroucks 7. Panzerdivision hatte sich von Norden her dem Angriff angeschlossen. Vor einem Monat war sie aus St. Vith vertrieben worden. Jetzt näherte sie sich in raschem Tempo dieser strategisch wichtigen Stadt.

Pattons VIII., III. und XX. Korps stießen von Westen, Südwesten und Süden auf das gleiche Ziel vor. Sie standen knapp 40 Kilometer davor. Die 17. Luftlandedivision nahm an dem westlichen Angriff auf St. Vith teil. Zeitig an diesem Morgen hatte man vier Mann, die an den schweren Kämpfen um Flamierge teilgenommen hatten, mit dem Befehl zurückgeschickt, einem Bestattungskommando zu zeigen, wo die Toten lagen. Sie waren jetzt mit einer hohen Schneedecke zugedeckt.

Pfc. Kurt Gabel war einer der Freiwilligen, die sich für diesen Auftrag gemeldet hatten. Am späten Vormittag erreichte das Bestattungskommando den Waldrand, von dem aus das 513. Fallschirmjägerregiment am 7. Januar zum Angriff vorgegangen war.

»Nehmt denselben Weg, auf dem ihr seinerzeit vorgestoßen seid«, befahl man den Freiwilligen. »Wenn ihr auf Leichen stoßt, legt sie zusammen – die Deutschen extra.«

Langsam machten sich die vier Mann der 17. Luftlandedivision auf ihren traurigen Marsch durch die weiße Einöde. Gabel, der den gleichen Weg wie damals ging, brauchte nicht lange nach gefallenen Amerikanern zu suchen. Er legte fünf ordentlich nebeneinander. Dann versuchte er, den sechsten geradezurichten. Doch er war in der Stellung eines Embryos erstarrt.

Mittags öffnete er eine Verpflegungsdose. Er legte sich neben die Leichen und aß ein Stück Käse. Die Wangen der Toten schimmerten rosig und ließen sie frisch und gesund erscheinen.

Es kam ihm unanständig vor, dazuliegen und zu essen, während sie mit ihren eisüberkrusteten Augen in die strahlende Sonne starrten. Auch er sollte dort liegen, mit weit aufgerissenen, glasigen Augen.

Er sah sie immer und immer wieder an. Schließlich schien es ihm, als lebten sie. Er hielt dem nächsten ein Stück Käse hin. Fast hätte er gesagt: »Möchtest du was?«

Er aß weiter. Plötzlich sah er, wie dem Toten Tränen über die Wangen liefen. Das Eis auf seinem Gesicht begann zu schmelzen.

Gabel wandte sich ab und betrachtete den Toten, der in der gleichen Stellung dalag, in der er zur Welt gekommen war. Er kannte ihn – dieser Mann hatte ihm einst im Milestone-Klub ein Zimmer weggeschnappt. Sie hätten sich damals beinahe geprügelt.

Gabel blickte sich auf dem Feld um. Die andern Männer des Bestattungskommandos lagen ebenfalls im Schnee und aßen. Die Toten waren von den Lebenden nicht zu unterscheiden. Es war Gabel, als würde der Schnee ihn nie mehr loslassen. Vielleicht war er auch schon tot.

Eine Pfeife ertönte. Die Männer standen langsam auf und machten sich an ihre schreckliche Arbeit. Lastwagen fuhren auf das Feld. Die Leute vom Bestattungskommando begannen die erstarrten Leichen aufzuladen. Ein Mann hob einen Toten an den Füßen hoch, ein zweiter packte ihn an den Schultern. »Ho-ruck!« schrie der erste. Der Tote, brettsteif gefroren, flog auf den Lastwagen.

Es kam Gabel vor, als würde er selbst aufgehoben und wie ein Bündel Holz auf den Wagen geworfen.

Einer der freiwilligen Fallschirmjäger lief zu dem Lastwagen. Mit blassem, haßerfülltem Gesicht sagte er: »Macht das noch mal, und ich schlag' euch den Schädel ein!«

Die Männer schwiegen. Doch sie hoben die nächste Leiche vorsichtig auf und legten sie sorgsam auf den Wagen.

7

Die drei amerikanischen Soldaten in Wiltz – Koritz, Ellis und Carroll – saßen um halb fünf Uhr nachmittags in dem kleinen Zimmer hinter dem Krämerladen. Plötzlich stürzte Meisy herein und schrie: »Amerikanische Truppen kommen die Straße herunter!«

Koritz ging skeptisch hinaus. Es hatte schon zweimal falschen Alarm gegeben. Ein Trupp Soldaten kam, die Gewehre unterm Arm, den Hügel von Noertrange herab.

»GIs!« rief er seinen beiden Kameraden zu. Während der Trupp näher kam, stieß er vor Freude gellende, fast hysterische Schreie aus.

Die Soldaten musterten ihn kalt.

Koritz zeigte seine Erkennungsmarke, dann sein Soldbuch. Der Anführer, ein Sergeant, lächelte. »Wir sind Hunderteinser.«

»Luftlande?«

»Nein, zum Teufel, 101. Regiment, 26. Division!«

»Die gute alte Yankee-Division«, sagte Koritz.

Louis Steinmetz stürzte, eine Flasche schwenkend, aus dem Laden. »Schnaps! Den hab' ich zum Feiern aufgehoben!«

Die Bürger von Wiltz kamen aus den Kellern und umringten die amerikanischen Infanteristen. Es war der neunte Tag des Gebetes zum hl. Sebastian. Kanonikus Collings Versprechen war in Erfüllung gegangen.

Doch die GIs starrten sie feindselig an. Niemand hatte daran gedacht, ihnen zu sagen, daß sie sich in Luxemburg, einem verbündeten Land, befanden. Die Straßenschilder, die Geschäftstafeln waren deutsch. Die Leute sprachen deutsch, also waren es Deutsche.

Ein GI stieß mit einem schlanken Mädchen zusammen, das die Rue du Pont hinauf zu Meisys Geschäft lief. Als sie sich entschuldigte, gab er ihr einen Stoß, daß sie in den Schnee fiel. »Verdammte deutsche Hure«, sagte er und spuckte Mademoiselle Anna an.

8

Am nächsten Tag, dem 22. Januar, nahm der zangenförmige Angriff auf St. Vith an Stoßkraft zu. Von Norden näherte sich die 7. Panzerdivision bis auf fünf Kilometer Hünningen. Von Süden gingen Pattons Truppen auf Trois Vierges vor. Die Entfernung zwischen der Ersten und der Dritten Armee wurde von Stunde zu Stunde kleiner.

Die alliierten Flieger fanden die Straßen bei Vianden und Dasburg von Panzern. Panzerwagen und mit Pferden bespannter Artillerie verstopft und griffen mit Raketen und schweren Bomben an. Die Wirkung war verheerend: 536 Fahrzeuge wurden beschädigt, 1177 völlig zerstört.

Patton rief Bradley an. Er war ungeduldig und aufsässig, denn er witterte den Endsieg. »Brad, Sie müssen unbedingt sämtliche Armeen zu einem gemeinsamen Großangriff einsetzen. Jetzt ist der richtige Moment, zuzuschlagen.«

In Wiltz wurde ausgelassen gefeiert und traurig Abschied genommen. Ralph Ellis küßte Meisy zum Lebewohl. In ihren Augen standen Tränen; endlich war Ralph außer Gefahr. Sie hoffte, daß auch ihr Josi gesund und wohlbehalten war.

Carroll nahm Abschied von Anna.

Dann stiegen die beiden Männer in einen Ambulanzwagen, der eine zögernd, der andere ungeduldig. Ellis konnte es kaum erwarten, zu einem Telegrafenamt zu kommen. Er mußte Nadine, seiner Frau, mitteilen, daß er sich in Sicherheit befand.

Lester Koritz, der dritte, verabschiedete sich von seinen vielen Freunden in Oberwiltz, den Schwestern Goebel, ihren beiden Nichten, den Mays. »Von nun an«, sagte er, »hat Luxemburg zwei Botschafter in den Vereinigten Staaten – den offiziellen und mich.« Er dankte ihnen für alles, was sie für ihn getan hatten.

»Ach, es war nichts Besonderes.« Mariechen lachte. »Schließlich haben wir unsere Luxemburger Jungen vier Jahre lang versteckt.«

9

Am Morgen des 23. Januar versammelte sich das Kampfkommando A der 7. Panzerdivision bei Hünningen zum entscheidenden Angriff auf St. Vith, das knapp drei Kilometer weiter südlich lag.

Plötzlich änderte General Hasbrouck seinen Entschluß. Er rief Bruce Clarke an, der immer noch das Kampfkommando B führte. »Bruce«, sagte er, »Sie wurden damals aus St. Vith rausgeschmissen. Wollen Sie es gern selbst wieder nehmen?«

Clarke wollte. Er stellte schnell drei Sonderkommandos auf und befahl ihnen, um 14 Uhr gleichzeitig aus drei Richtungen anzugreifen.

Um 13 Uhr 45 stieg Clarke auf einen wenige Kilometer östlich von St. Vith gelegenen Hügel und blickte auf die zerstörte Stadt hinab. Mit einem Male brach ein ungeheurer Donner los: die Artillerie bereitete den Angriff vor. In ein paar Minuten würde er beginnen. Als Clarke zu seinem Jeep zurückging, entdeckte er einen tiefverschneiten Wagen. Es war der alte Mercedes, mit dem er von Eubach gekommen war.

Nachdenklich blieb er stehen. Wo waren all die Soldaten, denen er am 17. Dezember, jenem hektischen Tag, nach St. Vith vorausgefahren war?

Viele waren tot.

Viele befanden sich in deutscher Gefangenschaft. Major Don Boyer lebte noch, doch seine Daumen waren schwer verletzt. Tags zuvor hatte man ihn daran aufgehängt, weil er sich der Behandlung im Gefangenenlager wiedersetzt hatte.

Mit ihm waren Tausende anderer bei St. Vith, in der Schnee-Eifel und bei Clervaux in Gefangenschaft geraten.

Colonel Descheneaux hatte nach einem erschöpfenden Marsch schließlich Oflag 79 erreicht, sich aber eine Tuberkulose geholt.

Richter Hoban, der bei Wiltz gefangengenommen worden war, schrieb eben eine Postkarte. Seine Amtsperiode in Scranton lief bald ab. Er bewarb sich wieder um den Posten.

Hurley Fuller marschierte auf einer polnischen Landstraße. Man hörte schon den Geschützdonner der anrückenden Russen. Fuller schmiedete Pläne. Unter den Wachen befanden sich zwei Offiziere. Der eine war ein typischer Nazi, der andere ein netter, hilfsbereiter Mann namens Paul Hegel. Fuller beschloß, den Nazi einzuschüchtern und sich mit dem freundlichen Deutschen zu einigen. Er würde die Gefangenenkolonne übernehmen und sich den vorstürmenden Russen anschließen.

Alan Jones, der Sohn des Kommandeurs der 106. Division, sah zu, wie in Oflag 13 B bei Hammelburg ein neuer Gefangenentransport ausgeladen wurde. Unter den Ankömmlingen befand sich ein alter Freund, Bud Bolling, der Sohn General Alexander Bollings von der 84. Division. Die beiden Generalssöhne schüttelten einander die Hand.

»Hast du Nachricht von deiner Mutter in Washington?« fragte Jones begierig. »Hat meine Frau das Baby schon bekommen?«

Bolling dachte nach. »Ja, meine Mutter hat etwas von einem Baby geschrieben.«

»Und was ist es?«

»Keine Ahnung. Ein Baby eben.«

10

Am späten Nachmittag des 23. Januar entdeckte man in der Nähe von Meyerode einen Veteranen der Schlacht um die Schnee-Eifel. Im dichten Wald, nicht weit von der Stelle hinter Maraites Haus, an der sich sechs Wege kreuzten, fanden zwei Dorfbewohner die Leiche eines hochgewachsenen amerikanischen Lieutenants, umgeben von den Leichen sieben Deutscher. Es war Lieutenant Eric Wood jr.

Einige Kilometer südwestlich davon gingen Clarkes Truppen auf St. Vith vor. Die Deutschen, die nur noch leichte Waffen und MG hatten, kämpften erbittert, doch um 17 Uhr 45 drangen die drei amerikanischen Sonderkommandos in die Stadt ein.

In den Ruinen hielten sich zahlreiche Scharfschützen versteckt. Erst gegen Mitternacht war St. Vith wieder fest in der Hand der Kampfgruppe B.

Colonel Bob Erlenbusch ging müde zu seinem Gefechtsstand.

Die Einnahme von St. Vith war ein geschichtliches Ereignis, doch er bezweifelte, daß irgend jemand Lust hatte, sie zu feiern. Er blickte über die im Mondlicht liegenden Ruinen. Sie waren vielen seiner Kameraden zum Grab geworden. Dann ging er in die halb eingestürzte Küche, in der er seine Kommandostelle eingerichtet hatte. Seine Leute rösteten auf dem Herd Käsebrote.

Die Schlacht um den Keil war zu Ende. Nun stand ein schreckliches Aufräumen bevor. Die Kämpfe verlagerten sich weiter nach Osten, auf deutsches Gebiet. Zurück blieben zwei verwüstete kleine Länder, zerstörte Wohnhäuser und Bauernhöfe, totes Vieh, tote Menschen, tote Seelen und tote Herzen. Die Ardennen waren ein riesiges Beinhaus mit mehr als 75000 Toten.

Soldaten der 17. Luftlandedivision marschierten vor einer luxemburgischen Kirche auf.

»Hinsetzen!« befahl ein Kompanieführer.

Die Soldaten, unter ihnen Pfc. Kurt Gabel, setzten sich auf das schneebedeckte Katzenkopfpflaster. Der Kaplan hielt eine Ansprache. Die Toten, sagte er, würden in den Herzen ihrer Kameraden weiterleben.

Der Kompanieführer räusperte sich. »Alles aufstehen!« rief er. Dann: »Bataillon stillgestanden! Präsentiert das Gewehr!«

Hunderte von Karabinern wurden hochgerissen. Ein Hornist blies einen Zapfenstreich. Gabel dachte an seine Freunde, die bei Flamierge gefallen waren. Tränen liefen ihm über die Wangen. Er sah sich verstohlen um. Alle weinten. Der Rücken seines Kompaniekommandeurs zuckte.

Dann rief der Kommandeur mit zitternder Stimme: »Gewehr ab!«

Die Schlacht war zu Ende.

Wie ein riesiges blutendes Tier kroch die »Wacht am Rhein« nach Deutschland zurück. Soldaten taumelten durch den Schnee, die Füße mit Sackfetzen umwickelt, Frauenschals um den Kopf geschlungen. Sie marschierten mit gefühllosen Füßen, gehetzt vom eisigen Wind, von Granaten und Bomben. Hinter ihnen lag ein Friedhof von Panzern, Lastwagen und Geschützen – zurückgelassen aus Mangel an Treibstoff oder wegen kleiner Schäden.

Verwundete und Kranke schleppten sich nach Osten – mit faulenden Eingeweiden, von der Kälte geschwollenen Nasen, verlaust, mit nässenden, frierenden Geschwüren, manche mit eitrigen Löchern, wo einst die Ohren gewesen waren.

Die Kolonnen zogen an Wäldern und Feldern vorbei, die voll waren von Toten und Sterbenden. Am Straßenrand stand ein erfrorener amerikanischer Soldat, die Arme wie bettelnd ausgestreckt. Ein deutscher Nachrichtenmann mit einem makabren Sinn für Humor hatte ihm Drähte zwischen die steifen Finger gelegt. So stand er da – zu einem Telegrafenmast erstarrt.

Doch keiner in der langen zurückflutenden Kolonne hatte einen Blick für solche Dinge. Alle erfüllte nur ein Gedanke: zu entkommen. Der riesige Elendszug kroch nach Osten. Auf den Kragen der Männer erstarrte der Atem zu Eis. Mit erfrorenen Füßen humpelten sie ostwärts, die Herzen erstorben, die Körper zerfressen. Die Ruhr wütete in ihren Reihen und ließ hinter ihnen im Schnee ihre jämmerliche blutrote Spur zurück.

Der Wille des deutschen Soldaten war gebrochen. Keiner, der diesen Rückzug überlebte, glaubte daran, daß es für Deutschland auch nur die mindeste Aussicht gab, den Krieg zu gewinnen. Jeder einzelne deutsche Soldat, der der Schlacht um den Keil entkam, trug die Geschichte von diesem Untergang, von der überwältigenden Übermacht der Alliierten und ihrer schrecklichen, in den Ardennen geschmiedeten Waffe – dem zum unerbittlichen Kämpfer gewordenen GI – mit sich in die Heimat.

Dreieinhalb Monate später, am 7. Mai, kapitulierte Deutschland.